ROUBO DE IDÉIAS?

Erik Porge

Roubo de Idéias?

Wilhelm Fliess, seu plágio e Freud
seguido por
Em minha própria causa
de Wilhelm Fliess

Tradução

Dulce Duque Estrada
(para o texto de Erik Porge)

Sandra Regina Felgueiras
(para os textos restantes)

COMPANHIA DE FREUD
EDITORA

TÍTULO ORIGINAL:
Vol d'idées?
Wilhelm Flieβ, son plagiat et Freud suivi de
Pour ma prope cause de Wilhelm Flieβ

TRADUÇÃO
Dulce Duque Estrada - para o texto de Erik Porge
Sandra Regina Felgueiras - para os textos restantes

EDITORAÇÃO ELETRÔNICA
FA - Editoração Eletrônica

REVISÃO
Sandra Regina Felgueiras

FICHA CATALOGRÁFICA

P835r

Porge, Erik.
Roubo de Idéias? : Wilhelm Fliess, seu plágio e Freud seguido por Em minha própria causa de Wilhelm Fliess ; tradução Dulce Duque Estrada para o texto de Erik Porge, Sandra Regina Felgueiras para os textos restantes / Erik Porge. – Rio de Janeiro : Companhia de Freud, 1998.
352 p. ; 23 cm.

ISBN 85-85717-09-2
Inclui bibliografia.
Tradução de: Vol d'idées?

1. Fliess, Wilhelm, 1858-1938. 2. Freud, Sigmund, 1856-1939. 3. Psicanálise – História. I. Título.

CDD- 150.1952

COMPANHIA DE FREUD
EDITORA

ENDEREÇO PARA CORRESPONDÊNCIA
Rua Visconde de Pirajá, 547 - Sala 702
Cep 22415-900 - Ipanema - Rio de Janeiro
Telefax: (021) 239-9492
email: tereza@ism.com.br

Que não exista propriedade intelectual, por exemplo, isso não significa que não haja roubo. É mesmo desse modo que ela começa, a propriedade.

Lacan, *D'un Autre à l'autre*

20.11.68

Índice

ÍNDICE

Introdução

A lenda que se desenvolveu em torno da auto-análise de Sigmund Freud conserva uma memória da fundação da psicanálise pelo dizer deste, mas ao preço de apagar os traços dos clarões de verdade que surgiram do seu encontro com seus pacientes, com J. Breuer, com seu mestre E. Brücke, J.-M. Charcot e Wilhelm Fliess. Anna Freud sublinhava em 1947 o caráter excepcional da relação com Fliess: "Meu pai jamais teve uma relação semelhante com um amigo[1]". Mesmo depois da ruptura, como diz Lacan, prossegue "este vasto discurso a Fliess que será depois toda a obra de Freud[2]".

Sabe-se que a amizade deles traduziu-se por uma colaboração intelectual intensa, de que testemunham as cartas fulgurantes de Freud a Fliess: trocas de hipóteses teóricas e de pontos de vista clínicos tão intrincados que às vezes se torna difícil separar o que cabe a um e a outro na edificação de uma ciência nova em que eles acreditam e trabalham. Em primeiro plano

[1] Citado in Elisabeth Young-Bruehl, *Anna Freud,* trad. franc. de J.-P. Ricard, Paris, Payot, 1991, p. 278.

[2] J. Lacan, *le Séminaire,* Livro II, *Le moi dans la théorie de Freud et dans la technique de la psychanalyse,* Paris, Seuil, 1978, p. 150: "O que é, então [no momento do sonho da injeção dada em Irma], para Freud, a palavra que polariza, organiza toda a sua existência é a conversação com Fliess. Ela prossegue em filigrana em toda a sua existência como a conversação fundamental [...] este vasto discurso a Fliess que será depois toda a obra de Freud."

nos seus interesses comuns, a sexualidade adulta e a sexualidade infantil. No entanto, não são os únicos a trilhar este terreno. Desde antes da publicação dos *Três ensaios sobre a teoria do sexual*[3], em 1905, os termos "libido", "pulsões parciais", "zonas erógenas", "auto-erotismo", "narcisismo", já eram conhecidos, e o interesse científico pela patologia sexual se expandira grandemente em seguida aos trabalhos de R. Krafft-Ebing, cuja *Psychopathia sexualis* surge em 1886[4].

Freud concebe a psicanálise como uma ciência da natureza (*Naturwissenschaft*), e não como uma ciência do espírito (*Geisteswissenschaft*). Ele recusa, aliás, esta oposição para manter como válidas apenas as ciências da natureza.[5] Conservará sempre a esperança de assentar a metapsicologia em bases orgânicas e químicas[6]. Logo, não é de surpreender que ele esteja persuadido de encontrar em Fliess um representante qualificado da biologia do sexual, um verdadeiro fundador neste domínio, a ponto de saudar neste o "Kepler da biologia".

Freud e Fliess estão ambos de acordo com a doutrina evolucionista de Darwin. No início de seus estudos, Freud se inscreve no curso optativo do darwiniano Carl Claus[7] e é graças a este que irá realizar seu primeiro trabalho em biologia[8], seguido imediatamente por um segundo[9] que lhe

---

[3] Tradução La Transa, 1985, três volumes. Publicado sob o título *Trois essais sur la théorie de la sexualité,* na tradução francesa de P. Koeppel, Paris, Gallimard, 1987.

[4] Cf. Frank J. Sulloway, *Freud biologiste de l'esprit,* trad. franc. J. Lelaidier, Paris, Fayard, 1981, p. 266.

[5] Cf., sobre esse aspecto de coisas, Paul-Laurent Assoun, *Introduction à l'épistemologie freudienne,* Paris, Payot, 1981, p. 44 sq. À sua maneira, também, Fliess recusa essa oposição, bem como E. Haeckel: cf. p. 1.

[6] "Devemos lembrar que todos os nossos conhecimentos psicológicos provisórios devem ser um dia estabelecidos sobre o solo de substratos orgânicos. Parece então verossímil que haja substâncias e processos químicos particulares que produzam os efeitos da sexualidade e permitam a perpetuação da vida individual naquela da espécie." S. Freud, "Pour introduire le narcissisme", citado por P. L. Assoun, op. cit., p. 56.

[7] Cf. Lucille B. Ritvo, *L'Ascendant de Darwin sur Freud,* trad. franc. de P. Lacoste, Paris, Gallimard, 1992. Esse livro cataloga todas as referências de Freud a Darwin.

[8] S. Freud, "Observações sobre a formação e a estrutura complexa de órgãos em forma de lobos designados como sendo os testículos, na enguia", abril de 1877.

[9] S. Freud. "Sobre a origem das raízes posteriores do sistema nervoso dos amoecoetas (*Petromyzon planeri*)".

servirá de modelo para expor, mais tarde, as noções de fixação e regressão em psicanálise.[10] Existe mais de um vestígio da influência de Darwin na obra de Freud. Citemos apenas aqui a fórmula do vulgarizador darwiniano Ernst Haeckel, retomada por Freud: "A ontogênese é uma recapitulação abreviada e imperfeita da filogênese". Ela permite, segundo Freud, pensar a estrutura das neuroses e das psicoses como se se tratasse de uma sucessão cronológica de etapas da humanidade durante a pré-história[11]. Mas, sobretudo, Freud constrói o "mito científico" de "Totem e Tabu" com a hipótese da horda primitiva darwiniana, o assassinato do pai articulando o complexo de Édipo infantil a um acontecimento da história primitiva da humanidade.

Como observou Sulloway, "toda a teoria fliesseana da periodicidade vital implica necessariamente a existência de uma sexualidade infantil *espontânea*", já que esta periodicidade faz intervir períodos sexuais, masculinos e femininos, que determinam nascimento e morte e se transferem da mãe para a criança. Todo movimento evolutivo da criança porta, então, segundo Fliess, a marca do sexual nos períodos que o determinam. Freud espera ainda mais pelas observações de seu amigo na medida em que está proibido por sua mulher de freqüentar os aposentos das crianças.[12] Ora, Fliess anota metodicamente tudo o que se relaciona com a atividade sexual de seu filho, como por exemplo as manchas de esperma nos lençóis.[13] Havia também anotado vestígios de sangue na urina uma semana depois do

---

[10] Cf. S. Freud, *Introduction à la psychanalyse*, Paris, Payot, 1965, cap. 22, p. 320.

[11] S. Freud, *Vue d'ensemble des névroses de transfert*, trad. Cahiers La Transa, 1986, e na trad. de P. Lacoste, Paris, Gallimard, 1986.

[12] S. Freud, *Sigmund Freud Briefe an Wilhelm Fliess 1887-1904*, Frankfurt am Main, S. Fischer, 1986 (edição completa estabelecida por J. M. Masson e M. Schroter), carta de 8 de fevereiro de 1897. Só existe, até hoje (setembro de 1994), em francês a edição censurada por A. Freud, M. Bonaparte, E. Kris da tradução dessas cartas, publicada sob o título *La Naissance de la psychanalyse*, Paris, PUF, 1956. Todas as nossas citações de passagens já traduzidas das cartas de Freud a Fliess foram revistas, até mesmo modificadas por A. Buffel, E. Porge e J.-F. de Sauverzac.

[13] W. Fliess, *Der Ablauf des Lebens. Grundlegung zur exakten Biologie* [O curso da vida. Fundamentos de uma biologia exata], Leipzig u. Wien, Franz Deuticke, 1906, p. 243. Essa obra "fundamental" de Fliess não foi traduzida para o francês, e vamos nos referir a ela por seu título "O curso da vida". Todas as citações de Fliess e de outros autores alemães cujos textos ainda não haviam sido traduzidos o foram por A. Buffel, E. Porge e revistos por J.-F. de Sauverzac.

nascimento da criança.[14] Isso, para ele, equivalia a uma menstruação que sobrevinha periodicamente. Freud considera, nos "Três Ensaios", a sucção como paradigma das manifestações da sexualidade infantil; ora, Fliess havia feito observações semelhantes em *As relações entre o nariz e os órgãos genitais femininos*. Suas considerações sobre a língua só podiam agradar a Freud: "Gostaria somente de observar que o movimento de sucção feito pelas crianças pequenas com os lábios e a língua, em dias periódicos, o *Ludeln*, assim como a sucção do polegar (*Daumenlutschen*) devem ser considerados como equivalentes do onanismo. Isto engendra angústia e eventualmente neurastenia, como o verdadeiro onanismo. É de ordem pulsional (*triebartig*), e é por isso que é tão difícil desabituar as crianças disso. O papel que desempenha mais tarde o termo *süss* na língua amorosa tem aqui sua primeira raiz fisiológica. A criança experimenta, inicialmente, com os lábios e a língua, no seio materno, o paladar doce do leite, o que lhe dá a mais precoce experiência de satisfação. *Süss* tem relações com o francês *sucer* (chupar), *saugen*, com *Zucker* (açúcar), *sugar* e *sugere*[15]."

Freud reconhece, por exemplo, dever a Fliess a expressão "período de latência sexual[16]". Em contrapartida, numerosas (ao menos doze) são as referências às idéias de Freud na obra de Fliess em questão, em particular sobre a histeria, a neurose de angústia, a neurastenia, a nocividade da masturbação.

Deixemos por ora o inventário sistemático dos empréstimos e trocas de idéias, das influências mútuas, para abordar as duas grandes noções que constituem o lote partilhado por Freud e Fliess: a periodicidade e a bissexualidade.

---

[14] W. Fliess, "O curso da vida", *Der Ablauf des Lebens*, op. cit., p. 487 e W. Fliess, *Die Beziehungen zwischen Nase und weiblichen Geschlechtsorganen. In ihrer biologischen Bedeutung dargestellt*, Leipzig u. Wien, Franz Deuticke, 1897, p. 166; trad. franc. de P. Ach e J. Guir, *Les Relations entre le nez et les organes génitaux féminins présentées selon leurs significations biologiques* [As relações entre o nariz e os órgãos genitais femininos apresentadas segundo suas significações biológicas], Paris, Seuil, 1977, pp. 196, 239.

[15] W. Fliess, *Die Beziehungen*, op. cit., p. 185; trad. franc. p. 221. Cf. igualmente *Die Beziehungen* p. 198. Sulloway cita essas passagens pp. 163-165.

[16] S. Freud, *Trois essais sur la théorie du sexuel*, trad. La Transa, tomo 2, p. 25.

Fliess retoma de Darwin a idéia de uma periodicidade vital: eleva-a ao nível de uma lei universal regendo todo o mundo orgânico e propõe sua cifração em períodos de 28 e 23 dias. Essas cifras lhe servem, aliás, como grade de leitura para explicar a origem de todos os tipos de males. Freud colabora ativamente para a edificação dessa teoria, corrigindo e reescrevendo passagens inteiras, fornecendo datas estabelecidas a partir de dados provenientes de seus pacientes, de seus próximos, ou dele mesmo.

Os cálculos fliesseanos de períodos são considerados por Freud na abordagem de várias questões clínicas. No que toca à da escolha da neurose, por exemplo, ele erige quadros comparativos para explicar essa escolha em função do tempo, em especial uma tabela entre "os períodos de desenvolvimento psíquico" que seriam os múltiplos de 23 e as "fases sexuais", múltiplas de 28 dias[17]. Em 1913, em "A disposição à neurose obsessiva", escreve: "Desde que os trabalhos de W. Fliess descobriram a significação das grandezas de tempo determinadas pela biologia, é concebível atribuir-se a perturbação do desenvolvimento à alteração temporal dos surtos de desenvolvimento[18]". Além disso Freud partilha com Fliess a idéia de surtos evolutivos espontâneos, periódicos, da libido, especialmente para as crises de angústia noturna nas crianças[19]. Numa série de acréscimos à *Interpretação dos sonhos* (*Die Traumdeutung*)[20], Freud volta à teoria da periodicidade aplicada aos sonhos. Leva-a a sério o suficiente para precisar acrescentar, em 1914, uma longa nota refutando a origem "periódica" das fontes do sonho, a saber, que haveria nos sonhos um retorno periódico (de 23 e de 28 dias) das impressões estimulantes do dia. Conclui dizendo que, mesmo se os "intervalos biológicos" de 23 e 28 dias fossem demonstrados, "a *Traumdeutung* não sofreria modificações essenciais", "mas isso daria uma

---

[17] S. Freud, *Sigmund Freud Briefe...*, op. cit., carta de 6.12.96.

[18] S. Freud, "La disposition à la névrose obsessionelle". *Névrose, psychose et perversion*, trad. franc. sob a direção de J. Laplanche, Paris, PUF, 1973, p. 190, GW VIII, p. 443.

[19] S. Freud, *L'Intérpretation des rêves*, Paris, PUF, 1967, p. 497, GW II/III, p. 591.

[20] S. Freud, ibid., pp. 88, 149, 150. Passaremos a citar essa obra por seu título alemão, como se usa freqüentemente, até porque o título francês [como o português. (NT)]) é inexato. Deveria ser "A interpretação do sonho".

nova fonte à origem do material do sonho". Enfim, e esta lista não é exaustiva[21], Freud convoca novamente a teoria dos períodos quando introduz a pulsão de morte em 1920[22]. Mesmo pensando que as fórmulas de Fliess são demasiado "rígidas" para "fazer ao menos duvidar de que as leis por ele estabelecidas sejam as únicas a reinar", e preferindo nutrir-se das teorias de A. Weissmann sobre o soma (votado à morte) e o germe (imortal), ainda assim é Fliess quem ele cita em primeiro lugar, reconhecendo-o *ipso facto* como biólogo concebedor de uma teoria que ele qualifica de "concepção grandiosa". Este termo também é utilizado por Fliess para qualificar "a ordem do curso da natureza" num artigo intitulado "Pode-se prolongar a vida?"[23], que trata, no mesmo momento, do mesmo tema de Freud.

Observe-se que a teoria dos períodos se opunha abertamente à psicologia do associacionismo, tal como desenvolvida por Wilhelm Wundt e seus discípulos. Apesar do destino do termo "associação" em psicanálise, mantido por Freud[24], mas principalmente promovido por C. G. Jung (de onde vem o termo "complexo de associação"), a psicanálise não é um método fundado sobre o associacionismo. Freud não utiliza tanto o termo "associação" quanto o de *Einfall* (idéia súbita, idéia incidental) para designar "as idéias" que o sujeito deve relatar ao analista. *Einfall,* como veremos, é também um termo amplamente valorizado por Fliess. A dimensão sexual da pulsão, compatível, segundo Freud, com uma temporalidade periódica, representa um determinismo inteiramente diverso do associacionismo.

---

[21] Seria preciso, por exemplo, destacar todas as referências à teoria dos períodos nas correspondências de Freud: a Abraham (carta de 25.1.1915), a Ferenczi (carta de 1.6.1911)...e também o "Projeto" (1895), bem como outras passagens de *L'interprétation des rêves* (p. 330, acrescentada em 1914).

[22] S. Freud, "Au-delà du principe de plaisir", *Essais de psychanalyse,* nova trad. franc., Paris, Payot, 1981, p. 91.

[23] Publicado no *Berliner illustrierte Zeitung* entre 1924 e 1927. Eis a conclusão: "Como a cada ser vivo, o tempo também nos é atribuído. Quando o cumprimos, o plano da natureza reivindica que façamos lugar para aqueles que vêm depois de nós e que renovam a vida. Nessa posteridade, somente, continuamos a viver."

[24] Em junho de 1906, em pleno processo de plágio, Freud fez uma conferência, "O estabelecimento dos fatos por via diagnóstica e a psicanálise", in S. Freud, *L'inquiétante etrangeté et autres essais,* nova trad. franc. de B. Fréron, Paris, Gallimard, 1985, onde comparava a psicanálise com o método de Wundt de medida do tempo de reação às associações de palavras.

A noção de bissexualidade é importante entre Fliess e Freud, já que este último reconhece, na *Psicopatologia da vida quotidiana*, que ela provém de Fliess e que inconscientemente teria desejado apropriar-se dela, confissão que Fliess irá explorar por ocasião do caso do plágio.

Fliess teria exposto sua concepção a Freud na Páscoa de 1897, num encontro em Nuremberg. Freud, em sua carta a Fliess de 14.11.97, faz a suposição de que o recalque põe em jogo um fator orgânico: "Esse fator orgânico depende da maneira como se realizou o abandono das zonas sexuais, conforme este se efetuou sobre o tipo de desenvolvimento masculino ou feminino, ou não se efetuou em absoluto"; mas, contrariamente a Fliess[25], ele renuncia "a ver na libido o elemento masculino e no recalque o elemento feminino".

Em janeiro de 1898, depois do seu encontro em Breslau, em meados de dezembro, Freud escreve, entusiasmado, a Fliess: "Estou realmente subjugado pela insistência da bissexualidade e considero esta sua idéia incidente como a mais importante em meu tema, depois da de "defesa"." Em compensação, Freud se "arrepia" contra a ligação entre bissexualidade e bilateralidade estabelecida por Fliess.

A concepção da bissexualidade de Freud não é a mesma que a de Fliess. Aliás, a fim de melhor marcar sua diferença, Fliess introduz — segundo ele — um "novo termo" para designar sua concepção: a dupla

[25] W. Fliess, "O curso da vida", *Der Ablauf*, op. cit., p. 470: "O que recalcamos de nossa consciência desperta, colocamo-lo na parte do sexo oposto de nossa psique. Então os brotamentos periódicos que são masculinos *e* femininos (23 e 28 dias) acentuam em nós ora um sexo ora outro. E assim se amplia igualmente, aos arrancos, o campo da consciência de um lado ou de outro. As alterações súbitas do caráter ligam-se a isso: dureza imotivada nas mulheres, suavidade e espírito conciliador incompreensíveis no homem. Tudo isso, a língua, a grande guardiã dos conhecimentos embalsamados, o sabe. Se ela faz [com que digam] que alguém se levante com o pé *esquerdo*, ela quer dizer que seu humor mudou durante a noite. Só a psique consciente é influenciável pela lógica: a outra, a do sexo oposto — que, na moral, é chamada de voz da consciência e, no sonho e nas psicoses*, pode se manifestar e agir com a força de uma imposição —, é inacessível ao raciocínio frio, mas conduz, como cadência científica, artística ou moral, inteiramente, de forma poderosa, a nossa vida.

* Compreende-se, apenas nesse contexto, por que nos doentes psíquicos se encontram, com tanta freqüência, estigmas corporais do outro sexo.

sexuação (*Doppelgeschlechtigkeit*). No entanto, a cada vez que Freud aborda a questão da bissexualidade não pode deixar de pensar em Fliess, num sentido que, certamente, o embaraça. Para começar, deve reconhecer nele uma prioridade. Assiste-se em Freud a uma tentativa de apagamento do nome de Fliess sempre que ele fala de bissexualidade. Na *Psicopatologia*, reconhece abertamente a tentativa, mas noutros casos o apagamento (ou sua tentativa) se dá sem ser assinalado. Na primeira edição dos *Três ensaios sobre a sexualidade* (1905), Freud escreve: "Desde que travei conhecimento com o ponto de vista da bissexualidade (por W. Fliess), considero este fator como determinante nesse domínio...[26]". O "(por W. Fliess)" será suprimido por Freud nas edições dos *Três ensaios* posteriores ao caso do plágio (1906) alegado por Fliess. Em 1910, Freud acrescenta em nota a uma passagem onde se trata da inversão sexual: "Em 1906, W. Fliess ("O curso da vida") reivindicou a propriedade da idéia de bissexualidade (no sentido de uma dupla sexualidade (*Zweigeschlechtigkeit*))[27]".

O embaraço de Freud com a noção de bissexualidade não se liga somente a uma questão de prioridade em face de Fliess, inicialmente esquecida, depois reconhecida, apagada e denegada. Provém igualmente da dificuldade de manejo dessa noção. Ao mesmo tempo em que Freud recorre a ela, também a desconstrói. Em 1915, num apêndice aos *Três ensaios*, Freud distingue aí três sentidos: "Utiliza-se masculino e feminino, ora no sentido de atividade e passividade, ora no sentido biológico, e também no sentido sociológico[28]". Em "Psicogênese de um caso de homossexualidade feminina" (1920), ele conta três séries de caracteres (sexuais somáticos, sexuais psíquicos, modo de escolha de objeto) "que até um certo ponto variam independentemente uns dos outros[29]" e, um pouco mais adiante, escreve: "A psicanálise está situada no mesmo terreno que a biologia, na medida em

---

[26] S. Freud, *Trois essais sur la théorie du sexuel*, trad. La Transa, vol. 3, p. 41. *Trois essais sur la théorie sexuelle*, op. cit., p. 162.

[27] Ibid., La Transa, vol.1, p. 41; Gallimard, p. 49, que omite citar "Le Cours de la vie".

[28] Ibid., La Transa, vol.3, p. 39.

[29] S. Freud, *Névrose, psychose et perversion*, op. cit., p. 269.

que toma como hipótese uma bissexualidade originária do indivíduo humano (e animal). Quanto à essência daquilo que, no sentido convencional ou no sentido biológico, nomeia-se "masculino" e "feminino", a psicanálise não pode elucidá-lo: ela retoma, por sua conta, os dois conceitos e os põe na base de seus trabalhos. Se tentarmos referi-los a princípios mais originários, a masculinidade se volatiliza em atividade, e a feminilidade em passividade, o que é demasiado pouco".

Por duas vezes, em obras tardias, Freud volta ao papel da bissexualidade no recalcamento, segundo a maneira como a considerava Fliess no tempo de sua correspondência. Em "Análise terminável e interminável" (1937), Freud lembra que mencionou em outra parte o ponto de vista de W. Fliess[30], "que estava inclinado a ver na oposição dos sexos a causa verdadeira e o motivo originário do recalque[31]", e reitera seu desacordo desse ponto de vista. Mas, se Freud recusa "sexualizar dessa maneira o recalque, e portanto dar-lhe um fundamento biológico", por que, algumas linhas abaixo, mantém ele, no entanto, o biológico como um rochedo de origem subjacente ao psíquico[32]?

Se para Freud a essência do masculino e do feminino se volatiliza, por que afirma ele, em "O Ego e o Id" (1923): "Uma investigação mais aprofundada descobre, na maior parte do tempo, o complexo de Édipo *na sua forma mais completa,* complexa, que é dupla, positiva e negativa, sob a dependência da bissexualidade originária da criança", e: "Seria possível, também, que a ambivalência constatada nas relações com os pais devesse ser inteiramente ligada à bissexualidade[33]"?

Quaisquer que sejam as interpretações que se faça desses textos, eles revelam que Freud jamais rompeu completamente as pontes com as concepções de Fliess, tanto mais que, como veremos, havia participado ativamente de sua edificação.

---

[30] Foi em "Un enfant est battu" (1919) in *Névrose, psychose et perversion,* op. cit., p. 240, sem nomear Fliess, ali designado como "um colega".

[31] S. Freud, *Résultats, idées, problèmes,* trad. franc. sob a direção de J. Laplanche, t. II, Paris, PUF, 1985, p. 267.

[32] Ibid., p. 268.

[33] S. Freud, "Le Moi et le Ça", *Essais de psychanalyse,* nova tradução, Paris, Payot, 1981, pp. 245-246.

Freud rejeita a correlação especificamente fliesseana entre os períodos de 23 e 28 dias e a bissexualidade, mas não as noções de periodicidade e de bissexualidade tomadas separadamente.

A amizade de Freud e Fliess começa em 1887. Ela conhece momentos apaixonados, pelo menos do lado de Freud, cujas cartas, somente, foram encontradas. Os dois amigos têm poucas ocasiões de se encontrar nesse período que vai até a redação e a publicação da *Traumdeutung* (1900). A partir desse momento, julho de 1900, Fliess começa a incriminar a "veemência" de Freud contra ele. Situa o incidente no lago de Achen, perto de Innsbruck, no Tirol. Freud, segundo Fliess, teria posto em causa o valor absoluto atribuído por este aos processos periódicos. Fliess assegura ter percebido então, em Freud, uma "animosidade mais profunda". A partir dessa data, as cartas se fazem mais raras, e sua correspondência é inteiramente interrompida em 1902. Só será retomada em 1904 numa breve troca de cartas que irá constituir o primeiro passo, ainda em particular, para o caso de plágio. O que aconteceu?

Antes de se tornar público, em 1906, o caso tem repercussões. Em outubro de 1900, um certo Hermann Swoboda, em análise com Freud, escuta este último dar uma interpretação de suas fantasias que faz referência à "disposição bissexual de cada ser humano". Swoboda fala sobre isso, na mesma noite, com seu amigo Otto Weininger, o qual irá procurar Freud, um ano mais tarde, para fazê-lo ler o manuscrito de sua autoria, *Sexo e caráter*. Freud vai julgá-lo demasiado especulativo. Mesmo assim, Weininger o publica. Seis meses depois, Swoboda publica seu primeiro livro sobre os períodos e o envia a Fliess, que o cumprimenta pela obra. É só na primavera de 1904 que Fliess toma conhecimento do livro de Weininger. Encorajado por seu amigo Pfennig, que já havia publicado um artigo sobre um caso de plágio, ele se convence de que Weininger e Swoboda, por intermédio de Freud, cometeram um duplo plágio de suas idéias. Depois de um período durante o qual preparam uma acusação, Pfennig e Fliess denunciam publicamente, em 1906, o plágio de que Fliess foi vítima. Tal é o começo do caso, que evolui durante mais de um ano e do qual tentaremos acompanhar os desenvolvimentos e situar o enredo.

Haverá conseqüências de grande importância para a psicanálise, em diferentes registros. O caso irá afetar Freud de um modo duradouro e terá repercussões em suas amizades futuras, nos limites que ele irá se impor, dali por diante, nas suas relações e na idéia que faz de si mesmo: "Tive êxito ali onde o paranóico fracassa", declara ele a Ferenczi, fazendo alusão a Fliess. Este caso estará na origem da sua nova teoria da paranóia, que expõe em seu estudo do caso Schreber. O que não impedirá que as teorias de Fliess mantenham um lugar na obra de Freud[34] e encontrem, entre os próprios analistas, adeptos fervorosos (K. Abraham, W. Stekel, S. Ferenczi, A. Adler).

A ruptura entre os dois amigos teve também correlações institucionais significativas para a psicanálise. Precipitou, provavelmente, a criação das "noites de quarta-feira" em Viena, em casa de Freud, em 1902; é isso o que deixa supor H. Nunberg na sua introdução às *Minutas*: "Alguns anos depois do rompimento entre Freud e Fliess, o grupo de "quarta-feira à noite" tornou-se a audiência de que tanto precisava"[35]. O público dessas reuniões sucedeu, para Freud, o "público único" que Fliess encarnara. A designação, em outubro de 1906, de um secretário, Otto Rank, que estabelecia as minutas da "Sociedade psicológica da quarta-feira", provavelmente também tem relação com o caso do plágio. Essas minutas permitiam prevenir todo risco de reclamação indevida de prioridade de idéias e trabalhos que eram expos-

---

[34] A discussão ocorrida a 29 de janeiro de 1913 na Sociedade de quarta-feira versava sobre a teoria dos períodos de Fliess. Os analistas presentes davam-lhe um certo crédito. Por exemplo, segundo Federn, "o desenvolvimento periódico desempenha igualmente um papel importante nos distúrbios neuróticos, papel que é todavia anulado ou dissimulado pela repetição psicogênica". Sobre a intervenção de Freud, relata-se: "Ele gostaria de formular sua oposição a Fliess da seguinte maneira: as leis da natureza não podem se exprimir sob uma forma pura, porque entram em conflito com outras leis, ao passo que as leis de Fliess são supostas se impor sob uma forma pura" e: "Uma outra observação de Fliess merece ser verificada: a saber, que os homens morrem na hora em que nasceram" (*Les Premiers Psychanalystes, Minutes de la Societé psychanalytique de Vienne*, tomo IV, Paris, Gallimard, 1983, trad. franc. de N. Schwab-Bakman, p. 180).

[35] *Les Premiers Psychanalystes, Minutes de la Societé psychanalytique de Vienne*, trad. franc. N. Schwab-Bakman, t. I (1906–1908), Paris, Gallimard, 1976.

tos, e Freud não era o último a se sentir plagiado[36]. Segundo G. H. Melenotte, os efeitos da designação de Rank como secretário, depois do caso Fliess, até hoje não cessaram de se fazer sentir; eis o comentário que ele nos enviou a respeito: "O caráter público assumido pelo caso Weininger-Swoboda a partir de janeiro de 1906 provocou uma mudança importante e duradoura no pequeno círculo privado que se reunia todas as noites de quarta-feira em casa de Freud desde o outono de 1902. Essa transformação não nos deve reter em seu caráter formal, que é decerto patente, mas que não nos parece encerrar o essencial da mudança que se operou na instituição freudiana, ainda em seu estágio germinal. (...) Não que Otto Rank, que entrou em função a partir de 10 de outubro, seja suspeito de haver introduzido por si mesmo o fenômeno em causa. Digamos que ele tenha sido o seu efeito. Esse nascimento de uma Sociedade, a primeira Sociedade psicanalítica, atribuindo a Rank sua função particular, parece-nos realmente ser o efeito direto da perseguição fliesseana, a partir do momento em que esta assumiu um caráter público. A paranóia, sobre a qual Freud dirá que aprendeu tudo com Fliess, sob a forma da perseguição que Fliess move contra Freud, lança sua luz e sua exigência de transparência no seio da comunidade local. Esta só se pode fazer pelo viés da escrita secretarial assegurada por Rank, que vai promover a transcrição das intervenções e dos debates, onde cada participante será nomeado e encarregado de fazer as correções necessárias uma vez o relatório publicado e divulgado entre os membros da Sociedade.

Enfim, a ruptura entre Freud e Fliess, e sobretudo a maneira como esta se operou, teve conseqüências sobre a idéia que se faz ainda hoje da história da psicanálise, de suas origens e daquilo que se construiu com a edificante auto-análise de Freud.

As marcas deixadas pelo encontro de Freud com Fliess foram em

---

[36] Disso testemunha sua reação à publicação do livro de Moll, *La Vie sexuelle de l'enfant* (1908); quando da discussão sobre esse livro, Rank relata assim as afirmações de Freud: "É um livro insuficiente, inferior e sobretudo desonesto. Há duas provas de sua desonestidade. Uma foi sublinhada pelo Dr. Rie. Por mais curioso que pareça, a sexualidade infantil foi realmente descoberta por ele, Freud." *Les Premiers Psychanalystes*, t. II, Paris, Gallimard, 1978, p. 54 (sessão de 11 de novembro de 1908).

grande parte apagadas. Esse apagamento começou em vida de Freud, que destruiu as cartas de Fliess. A diáspora e as perdas de arquivos consecutivas à perseguição nazista e à guerra tiveram por conseqüência a desaparição de documentos e testemunhos daquela época. As biografias mais ou menos hagiográficas de Freud, a política de retenção dos Arquivos Freud, a censura das cartas de Freud a Fliess[37] por A. Freud, M. Bonaparte e E. Kris — incidindo particularmente sobre a participação de Freud nos cálculos de Fliess — alimentaram o silêncio no que dizia respeito à relação Freud–Fliess. Podemos nos perguntar se o manto de Noé que foi lançado sobre a vida e a obra de Fliess não concorre para cultivar a imagem tranqüilizadora de um personagem silencioso, posto em lugar de suposto analista de Freud, a fim, precisamente, de guardar o mistério sobre o ato pelo qual Freud torna-se analista.

Seja como for, a incidência das teorias de Fliess sobre o pensamento de Freud e aquilo que se deve realmente reconhecer como o núcleo delirante em Fliess — que elas ocultam e revelam ao mesmo tempo — jamais foram verdadeiramente abordados. O caso de plágio de Fliess permaneceu em grande parte ignorado, desconhecido, truncado. Os relatos sucintos que disso foram feitos carecem de informações, misturam as datas, confundem — apesar da recomendação de Fliess — a questão da prioridade e a do plágio.[38] Sobretudo, não permitem apreender o mecanismo do deslanchamento do caso, nem sua relação com as teorias de Fliess.

---

[37] Nesse sentido, o título *La Naissance de la psychanalyse* [O nascimento da psicanálise] inscrito sob o nome de Freud para reunir essas cartas censuradas induz ao erro.

[38] Alguns exemplos tirados das biografias de Freud ilustram a maneira como esse caso foi apresentado. Wittels — que apresenta a si mesmo como uma "testemunha crítica" — diz em algumas linhas que Freud era culpado: ele começou por negar, mas em seguida reconheceu "com uma franqueza magnífica" (Fritz Wittels, *Freud, l'homme, la doctrine, l'école*, Paris, F. Alcan, 1925). Jones concede que "foi sem dúvida a única vez em que Freud cessou por um instante de se mostrar verídico", mas faz a seguir, em duas páginas, uma apresentação dos fatos muito desfavorável a Fliess (E. Jones, *La Vie et l'Oeuvre de Sigmund Freud*, Paris, PUF, t. l, 1958, p. 346). Schur (M. Schur, *La Mort dans la vie de Freud*, Paris, Gallimard, 1975) resume o relato dos fatos, e Marthe Robert consagra apenas algumas linhas àquilo que chama de um "lamentável epílogo"

Voltando a dar a palavra a Fliess, em especial através de documentos traduzidos, e até mesmo publicados aqui pela primeira vez, começamos a responder à questão de Octave Mannoni: "Por onde passa, então, exatamente, essa linha sutil e quase inapreensível que separa o delírio de Fliess do saber de Freud[39]?"

(M. Robert, *La Révolution psychanalytique*, Paris, Payot, 1964, p. 182). Kris ameniza a gravidade do caso, que apresenta num só parágrafo, introduzido curiosamente por: "A tendência de Fliess a violentar os fatos para fazê-los se enquadrar às suas hipóteses resultou num epílogo que afetou, apenas muito superficialmente, suas relações com Freud" (E. Kris, introdução à *Naissance de la psychanalyse*, Paris, PUF, 1979, p. 37). Levando-se em conta suas ligações, por aliança, com a família Fliess e sua participação na publicação das cartas de Freud a Fliess, Kris não podia tomar partido muito abertamente contra este. O filho de Fliess, Charles, sentiu todavia o ponto de vista de Kris como uma traição da memória de seu pai. Mesmo P. Gay, que se dá um ar de objetividade, relata o caso de modo sumário e crê que o "erro de [Freud] foi menos o de ter cometido uma indiscrição, discutindo a bissexualidade com Swoboda, que o de não ter sabido explicar-se francamente com Fliess quanto à visita de Weininger" (P. Gay, *Freud, Une Vie*, Paris, Hachette, 1991, p. 180). Somente Sulloway (op. cit.) situa de maneira argumentada o processo do plágio no contexto das relações entre Freud e Fliess e não cai na caricatura ou no julgamento superficial.

[39] Octave Mannoni, "L'analyse originellee", in *Clefs pour l'imaginaire ou l'Autre scène*, Paris, Seuil, 1969, p. 117.

Capítulo 1

Wilhelm Fliess

Uma juventude marcada pela morte

Oriundo de uma família de judeus sefarditas instalados em Markbrandeburg desde o Século XVIII, Wilhelm Fliess nasceu a 24 de outubro de 1858[1] em Arnswalde, como seu pai Jacob Fliess. O sobrenome era escrito, anteriormente, "Fliehs", não se sabendo quando nem por que a mudança ocorreu[2]. Essa ortografia é encontrada em algumas bibliografias de Fliess. Pode-se igualmente notar que em Brandeburg a grafia "Flieht" (derivada etimologicamente de *fliessen*, fluir) era corrente.

Os pais de Wilhelm mudaram-se para Berlim em 1862. O pai de Wilhelm negociava com grãos, sem grande sucesso, ao que parece. Era um homem honesto, mas pouco dotado para o comércio.

A mãe de Wilhelm, Henriette, nasceu sob o nome de Hirsekorn a 26 de maio de 1834. Judia piedosa, ela observava os ritos religiosos, tradição que Wilhelm não manteve.

---

[1] Este é também o ano da morte de Julius, o irmão mais novo de Freud. Notamos isso porque, para muitos, a começar pelos próprios filhos de Wilhelm Fliess, a relação entre Freud e Fliess surge como uma relação fraternal.

[2] Devemos essa informação a uma carta de Pauline Jacobsohn, a filha de Wilhelm Fliess, dirigida em 24.6.62 ao Instituto Léo Baeck, quando doou os arquivos do pai que estavam em seu poder. Esses arquivos encontram-se hoje na Biblioteca Hebraica de Jerusalém.

Duas outras crianças nasceram do casamento de Jacob e Henriette: um menino, natimorto, em 28 de novembro de 1857, um ano antes do nascimento de Wilhelm, e uma menina, Clara, em 5 de outubro de 1859, um ano depois do nascimento de Wilhelm.

Wilhelm freqüenta o *Graue Kloster Gymnasium*. Adoece constantemente, o que interrompe seus estudos. Dizia-se que ele teria contraído uma doença que teria interrompido seu crescimento.

Em 25 de junho de 1878, morre Jacob Fliess. Nenhum dos escritos, públicos ou privados, que conhecemos de Wilhelm Fliess faz menção a seu pai e jamais, em seus cálculos, inclui a data de nascimento ou de morte deste, quando no entanto era pródigo em dados sobre os outros membros da família. A única indicação proveniente de Wilhelm sobre a morte de seu pai nos é conhecida por uma carta de Freud a Ferenczi: "A convicção de que seu pai, morto de erisipela depois de longos anos de supuração nasal, teria podido ser salvo, fez dele um médico, voltando mesmo a sua atenção para o nariz. A morte súbita de sua única irmã, dois anos mais tarde, no segundo dia de uma pneumonia, pela qual ele não podia responsabilizar os médicos, inspirou-lhe a teoria fatalista das datas predestinadas da morte, como que para se consolar. Esse fragmento de análise, contrário ao seu desejo, foi o motivo interior do rompimento que ele operou de maneira tão patológica (paranóica)[3]." Ora, se tal é realmente a versão transmitida por Fliess, ela não corresponde à verdade dos fatos. Pauline Jacobsohn deu um mesmo testemunho a K. R. Eissler[4] e a Peter Swales[5]: Jacob Fliess se teria suicidado em Leipzig (ou em meio à estrada de ferro entre Berlim e Leipzig), na ocasião em que — como muitos outros comerciantes de sua época — abrira falência. As circunstâncias exatas desse suicídio não estão bem

[3] Sigmund Freud – Sandor Ferenczi, *Correspondance*, traduzida para o francês pela equipe do Coq Héron, 1908-1914. Carta de 10 de janeiro de 1910, Paris, Calmann-Lévy, 1992, pp. 133-134.

[4] Entrevista de Pauline por K. R. Eissler, em 26 de setembro e 6 de outubro de 1964, depositada na Biblioteca Hebraica de Jerusalém.

[5] P. Swales, "Freud, Fliess and Fratricide: The role of Fliess in Freud's conception of paranoïa", *Sigmund Freud. Critical Assessments.* Editado por Laurence Spurling, vol. I, Londres e Nova Iorque, Routledge, 1989, e conversação pessoal.

Título: **Árvore genealógica de W. Flieβ***

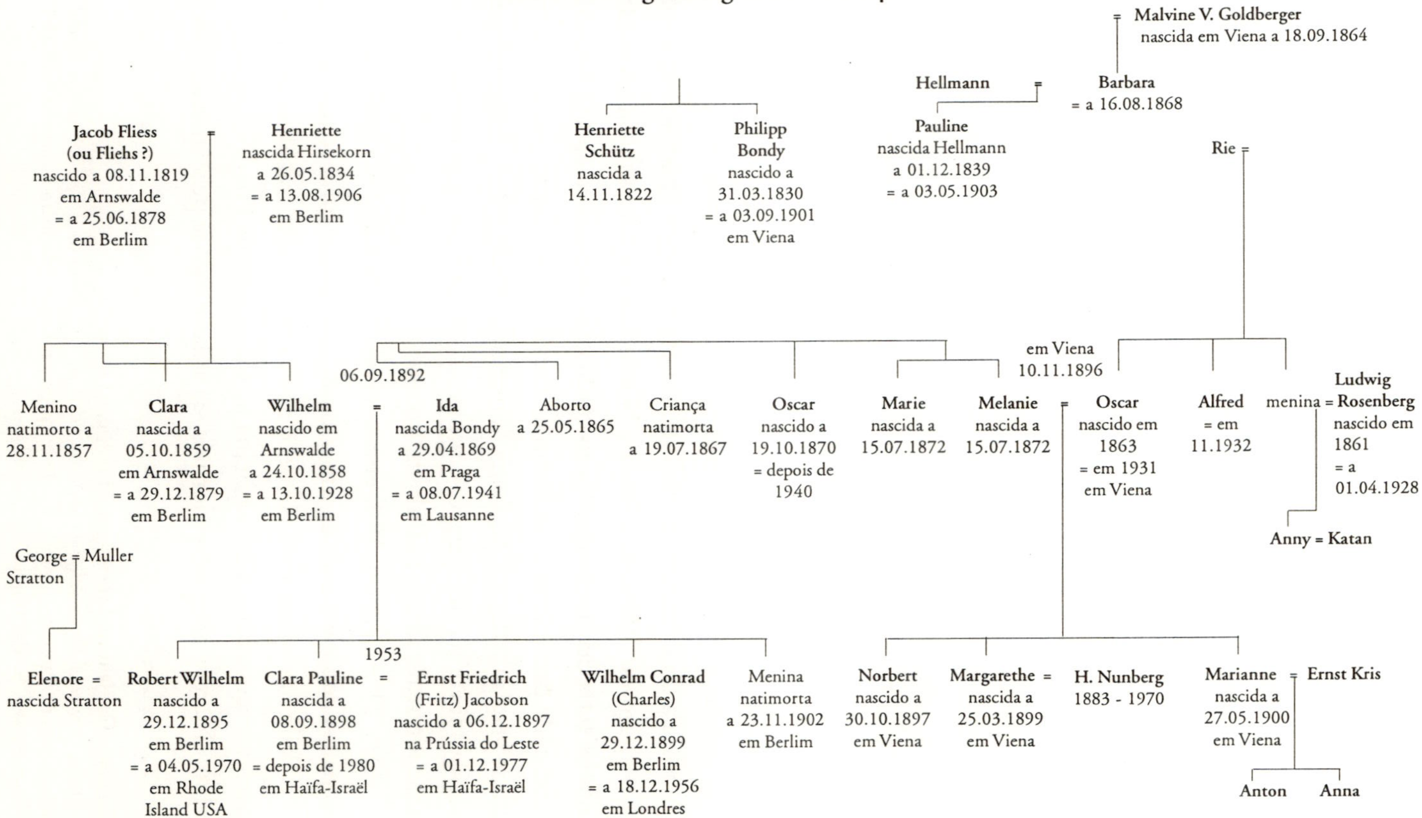

* Um primeiro estabelecimento, feito por P. J. Swales, guardado na Biblioteca Hebraica de Jerusalém

estabelecidas, e a certidão de óbito não traz nenhuma menção à causa da morte. Pauline teria sabido a causa real da morte de seu avô por seu irmão Robert, este último tendo-a aprendido de seus pais ou de amigos, ao pesquisar os documentos sobre suas origens para responder às exigências dos nazistas nos anos 30. Wilhelm sabia a causa da morte de seu pai: tinha vinte anos, na época, e esteve presente ao funeral. O silêncio guardado por ele, mesmo com seu amigo Freud, quanto a este acontecimento, bem como sobre a vida de seu pai, deve ter pesado muito no conjunto de suas relações. Não é de surpreender que ele se mostre cético diante do "fragmento de análise" que lhe faz Freud, mas trata-se de um ceticismo correspondente à sua recusa de confiar-se.

Um ano e meio depois da morte de Jacob, a morte atinge novamente a família Fliess: em 29 de dezembro de 1879, a irmã de Wilhelm, Clara, morre na idade de 20 anos, levada em trinta horas por uma pneumonia[6]. Essa moça tinha talento para o desenho. Wilhelm era muito ligado a ela, sendo-lhe necessários muitos anos para superar o choque de sua morte. Segundo Pauline, os pais de Wilhelm eram muito ocupados, o que reforçou o apego de Wilhelm à irmã. Numa carta a Ida, sua futura mulher, Wilhelm teria declarado que foi ao conhecê-la que começou a se libertar da infelicidade pela perda de sua irmã. Freud, de sua parte, vai afirmar que Pauline veio substituir Clara para Wilhelm[7]. A julgar pela importância do tema da morte na obra deste, é provável, com efeito, que um luto jamais tenha sido realizado por Wilhelm Fliess.

Aos 21 anos, pois, Wilhelm se vê só com a mãe e as dívidas deixadas pelo pai. Com a exceção de um próximo, a família fornece pouca ajuda.

Wilhelm passa o seu *Abitur* e deve, em seguida, trabalhar para poder prosseguir seus estudos de medicina na Universidade Friedrich Wilhelm de Berlim. Escreve artigos nos jornais, dá aulas e liga-se pela amizade aos pais

---

[6] W. Fliess, "Das Jahr im Lebendigen", 1918, p. 61.

[7] S. Freud, *Sigmund Freud Briefe an Wilhelm Fliess*, op. cit., carta de 9.10.1898 escrita quando do nascimento de Pauline. A propósito do lugar de Pauline, cf. também a carta de 8.10.1895 e a *Traumdeutung*, p. 409 (sonho "Non vixit").

Das läßt sich so veranschaulichen:

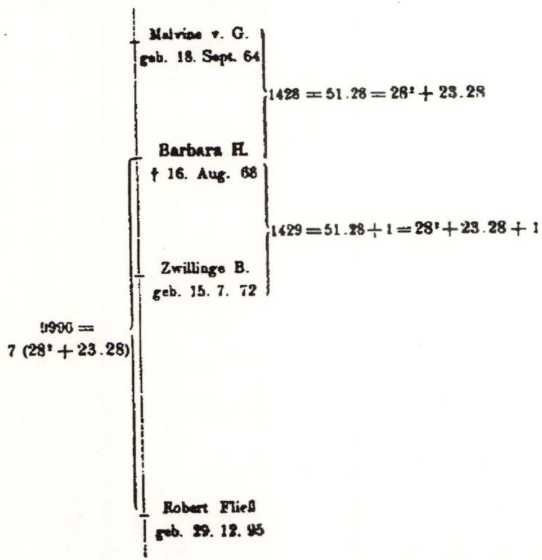

Um den Todestag der Großmutter gruppieren sich also harmonisch die Geburten zweier Enkel mit $28^2 + 23 \cdot 28$ Tagen, und der Urenkel steht

$$7\,(28^2 + 23 \cdot 28) \text{ Tage ab, oder } \frac{28}{4}\left(28^2 + 23 \cdot 28\right).$$

Dieser Urenkel ist aber der Sohn von Ida Boody. Deren Geburtstag 29. April 1869 ist von dem Todestag ihrer Großmutter $256 = 28^2 - 23^2 + 1$ und von dem Geburtstage ihrer Schwestern (Zwillinge 15. Juli 1872) $1173 = 51 \cdot 23 = 23^2 + 28 \cdot 23$ Tage entfernt.

Also oben: $28^2 + 23 \cdot 28 = 28\,(28 + 23)$.
hier: $23^2 + 28 \cdot 23 = 23\,(28 + 23)$.

Wenn wir also vorläufig die Ungenauigkeit eines Tages vernachlässigen dürfen, dann sieht das ganze Bild so aus:

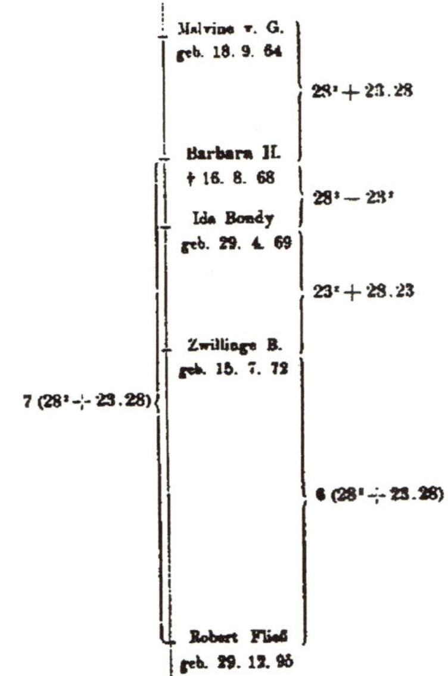

Dieses beredte Beispiel zeigt, wie in dem zusammenhängenden Strom lebendiger Substanz der Tod dem Leben Platz macht und wie der Sterbetag ebenfalls den periodischen Beziehungen der 28 und 23 Tage untertan ist.

Wenn Bismarck

geb. 1. April 1815 / gest. 30. Juli 1898 | 30436 = 1087 . 28

Em comparação com a árvore genealógica de Wilhelm Fliess, eis duas árvores genealógicas referentes a seu filho Robert, construídas por Fliess, em "Le Cours la vie", Der Ablauf, *(pp. 7-8) segundo a filiação que a teoria dos períodos estabelece.*

de seus "alunos". Du Bois-Reymond (segundo Pauline) ou Helmholtz (segundo Charles, filho de Fliess) foi seu professor.

Ao fim de seus estudos, em 1883, depois de um curto período de estágio no hospital de Berlim, instala-se como clínico geral e sua clientela aumenta rapidamente. Ele provê as suas necessidades e as de sua mãe.

Pauline conta que um amigo de Jacob Fliess, e tio de dois alunos de Wilhelm Fliess, chamado Carl Siber, ofereceu-lhe uma grande placa de médico quando da obtenção de seu doutorado. Como ela era grande demais, Wilhelm não quis afixá-la, mas recusou-se a comprar uma outra para não ofender o amigo paterno. De sorte que nunca teve uma placa de médico.

Próximo do fim de seus estudos ele começa a viajar, à Noruega, à Itália, principalmente para fazer atas de congressos médicos, o que lhe dá dinheiro e lhe permite encontrar personalidades de diferentes meios, com as quais faz amizade.

Jamais obteve um posto na Universidade. Segundo Pauline, por volta de 1887-1889, Hugo Kronecker, assistente de Du Bois-Reymond, teria proposto a Fliess um posto de professor em Breslau. Judeu e ateu, Wilhelm recusa batizar-se, o que teria desgostado Kronecker[8].

No outono de 1886, decide tirar um ano sabático e empreende uma série de viagens pela Europa. Confia sua clientela a um colega e vai à Itália, para beneficiar-se de seu clima. Visita Nápoles, Capri, Roma e permanece seis meses na Universidade de Pisa. Em seguida, vai a Paris, ao Instituto Pasteur e à clínica de Charcot, e depois a Londres.

Em agosto de 1887 chega a Viena para trabalhar no Hospital Geral. Ali permanece por três meses. Pouco tempo antes de sua partida, encontra pela primeira vez Freud, que voltara de Paris (onde havia seguido o

[8] Seu apregoado afastamento da religião judaica não impediu mais tarde que os críticos de Fliess assimilassem sua teoria dos períodos a uma interpretação cabalística das cifras. Ali mesmo onde ele acreditava distanciar-se mais de sua tradição (numa convicção racionalista), suscitava a evocação desta. Cf. A. Hirschmüller, *Josef Breuer*, trad. franc. de M. Weber, Paris, PUF, 1991, p. 324. Cf. também D. Bakan, *Freud et la tradition mystique juive*, trad. franc. P. Osusky e E. Risler, Paris, Payot, 1977, pp. 61-69.

ensinamento de Charcot) oito meses antes. Admite-se em geral que esse encontro ocorreu por intermédio de Joseph Breuer[9]. Seja como for, Fliess assiste às lições de Freud sobre anatomia e funcionamento do sistema nervoso; Freud fará um dia alusão ao fato de Fliess ter sido seu "aluno"[10].

Wilhelm volta a Berlim, em novembro de 1887, e retoma suas atividades de consultório; abre, mesmo, uma pequena clínica — como tantas existentes em Berlim — com uns poucos leitos.

Depois de sua volta, recebe uma carta de Freud convidando-o a prosseguir suas relações: "Embora esta seja uma carta utilitária, confesso-lhe que gostaria de continuar em contato com o senhor (literalmente: prosseguir a relação [*Verkehr*]). O senhor me causou uma profunda impressão...[11]."

O começo da amizade com Freud

Este foi o ponto de partida de uma longa correspondência, da qual apenas as cartas de Freud são hoje acessíveis[12]. Elas permitem, em certa medida, reconstituir o itinerário de Fliess até 1902. Esse período é particularmente intenso para ele: casamento com Ida, nascimento de seus filhos, concepção da teoria dos períodos e da bissexualidade, extensão de sua clientela, publicações. Para Freud, também, foi um período bastante ocupado: depois de seu casamento, em 1886, com Martha, seus filhos nascem em 1887, 1889, 1891, 1892, 1893, 1895; publica os *Estudos sobre a histeria*, "As psiconeuroses de defesa", "Obsessões e fobias", "Lembranças encobridoras", e a *Traumdeutung* ("A interpretação dos sonhos")... Durante esse tempo, morrem os mestres reconhecidos por Freud e Fliess, os representantes da escola de Helmholtz: Ernst Brücke em 1892, Hermann

---

[9] P. Swales, op. cit., menciona no entanto uma versão segundo a qual o encontro se teria dado por instigação do laringologista Edouard Ronsburger.

[10] S. Freud, *Sigmund Freud Briefe...*, op. cit., carta de 10.7.1893.

[11] Ibid., carta de 24.11.1887.

[12] Em 6.12.1928, logo depois da morte de Wilhelm Fliess, Ida Fliess escreve a Freud pedindo-lhe emprestadas, "por um tempo limitado" e "sem objetivo exterior", as cartas de seu marido. Eis as respostas de Freud. Inicialmente, em 17.12.1928, ele escreve:

Helmholtz em 1894, Carl Ludwig em 1895, Emil Du Bois-Reymond em 1896[13].

A correspondência, episódica no início, assume um ritmo sustentado a partir de 1892. Freud e Fliess não se contentam em trocar cartas, mas encaminham doentes, de quem falam, um para o outro, trocam fotos, e começam a ler, cada um, os trabalhos do outro. Fliess se interessa pelos de Freud sobre a anatomia do cérebro e anima-o a escrever um tratado.

Entre 1887 e 1892, eles só se revêem uma vez. Em maio de 1892, Fliess manifesta sua intenção de casar-se com uma vienense, Ida Bondy. A partir do mês de junho, Freud começa a chamá-lo por você e assina "teu Sigm. Freud". Reencontra por diversas vezes os futuros sogros de Fliess que o recebem amigavelmente. O casamento se realiza em Viena (Medling) a 6 de setembro, em presença de Philipp Bondy e Carl Siber; a cerimônia é celebrada "segundo o rito israelita e a lei burguesa".

"Cara Senhora,
Apresso-me a responder a sua carta, embora até o dia de hoje nada lhe possa ainda comunicar para satisfazer seu pedido.
Minha lembrança me diz que destruí, em dado momento depois de 1904, a maior parte de nossa correspondência. Mas resta a possibilidade de que um certo número das cartas procuradas tenha sido conservado e volte a se encontrar por uma cuidadosa busca nos cômodos que habito há 37 anos. Assim, posso lhe pedir um prazo até o Natal. O que encontrar será posto à sua disposição, sem condições. Se nada encontrar, a senhora compreenderá então que nada escapou à destruição. Certamente, ficarei igualmente feliz de saber que minhas cartas para seu marido, meu amigo íntimo durante longos anos, encontraram um destino que as preserva de toda utilização futura.
Apresentando-lhe meus sentimentos de condolências, permaneço seu devotado Freud."
A 30 de dezembro de 1928, Freud escreveu de novo a ida Fliess:
"Cara Senhora,
Até agora nada encontrei, e estou muito inclinado a supor que toda a correspondência tenha sido destruída. Mas, dado que tampouco encontrei outras coisas, tais como as cartas de Charcot que certamente devo ter conservado, considero que a procura não está encerrada. No caso de encontrar alguma coisa, meu assentimento permanece, naturalmente, válido.
Seu muito devotado Freud."
Essas duas cartas se encontram na Biblioteca Hebraica de Jerusalém. Elas foram publicadas, em alemão, na introdução de *Briefe an Wilhelm Fliess*, Fischer, pp. XVI-XVII; a de 17 de dezembro está ali datada, por engano, de 7 de dezembro. As duas cartas de Ida a Freud estão reproduzidas ali apenas em parte. Como se pode ler, essas cartas de Freud davam um clarão de esperança a Ida Fliess, e a nós também! Mas até hoje nada apareceu.

[13] Cf. S. Bernfeld, "Freud's earliest theories and the school of Helmholtz", in *The Psychoanalytical Quarterly*, vol. XIII, nº 3, julho de 1944.

Ida, suas irmãs e sua mãe fazem parte do círculo de pacientes de Breuer, que foi, portanto, um intermediário entre Freud e Fliess e entre Fliess e sua mulher. Proveniente de um meio abastado, Ida recebeu um dote importante. Nascida em Praga em 29.4.1869, ela é a filha mais velha de Phillip Bondy, comerciante, e Pauline, nascida Hellmann; depois dela, vêm Oscar e duas irmãs gêmeas, Marie e Melanie[14].

Wilhelm e Ida Fliess terão quatro filhos: Robert Wilhelm nasce a 29.12.1895, Clara Pauline a 8.9.1898, Wilhelm Conrad (Charles) a 29.12.1899 e a 23.11.1902 nascerá uma criança natimorta.

Wilhelm se entendia muito bem com os sogros. Pauline descreve sua mãe como uma mulher autoritária, nervosa, impulsiva, psicopata e que tinha predileção por Robert. Ela permanecerá doente por muitos anos. Ao contrário, Elenore, a futura mulher de Robert Fliess, considerava-a uma "excelente anfitriã, pianista amadora, que atraía para sua casa artistas, cantores, pianistas. Seus amigos chamavam-na "a duquesa"[15]". Quanto a Wilhelm, segundo Elenore, era um homem encantador com seus pacientes e seus amigos, mas que se comportava como um tirano doméstico. As crianças, diz ela, eram "cidadãos de segunda classe". A própria Ida, acrescenta, dava mais importância às teorias de seu marido do que às tarefas parentais. De fato, Ida contribuiu muito para as teorias de Fliess, como o próprio Freud observou ao amigo, sendo além de sua esposa um material de observação e sua "secretária"[16]. Ida copiava as cartas e rascunhos do

---

[14] Oscar será comerciante e colecionador de arte.
Melanie se casará em 6.10.96 com o Dr. Oscar Rie, amigo, colega, médico de família de Freud, que assinou, junto com ele, o *Étude clinique de l'hemiplégie cérébrale de l'enfant* (1891). Freud o apresenta às reuniões da Sociedade da quarta-feira em 7 de outubro de 1908, e ali ele fará um relatório sobre Moll. As duas filhas de Oscar Rie e Melanie Bondy (dos três filhos que eles terão) vão se casar com psicanalistas que se tornarão célebres: Margarethe se casará com H. Nunberg e Marianne com E. Kris. Quando mais jovem, Margarethe esteve em Berlim e foi bem recebida pelos Fliess. Depois do rompimento entre Freud e Fliess, os Rie tomaram partido contra Fliess e foi só depois da morte de Wilhelm Fliess que Melanie voltou a Berlim e que os Rie e os Fliess retomaram oficialmente suas relações.
De Marie, a gêmea de Melanie, nada sabemos, a não ser que não se casou.

[15] Elenore Fliess, *Robert Fliess: the Making of a Psychoanalyst*, Londres, Raffey and Clarck, 1974.

[16] S. Freud, *Sigmund Freud Briefe...*, op. cit., carta de 13.9.1894, Manuscrito O.

marido. Depois da morte deste, ela encheu um caderno com todas as passagens da *Traumdeutung* que se referiam a ele. Além disso, era ela quem se ocupava da administração do patrimônio.

Logo depois de seu casamento em Viena, Wilhelm Fliess voltou a Berlim com sua mulher e mudou-se para Heydstr. 1, onde iria residir até morrer. Fliess envia a Freud, em julho de 1892, "Neue Beiträge zur Klinik und Therapie der nasalen Reflexneurosen" ("Novas contribuições à clínica e à terapia das neuroses nasais reflexas") e Freud corrige suas provas em outubro. Fliess submete a ele "Die nasale Reflexneurose" ("A neurose nasal reflexa"), que apresentou no XII Congresso de Medicina Interna de Wiesbaden (12/15 de abril de 1893) e que Freud lhe devolve, com várias páginas de observações, anotadas linha a linha[17]; uma passagem inteira é reescrita por Freud e publicada tal e qual por Fliess. Em maio de 1894, Fliess envia uma primeira versão de "Magenschmerzen und Dysmenorrhee in neuen Zusammenhang" ("Dores de estômago e dismenorréia numa nova conexão"), em relação à qual Freud o encoraja a desenvolver a parte teórica e o diagnóstico diferencial, e em setembro lhe apresenta uma série de observações, linha a linha, sobre as provas[18], que Fliess vai aceitar no essencial.

Por sua vez, Fliess comenta as "Psiconeuroses de defesa", bem como as histórias de neuróticos e os esboços que Freud lhe endereça, com vistas a um trabalho comum sobre a neurastenia[19]. Freud afirma ali a origem sexual da neurastenia e da neurose de angústia (pedindo ao amigo que não mostre a Ida). Fliess vai confirmá-lo mais tarde com suas observações ("a angústia revelou-se ser constantemente uma parte de excitação sexual trans-

---

[17] Esse texto constitui o Manuscrito C2, em S. Freud, *Sigmund Freud Briefe...*, op. cit.

[18] O artigo aparece em 1895 nos números 1, 2, 3, 4, 8, 9 e 10 do *Wiener klinische Rundschau* (dirigido pelo *Privatdocent* Dr. Heinrich Paschkis). Ida é a primeira "doente" em quem Fliess pratica um tratamento nasal com cocaína, e ele a toma como exemplo em seu artigo.

[19] Cf. sobre esse tema o interessante artigo de M. Schröter, "Un dialogue scientifique entre Freud et Fliess", 'Le projet d'étude sur la neurasthénie' (1893), *Revue Internationale d'Histoire de la Psychanalyse,* nº 2, Paris, PUF, 1989.

formada, por ser mal e incompletamente utilizada[20]"); depois de sua descoberta dos "períodos" em 1895, ele irá acrescentar que os acessos de angústia sobrevêm a intervalos periódicos, prova de que existe periodicidade também nos homens.

Durante o ano de 1893, Freud vê tantos neurastênicos no consultório que se sente capaz de fazer o trabalho sozinho, mas não quer no entanto dissolver sua "comunidade" com Fliess. Espera deste a explicação do mecanismo fisiológico, e considera-o "como o Messias que deverá resolver, graças a algum progresso técnico, o problema exposto[21]".

Freud e Fliess trocam também suas opiniões médicas, Freud abandonando as de Breuer. A Fliess, que lhe dá conselhos a fim de fazer cessar as palpitações cardíacas, Freud responde que as enxaquecas violentas e freqüentes de que sofre o amigo são de origem nervosa. Fliess é operado para remediar as enxaquecas, Freud tem o nariz cauterizado.

Desde o casamento de Fliess, os dois amigos só se viram na Páscoa de 1893 em Berlim, em agosto de 1894 em Munique e no Natal de 1894.

A solução da concepção

O ano de 1895 é decisivo para cada um deles: Freud descobre o "segredo" dos sonhos na análise de seu sonho "paradigmático", dito o da "injeção em Irma"; Fliess resolve o problema da "concepção", que irá publicar em *As relações entre o nariz e os órgãos genitais femininos* (1896), obra que faz uma ligação entre seus trabalhos passados e sua nova teoria.

A pedido de Freud, Fliess vai a Viena, em fins de janeiro, para examinar Emma Eckstein, uma analisanda de Freud (que se torna, aliás, analista). Depois de confirmar nela a existência de uma neurose nasal reflexa, decidem operá-la. Os restos diurnos relativos a essa operação e suas conseqüências estão na origem do famoso sonho de Freud da injeção em Irma (que

[20] W. Fliess, *Les Relations entre le nez et les organes génitaux féminins*, op. cit., p. 171.
[21] S. Freud, *Sigmund Freud Briefe...*, op. cit., carta de 10.7.1893.

data de 24 de julho). Dois meses depois da operação, piorando seu estado, descobre-se 50 cm de gaze esquecidos por Fliess no nariz de Emma. Mesmo depois de se haver retirado esse corpo estranho, ela leva muitos meses para se restabelecer. Fliess contrai uma gripe depois dessa operação. Na mesma oportunidade, ele opera também Freud, que vai manter uma supuração nasal até 13 de abril. O empiema cessa depois de uma aplicação de cocaína. Freud, então, chama Fliess de "seu caro mágico", o que mostra que essas operações infelizes não alteram, aparentemente, a confiança que deposita em Fliess, nem aliás a de Breuer, que também envia pacientes a Fliess. Também Breuer está satisfeito com a amabilidade de Fliess. Dora, a filha caçula de Breuer, é operada por Fliess (não se sabe exatamente em que data: em todo caso, antes de março de 1895) e lhe fica reconhecida.

Em Viena, Fliess e Freud se fazem fotografar juntos, deixando à posteridade uma célebre foto onde posam muito semelhantes um ao outro. Indo além do voto de Fliess, Freud encomenda (em março) uma dúzia de exemplares, a fim de distribuí-los.

Fliess expõe em Viena e em Berlim sua teoria, segundo a qual pode-se suprimir as dores do parto pela cocainização do nariz, o que dá lugar a uma polêmica com o professor de ginecologia vienense R. Chrobak, que contesta os resultados de Fliess. Naturalmente, Freud toma o partido de seu amigo.

Durante todo o primeiro semestre do ano de 1895, Freud segue as diretrizes médicas de Fliess, e conforta-o no seu papel de médico pessoal: "Para mim você permanece o médico, o tipo de homem a quem se entrega, cheio de confiança, a sua vida e a dos seus[22]." O próprio Breuer aceita a teoria nasal de Fliess, e cria para ele uma boa reputação em Viena. Em contrapartida, O. Rie escreve uma carta a Fliess (em 10.6.1895[23]) na qual lhe diz que não acredita na etiologia "nasal" dos distúrbios cardíacos de Freud e lamenta que ele o alimente nessa crença, em vez de incentivá-lo a parar de fumar.

---

[22] S. Freud, *Sigmund Freud Briefe...*, op. cit., carta de 20.4.1895.
[23] Que se encontra na Biblioteca do Congresso.

Em abril, Ida fica grávida: suas últimas regras datam de 1º de abril, e a primeira ausência de regras ocorre em 29 de abril; a gravidez deveria, pois, ser conhecida no início de maio. Este acontecimento vai determinar a continuação da obra de Fliess, que passa das pesquisas clínicas e terapêuticas sobre as neuroses nasais reflexas para um sistema especulativo sobre os períodos masculinos e femininos. Fliess já havia publicado seus trabalhos sobre as relações entre o nariz e a menstruação[24], mas em nenhum deles tratara dos períodos de 23 e 28 dias cujo ciclo regula, a partir de então, segundo ele, a ocorrência de todas as espécies de acontecimentos.

A partir de maio, ele anuncia a Freud que "resolveu o problema da concepção[25]", o que constitui a primeira declaração da sua descoberta da lei dos períodos. De acordo com o uso que ele fará dessa lei, pode-se considerar que "o problema da concepção" se refere ao mesmo tempo à determinação do momento da fecundação no ciclo feminino e à do sexo da criança. Para compreender o entusiasmo de Fliess e de Freud não podemos esquecer que esses dois problemas não estavam resolvidos em 1895. Ogino Kyûsaku (1882-1974), futuro inventor do método que leva seu nome associado ao de Knaus, tinha apenas 13 anos. Quanto à explicação de que na espécie humana a determinação do sexo está ligada à presença ou à ausência do cromossomo Y, foi preciso esperar por T. Painter em 1923. Mesmo que, em 1895, a biologia da fecundação estivesse apenas nos seus primórdios, é ainda assim notável que Fliess se afastasse dos caminhos tomados por seus contemporâneos e não faça referência a eles. Weissmann, no entanto, distinguira, em 1892, as células germinais (de 23 (!) cromossomos) e as células somáticas (de 46 cromossomos); em 1900, Hertwig vai publicar sua teoria da fecundação (fusão dos núcleos do espermatozóide e do óvulo) e Boveri vai descrever a meiose (divisão celular que leva à formação de gametas).

---

[24] *Nouvelles contributions à la clinique et la thérapie des névroses nasales réflexes*, 1893; "La névrose nasale réflexe", 1893; "Douleur d'estomac et dysménorrhée dans une nouvelle connexion", 1895.

[25] S. Freud, *Sigmund Freud Briefe...*, op. cit., carta de 25.5.95: "Sua comunicação quase me fez chorar. Se você realmente resolveu o problema da concepção, então pode me pedir desde logo o tipo de mármore que prefere."

A descoberta de Fliess se situa num plano outro que o da experimentação biológica.

Não sabemos precisamente de que maneira a solução ocorreu a Fliess: intuição, dedução, interpretação, iluminação? Mas temos todos os motivos para supor, por reconstrução a partir de seus escritos, que ela sobreveio *subitamente*, a modo de uma idéia incidental (*Einfall*). Essa "solução" (para que problema? Esta é a questão que colocamos) adquiriu de saída um caráter de certeza para Fliess, que jamais tornou a ser questionada, pelo contrário, só fez confirmar-se e generalizar-se. Ela veio de um "alhures", indefinido, e isso no momento em que ele soube que iria ser pai pela primeira vez. A relação entre a gravidez de Ida e a lei dos períodos como solução para o problema da concepção é estabelecida explicitamente pelo próprio Fliess em *As relações* e confirmada mais tarde em "O curso da vida[26]". Desde o mês de julho de 1895, ele começa a tomar notas, dia após dia, sobre a gravidez de sua mulher[27]. Sob o nome de Sra. A., faz dela o caso principal da teoria dos períodos em *As relações*[28].

A maneira súbita pela qual Fliess encontrou as cifras 23 e 28 é observada em *As relações*. Com efeito, a lei dos períodos é aí apresentada inopinadamente bem no meio do livro (capítulo 8), sem que nada a anuncie ou a justifique. A partir desse capítulo, aliás, os cálculos começam a invadir as páginas e Fliess se torna peremptório na afirmação da sua certeza.

De acordo com seu amigo Richard Pfennig, Fliess, em suas pesquisas, "operava no início e ainda durante todo o ano de 1895 até o Natal com 3 cifras: 23, 28, 33; e foi somente quando percebeu que 33 = 2 x 28 – 23 e quando comprovou que as outras variações de 28 podiam ser explicadas de maneira satisfatória juntando-se a elas 23 que se decidiu pela aplicação exclusiva de dois números periódicos. Somente a leitura do livro de Dusing: "A regulação da relação sexual" o determinou a relacionar o 23 com o sexo

[26] W. Fliess, "Le Cours de la vie", *Der Ablauf*, op. cit., p. 248.
[27] W. Fliess, *Les Relations*, op. cit., p. 148.
[28] W. Fliess, *Les Relations*, p. 148 et sq.

masculino; pois a maior cifra da relação dos nascimentos de meninos com os nascimentos de meninas era idêntica ao quociente 28 : 23[29]".

Freud fica muito impressionado com a descoberta de Fliess, associando-a à espera de um nascimento: "*Nós* esperamos [uma criança, que será Anna, para Freud] para dezembro-janeiro. Glória à sua descoberta, você será o homem mais forte, terá nas mãos as rédeas da sexualidade que rege os homens, poderá tudo fazer e tudo prevenir[30]".

A partir desse momento, Freud não cessará de repetir sua admiração pelos trabalhos de Fliess. Eles fazem vergonha às fantasias teóricas de Freud (8.10.95). Fliess é "mais imaginativo" do que ele, é um "especialista universal", a quem ele "nasceu para aplaudir" (31.10.95). Freud confessa os limites de seu saber diante das "coisas importantes e belas" (8.12.95) descobertas por Fliess. Ele lhe declara que o termo "constância psíquica" pertence a ambos e que não faz questão de ter a sua prioridade. Aconselha-o a reunir seus trabalhos num livro que se chamaria "Nariz e sexualidade feminina". Fliess começa, pois, a enviar a Freud casos de doentes e reflexões que irão culminar na publicação das *Relações entre o nariz e os órgãos sexuais femininos*. Freud faz poucas correções, aguarda a parte teórica e está fascinado pela hipótese da química sexual.

Freud e Fliess especulam sobre o sexo de seus filhos por vir. Suas previsões serão invertidas. Fliess anota em seu diário, na data de 16 de agosto, os primeiros movimentos do feto[31]; seus cálculos fazem-no prever que a criança será uma menina, e decide chamá-la Pauline. Ora, vai nascer um menino, Robert. Freud espera ter um filho, a quem certamente irá chamar Wilhelm. E é uma menina: Anna. Ela nasce durante as horas de consulta

---

[29] Richard Pfennig, *Wilhelm Fliess und seine Nachentdecker O. Weininger und H. Swoboda*, Berlim, Emil Goldschmidt, 1906. Cf. nossa tradução para o francês de R. Pfennig, *Wilhelm Fliess et ses découvreurs imitateurs O. Weininger et H. Swoboda*, p. 269. A tradução de *Nachentdecker* por "descobridor imitador" (*découvreur imitateur*) é um pouco livre, mas é ela que mais se aproxima do sentido do termo alemão, que não tem equivalente em francês. *Sein Nachentdecker* significa: aquele que descobre o que já foi descoberto antes dele, por Fliess, mas que se faz passar pelo primeiro.

[30] S. Freud, *Sigmund Freud Briefe...*, op. cit., carta de 22.6.1895.

[31] W. Fliess, "Le Cours", *Der Ablauf*, op. cit., p. 88. Cf. também *Relations*, p. 149.

do pai. Se a criança fosse um menino, Freud teria enviado um telegrama. Mas ele faz votos, numa carta, de que Anna e "Paulinchen" venham a se dar bem.

Robert nasce, então, em 29 de dezembro[32]. Freud felicita seu amigo. Esse nascimento permitirá, diz ele, que alguém da espécie de Wilhelm Fliess sobreviva.

Os trabalhos de Fliess "entusiasmam e subjugam" Freud cada vez mais. Entretanto, ao mesmo tempo em que os aproxima, este último começa a procurar o que diferencia o objeto de suas pesquisas daquele de seu amigo. Fliess atingiu o ideal de Freud: a compreensão fisiológica do homem, ao passo que a compreensão de Freud é a de um filósofo. Freud diz que realiza seu voto: passar da medicina à psicologia, sendo, no entanto, terapeuta a contragosto. Nessa época ele considera uma ligação possível entre o "Projeto" e a teoria das neuroses nasais reflexas na liberação de substâncias odoríferas, produtos do metabolismo sexual[33].

Além disso ele se afasta ainda mais de Breuer, o qual teria dito coisas a Ida, com o fim, segundo Freud, de separá-lo de Wilhelm[34]. Ele se compara a Fliess, na medida em que está certo de que ambos detêm um fragmento de verdade nas mãos: choca-se, no momento, com a incompreensão de seus contemporâneos, mas será reconhecido mais tarde. Cada um fala de seu isolamento e recolhe, nessa constatação, a certeza de estar no caminho certo e um encorajamento para prosseguir.

Durante todo o ano de 1896, durante o qual os dois amigos têm dois "congressos[35]", na Páscoa e no final de agosto, Fliess desenvolve sua teoria dos períodos; Freud participa ativamente, mesmo tendo emitido algumas objeções a princípio, enviando a Fliess listas de datas de acontecimentos referentes a ele, sua mulher, seus filhos, e seus pacientes, dentre os quais Emma Eckstein (ele afirma também que os sangramentos nasais desta ti-

---

[32] Robert é também o nome de um filho de Joseph Breuer, 26 anos, médico em Berlim. J. Breuer deu um presente a Fliess pelo nascimento de seu filho.

[33] S. Freud, *Sigmund Freud Briefe...*, carta de 1.1.1896.

[34] S. Freud, *Sigmund Freud Briefe...*, op. cit., carta de 12.8.1896.

[35] É assim que eles chamam os seus encontros.

nham por objetivo chamar a sua atenção). Freud procede ele mesmo a cálculos que submete a Fliess, propõe novos símbolos que cifram num segundo nível a cifração de Fliess, enfim, integra os cálculos de Fliess às suas próprias pesquisas. A diferença entre a neurose de angústia e a neurastenia é conectada com as substâncias às durações de vida de 23 e 28 dias. Em 17.12.96, Freud diz que os surtos de desenvolvimento psíquico são múltiplos de 3, 6 e 12 T, símbolo que para ele designa um período de gestação.

O manuscrito das *Relações* começa a tomar forma, e Freud faz dele um vibrante elogio:

"Li todo o manuscrito de uma só assentada. Ele me agradou enormemente pela sua certeza sóbria, pela ligação de temas transparentes e facilmente encontráveis, pela sua riqueza desenvolvida de uma maneira não sofisticada e — last but not least *— pela abundância de perspectivas sobre novos enigmas e novos esclarecimentos. Além do mais, li-o como se fosse dirigido unicamente a mim. Você não vai encontrar observações em vermelho nas margens, sem exceção de uma só, já que não havia razões para isso. Há de me desculpar por não ter, mais uma vez, revisto os casos de doentes. Devo, portanto, forçar-me a me colocar na pele de alguém que critica e acho que você deveria ter-me enviado de imediato o último capítulo geral. Este não pode ser algo acrescentado, mas, pelo que já existe, ele é exigido de forma urgente e gritante. Estou também muito curioso por vê-lo. Penso, aliás, que as pessoas vão se chocar com a maneira como se intercala a história excitante dos períodos de gravidez de I. F. com as hipóteses que ali se relacionam de duas metades de órgão, seus deslocamentos de trabalho e suas interferências, como um simples olhar de relance para um panorama longínquo no meio de uma caminhada numa estrada larga e cômoda. Isso quase lembra a maneira como G. Keller interrompeu, no* Grüne Heinrich, *a narrativa de sua vida para descrever o destino da pobre princesinha louca. Eu pensaria que, para a plebe que deve ler essa brochura, a tentativa de explicação que acompanha o quadro ficaria melhor na parte geral explicativa e, no contexto, bastaria uma nota no quadro — a saber, que os estados do nariz se comportam como se, a partir de julho, os intervalos de menstruação oscilassem entre 23 e 33 — à qual se poderia voltar mais adiante para consulta. Ademais, as*

provas seguintes para uma periodicidade de 23 dias se encontrariam num outro nível. Decerto, para nós dois, essas coisas são, de longe, as mais interessantes, mas não se deveria oferecer ocasião ao público de estender o pouco de crítica de que dispõe, na maioria das vezes em seu próprio detrimento, a toda essa parte consagrada aos fatos. A exposição do novo e do hipotético na segunda parte deveria, nesse caso, também ser mais detalhada. Senão, receio que o publicus *conclua logo que essa não seria necessariamente a única solução para a série I.F., em particular porque o nascimento não se produz no sentido dessa série, e sim por intermédio de uma disfunção, mas isso, de fato, só se pode ver quando se tem à mão a segunda parte. Voltando ao penoso dever de encarar o seu* opus *com as lentes do* publicus *que não me caem bem, acrescento que muitas das suas observações lançadas ao ar conseguiram, literalmente, me tetanizar. Assim, ocorre-me que as leis do recalque na minha teoria das neuroses, isto é, o momento a partir do qual os acontecimentos sexuais não agem mais de maneira póstuma, mas atual, coincidem com a segunda dentição. Ouso, somente agora, compreender verdadeiramente minha neurose de angústia, o período sendo ele próprio como seu exemplo fisiológico, como uma intoxicação cujo fundamento fisiológico deve ser encontrado num processo orgânico. O órgão desconhecido (tireóide ou outro) não ficará muito tempo desconhecido para você, espero. Igualmente a menopausa masculina me deu grande prazer: eu a antecipei audaciosamente como condição última para a "neurose de angústia" no homem. Além disso, você parece fornecer em meu lugar a explicação para a periodicidade das crises de angústia que Loewenfeld me havia pedido. Portanto, alegrei-me novamente ao ler o seu manuscrito, pois lembrei de o haver recrutado como professor dos que se dedicam à cura. Tão cedo não me esquecerão esse mérito*[36]."

Essa carta de Freud é a primeira a abordar a teoria dos períodos. Ele a retoma por sua conta, fornecendo-lhe material, duas páginas mais adiante. Pode-se constatar até que ponto ele adere à teoria de seu amigo e como a faz repercutir sobre suas próprias pesquisas (recalque, neurose de angústia). Observa-se também que ele discorda do lugar do caso clínico de Ida

---

[36] S. Freud, *Sigmund Freud Briefe*..., op. cit., carta de 1.3.1896.

no manuscrito e critica indiretamente a certeza de Fliess no resumo das séries que a concernem, o que confirmaria, se houvesse necessidade, que esse caso ocupa um lugar especial para Fliess. Freud aconselhará Fliess a dissimular o nome de Ida no livro.

Em abril de 1896, Fliess envia o manuscrito das *Relações* ao editor Franz Deuticke. A partir do mês de junho, no seu lançamento, planeja escrever um novo livro dedicado aos períodos. Quando da publicação de *Relações*, a teoria dos períodos suscita críticas nos meios médicos próximos de Breuer: opõem-lhe o fator acaso, mas Freud defende ousadamente seu amigo e fala de suas "grandes intuições e descobertas[37]".

A bi-bi

Naquele ano, Freud se envolve, por sua vez, no caminho das grandes descobertas que o levarão até a publicação da *Traumdeutung*. Deve enfrentar a morte de seu pai, em 23 de outubro de 1896, dia do aniversário de Fliess, e atravessa uma grande crise de dúvidas sobre sua concepção da origem das neuroses.

De maneira mais consistente que no ano anterior, ele procura, em 1897, alcançar o solo comum de sua colaboração com Fliess. "Nous y arriverons", lança ele em francês em 3.1.97: Freud no que toca à psicologia e às neuroses, Fliess para a organologia. Freud não quer apagar o limite entre o neurótico e o orgânico; segundo ele, não há identidade de ser entre eles, mas uma identidade "segundo a forma e o período".

Ele continua a prodigalizar seus encorajamentos a Fliess e participa da extensão da teoria dos períodos, mas está também em vias de fundar os limites de seu próprio domínio. O itinerário próprio de Fliess se torna mais difícil de acompanhar através das cartas de Freud.

Os dois amigos têm três "congressos" em 1897. Na Páscoa, em Nuremberg, Fliess comunica a Freud sua concepção da bissexualidade, se-

---

[37] S. Freud, ibid., carta de 2.11.96.

gundo a qual as características do sexo oposto ao do sujeito são operantes neste de maneira latente por toda a vida; ele interpreta, nesse sentido, um sonho que lhe foi contado por Freud. Já em sua carta de 6 de dezembro de 1896, Freud lhe havia falado do papel da bissexualidade no recalque e na escolha da neurose e da psicose. As concepções dos dois homens parecem, portanto, bastante próximas. Depois desse "congresso", que não trouxe a Fliess um sentimento do novo e de prazer — contrariamente a seu amigo, em contínua euforia desde então —, Freud torna a dizer-lhe que espera poder "abusar dele como de um público favoravelmente disposto", sem o que não pode trabalhar. Anuncia que começa a trabalhar sobre o sonho, domínio onde "se sente tão seguro", e que nisso é encorajado por Fliess.

Em 21 de setembro ele comunica a Fliess a grande crise que atravessou, e confessa-lhe que não acredita mais na sua *neurotica*, mas que o psicológico e o metapsicológico (o sonho) não foram tocados. A "dúvida" de Freud, "como resultado de sua incapacidade intelectual", estende-se à compreensão das concepções de Fliess. Esse estado torna urgente para Freud uma viagem relâmpago a Berlim. Ele volta cheio de novas idéias. Entretanto, os trabalhos de Fliess deixam-lhe um sentimento de estranheza, sente-se agora incapaz de julgá-los, ao mesmo tempo que considera muito importante uma relação estabelecida por Fliess num caso entre uma infecção da mãe e a concepção da filha[38]. Essa relação só é explicável pela condição do plasma germinal cuja duração é eterna, contrariamente à da vida individual. Ora, acrescenta Freud, talvez não seja necessário invocar essa relação se procedermos de outra maneira no cálculo com as cifras 23 e 28.

Um pouco desencorajado, nada tendo de novo a contribuir, e sofrendo de uma supuração nasal (para a qual considera uma cauterização), ele espera de Fliess em Breslau, onde os dois devem se encontrar no Natal, "aprender suas belas coisas novas sobre a vida e sobre aquilo de que depende a marcha do mundo".

---

[38] A observação é retomada em "Le Cours", *Der Ablauf*, op. cit., p. 97.

Nesse congresso, Fliess fala a Freud da bissexualidade e de sua ligação com a "bilateralidade" (no sentido de Fliess: predominância na parte esquerda do corpo de caracteres sexuais opostos ao sexo do sujeito). Freud é cético quanto a essa correlação, que chama ironicamente de "bi-bi"; Fliess reage vivamente ao que toma como uma objeção à teoria dos períodos, quando a dúvida de Freud, de fato, é limitada. Freud confirma que a idéia (*Einfall*) de Fliess sobre a bissexualidade é a mais importante para ele, desde aquela de "defesa"[39].

A fim de convencer Freud, Fliess declara que a expressão "levantar-se com o pé esquerdo" corresponderia a uma mudança de período. Este argumento muda a disposição de Freud a respeito da bilateralidade: ele chega a se persuadir de sua própria falta de jeito (quando se abotoa).

Ele começa, em março, a enviar partes do manuscrito de seu "Livro sobre o sonho", ou "Livro do sonho" (*Traumbuch*), supondo que Fliess queira lê-lo. Este último faz observações que Freud leva em conta: sobre os estímulos somáticos do sonho, os sonhos de angústia, a periodicidade dos acessos de angústia na criança, os sonhos de enxaqueca...

A redação do "Livro do sonho" em nada diminui a admiração e o entusiasmo de Freud pelos trabalhos de seu amigo. Ele continua a pensar que Fliess encontrou "o enigma da vida e do mundo" e que conquistou "os sucessos intelectuais mais belos que se possa sonhar". Há onze anos ele se deu conta de que "era necessário amar Fliess para melhorar o conteúdo de sua vida". Fliess e ele atravessam os mesmos períodos juntos, mas isso não impede, acrescenta ele, que a cabeça de um seja diferente da do outro. Escandalizado por um artigo do *Wiener klinische Rundschau*, que qualifica *As relações* de loucura (*Unsinn*) e de "misticismo intelectual que não merece discussão", Freud retira seu nome dos colaboradores da revista.

Fliess, por sua vez, encoraja Freud na sua redação do "Sonho" com críticas benévolas. Faz com que ele retire um "belo sonho" do livro pois

---

[39] Freud irá relatar mais tarde na *Psicopatologia da vida quotidiana* o seu esquecimento, em 1900, dessas discussões sobre a bissexualidade.

suas associações conduzem a Martha. Isso faz eco à questão do caso de Ida no livro de Fliess. Durante um mês Freud vai lamentar ter suprimido esse sonho. Ele o substitui pelo de "Irma" na *Traumdeutung*. Declara sentir a necessidade da censura de seu amigo pois, diz ele, perdeu o sentimento de vergonha que um autor deve respeitar.

Pauline Fliess nasce a 8 de setembro de 1898 e Freud interpreta esse nascimento como a reencarnação da irmã morta de Fliess, ainda que a criança esteja ligada, por seu nome, à mãe de Ida. Breuer, sempre presente no triângulo[40], felicita Fliess pelo nascimento de sua filha.

Em fins de outubro, Fliess é operado (não se sabe de quê). Freud também se submete a uma operação, de um furúnculo no *raphe scroti*, como diz ele pudicamente. Ele confessa que, em razão de uma secreta simpatia biológica de que Fliess lhe falou com freqüência, sentiu ao mesmo tempo em que este o bisturi do cirurgião em seu corpo. Planeja ir a Berlim sem manuscrito nem desejo de saber, somente para ver seu amigo e falar com ele. É Fliess quem vem a Viena no Natal, trazendo-lhe como presente uma edição em dois volumes das conferências de Helmholtz. Essa visita, ao fim da qual Freud se pergunta se as datas dos períodos podem resultar de influências psíquicas, torna a elevar-lhe o moral por todo o mês de janeiro.

O rompimento com Freud

Fliess logo vai conhecer graves aborrecimentos familiares. No momento em que descobre que sua mulher está grávida pela terceira vez (junho de 1899), sua mãe "oscila" (*wackeln*[41]). Nas palavras de Freud, ela sofre de uma psicose progressiva ligada ao envelhecimento, que vai se verificar ser uma forma de paranóia evoluindo por surtos. Fliess pede uma consulta para sua mãe a Freud: este último pensa não poder fazer grande

[40] Segundo a expressão de A. Hirschmüller, *Josef Breuer*, op. cit., p. 269. Hirschmüller publica além disso na mesma obra a correspondência de Breuer com Fliess.

[41] S. Freud, *Sigmund Freud Briefe...*, op. cit., carta de 3 de julho de 1899.

coisa, pois avalia que se trata mais de um declínio físico que de uma neoformação psíquica. Fliess não insiste.

Durante o verão de 1899, Freud pede a contribuição de Fliess na leitura das provas da *Traumdeutung*. Ele as vai enviando à medida em que as recebe do impressor, e Fliess as devolve com suas observações e correções. O interesse de Fliess tranqüiliza Freud. Durante todo o verão, até outubro — e enquanto a mãe de Fliess delira —, uma circulação incessante de provas entre o impressor, Freud e Fliess prossegue. Freud leva em conta as observações que lhe são feitas; suprime um grande sonho, que substitui por uma série de pequenos sonhos; dá razão a Fliess sobre a importância da bissexualidade ("cada ato sexual implica quatro indivíduos") e reconhece-lhe o mérito de ter estabelecido uma conexão entre sexualidade e morte pelo viés de uma secreção de toxinas responsáveis pela morte e pela excitação sexual.

Ele emprega mesmo, às vezes, o *nós* a propósito do livro: "*Nós* incluiremos no fim uma nota, se *nós* quisermos evitar fornecer aos cientistas uma arma contra o livro[42]." Insere um sonho de Robert Fliess depois daquele de sua filha Anna. Fliess risca as passagens impregnadas, segundo ele, de uma subjetividade supérflua e observa que o sonho é demasiado espiritual (*witzig*). Mas Freud reivindica esse ponto e propõe-se a desenvolvê-lo: "O aparente *Witz* de todo o processo liga-se aqui intimamente à teoria do *Witz* e do cômico." Além disso, Fliess corrige a última frase da *Traumdeutung*[43] a fim de torná-la mais compreensível.

Às vezes, Freud não sabe se Fliess sublinhou ou riscou uma passagem. Fliess corrige também o estilo de Freud, suprimindo os fraseados por demais "vienenses"; endossa, assim, a qualificação de seu melhor leitor que lhe atribui o amigo.

É impressionante constatar que, enquanto se apressa para terminar a *Traumdeutung*, Freud continua a exaltar as virtudes de seu amigo e de seus

---

[42] S. Freud, ibid., carta de 6.8.99.

[43] S. Freud, *A interpretação dos sonhos*, op. cit., p. 527 da versão francesa: "Mas este futuro, presente para o sonhador, é modelado pelo desejo indestrutível à imagem do passado."

trabalhos. Ele se pergunta se Fliess não está indo alto demais para ele, e lhe escreve: "Você não vai precisar de um serviço análogo para a biologia, pois você tem a ver com o branco e o sol, e não com o obscuro e o inconsciente[44]." Lê atentamente os trabalhos de Fliess e sempre lhe fornece material. Mais uma vez, compara Fliess a um novo Kepler que "revelará as regras inflexíveis da engrenagem biológica". Ele adere à sua idéia segundo a qual não existe acaso nos acontecimentos que afetam simultaneamente os membros de uma mesma família: assim, Mathilde teve suas primeiras regras ao mesmo tempo em que ele recebia um poema de Martin e tinha uma enxaqueca. Entretanto, a correspondência não é perfeita, nota ele, pois é preciso levar em conta o fato de que o poema foi composto um pouco antes.

Enfim, um dia, Freud faz uma observação que deve ter ressoado estranhamente nos ouvidos de Fliess: "Sei que a sua teoria não se preocupa, provisoriamente, com os *pais*[45]." Acrescenta que o triunfo de Fliess será também o seu em certa medida, pois seu julgamento sobre Fliess acompanhou o amigo. Parece que Fliess não apreciou muito esse arroubo, o que Freud atribui a uma reticência quanto à *Traumdeutung*.

De fato, Fliess também está escrevendo seu livro ("O curso da vida"). Embora este não esteja no mesmo ponto do de Freud, este último faz o voto de que as duas obras sejam publicadas ao mesmo tempo. Com referência a essa publicação, Fliess exprime então algo de que Freud também vai se ressentir: a sensação dolorosa de um "dar-de-si" aquilo que seria de sua propriedade.

Enfim, o *Sonho* é publicado. Freud gostaria que Fliess o recebesse no dia de seu aniversário (23 de outubro). Mal saía o livro e Freud já considerava um trabalho em comum com Fliess: "Para os cinco outros livros, devemos tomar nosso tempo".

Logo depois do *Sonho*, a 29 de dezembro de 1899 (no mesmo dia de Robert), nasce o terceiro filho de Fliess, um menino, como ele previra. Ele é chamado de Conrad, como o escritor Meyer que Fliess tanto admirava e

---

[44] S. Freud, *Sigmund Freud Briefe...*, op. cit., carta de 6.9.1899.

[45] S. Freud, ibid., carta de 27.9.99.

por quem tentara interessar Freud. Nessa ocasião, Freud compõe um poema, uma espécie de *Em nome do pai,* glorificando Fliess pai:

Ao filho valente, que, por ordem do pai
apareceu no bom momento,
para lhe ser de auxílio e colaborar na ordem sagrada.
Mas saúdo também o pai que, pouco antes, no fundo de seus cálculos achou
meios de represar a potência do sexo feminino
para que este cumpra sua parte de obediência à lei;
não mais convencido pela aparência sensível, como a mãe,
ele convoca, por sua parte, também as potências superiores, a dedução,
a fé e a dúvida;
logo, armado de força, à altura das armas do erro, posta-se
na saída o pai, de desenvolvimento infinitamente amadurecido.
Que o cálculo seja exato e, como trabalho herdado do pai,
se transfira ao filho, e que através da separação dos séculos
nodule-se numa unidade no espírito aquilo que, na mudança da vida, se desagrega.[46]

Este poema apresenta a "lei" dos períodos como o instrumento e o produto da potência paterna. Pela segunda vez, Freud invoca a função paterna a propósito da teoria fliesseana.

A partir de 1900 a correspondência com Fliess começa a rarear, do que se queixa Freud. Ela nos ensina menos sobre Fliess do que sobre o estado de espírito de Freud depois da publicação da *Traumdeutung,* sua decepção, e mesmo uma certa depressão diante de uma ausência de reações de público[47]. Ele se subestima em comparação com Fliess: "Não sou nem

---

[46] Esse poema é citado em M. Schur, *La Mort dans la vie de Freud,* op. cit., pp. 245-246. Modificamos a tradução, errônea em alguns pontos.

[47] Sulloway, op. cit., cap. 13, mostrou que isso não era exato.

um homem de ciência, nem um observador, nem um experimentador, nem um pensador, sou apenas, por temperamento, um conquistador, um aventureiro[48]." Ele lamenta não morar em Berlim para poder participar mais de perto das observações de doentes de Fliess, mas declina sua proposta de um encontro na Páscoa, pois sente-se empobrecido; tem a sensação de haver destruído seus belos planos, e teme não poder se fazer compreender por Fliess. Tenta vencer sua depressão com uma dieta intelectual. Falar de ciência e das descobertas de seu amigo despertaria um sentimento "impessoal" de inveja, ele passaria o tempo todo a se lamentar.

Na Páscoa, Freud viaja com seu irmão.

Em maio, continua a se queixar de seu isolamento. Nada substitui para ele a relação (*Verkher*) com o amigo, exigida talvez por um lado feminino dele mesmo. Continua a pôr nas nuvens a obra que Fliess está preparando; elogia sua "beleza de concepção, originalidade de pensamento, simplicidade de conexões, segurança do autor[49]". Ela será para Fliess, diz ele, uma primeira compensação de sua luta penosa contra o demônio. Tal não é o caso para ele, Freud: mede a desproporção entre os problemas e as soluções que pode oferecer, e constata, com pesar, que nenhum dos territórios que foi o primeiro a explorar levará seu nome. Entretanto, Breuer teria dito de Freud: "Ele tem razão".

Em suas cartas, Fliess dá poucos detalhes sobre sua família. Freud o admira por sua impassibilidade diante do julgamento desfavorável de seus contemporâneos: Fliess traz coisas novas e verdadeiras: ele terá sua reparação quando for reconhecido pela comunidade científica, do que Freud não duvida. Fliess pode ser independente do julgamento dos outros, porque não entra em conflito com as pessoas que trata, ao passo que ele, Freud, vive da opinião das pessoas cuja opinião despreza.

Nesse clima lúgubre, Freud aguarda, como um raio de sol, o próximo encontro. Este se dá no Tirol, perto de Innsbruck, à beira do lago de Achen,

---

[48] S. Freud, *Sigmund Freud Briefe...*, op. cit., carta de 1.2.1900.
[49] Ibid., carta de 7.5.1900.

no fim de julho. Esse "congresso", o último, constitui uma virada decisiva nas relações entre os dois amigos. Fliess escreveu diversos relatos do que, para ele, marcou esse encontro[50]. Conta que Freud falou de um caso de recidiva dos sintomas psiconeuróticos de um paciente que, no entanto, havia analisado com sucesso. Fliess afirmou que a teoria dos períodos explicava tanto as recidivas como as melhoras súbitas, e que portanto Freud não tinha nada a ver com isso. Segundo Fliess, Freud teria ficado assustado com essa comunicação, e teria manifestado uma "veemência" contra seu amigo, e uma "animosidade mais profunda" que "provinha da inveja".

Peter Swales recolheu testemunhos concordantes[51] que dão, desse encontro, uma versão ainda mais persecutória. Fliess contou, convencido da realidade dos fatos, que Freud tivera a intenção de matá-lo tentando arrastá-lo para um canto isolado da montanha, perto do lago de Achen, e depois empurrá-lo ora num precipício, ora na água, sabendo que Fliess não sabia nadar[52]. Segundo Swales, "aparentemente, Fliess tropeçou e caiu[53]". Fliess deveria a vida ao fato de haver adivinhado as intenções de Freud e anulado seu plano. As testemunhas se dividem quanto à questão de saber se havia ou não um plano premeditado por parte de Freud. Com fé nesses testemunhos, cuja autenticidade reconhecemos[54], não resta qualquer dúvida para Swales de que Freud tenha tido realmente a intenção (talvez seguida por gestos) de matar Fliess naquele instante. No entanto, não sabemos

---

[50] Principalmente em *Em minha própria causa* e em "A descoberta da dupla sexuação permanente", que se pode ler, aqui mesmo, p. 209 e p. 91.

[51] P. Swales, "Freud, Fliess and Fratricide", op. cit. Trata-se do testemunho, recolhido em Berlim em 1980, por P. Swales e sua mulher, de Georg Heinitz, filho de um amigo próximo de Fliess, testemunho confirmado em substância por Pauline Fliess (em 1981) e igualmente por uma filha de Oscar Rie quando de uma entrevista do Dr. Frank Hartman (em 1980). J. Malcolm, *Tempête aux Archives Freud*, Paris, PUF, 1986, p. 129, fez um relato desses testemunhos que Swales, em carta pessoal (de 24.11.92), qualifica de "deformados" (*corrupt*).

[52] O medo de se afogar num lago pode evocar a lembrança de Luís II da Baviera que se afogou num lago bávaro perto de Achen (Stamberg) com seu médico, em 1886.

[53] P. Swales, *Freud on the Couch*, CBC IDEAS Transcripts, Toronto, Ontario, 27 de outubro de 1992.

[54] Swales, numa carta pessoal (24.11.92), faz alusão ao fato de que os "freudianos" puseram em dúvida a autenticidade desses testemunhos e sublinha que só faz "relatar as acusações feitas pelo próprio Fliess".

— o que é muito lamentável — em que se fundava a certeza de Fliess. Swales pensa que, no momento, ele teria percebido um perigo vital que se teria tornado convicção da realidade de uma intenção mortífera por parte de Freud, depois de ler uma passagem da *Psicopatologia da vida quotidiana*, no ano seguinte[55]. Ali, Freud relata um ato falho por ele observado. Durante um período de férias, um homem que encontrara num hotel coloca, depois da chegada de sua mulher, o seu casaco no lugar reservado à mesa para Freud. Swales lê o relato de Freud como a "alusão críptica" a uma descrição disfarçada do encontro de Achensee, apoiando-se principalmente no fato de Freud empregar ali o termo *überflüssig* ("supérfluo") para exprimir a idéia de que ele está sobrando naquela mesa. Este termo convida à associação com *fliessen* e, portanto, com *Fliess*; aliás, o relato fazia menção a um casaco de lã semelhante ao usado por Fliess. Segundo Swales, o ato falho seria, na verdade, o do próprio Freud, traindo sua intenção de se desembaraçar de um Fliess tornado *supérfluo*. Swales declara não ficar surpreso ao constatar em Freud reais intenções de assassinato; além disso, ele supõe que, por ocasião desse encontro de Achensee, Fliess e Freud, ou um dos dois, talvez estivessem sob o efeito da cocaína, desenvolvendo os sintomas de uma *megalomania-cum-paranoïa*.

As alegações de Fliess deviam ter uma força de convicção certa para que esta se transmitisse a Swales. Entretanto, mesmo que se admita que Freud experimentava ambivalência diante de seu amigo (como ele mesmo reconheceu), nada permite acusá-lo de ter estado a ponto de cometer um assassinato. As acusações de Fliess devem ser, antes, levadas à conta de um momento delirante, na medida em que insistiu em divulgá-las publicamente. Os esforços de Swales para justificar, a partir do trecho da *Psicopatologia*, a intenção assassina não resistem às críticas que ele mesmo dirige às "interpretações" dos psicanalistas.

A reação de Fliess ocorre num momento em que Freud, que publicou a *Traumdeutung*, retira as psiconeuroses do campo de aplicação do sistema fliesseano, retirando deste, portanto, uma completude de saber.

---

[55] S. Freud, *Psicopatologia da vida quotidiana*, Paris, Payot, 1971, p. 227, GW IV, pp. 234-235.

Em 1901 Freud evoca o encontro do lago de Achen na *Psicopatologia*, e volta atrás, então, quanto ao sentido de um esquecimento de sua parte. Ele não se lembrava mais que Fliess lhe havia falado em primeiro lugar da bissexualidade[56], em 1897. Freud não faz alusão alguma ao que, no dizer de Fliess, o teria deixado fora de si, e tampouco menciona a questão da periodicidade.

Depois do encontro do lago de Achen, Freud começa a *Psicopatologia*. Solicita Fliess, mas este lhe escreve cada vez menos. Como se queixa, um dia, de não receber notícias do amigo, Fliess replica: "Nada respondi porque nada tinha para contar, pelo menos nada de agradável." Talvez ele esteja preocupado com os acessos de loucura de sua mãe, Henriette Fliess, na medida em que não aprova inteiramente o tratamento que lhe está sendo aplicado por Breuer. Dessa vez, Freud não mais atribui os acessos à velhice, e fala em paranóia. Não existe outro tratamento a não ser a manutenção do recalque, e sua natureza periódica é um benefício, admite ele.

O ano de 1901 marca a ruptura entre os dois homens. Fliess toma essa iniciativa. Freud não a prevê, mesmo sendo, à revelia, o seu fator desencadeante, por haver recusado a onisciência do sistema fliesseano.

Em janeiro, Freud escreve que Fliess tornou-se um "grande homem" em Viena graças a uma conferência de Arthur Schiff sobre as *Relações* diante da Sociedade de Medicina, que aparece no *Weiner klinische Wochenschrift*. A discussão que será publicada nos números seguintes vai revelar o ceticismo ambiente em face das teorias do médico berlinense. Freud se indigna com isso e aconselha Fliess a escrever algumas páginas sobre seu trabalho, o

---

[56] O relato, com efeito, está na *Psicopatologia da vida quotidiana*, op. cit., p. 154 da versão francesa, GW IV, p. 159. O texto, porém, foi modificado por Freud a partir de 1907, ou seja, depois do caso do plágio, com relação às edições iniciais. Freud terminou o manuscrito da *Psicopatologia* em janeiro de 1901 (P. Gay, op. cit., p. 147), e a obra foi publicada em julho e agosto de 1901 em Berlim no *Monatschrift*. Foi reeditada em 1904 por Verlag S. Karger, Berlim. Pfennig cita a passagem em que Freud fala de seu "esquecimento", certamente a partir da primeira edição. Aqui estão as modificações feitas por Freud em 1907 no texto de 1901: *este ano* torna-se *no ano de 1901*, para designar o ano do encontro no lago de Achen, o que é um erro de Freud; *meu amigo Fl (Fliess)* torna-se *um amigo; com o qual eu me encontro numa animada troca de idéias* torna-se *com quem eu me encontrava...; Breslau* torna-se *Br.*

que este faz, publicando em maio "Über den ursächlichen Zusammenhang von Nase und Geschlechtsorgan" ("Sobre a conexão causal entre o nariz e o órgão genital").

Mesmo que Freud continue a se indignar com o mau acolhimento reservado às teorias de seu amigo — que continua a admirar —, não há mais sintonia entre eles. No começo de fevereiro de 1901 ele reconhece que os congressos se tornaram restos do passado, que ele se tornou estranho ao que Fliess está fazendo, mas se alegra, de longe, com a exposição de suas grandes soluções. Os dois homens não se encontram nesse ano.

Fliess, por sua vez, continua às voltas com preocupações familiares. Seu sogro, Philipp Bondy, morre a 3 de setembro de 1901 das seqüelas de um carcinoma de intestino, e sua mãe continua a delirar.

Diante de Freud ele se mostra cada vez com pior disposição e critica a *Vida quotidiana.* Emite dúvidas sobre a "leitura de pensamento" praticada por Freud, o qual lhe responde que permanece fiel, mas recusa a magia. Pode-se relacionar essa acusação de Fliess com o "pouquinho de análise" que Freud tentou fazer com ele[57].

Em julho, Fliess escreve uma carta na qual formula várias questões a Freud, que só responde, ao que parece, a 7 de agosto, com uma longa carta em que reage vivamente. Fliess havia declarado: "O leitor de pensamentos só lê nos outros seus próprios pensamentos." Se tal é o meu caso, responde Freud, "atire minha "Vida quotidiana", sem mesmo lê-la, na lata de lixo". Ele recorda tudo o que esse livro deve a Fliess, acusa novamente Breuer por ter exercido uma influência nefasta sobre Ida, excitando, com suas advertências, seu ciúme com relação à amizade deles, e acrescenta: "Você tem razão quanto a Breuer e o irmão (*Bruder*)[58], mas não compartilho do seu desprezo pela amizade masculina, pois participo dela em alto grau[59]." Ape-

[57] Cf. a carta de Freud a Ferenczi de 10 de janeiro de 1910, in *Correspondance. 1908-1914*, op. cit.

[58] Ignoramos o que Fliess disse sobre Breuer; talvez ele tenha lembrado a Freud seu trocadilho entre *Breuer* e *Bruder* na sua carta de 11.3.1900. Ali se falava em "embreuerização" (*Verbreuerung*) de Fliess quando do casamento da filha de Breuer com A. Schiff, partidário das teorias fliesseanas, a palavra *Verbreuerung* sendo próxima de *Verbrüderung* (confraternização).

[59] S. Freud, *Sigmund Freud Briefe...*, op. cit., carta de 7.8.1901.

sar dessa amargura, Freud considera "unir-se de novo" a Fliess em trabalhos científicos, escrevendo uma nova obra, *Bissexualidade humana*, da qual seu amigo redigiria a parte anatomoclínica, e que ele se propõe mesmo a co-assinar. Parece que Fliess respondeu, em setembro, a essa carta, comunicando suas próprias queixas de Freud: este não se interessaria o bastante pela sua teoria dos períodos, pondo-a em dúvida, teria reagido ao se sentir ameaçado por essa teoria, e tenderia a superestimar sua própria participação na teoria da bissexualidade.

Freud se alegra pelo fato de Fliess lhe dizer a verdade, mas acha-o injusto em suas acusações. Mesmo que se considere pouco dotado para as matemáticas, a importância do elemento qualitativo tirado dos cálculos de Fliess não lhe escapou. Ele defende, em nome da amizade, seu dever de crítica, na medida em que, sem ele, Fliess não se beneficiaria de um tal olhar. Quanto à questão de seu papel na descoberta da bissexualidade, Freud o remete àquilo que confessou na *Psicopatologia*, e propõe a Fliess fazer a introdução de seu próximo livro. Novamente, Freud menciona a crítica, a seu ver radical, de Fliess: "Se você também, no momento em que uma interpretação minha o deixa pouco à vontade, está pronto a aprovar que o "leitor de pensamentos" não adivinha nada no outro, mas só faz projetar seus próprios pensamentos, então você não é mais meu público e deve, como os demais, considerar o conjunto do meu modo de trabalho como igualmente sem valor[60]."

Logo depois dessa carta, Freud escreve a Fliess que leu seu ensaio "Über den ursächlichen..." (no qual Fliess cita Freud a propósito do onanismo como estando na origem da neurastenia): "É um trecho de clareza, de concisão, substancial. Não se duvida da sua verdade." Mas Fliess não espera mais grande coisa de Freud. Em outubro, manda-lhe uma paciente ("criada para essa terapia", dirá Freud); ela deverá interromper rapidamente seu tratamento, devido a uma intervenção ciumenta de seu marido, o qual "não conseguiu fazer a "transferência" de sua confiança de você para mim", vai concluir Freud.

---

[60] S. Freud, *Sigmund Freud Briefe...*, op. cit., carta de 19.9.1901.

Um escasso filete de correspondência subsiste ainda no ano de 1902, até o momento em que Fliess comunica que Ida, em 28 de novembro de 1902, deu à luz uma menina natimorta.

No mesmo ano em que Freud perde em Fliess seu "único público", ele constitui o círculo privado das quartas-feiras, que se tornará, em 1906, o grupo da primeira sociedade de psicanálise, a Sociedade Psicológica da Quarta-Feira. A partir do outono de 1902, começam a reunir-se em sua casa Stekel, Adler, Kahane, Reitler, a quem outros se virão juntar[61].

É possível supor que Fliess tenha ainda encontrado Freud em Viena, em maio de 1903, por ocasião do falecimento de Pauline Bondy, sua sogra. Em sua carta de 27.4.04, Fliess pergunta a Freud se o *Witz*, cujo material lhe foi mostrado há um ano, está pronto. Excetuada a comunicação do *Witz*, nada sabemos desse encontro entre Freud e Fliess. Em "O curso da vida" (pp. 229, 232-4), Fliess se entrega a um cálculo de períodos que inclui a data da morte de sua sogra, 3 de maio de 1903. Ele nota então que, precisamente naquele dia, estava em Viena e seu filho Robert (de 8 anos), que ficara em Berlim, apresentou uma apatia completamente fora do habitual, sem que soubesse de nada sobre a morte da avó. O fato confirma, para ele, a existência de comoções da substância familiar viva.

É, pois, num enterro que se encontram pela última vez Freud e Fliess. Com um projeto do *Witz*. As brasas ainda não extintas de sua amizade vão suscitar uma última chama com o caso do plágio, a partir de 1904, como se o rompimento não houvesse sido total, e se fizesse necessário que o público (do *Witz*?) fosse tomado como testemunha para efetuá-lo em definitivo.

Depois do rompimento

Depois do caso do plágio e do rompimento definitivo com Freud, faltam elementos biográficos sobre W. Fliess e ficamos na dependência de

---

[61] Semanalmente Stekel relata as discussões do grupo na edição dominical do *Prager Tagblatt* (e não do *Neues Wiener Tagblatt*, como afirma Jones).

algumas lembranças de seus filhos, Robert, Pauline e Charles que, em 1908, tinham respectivamente 13, 10 e 9 anos.

Baixo, tornado corpulento, Wilhelm Fliess era um tanto taciturno em família. Além disso, sofria freqüentemente de fortes enxaquecas que o obrigavam a se isolar por longo tempo. Tentou diversos tratamentos sem sucesso duradouro. Foi operado duas vezes de sinusite purulenta.

Em seus momentos de lazer, ia muitas vezes a concertos. Apreciava o bom vinho, os passeios, as viagens. Todo ano partia em viagem com a mulher, sem as crianças. Teria também estado na Madeira e em Tenerife para fazer estudos epidemiológicos.

Em sua casa havia vários empregados: a "Tia Bette", que se ocupava do escritório no apartamento familiar, Coco Freytag, governanta, irmã de um arquiteto suíço, Evchen, que organizava as refeições das crianças. A mãe de Fliess não morava com eles.

Fliess dedicava sua vida à sua prática médica, suas pesquisas e suas publicações. Podia interromper sua atividade de clínico para se consagrar à escrita: assim, escreveu a terça parte do "Curso da vida" em seis semanas. Mesmo quando tinha convidados, relata Pauline, suas teorias não lhe saiam da cabeça e dirigia para elas a conversação.

Fliess, que se intitulou otorrinolaringologista, tinha muito trabalho com seus pacientes. Era exigente consigo mesmo: "Quando um paciente entra no consultório, devo saber o que ele tem, ou pelo menos em que direção se encontra seu mal", dizia.

Pauline o auxiliou no consultório durante três anos quando Ida estava doente; ela abria a porta, fazia a contabilidade, assistia ao pai nos atos médicos. Segundo ela, seu pai era *o* Doutor Fliess. Tinha uma grande clientela, com muitas pessoas "conhecidas". Era amado pelos doentes, sobre os quais exercia forte influência pessoal. A Universidade silenciava sobre seus trabalhos — o que o fazia sofrer — mas estes eram, no entanto, difundidos nos círculos profanos e no público em geral.

Para Pauline, não havia dúvidas de que seu pai era um gênio que fizera descobertas em vários domínios. Ela reconhece que Fliess aceitava também certas partes da psicanálise, e as utilizava em sua prática.

Permanecem alguns testemunhos sobre sua prática médica. Além daquele, comovente, de Karl Abraham, que Fliess tratou até sua morte em 1925[62], dispomos do de Alix Strachey.

Alix Strachey, que estava em análise em Berlim com Karl Abraham, foi atingida um dia por uma inflamação na garganta e se fez tratar por Fliess. Eis a descrição feita por ela, numa carta a James Strachey (26 de março de 1925): "Ele é encantador, e muito fora de moda; parece um anão barrigudo, mas de resto não é muito gordo. Parece-se muito mais com um vienense de barba[63]."

Alix Strachey observa também que "a única coisa que o interessava era saber se alguém de minha família (ou mesmo eu) [sic] nasceu ou morreu nesta época do ano, pois ele pensava que há uma ligação entre isto e as doenças que se pode ter. Como tenho a impressão de que já tenho coisas suficientes com as interpretações psicanalíticas que recebo neste momento, não respondi a suas perguntas[64]".

É interessante notar que Alix Strachey põe no mesmo plano as "interpretações psicanalíticas que recebe" e as relações entre doenças e datas de nascimento e morte estabelecidas por Fliess. Suas teorias podiam ser percebidas como próximas da psicanálise da época.

De 1908 a 1928, além de sua prática médica, Fliess continua a publicar numerosos artigos e monografias: "Masculino e feminino[65]", "Secreção interna", "Sexualidade e simetria", "Os dias periódicos do homem", "Euforia", "Biologia do artista"... Muitos desses artigos existem em diferentes versões, remanejadas, e em sua maior parte foram reunidos, além disso, em outros livros: "Sobre a vida e a morte" (1909), "O ano no vivo" (1918), "Sobre a doutrina dos períodos" (1925), "Distúrbios nasais afastados" (1926).

---

[62] Cf. as *Six lettres inédites de K. Abraham à W. Fliess*, in *Littoral* nº 31-32, Paris, EPEL, março de 1991.

[63] Perry Meisel, Walter Kendrick, op. cit., p. 277. Alix conta como riu de uma confusão: o associado de um "outro Dr. Fliess", também otorrino, veio inicialmente visitá-la (p. 274). Wilhelm Fliess, pois, tinha mesmo um duplo em Berlim!

[64] Perry Meisel, Walter Kendrick, ibid., p. 277.

[65] Traduzido por A Buffel em *Littoral* nº 23/24, Toulouse, Érès, outubro de 1987.

Faz conferências na Alemanha e no exterior, por exemplo, em Viena, em dezembro de 1913.

Fliess funda, em 1913, com I. Bloch, E. Haeckel e A. Eulenburg a *Berlin ärztliche Gesellschaft für Sexualwissenschaft und Eugenik*, em parte para fazer reconhecer seus trabalhos[66]. Mantém-se a par das publicações de Freud, pede notícias deste quando ele é operado. Permanece em contato com diversos psicanalistas, aos quais encaminha clientes. Guarda, em seus arquivos, uma carta de Paul Federn[67] declarando que o plágio não lhe parece uma coisa essencial, que teria preferido que o conflito não houvesse ocorrido, e precisando, enfim, conforme a informação obtida de um médico, que Weininger "tinha órgãos sexuais infantis".

Fliess cai doente no começo do ano de 1928. É operado da próstata, mas não se cura. O Dr. Peiser faz então o diagnóstico de um câncer de intestino, mas é tarde demais para intervir. Fliess talvez não tenha sabido disso (pouco tempo antes de sua morte, ele fizera uma encomenda de cem garrafas de vinho), mas o pressentiu, pois tinha momentos de depressão. Morreu em 13 de outubro de 1928. Triste ironia da história: Freud, naquele momento, estava em Berlim[68]. Ele permaneceu ali de agosto a novembro, para ser tratado do maxilar. Nada indica que tenha, então, encontrado Fliess, nem que tenha ido ao seu enterro.

Com a morte de Fliess, numerosos artigos necrológicos saíram nos jornais — o que testemunha sua notoriedade —, em particular naqueles que já haviam publicado artigos seus[69]. No conjunto, o tom é elogioso, resumido pelo título de um deles: "Os berlinenses perderam um grande

---

[66] Cf. Sulloway, op. cit., p. 160. Numa carta a Abraham de 6.4.14, Freud escreve: "A Sociedade está decidida a fazer reconhecer Fliess. Isso é fato, pois ele é o único espírito original dentre eles, e possui algumas verdades desconhecidas." *Correspondance Freud-Abraham*, trad. franc. de F. Cambon e J.-P. Grossein, Paris, Gallimard, 1969.

[67] Não datada; mas, segundo E. Federn, seu filho, a quem fizemos a pergunta, ela deveria ter sido escrita por volta do ano 1908. Ela se encontra na Biblioteca do Congresso.

[68] A. Hirschmüller, op. cit., p. 358.

[69] Cf. em nossa parte "Documentos anexos" um poema de uma de suas pacientes publicado num jornal.

médico." Esses artigos recordam as teorias às quais o nome de Fliess permanece ligado: as neuroses nasais, a periodicidade, a bissexualidade, os trabalhos sobre as glândulas endócrinas, em particular a hipófise, com a descrição de um novo quadro clínico, a "fragilidade hipofisária" (1917-1920). Mesmo que essas teorias suscitem reticências entre os comentadores, em razão de seu caráter especulativo e da ausência de verificação experimental, reconhece-se nelas um valor estimulante. Numa revista médica, Max Hirscht escreve: "Esses exageros apaixonados, e defendidos com excessiva sensibilidade, tiveram por efeito que o núcleo verdadeiro de seu ensinamento permanecesse oculto, e que ele passasse por ser um fantasista, um original. Isso seria injusto para com sua obra e sua pessoa. Seu mérito indubitável é ter estabelecido uma ampla visão de conjunto, dotada de uma profunda penetração, numa época em que a medicina e a ciência se expandiram em pesquisas isoladas; assim, ele precedeu a direção sintética de nosso tempo, de maneira exemplar e estimulante."

Certos autores desses necrológios exprimem sua adesão às teorias de Fliess, e afirmam fatos que as confirmam. Um deles relata o caso de um pirômano que provocava incêndios a cada 23 e 28 dias e que, por esse motivo, fora absolvido pelo tribunal.

No conjunto, Fliess é apresentado como um pesquisador freqüentemente citado, de reputação internacional, controvertido, à margem dos meios oficiais universitários, mas popular dentre os profanos.

Presta-se igualmente homenagem ao clínico de numerosa clientela: citam-se os nomes de diversas personalidades berlinenses do mundo das artes, das letras, da política e dos negócios atendidos por ele. Louvam-se suas qualidades de homem bom e caloroso com os doentes, bem como sua criação de um método de tratamento por cauterização das zonas genitais da mucosa nasal.

Encontra-se muitas vezes mencionado o fato de Fliess ter sido alvo de controvérsias, em especial que sua prioridade não foi reconhecida por Weininger e Swoboda, o que causou uma querela. O fato de ser amigo de Freud só é assinalado excepcionalmente. Enfim, alguns destacam que Fliess não fez escola, e que teve um único discípulo: seu filho, Robert Fliess. Este, aliás, assinou um necrológio publicado no *Literarische Welt*[70].

Observação sobre o destino dos filhos de Wilhelm e Ida Fliess

Quando Hitler chegou ao poder em 1933, Charles Fliess, o caçula, ficou com sua mãe, apesar dos conselhos de Robert e Pauline. Ele deixou a Alemanha um ou dois dias antes de 8 de novembro de 1938, a Noite de Cristal que marcou o começo dos pogroms, subornando um nazista, e alcançou a fronteira holandesa. Não quis tomar um navio para Cuba, e dali ir ao encontro de seu irmão Robert nos Estados Unidos. Aproveitou uma oportunidade de ir para a Inglaterra, onde permaneceu. Serviu no exército inglês e tornou-se cidadão britânico. Viveu como pintor em Londres. Pouco afortunado, era atingido freqüentemente pela má sorte, como ele mesmo reconheceu em carta a Robert. Morreu prematuramente de uma crise cardíaca, depois de ter se internado numa casa de repouso para artistas.

Numa longa carta datada de 19 de agosto de 1946[71], de Londres, Charles responde a Robert — então em Nova Iorque — contando-lhe a história da venda das cartas de Freud a Fliess. Robert se insurgira contra a apresentação dessas cartas por Kris[72], por serem desfavoráveis a Fliess, e contra a insinuação de que essas cartas teriam sido vendidas com objetivos comerciais. Charles reivindica a inteira responsabilidade pela transmissão dessas cartas, desculpando sua mãe, a quem em geral se atribui a iniciativa da venda[73]. Charles explica que, com a morte de Wilhelm Fliess, ele entregou à Preussische Staatsbibliothek de Berlim, a pedido desta, a maior parte dos documentos de seu pai. Guardou, entretanto, um certo número de documentos em casa para classificá-los, entre eles as cartas de Freud a Fliess.

---

[70] Cf. o texto em "Documentos anexos".

[71] Biblioteca Hebraica de Jerusalém.

[72] Que era o marido de Marianne Rie, sobrinha de Fliess.

[73] Essa carta de Charles contradiz nesse ponto e noutros as versões que circulam sobre a venda dessas cartas, por exemplo, em C. Bertin, *La Dernière Bonaparte*, Paris, Perrin, 1982, pp. 314-315.

Prevendo ter que deixar a Alemanha, Charles decidiu não levar nada, principalmente nenhum documento, como as cartas de Freud, que o pudessem comprometer. Foi assim que, em 1936, ele vendeu o que tinha guardado por 200 ou 300 marcos a um antiquário judeu. Além das cartas de Freud, havia no lote o fac-símile do "Curso da vida", uma grande quantidade de manuscritos, rascunhos, notas, referências de Fliess, outras cartas recebidas por este (de Hans V. Bülow, Bleibtreu, Rob, Davidsohn, Blüher, Rilke, Reuleaux...), e livros mais ou menos raros. Charles retirou, no entanto, do lote um certo número de cartas de Freud e de outros, relativas ao caso do plágio[74]. O antiquário não respeitou nenhuma cláusula do contrato de venda que Charles fizera com ele, em especial sobre o prazo a ser cumprido para revenda.

Foi somente em 1939 e 1940 que Ernst e Marianne Kris o informaram sobre o destino das cartas de Freud a Fliess que, nesse meio tempo, haviam sido compradas por Marie Bonaparte de Reinhold Stahl, em janeiro de 1937.

Robert Fliess, o mais velho dos filhos, foi para a guerra ainda adolescente (tinha 19 anos em 1914). Apesar do anti-semitismo então reinante, chegou a ser tenente no "Signal Corps" e recebeu uma medalha. Foi ferido por uma explosão de obus, o que lhe deixou como seqüela um tique facial intermitente. Pouco falava daqueles anos e dos horrores que vira. Quando voltou a Berlim, tinha 23 anos. Fez estudos de medicina, ajudado pelo pai. Trabalhou no hospital de La Charité em Berlim e ouviu falar dos trabalhos do pastor Kneipp[75], um especialista em musculatura. Robert aprendeu suas técnicas, instalou uma câmara de água em seu consultório. Utilizou também massagens suecas. Acrescentou à sua prática médica o saber adquirido de seu pai, e praticou cauterização elétrica ligeira em zonas inflamatórias do nariz.

---

[74] Essas cartas de Freud se encontram no fundo Fliess entregue à Biblioteca de Jerusalém por intermédio de Pauline. Outras cartas e documentos relativos ao caso do plágio estão guardados na Biblioteca do Congresso de Washington. Algumas delas devem ter sido perdidas.

[75] Citado por Freud em "É justo separar da neurastenia um certo complexo sintomático sob o nome de 'neurose de angústia'", *Névrose, psychose et perversion*, Paris, PUF, 1973, p. 28.

Dirigiu o suplemento médico *Ärztliche Rundschau* de um jornal berlinense, onde foi publicado um artigo de seu pai, "A euforia", em 8 de março de 1924. Escreveu também artigos médicos sobre os mesmos temas do pai: por exemplo, "Zur Chirurgie der Hypophysis", 1922-1923.

Robert tinha sido preparado para ouvir falar de psicanálise, devido à amizade de seu pai com Freud, a visitas a Viena, onde uma família amiga jogava tarô com Freud toda semana, e em razão da familiaridade do apelido de "tio doutor[76]". Inscreveu-se no Instituto de Psicanálise de Berlim no começo de 1930, "não tanto para praticar a análise quanto para satisfazer sua inteligência", dirá sua mulher Elenore. Na época, Karl Abraham estava morto, mas Karen Horney e Ernst Simmel, que permaneceria seu amigo, trabalhavam ali. Ele freqüentou Franz Cohn, Otto Fenichel, Raymond de Saussure, os analistas ditos do "seminário de crianças". Obteve seu diploma do Instituto em 1932 e emigrou para os Estados Unidos em 1933, depois que Hitler foi eleito chanceler.

Ele não tornou a ver nem sua mãe, nem Pauline, mas reencontrou uma vez Conrad na Itália, no fim dos anos 30.

Em Nova Iorque, Robert tenta inicialmente interessar um hospital por sua prática sobre a musculatura. Seus esforços não são coroados de sucesso. Decide então utilizar sua formação analítica, como faziam tantos outros refugiados, coisa que não havia previsto fazer de saída. Dorian Feigenbaum, editor do *Psychanalytical Quarterly,* encaminha-lhe seus primeiros pacientes. Durante algum tempo ele trabalha simultaneamente como médico e como analista, depois dedica-se à análise em tempo integral.

Casa-se como Elenore Stratton, cujo pai dirigiu por muitos anos o Departamento de Psicologia da Universidade da Califórnia. Ela tinha ancestrais paternos franceses e maternos alemães. Robert e Elenore Fliess não tiveram filhos. Elenore escreveu uma encantadora biografia de seu marido: *Robert Fliess: the Making of a Psychoanalyst,* em 1974.

---

[76] Logo, era assim que se devia chamar Freud em casa de Fliess. A relação entre Freud e Fliess era vista como uma relação fraternal.

Pauline Fliess, nascida três anos depois de Robert, confessa que não conseguia imaginar que seu pai pudesse ter sido um filho, quando por exemplo ouvia a mãe de Wilhelm pedir notícias de seu filho. Pensava não ter sido ela mesma desejada por sua mãe, com a qual entrava freqüentemente em conflito, principalmente na adolescência. A única censura que Pauline faz ao pai é de ter sempre dado razão à mulher quando havia um conflito entre esta e os filhos. Ela se recorda de que Ida queria comprar-lhe vestidos que não lhe agradavam. Pauline, porém, não sabia o que a agradava. Então sua mãe lhe comprava uns "troços" nos quais ela ficava com um aspecto estranho.

Ela mesma diz que era lenta e desordenada. Teve muitas doenças das quais não se soube fazer o diagnóstico. Recebeu extratos tireoidianos receitados por seu pai, e depois extratos do lobo anterior da hipófise. Depois da morte do pai, seus distúrbios recomeçaram. Um médico teria falado em doença de Dercum [1888, obesidade dolorosa]. Ela toma remédios permanentemente, diz a Eissler em 1964, sob pena de sentir dores terríveis, tornar-se *weniger* (diminuída), engordar, perder toda iniciativa, não querer mais se levantar. Iriam declará-la histérica, diz ela. Ida, ao que parece, tinha uma constituição semelhante: apesar de suas três empregadas, estava sempre cansada.

Nos anos 30, Pauline emigrou para a Palestina — logo, bem antes da criação de Israel —, aprendeu o hebreu, tornou-se auxiliar de laboratório. Casou-se com M. Jacobsohn. Não tiveram filhos. Por morte de seu marido, legou os documentos de seu pai ao Instituto Léo Baeck, que os doou à Biblioteca Hebraica. Ela viveu em Haïfa-Achensa, e ali morreu.

Ida Fliess permaneceu na Alemanha depois da partida de seus filhos. Seu irmão Oskar Bondy a teria obrigado a tomar o último trem a sair da Alemanha na direção de Zurique. Ela morreu em Lausanne de um ataque cardíaco aos 72 anos, em 8.7.41. Existem duas versões de seus últimos anos. Segundo Pauline, Ida teria morrido durante a viagem, tendo pois vivido na Alemanha até 1941. Segundo Elenore, Ida teria deixado a Alemanha antes de 1941 e vivido alguns anos em Lausanne. Ela ficara quase cega devido a um glaucoma ou a uma catarata. Pauline conta que, em conformidade com as teorias de seu pai, ela esteve muito doente no dia da morte de sua mãe.

A chegada ao poder dos nazistas dispersou, pois, a família Fliess: Charles na Inglaterra, Pauline em Israel, Robert nos Estados Unidos, Ida na Suíça. Nenhum de seus filhos tendo tido uma prole, Wilhelm Fliess ficou sem descendência. Sua posteridade não pôde verificar, para além de uma geração, a "transferência" de períodos da substância familiar predita por sua teoria.

Capítulo 2

O caso do duplo plágio

O caso do plágio eclodiu em janeiro de 1906, com a publicação quase simultânea de um acréscimo no final do "Curso da vida" de W. Fliess, intitulado "Em minha própria causa", e de um panfleto de R. Pfennig, bibliotecário na Biblioteca Real de Berlim[1]. Este caso amadureceu um certo tempo antes de se tornar público; alguns dos fatos que o precederam vão assumir depois uma significação para Fliess, ou serão utilizados como parte do dossiê de acusação que ele lança.

Premissas no só-depois

O primeiro desses fatos, na ordem cronológica, é o famoso último encontro à margem do lago de Achen em 1900 de que falamos acima. Os testemunhos públicos de Freud e de Fliess que conhecemos diferem tanto que nos foi necessário um certo tempo antes de compreender que eles se referiam ao mesmo "congresso[2]". Na *Psicopatologia da vida quotidiana*,

[1] Richard Pfennig, *Wilhelm Fliess und seine Nachentdecker Otto Weininger und Hermann Swoboda* (Wilhelm Fliess e seus descobridores imitadores Otto Weininger e Hermann Swoboda), op. cit..

[2] Jones escreve que a discussão sobre os períodos "talvez tenha ocorrido em Munique, no momento da partida de Fliess para Berlim", o que contradiz a afirmação de Fliess.

vamos lembrar, Freud não faz qualquer referência à discussão sobre a teoria dos períodos e procede somente à análise de um esquecimento: Fliess já lhe havia falado da bissexualidade em 1897; segundo ele, esse esquecimento exprimia o voto *inconsciente* de roubar a prioridade de uma idéia a seu amigo.

Fliess e Pfennig, decerto, vão usar como argumento a confissão de Freud na *Psicopatologia*: já que ele quis roubar as idéias de Fliess, não é de espantar que outros o tenham feito, com sua ajuda. Curiosamente, quando Fliess menciona o esquecimento admitido por Freud, ele tampouco assinala que este é contemporâneo da discussão tempestuosa sobre a teoria dos períodos. Inversamente, quando Fliess fala do encontro do lago de Achen, não menciona o esquecimento de Freud. Isso leva a pensar que Fliess tenha vivido o evento em dois tempos. Para começar, na hora, ele deve ter sentido como uma agressão pessoal a recusa de Freud de aceitar o determinismo da teoria dos períodos para todos os fenômenos psíquicos, e isso o conduziu a afastar-se de Freud. Podemos nos perguntar se, depois, a acusação de plágio não foi em certa medida favorecida por Freud, pois foi ele quem falou disso em primeiro lugar (e para acusar-se publicamente!) num momento em que não parece que ela se referisse a Fliess.

Entre 1900 e 1904 dois outros acontecimentos se produzem, os quais só irão assumir para Fliess uma significação particular no momento do caso do plágio.

Em outubro de 1900, um certo Hermann Swoboda, em análise com Freud, ouve este último fazer uma interpretação de suas fantasias que se refere à "disposição bissexual de cada ser humano"; ele fala disso, naquela mesma noite, a seu amigo Otto Weininger.

No outono de 1901, Weininger vai ver Freud para fazê-lo ler o manuscrito de *Sexo e caráter* (que se intitulava então *Eros e Psiquê*), esperando que Freud o recomende a um editor[3]. Freud emite um julgamento desfa-

---

[3] Sobre a relação de Weininger e Freud, cf. Jacques Le Rider, *Le Cas Otto Weininger*, Paris, PUF, 1982, pp. 88, 92, 171.

vorável sobre o livro, que considera especulativo demais. Por outro lado, ele discorda do capítulo sobre a histeria ("A essência da mulher e seu sentido no universo"), onde Weininger cita Freud, por *captatio benevolentiae*, como acredita este último[4].

Ignorando as críticas de Freud, Weininger publica seu livro em maio de 1903[5] e se suicida a 4 de outubro do mesmo ano. A obra vai conhecer um grande sucesso. Otto Rank fica entusiasmado, cada um dos argumentos reflete suas experiências pessoais: "Eles eram até mesmo expressos nos meus próprios termos[6]", diz ele. Diante dessa confissão, como se espantar com o fato de que o livro de Weininger tenha suscitado impressões de plágio?

Fliess só irá lê-lo na primavera de 1904, *depois* de ter recebido a obra de Swoboda, "Os períodos do organismo" (publicado no início de 1904). O livro de Weininger teve seus partidários entusiastas ao mesmo tempo que seus adversários ferozes[7]. Dentre as reações que suscitou as acusações de plágio figuram em lugar importante. Ainda que Fliess tenha tido seus próprios motivos para reivindicar o que estimava ser sua propriedade intelectual, deve-se saber que ele não foi o único a se sentir plagiado pelo livro de Weininger, e que outros o precederam nesse terreno. O plágio estava na moda em Berlim.

---

[4] Em carta a Abrahamsen, em 1938, Freud vai confessar que suas relações com Weininger "foram muito complicadas. Não me é possível descrevê-las numa carta breve", acrescenta ele. "Fui o primeiro leitor de seu manuscrito — e o primeiro a formular um julgamento desfavorável. Foi também de mim que ele obteve sua idéia principal, por uma via muito pouco correta", J. Le Rider, op. cit., p. 92.

[5] Otto Weininger, *Geschlecht und Charakter*, Viena, Wilhelm Braumüller. Republicado por Matther & Seitz, Munique, 1980. A tradução francesa (de D. Renaud), *Sexe et caractère*, prefácio de R. Jaccard, Lausanne, L'Age d'Homme, 1975, é parcial, e as passagens que faltam não estão assinaladas.

[6] E. J. Lieberman, *La Volonté en acte. La vie et l'oeuvre d'Otto Rank*, Paris, PUF, 1991, p. 57.

[7] Em 1904 é lançado um livro do Dr. Probst, *Le Cas Weininger* (Wiesbaden), que denigre completamente Weininger, utilizando documentos confidenciais transmitidos inicialmente pelo pai de Weininger ao psiquiatra de Munique Löwenfeld, o qual os transmite em seguida a seu assistente, o autor do livro. Este livro servirá a Pfennig para mais uma vez desacreditar Weininger.

H. Swoboda foi um dos primeiros a se sentir plagiado por O. Weininger, antes mesmo que o livro fosse publicado. No entanto, não o dá a saber em público[8].

P. J. Moebius acusa publicamente Weininger, em agosto de 1903, de lhe ter roubado idéias, bem como o título da obra[9]. J. Le Rider relata que "uma carta de Weininger datada de 17 de agosto de 1903 e postada em Siracusa dava três semanas a Moebius para se retratar de suas alegações de plágio, sob pena de processo de difamação. Moebius não respondeu à carta. Weininger suicidou-se em outubro[10]".

A convicção do plágio

O livro de H. Swoboda, "Os períodos do organismo humano em sua significação biológica e psicológica[11]" inspira-se mais, na verdade, nas idéias de Fliess que nas de Freud. As experiências psicológicas de retorno das representações espontâneas de lembranças evidenciam, segundo Swoboda, períodos de 23 horas, 23 dias e 18 horas. Ele dedica um capítulo aos trabalhos de Fliess, que restringe ao domínio da patologia, e não da psicologia normal. Fliess irá protestar. Em represália, Swoboda redige um longo capítulo sobre os sonhos, no qual não menciona uma só vez a *Traumdeutung*, embora relate um caso que lhe foi comunicado por "*Herr Prof.* Freud": um colega sonha com uma visita que fez a uma criança doente 3 x 28 dias

[8] A menos que se considere somente a nota onde, em "A pesquisa de interesse público e o pesquisador de interesse privado" (*Die gemeinnützige Forschung und der eigennützige Forscher*), Wilhelm Braumüller, Viena e Leipzig, 1906, Swoboda reivindica de maneira muito surpreendente a descoberta da bissexualidade, ou seja, atribuída muito mais ao falecido Weininger que a Fliess. Além disso, "em carta de 8 de março de 1901, Weininger se defende longamente contra as acusações de plágio que seu amigo Swoboda formulou contra ele", J. Le Rider, op. cit., p. 21.

[9] O artigo de Moebius foi publicado na sua revista *Schmidts Jahrbücher der gesamten Medizin* (número de agosto de 1903). Pfennig fala sobre isso. A propósito da reivindicação sobre o título, Moebius havia publicado anteriormente uma brochura intitulada *Sexo e doença*. Em 1904, Moebius publica uma outra brochura (citada por Pfennig), *Sexo e audácia*, Halle, onde mais uma vez ele acusa Weininger.

[10] J. Le Rider, op. cit., p. 77.

[11] H. Swoboda, *Die Perioden des menschlichen Organismus in ihrer psychologischen und biologischen Bedeutung*, Leipzig e Viena, Franz Deuticke, 1904.

depois desta. Swoboda, que não assistia nem às conferências de Freud, nem às reuniões de quarta-feira à noite, dificilmente pode ser considerado como um discípulo de Freud.

Swoboda envia, em 24 de janeiro de 1904, seu livro a Fliess, o qual, vamos lembrar, não havia até então lido o livro de Weininger e ignorava de todo as relações entre Weininger e Swoboda e entre este último e Freud. Fliess acolhe bem sua obra e lhe responde, em 29.1.04, com uma carta muito cordial, assim iniciada: "Meus mais cordiais agradecimentos pelo envio de seu livro cativante no qual um esclarecimento múltiplo e parcialmente novo é dado ao problema dos períodos", e termina por: "Em todo caso, regozijo-me de ter encontrado no senhor um pesquisador com as mesmas aspirações, que posso acolher o mais amigavelmente possível com estas linhas[12]". Fliess aproveita a ocasião para lhe assinalar que está preparando um livro sobre a teoria dos períodos, onde "tudo concorda" e que inclui os fenômenos psicológicos. Embora nada o justifique — e ele não saiba ainda que Freud designou Swoboda como "seu discípulo" —, ele faz a este último uma confidência a propósito de suas relações com Freud: "...e discuti então com meu amigo o Prof. Freud, que nega a influência da periodicidade sobre os fenômenos psíquicos." A lembrança do encontro de Achensee, avalia-se novamente, permanece viva, e não é a questão do plágio que o preocupa. Fliess pôde ver em Swoboda um aliado que admitia a influência da periodicidade sobre os fenômenos psíquicos, o que Freud contestava. A reação ulterior de Fliess à reivindicação por Swoboda da originalidade da aplicação da periodicidade aos fenômenos psíquicos normais só podia, a partir daí, ser indignada.

A partir dessa data, o público começa a estabelecer aproximações entre os nomes de Weininger, Swoboda, e Fliess. Por exemplo, em 9.3.04, Breuer responde a Friedrich Jodl (antigo professor de filosofia de Weininger), que lhe pedia informações sobre Swoboda, com uma longa carta onde lhe fala, realmente, de Fliess, pois que o conhece melhor que a Swoboda, e os

---

[12] Cf. a carta na brochura de Pfennig, p. 302.

trabalhos deste último são por ele associados aos de Fliess[13]. Em abril o *Neue Wiener Tagblatt* publica uma série de artigos intitulada "Ciência e superstição", dedicada aos trabalhos de Fliess, Swoboda e Weininger. Estes artigos, em geral, são favoráveis a Fliess e acusam Swoboda e Weininger de ampliar demasiadamente o campo de suas descobertas, cuja base científica permanece estreita. É significativo constatar que, antes mesmo que Fliess opere as aproximações que irão alimentar sua acusação de plágio, estas já se efetuaram no público.

Na primavera de 1904, Fliess "dá uma olhada" no livro de Weininger. Fica muito surpreso, então, por encontrar ali suas próprias idéias: "Na verdade espantou-me no mais alto grau encontrar na primeira parte deste [...] expressa de maneira clara e não desprezível minha idéia da dupla sexuação permanente e a dedução da atração sexual[14]". Fliess, entretanto, não diz se isso ocorreu *ao mesmo tempo* ou *depois* de ter sido igualmente surpreendido ao ler em Weininger o nome de Swoboda. A questão se coloca, já que Fliess sabe, em julho, que Weininger era amigo de Swoboda[15]. Em *Sexo e caráter*, Weininger cita Swoboda em três ocasiões[16]. Num testamento redigido a 13 de fevereiro de 1903, Weininger escreve: "Se meu livro não for publicado antes da minha morte, deve-se pedir a Oskar Frieländer e ao Dr. Herman Swoboda que ponham em ordem minhas notas no que se refere à parte biológica[17]."

Weininger cita igualmente Fliess numa nota de *Sexo e caráter* a propósito da periodicidade: "Encontram-se, sobre a periodicidade na vida hu-

---

[13] Swoboda preparava um memorial de doutorado dirigido essencialmente aos filósofos, *Estudos para o fundamento da psicologia*, que será publicado no fim de 1904 (cf. a carta de Swoboda a Fliess de 15.6.1905, citada por Pfennig p. 305). A carta de Breuer a Jodl está publicada em A. Hirschmüller, op. cit., p. 333-336.

[14] W. Fliess, "Em minha própria causa", pp. 222-223.

[15] Parecia, no entanto, que eles estariam um tanto afastados um do outro no final de 1902. Le Rider, op. cit., p. 11.

[16] P. 124, citando-o como um amigo, a propósito de uma regra de aprendizado que necessita de interrupções; p. 154, Weininger cita a expressão de Swoboda, "limiar da fala", a que é remetido aquele que quer exprimir o que sente; p. 514 (nota da p. 134), ele cita um artigo de Swoboda "muito interessante e original", publicado numa revista de "filosofia científica"...

[17] Citado no prefácio de J. Le Rider a O. Weininger, *Des fins ultimes*, Lausanne, L'Age d'Homme, 1981, p. 9.

mana e em todos os domínios da biologia, as indicações mais interessantes num livro de Wilhelm Fliess cujo título, mal escolhido, poderia induzir ao erro: *As relações entre o nariz e os órgãos genitais femininos apresentadas segundo suas significações biológicas*, uma obra extremamente original que deveria adquirir uma celebridade científica, por pouco que a pesquisa ultrapasse e aprofunde suas conclusões. Por ora, os fatos espantosos descobertos por Fliess têm recebido muito pouca atenção[18]." Poderíamos crer que Fliess lesse com prazer este elogio que — contrariamente ao de Freud — não era de *captatio benevolentiae*. Em absoluto! Não somente Fliess, em "Em minha própria causa", silencia sobre essa passagem, mas Pfennig, que vai citá-la em seu panfleto, considera que "atrás destas expressões tortuosas se esconde, como Fliess muito bem reconheceu, nem mais nem menos que o desejo neurótico de vê-lo morto[19]"!

Com exceção da sua surpresa ao abrir o livro de Weininger, relatada mais tarde, não sabemos a partir de que momento preciso a idéia de plágio tomou corpo em Fliess. De acordo com o que ele nos diz em "Em minha própria causa", diversos elementos, a partir daí, começaram a se ligar uns aos outros. "Somente depois que as provas se acumularam percebi que havia uma ligação." A primeira ligação teria sido aquela estabelecida entre Weininger e Swoboda, cujo nome Fliess teria lido em *Sexo e caráter*?

O acontecimento que, a nosso ver, vai impor a Fliess aproximações significativas para ele parece ter sido a chegada da carta de Freud de 26.4.04, quando estava sem notícias escritas deste há dois anos. Trata-se, aí, de um verdadeiro fator desencadeante. Além de seu caráter inesperado, essa carta lhe anuncia que Swoboda é um discípulo de Freud[20]. É provavelmente a partir daí, em nosso entender, que se instala, só-depois, para Fliess, o triângulo Freud–Swoboda–Weininger. Mais, ainda, nessa carta Freud pede a

---

[18] O. Weininger, *Geschlecht...*, op. cit., p. 499 (nota da página 65). Retomamos a tradução francesa de J. Le Rider, op. cit., p. 79.

[19] Cf. p. 279..

[20] Cf. a citação parcial dessa carta em *Em minha própria causa*, p. 223. O texto integral da carta se encontra em *Sigmund Freud Briefe an Wilhelm Fliess*, op. cit., pp. 504-506.

Fliess que colabore numa nova revista que seus discípulos vão criar. Estes vieram tomar, para ele, o lugar do "público" que era ocupado por Fliess. Talvez Fliess se tenha sentido então colocado por Freud em lugar de discípulo.

Ele responde a Freud pela volta do correio, em 27.4.04: "Que você deva passar por instigador intelectual do livro de Swoboda me causa pesar; não porque o autor não saiba, absolutamente, situar o problema dos períodos, nem por causa dos numerosos erros fatuais, mas devido à profunda desonestidade que corre através do livro. Você mesmo já o indica, com o nome *Gattel*. Constatei isso numa leitura mais precisa, pois do contrário as linhas com que agradeci ao autor por sua remessa teriam um tom diferente. Swoboda nem uma só vez assinalou o ano a partir do qual fez suas observações e tomou conhecimento do meu livro[21]." Fliess, portanto, mudou nitidamente de posição a respeito de Swoboda. O fato de nessa carta ele não mencionar Weininger nos leva a pensar que desconhecia a existência da relação entre Swoboda e Weininger. Permanece cordial com Freud, mesmo que deixe transparecer seu "pesar", que concerne, provavelmente, também à "perda" de Swoboda como discípulo em potencial.

As suspeitas de Fliess vão ficar mais precisas *depois* do envio dessa carta: "Sei que esta comunicação [de que Swoboda era discípulo de Freud] me tocou, mas foi preciso ainda algum tempo para que surgisse em mim a hipótese de que Freud tinha sido o intendente infiel de minhas idéias[22]." Ele toma, então, a decisão de se encontrar pessoalmente com Freud em Viena, em julho. Ficou muito desapontado por não encontrá-lo quando de sua chegada. "Ainda que Freud conhecesse a data de minha chegada a Viena, partiu de férias dois dias antes e me comunicou isto somente no último momento com um pequeno bilhete. Então fui obrigado a usar a caneta", relata Fliess em *Em minha própria causa*. Foi assim que começou, com uma primeira carta de Fliess escrita a Freud *de Viena*, a rápida troca

---

21 *Sigmund Freud Briefe an Wilhelm Fliess*, op. cit., pp. 506-507.
22 W. Fliess, *Em minha própria causa*, p. 224.

epistolar do fim de julho de 1904, que Pfennig, e depois Fliess, publicarão mais tarde. Para compreender o gesto deles, que tornava públicas cartas privadas de Freud, e portanto aumentava a amplitude assumida pelo caso, é importante notar que, não sendo possível naquele momento nenhuma comunicação oral entre Freud e Fliess, essa correspondência se inscrevia *de saída* (certamente, sem que Freud desconfiasse) no registro de procedimentos de uma coleta de provas e justificativas: Fliess, aliás, guardava duplicatas ou rascunhos das suas cartas.

Em sua primeira carta a Freud (20.7.04) Fliess se declara persuadido de que Weininger tomou conhecimento das suas idéias por Freud. No entanto, não pensa saber de tudo, já que pergunta a Freud o que ele sabe sobre isso.

Freud se contradisse, realmente, nas suas respostas posteriores, chegando a acusar a si mesmo, o que confortou Fliess nas suas acusações. Falando desse caso à sua volta, Freud vai retomar por sua conta a versão de Fliess. Assim, em 1925, em carta a Wittels[23], ele escreve: "Swoboda era meu paciente e aprendeu, por esse viés, a teoria (da homossexualidade e da bissexualidade generalizadas). Eu não podia prever que ele iria comunicar essa informação a seu amigo, que me era, na época, inteiramente desconhecido, e que este último poderia servir-se dela para explorar, em primeiro lugar, a idéia de Fliess. Em minha resposta a Fliess, acusei-me em excesso, de tanto que lamentava ter servido de intermediário, e porque prestava contas, de modo masoquista, de meu inconsciente[24]." Em 1939, numa carta a Abrahamsen, Freud volta a reconhecer seu papel de intermediário entre Fliess e Weininger *via* Swoboda: "Weininger nunca foi meu paciente, mas um dos seus amigos o foi. Dessa maneira, Weininger familiarizou-se

---

[23] Wittels escreveu a primeira biografia de Freud, e fala do caso do plágio: Fr. Wittels, *Freud, l'homme, la doctrine, l'école*, Paris, Felix Alcan, 1925, p. 87: "Freud era culpado, mas começou por negar. Ele havia tratado de um amigo de Weininger, e entregara a este — um jovem sábio — o pensamento mestre de seu melhor amigo. Sem qualquer má intenção. Mas, e o inconsciente?" O livro foi publicado em alemão por E. P. Tal & Co. Verlag, Leipzig/Viena/Zurique, 1924, tendo como epígrafe, em francês: "*Il faut admirer en bloc.*"

[24] Citado por J. Le Rider, op. cit., p. 91.

com as idéias sobre a bissexualidade que eu começava a aplicar nas minhas curas analíticas, inspirado por Fliess. Ele fez dessas idéias o fundamento de seu livro[25]."

Esses testemunhos mostram que, até certo ponto, a idéia de Fliess de ter sido plagiado encontrava um assentimento em Freud. Na medida em que a idéia de plágio se confunde com a questão da prioridade, ela é comum a Fliess e a Freud; logo, talvez tenha sido também *na medida em que ela lhes é comum* que ela reteve Fliess.

Tendo Freud reconhecido seus erros, Fliess não tinha mais razões para procurar saber mais sobre isso: a troca de cartas cessa.

A 13 de agosto de 1904, morre a mãe de Fliess. Este fato pôde desviar a atenção de Fliess do caso de plágio ou, igualmente, contribuir para aguçar um sentimento de abandono.

Fliess mostrou-se muito atento à cronologia dos acontecimentos nesse caso. Assim, a 8 de novembro de 1906, ele escreve uma carta a M. Harden, diretor de um jornal, para pedir-lhe a gentileza de corrigir um erro na apresentação cronológica que fez do caso. Insiste em que os leitores compreendam bem que em primeiro lugar veio a denúncia de plágio escrita por Pfennig, em seguida a réplica de Swoboda, e enfim a sua própria intervenção. Podemos concordar com Fliess nesse ponto. Em semelhante caso, a relação de cada um com o tempo é primordial para a determinação do sentido que cada protagonista atribui aos fatos.

No livro *Em minha própria causa*, Fliess relata, em primeiro lugar, o encontro tempestuoso do lago de Achen, no verão de 1900, e faz uma primeira interpretação, observando que foi precisamente naquele ano que Freud tomou Swoboda em tratamento. Depois, como vimos, ele exprime sua "profunda estupefação" à leitura do livro de Weininger, na primavera de 1904. Só depois ele fala de sua leitura do livro de Swoboda sobre os períodos. Ora, ele o lera antes, em janeiro de 1904, e *sem que então visse, ali, um plágio*. Ele menciona essa primeira leitura para sublinhar que vol-

[25] Citado por J. Le Rider, op. cit., p. 92.

tou atrás em seu julgamento e denunciar a tapeação de Swoboda. Fliess apresenta então sua leitura do livro de Swoboda na retroação à leitura de Weininger, e não na ordem cronológica real.

Logo, é depois de ter recebido a carta de Freud datada de 26.4.04[26] e percorrido o livro de Weininger que Fliess associa, como formando uma rede, Weininger e Swoboda, de um lado, e Swoboda e Freud, de outro lado. "Depois de um certo tempo", diz ele (isto é, o tempo que ele levou para compreender, à sua maneira), conclui que Freud serviu de intermediário para o plágio.

Freud foi o elemento decisivo da convicção do plágio em Fliess, também por causa do lugar que ocupava para este. Freud representa para ele uma espécie de garantia de boa gestão do saber. Depositário do saber de Fliess, ele tornou-se "o intendente infiel[27]": não tomou cuidado com este bem e deixou, com conhecimento de causa, que outros se apoderassem dele. Esse saber pôde ser comunicado sem perda e servir como objeto de plágio, pois é um saber sem sujeito. Freud não é, para Fliess, o avalista de uma verdade (o que suporia uma divisão entre o saber e a verdade), mas o gerente de um acúmulo de saber.

Atenuadas em *Em minha própria causa*, as suspeitas de uma atitude voluntariamente malévola de Freud são mais explícitas no manuscrito "A descoberta da dupla sexuação permanente": "A descoberta da dupla sexuação permanente pareceu-lhe [a Freud] ser algo de fundamental e de muito precioso. Ele bem que gostaria de tê-la feito. Assim, tentou apropriar-se dela. Meus protestos não o permitiram. Assim, teve que deixá-la para mim num primeiro tempo. Mas, quando nossa amizade se rompeu, não tinha mais interesse em conservá-la para mim. E, já que de toda maneira ele me seguia[28] com inveja, preferiu dá-la a um outro, a deixá-la comigo tranqüilamente. Este outro era Swoboda[29]."

---

[26] Nessa carta, Freud mencionava Gattel, que ele considerava como um discípulo que o havia plagiado, e que encaminhou a Fliess como paciente.

[27] Cf. a parábola do intendente infiel no Novo testamento, Lucas, 16.

[28] *Verfolgte*, também: perseguia.

[29] Cf. o texto p. 94.

A última troca de cartas com Fliess tampouco deixou de ter efeitos para Freud. A perturbação que ele sente em fins de agosto de 1904 em Atenas, ao visitar a Acrópole com seu irmão mais novo Alexander, pode estar, em nossa opinião, relacionada com o que se passou com Fliess[30]. Ao descobrir a Acrópole, Freud experimenta uma incredulidade (*Unglauben*): *o que vejo ali não é real (wirklich)*, diz ele. Em momento algum ele evoca Fliess, na análise que faz dessa perturbação, mas a data do acontecimento, a relação fraternal que relata em 1936 a Romain Rolland, o qual é também (é Freud quem o frisa) dez anos mais novo que ele, deixam supor que Fliess não está longe[31]. O esforço para "excluir alguma coisa de si" pelo qual Freud explica o que sentiu dá fortemente a pensar no que acaba de acontecer com Fliess. Freud vai excluir concretamente algo de si destruindo, pouco depois de 1906, as cartas de Fliess, alertado, sem dúvida, pelo uso público que Fliess fizera de algumas das suas. O fato de Freud só explicar seu distúrbio de memória trinta e dois anos mais tarde, e em carta privada, talvez tampouco seja um acaso. A aproximação do texto escrito em 1936 (terminado em janeiro) com o caso Fliess nos parece tanto mais justificado quanto, em seu caderno de anotações[32], na data de sábado, 24.10.1936, Freud escrevia: "Eitington e data do aniversário de Fliess." Esta é a primeira e única vez, desde sua ruptura, que Freud menciona Fliess nesse caderno. Três dias de-

---

[30] Essa perturbação é relatada e analisada em carta a Romain Rolland de 1936, cujo texto foi intitulado *Um distúrbio de memória na Acrópole*. Está traduzido no boletim nº 10 de La Transa, novembro de 1987. Foi publicado pela primeira vez no *Almanach der Psychoanalyse*, 1937, e se encontra no vol. XVI das G.W.

[31] H. Vermorel e M. Vermorel, *Sigmund Freud et Romain Rolland, Correspondance*, Paris, PUF, 1993, revelam também no texto de Freud a presença de Fliess. Consideram mesmo que a carta de Freud a Romain Rolland é a finalização da auto-análise de Freud: "Como síntese e desenvolvimento da auto-análise desde as suas origens, essa carta abrange a vida e a obra inteiras de Freud. Ela conduz a um exame *a posteriori* da elaboração do *distúrbio de memória*, progressiva, mas lateral e deslocada, na totalidade da obra freudiana, em especial nas obras ditas de psicanálise aplicada. Ela conduz a interligar a relação com Rolland, como auto-análise, à auto-análise primordial com Fliess: ora, é no momento mesmo da ruptura com este que se situa o sentimento de estranheza sobre a Acrópole de Atenas" (p. 456).

[32] *Chronique la plus brève*. Cadernos íntimos 1929-1939, anotados e apresentados por Michel Molnar, Paris, Albin-Michel, 1992, pp. 30, 207, 298.

pois, na terça-feira 27.10, Freud anota, o que é também excepcional: "Sangramento nasal." Ó Fliess, tua sombra está sempre aí!

A fomentação do caso

O sentimento de ter sido plagiado implica a participação de um público. Logo, é bastante lógico que Fliess tenha querido dar a conhecer o plágio de que se considerava objeto. Não se pode determinar a partir de que momento ele decidiu levar o caso a público. Durante o ano de 1905 ele reúne testemunhos[33] em favor do reconhecimento da originalidade e da prioridade de suas idéias, fortemente encorajado por R. Pfennig que prepara seu panfleto de janeiro de 1906. Em *Em minha própria causa,* Fliess deixa a Pfennig a responsabilidade por ter escrito a brochura[34].

De maneira exagerada e, a nosso ver, errônea, Swoboda, na resposta a Pfennig que irá publicar em 1906, dirige-se a Fliess como se fosse este o autor do panfleto, por considerá-lo "moralmente responsável pelo conteúdo e pela forma".

É perturbador ver, assim, Freud e Fliess incriminarem quase nos mesmos termos a relação entre o autor e o promotor de uma obra. Os paralelos e trocas de posição desse gênero são abundantes no caso de plágio.

---

[33] A carta do Prof. Reuleaux datada de 27.3.05, citada em *Em minha própria causa,* p. 221, faz parte deles. Franz Reuleaux (1829-1905) era um amigo de Fliess, que tratava de diversos membros da sua família (e utilizava os dados dali retirados para seus cálculos). Reuleaux é citado ainda hoje nas obras sobre a história de Berlim. Ele ensinava matemáticas na *Technische Hochschule* (Alta Escola de Tecnologia) para técnicos superiores e engenheiros que queriam aplicar as matemáticas à indústria. Essa escola rivalizava com a universidade. Reuleaux era um representante da aliança entre as matemáticas puras (L. Kronecker, G. Cantor, K. Weierstrass) e suas aplicações industriais.

[34] "Ele reuniu todo o material, referente a isso [o caso de plágio], e levou sua pesquisa de maneira totalmente independente. Foi ele quem me pediu que lhe deixasse a apresentação crítica porque não queria ver meu livro sob o peso desta questão. Eu não disse uma palavra para convidá-lo a este trabalho. Eu lhe sou calorosamente grato por seus motivos, dos mais puros, e por sua maneira idealista de agir, mas não posso reivindicar a honra de ser autor — mesmo que de uma pequena parte — de sua brochura." (W. Fliess, *Em minha própria causa*). Mesmo que se possa acreditar no que diz Fliess, continua a ser verdade que foi ele quem lhe forneceu um certo número de documentos, as cartas de Freud, Bunge, Reuleaux, e quem discutiu com Pfennig o texto que este escrevia.

Ainda que Fliess não tenha escrito pessoalmente o panfleto, não se poderia dissociar seu procedimento como autor do "Curso da vida" daquele de defensor de *sua própria causa*: o "Curso da vida" acaba justamente com o parágrafo intitulado "Em minha própria causa". A simultaneidade entre o "Curso" e a denúncia do plágio leva a nos perguntarmos se não existe ali um traço que, em Fliess, caracteriza a posição do autor: ao mesmo tempo que produz uma obra, ele denuncia aqueles que a querem roubar, como se produzir uma obra equivalesse a fazer-se roubar dela.

Em maio de 1905, Swoboda volta a entrar em contato com Fliess para lhe propor a distribuição, com a obra que Fliess está escrevendo, de uma régua de cálculo dos períodos concebida por ele[35]. Fliess declina secamente da proposta. Vê-se, pelo tom de suas cartas, que sua atitude com relação a Swoboda mudou completamente e que a acusação de plágio já está sendo cultivada: "Já que o senhor não reparou minha retificação pela carta do ano passado, e pelo fato de que já minha primeira descrição (terminada em agosto de 96) da periodicidade de *todas* as formas de vida inclui também os fenômenos psíquicos, permito-me repetir este ensinamento. Na página 195 [das *Relações*] são considerados os sonhos de angústia e as representações angustiantes como fenômenos periódicos" (carta de Fliess a Swoboda de 22.6.05). Swoboda não se engana, e responde com uma argumentação em favor do reconhecimento da pluralidade de pessoas que participam de uma descoberta, alegando o fato de que os melhores livros "contêm mais do que o autor sonhou no momento em que o escreveu". Levado por seu impulso, ele lança: "O controle da descendência não vai mais longe que a *emissio seminis.* Depois, as coisas vão por seu próprio caminho e se é condenado ao papel de espectador", o que só podia chocar Fliess.

Podemos considerar, conforme o que precede, que em junho de 1905 Fliess está decidido a levar a público sua acusação de plágio.

[35] Ver a correspondência Fliess–Swoboda de 1905, pp. 304.

Naquele ano, Freud publica os "Três ensaios sobre a teoria do sexual[36]", "O chiste e suas relações com o inconsciente", "Fragmentos de um caso de histeria" (o caso Dora)[37]. Nos "Três ensaios", Freud cita duas vezes Fliess (a propósito da "necessária generalidade da tendência à inversão" e a propósito da bissexualidade; ele irá suprimir o nome de Fliess dessa última referência nas edições posteriores). No que diz respeito ao *Witz*, Freud dirá mais tarde que empreendeu a escrita do livro em seguida à observação de Fliess segundo a qual suas "interpretações de sonhos causavam com freqüência um efeito espiritual" (*witzig*)[38].

A passagem ao público

O caso do duplo plágio irrompe em público "no dia do Ano Novo" de 1906, com a publicação do panfleto de Richard Pfennig, *Wilhelm Fliess e seus descobridores imitadores*[39].

Pauline Fliess descreve Pfennig como um homem hesitante e trabalhador, o típico funcionário prussiano, sem chama pessoal. O que não impede que ele queime Swoboda e Weininger na sua brochura. Esta leva, realmente, a marca de seu estilo: sua sintaxe é alambicada, contorcida e preciosa, caracterizando-se pelo que se pode chamar em alemão de *Schachtelsätze*, essas subordinadas contidas umas nas outras como bonecas russas, o conjunto encastoado numa oração principal.

A serviço do exercício panfletário, esse estilo é meticulosamente colérico, quando Pfennig não faz soar as trombetas do renome: então, a riqueza de seu vocabulário e os refinamentos sintáticos traem o prazer de um procurador exaltado pela sua admiração por um grande homem (Fliess),

---

[36] Tradução La Transa, 3 tomos, fora de vendagem e *Três ensaios sobre a sexualidade*, op. cit..

[37] Enfim, no que concerne às publicações do ano de 1905, pode-se destacar que Pfennig assinala a publicação de uma obra "apologética" sobre Weininger: E. Lucka, *Otto Weininger, Sein Werk und seine Persönlichkeit*, Viena e Leipzig, 1905.

[38] *Sigmund Freud présenté par lui-même*, Paris, Gallimard, 1984, p. 111, e *Traumdeutung*, GW II/III, p. 259.

[39] R. Pfennig, *Wilhelm Fliess und seine Nachentdecker O. Weininger und H. Swoboda*, op. cit..

enfurecendo-se contra os acusados (Weininger e Swoboda). Isso, aliás, irá lhe valer, bem como a Fliess, um processo de difamação movido por Swoboda.

Pfennig é um conhecedor de assuntos de plágio científico; está visivelmente maravilhado com o caso de Fliess — é um plágio, "por assim dizer, gemelar" —, cuja evidência deseja provar. Pfennig havia escrito um artigo, "Quem em primeiro lugar emancipou a análise da metafísica?", que já tinha por tema o plágio[40]. Ali ele evocava a querela de prioridade entre Leibniz e Newton, concernente à descoberta do cálculo infinitesimal, que ele assimilava a um problema de plágio[41]. Em seguida, fazendo o elogio dos trabalhos do matemático Lagrande, afirmava que este último havia utilizado resultados não publicados de um outro matemático, Arbogast, tentando dissimular isso.

A leitura do artigo de Pfennig permite fazer um certo número de aproximações com seu panfleto em favor de Fliess.

Seu combate por Fliess prolonga o combate que já empreendia pelos matemáticos, contra os metafísicos. Fliess é o matemático, Swoboda e Weininger os metafísicos. Fliess teria, de certo modo, "emancipado" a biologia da metafísica. É também porque a metafísica e as ciências são dois domínios diferentes que se trata, segundo Pfennig (e Fliess) de plágio, e não de prioridade, no caso. De prioridade só se pode tratar entre pessoas da mesma disciplina.

A importância do material não publicado (como suporte da reivindicação) será igualmente ponto de honra no caso Fliess, por ter a vantagem de dar acesso às fontes manuscritas, e mesmo orais.

Pfennig procede com Fliess como com Arbogast. Entrega-se a uma crítica textual que rasteia as coincidências nos "plagiários". O mesmo termo em dois autores ("belo", por exemplo[42]) torna-se sinal de um roubo. O que

---

[40] Citado por Fliess no começo de *Em minha própria causa.*

[41] Ele vai retomar essa distinção em seu panfleto e Fliess também a retomará.

[42] Pfennig nota que Arbogast emprega o epíteto "bela" para qualificar a teoria de Lagrange (em 1800) e que Lagrange utilizou o mesmo termo em 1797 para qualificar o manuscrito de Arbogast;

Pfennig não pôde verificar com Arbogast, pensa tê-lo captado com Fliess: ele pode dar livre curso à sua verve interpretativa, isolar as alusões, procurar os duplos sentidos.

Seu exame não incide tanto sobre os fatos científicos em si (a realidade dos cálculos) quanto sobre a maneira como estes são apresentados por seus autores. Ele sublinha, desse modo, que a realidade do plágio, tal como ele a trata — à diferença, sem dúvida, da prioridade —, deve ser buscada nas intenções do sujeito, mais que na objetivação dos resultados científicos.

Na última página de seu livro "O curso da vida", intitulada "Em minha própria causa", Fliess acusava, vamos lembrar, Weininger e Swoboda, *via* Freud, de havê-lo plagiado[43]. Esse pequeno texto datado de novembro de 1905 fala, curiosamente, da brochura de Pfennig como sendo já publicada. Ora, Pfennig, na dita brochura, menciona "O curso da vida" como uma obra publicada "há pouco tempo". Daí essa cronologia fantástica: Pfennig se refere a um livro já publicado que, de fato, anuncia o seu como já publicado. Esta não é a menor ironia desse caso.

Freud e Swoboda reagem à publicação de Pfennig. A imprensa se imiscui. Desse "caso" se vai falar durante mais de um ano nos jornais.

A 12 de janeiro, Freud envia a Karl Kraus, diretor da revista vienense *Die Fackel*, uma carta que trai seu embaraço. Como amigo de longa data de Fliess, ele rejeita a acusação de haver fornecido (subentenda-se: "com a intenção de prejudicar") a Weininger e Swoboda as informações que teriam servido de base às publicações destes últimos; mas reconhece, entretanto, que há uma parte de verdade na necessidade de referir a idéia da bissexualidade a Fliess e no fato de que esta possa ter chegado a Weininger por intermédio dele, Freud, e pelo de Swoboda. Ao mesmo tempo em que protesta contra a brochura que "Fliess fez publicar por Pfennig" (e em

---

é tanto mais suspeito para Pfennig que este termo não tenha sido empregado com um acento de entusiasmo por Arbogast! Essa observação "sensível" de Pfennig lembra aquela que ele faz sobre o tom de Weininger citando Fliess.

[43] Como observa Schröter na sua edição dos *Briefe* (p. 513), Freud o encorajou a isso de certa forma, escrevendo em sua carta de 27.7.04: "...você pode, se o esforço lhe valer, tornar as coisas claras."

particular contra a publicação não autorizada por ele de cartas particulares), Freud se separa de Weininger e de Swoboda[44].

Freud escreve também a Magnus Hirschfeld[45] duas cartas que este último reproduz no número 2, datado de 1º de fevereiro, de sua revista berlinense. M. Hirschfeld já havia começado a se imiscuir no assunto, escrevendo uma longa carta ao *Berliner Tageblatt* (que havia publicado uma nota favorável a Pfennig sobre o caso): ele procurava desculpar Weininger e fornecia a lista de numerosas obras que tratavam da bissexualidade, entre as quais, certamente, a sua *Safo e Sócrates*, publicada sob o pseudônimo de Damien. Lembrava também que a acusação de plágio contra Weininger já havia sido formulada por Moebius em *Sexo e audácia*. Ora, o *Berliner Tagblatt* recusa publicar a carta de Hirschfeld, argumentando que não pode "tratar a questão homossexual num jornal, justamente, muito lido nos círculos familiares". M. Hirschfeld publica então, na sua revista *Monatsbericht*

---

44 S. Freud, *Correspondance 1873-1939*, Paris, Gallimard, 1966, p. 268 e citado p. 384 em carta a Fritz Wittels de 1924: "Deve-se reconhecer que não compartilho pessoalmente a grande estima testemunhada a Weininger em *Die Fackel*", e: "Só se poderá decidir [se é preciso atenuar a opinião de Fliess] depois de um interrogatório rigoroso de Swoboda."

45 Magnus Hirchfeld (1868-1935) era um personagem muito conhecido em Berlim. Freud nem sempre manteve boas relações com ele. Em 1897 ele funda os *Wissenchaftliche humanitären Komitee*, primeira organização homossexual tendo por objetivo suprimir um parágrafo discriminatório da lei. Em 1899 os *Komitee* publicam *Jahrbuch für sexuelle Zwischenstufen* (Anais para os estados sexuais intermediários), aos quais Freud alude em sua carta. Em 1908, ao mesmo tempo que participa da fundação da Sociedade Psicanalítica de Berlim por Abraham, ele cria o *Zeitschrift für Sexualwissenschaft*, no qual colaboram Freud e Hélène Stöcker... Em 1909, une-se a Max Marcuse, que havia criado o *Zeitschrift Mutterschutz*, que depois tornou-se *Sexual Probleme*, para criar o *Sexual Probleme, Zeitschrift für Sexualwissenschaft und Sexualpolitik*. Com I. Bloch, que havia lançado em 1907 o conceito de "ciência sexual" em seu livro "A vida sexual de nosso tempo", ele funda em 1913 a *Ärztliche Gesellschaft für Sexualwissenschaft und Eugenik*, da qual o *Zeitschrift* é a revista (ali, Fliess irá publicar "Masculino e feminino", em 1914. O nome de Hirschfeld não mais aparece, então, dentre os editores, restando somente Bloch e Eulenburg). A. Moll, por sua vez, funda a *Internationale Gesellschaft für Sexualforschungen*. Em 1919 M. Hirschfeld, I. Bloch e A. Eulenburg criam o Instituto para a Ciência Sexual (medicina, biologia, sociologia e etnologia sexuais). Hirschfeld sempre pretendeu modificar a lei para fazer reconhecer os direitos dos homossexuais. Ele foi vítima de um atentado em 1920. Hirschfeld e seu instituto participam da organização dos congressos de 1921 e de 1926 sobre os domínios da ciência sexual. Em maio de 1933 o Instituto é destruído pelos nazistas. Hirschfeld morre no exílio em Nice, a 14 de maio de 1935.

des wissenschaftlich-humanitären Komitees de fevereiro, sua carta dirigida ao *Berliner Tageblatt* acompanhada da resposta deste. Ele prolonga seu artigo, citando sua correspondência com Freud:

"Entrementes, havíamos escrito ao Prof. Freud, sobre o qual se pretende, na brochura, que ele teria transmitido as descobertas de Fliess a seu discípulo Swoboda e, através deste, também a Weininger. Permitimo-nos indicar ao Prof. Freud que ele seria, sem dúvida, a personalidade melhor situada para tomar a palavra nesse litígio. Esta carta cruzou-se com uma carta do Prof. Freud, da qual cito a passagem seguinte:

> *"Posso chamar sua atenção para a brochura Wilhelm Fliess e seus descobridores imitadores 'O. Weininger e H. Swoboda', de R. Pfennig, Berlim, 1906? Trata-se de um texto mal escrito, abjeto, que entre outras coisas me considera com uma suspeita absurda; espero que o senhor tenha dele a mesma impressão. Concretamente, trata da questão de prioridade no que concerne à bissexualidade. Penso que os seus* Anais *seriam o terreno apropriado, sobre o qual se poderia estabelecer um exame imparcial e uma apresentação do desenvolvimento desse pensamento importante, bem como de suas modificações. Ficaria muito feliz se essa incitação lhe parecesse aplicável.*
>
> *Com respeito do seu confrade, Dr. Freud"*

Três dias mais tarde, seguiu-se uma segunda carta que levava em conta a nossa:

> *Muito honrado colega,*
>
> *Nossas cartas, pois, se cruzaram, como deduzi do fato de que o senhor esperava somente a confirmação do envio de 'Transições entre os sexos'; e, enquanto eu lhe escrevia que a questão da prioridade levantada por Pfennig caía, sem dúvida, no quadro dos interesses dos seus* Anais, *o senhor pensava que eu seria a pessoa melhor situada para tomar a palavra sobre essa questão. Pois bem, não sou o melhor situado para isso. Além de todos os outros fatores que me tornam, atualmente, impossível semelhante trabalho, não estou apto para ele pois não sou mais suficientemente imparcial, em seguida às suspeitas expressas contra mim por Fliess–*

Pfennig. Anteriormente, inclinava-me a atribuir a Fliess a prioridade, ao menos para uma certa modificação, da idéia de bissexualidade, e esforcei-me de maneira muito ansiosa, como o senhor pode reconhecer pela carta publicada ilegalmente por Fliess-Pfennig, por rejeitar qualquer veleidade de pôr em dúvida a sua prioridade. Hoje, já vejo isso de modo diferente, mais ou menos como o senhor, como Moebius, e como eu mesmo antes que Fliess me expressasse sua reivindicação em caráter privado. Quero, de toda maneira, separar nesse caso o aspecto pessoal e os fatos. Um motivo pessoal para tomar a palavra aumenta em mim, por causa da acusação que o senhor conhece, segundo a qual eu teria fornecido idéias de Fliess, não publicadas por ele, a Weininger e Swoboda, evidentemente com a intenção de prejudicar o verdadeiro autor. Mas a coisa é tão absurda que não deveria encontrar ninguém que nela acreditasse. Na realidade, trata-se aqui de uma quimera de um ambicioso, que perdeu no seu isolamento a medida daquilo que é possível e daquilo que é permitido. Também não é difícil, em absoluto, reconhecer o caráter anódino dos fatos a partir do próprio panfleto, condenável igualmente nos seus procedimentos. Quero apenas sublinhar para o senhor duas datas. Se existe uma bissexualidade 'made in Fliess', então esta é a que ele proclamou altamente em 1897, no prefácio às suas Relações entre o nariz e os órgãos sexuais. *Encontrei Swoboda no outono de 1900. Vi pela primeira vez Weininger quando este me apresentou o manuscrito de seu livro, e depois uma segunda vez quando o devolvi a ele com uma crítica desfavorável. Logo, não seria difícil rejeitar a acusação de Fliess; mas tampouco é agradável ser obrigado a dizer palavras duras, publicamente, a um homem com quem se manteve durante doze anos a amizade mais íntima, e dar-lhe ocasião para um acréscimo de produções ulteriores. E, como de qualquer maneira o Dr. Swoboda esclarecerá os fatos na sua defesa, é bastante provável que o redator do 'B.T.' aguarde em vão que eu tome a palavra. Não se pode, é certo, garantir a si mesmo. Mas eu lhe confio essas declarações para qualquer uso que o senhor queira, se tiver a intenção, como mencionou, de representar publicamente os direi-*

tos dos Anais *na questão da prioridade. Lembro-me de me ter servido eu mesmo da concepção 'sexual' da bissexualidade da sua obra na nota para a* 'Teoria do sexual'. *Agradeço-lhe cordialmente por* Safo e Sócrates, *que já conhecia.*

Com a expressão de meus sentimentos de consideração, seu Dr. Freud[46]."

Wilhelm Stekel, que tem o hábito de escrever nos jornais relatórios do círculo da quarta-feira, publica no *Berliner Tageblatt* de 5 de fevereiro um longo artigo, "O mais recente caso de plágio (Fliess, Weininger, Swoboda)", no qual toma a defesa de Freud: *"Pessoalmente, posso confirmar que Freud já me transmitiu, há cinco anos, o livro de Fliess, pedindo-me para escrever alguma coisa sobre o tema. Segundo ele, seria um trabalho meritório contribuir para o reconhecimento desse sábio berlinense. Igualmente, por ocasião de um debate sobre os processos periódicos no organismo humano de que participamos quando de um de seus serões psicológicos íntimos, ele colocou ostensivamente a fotografia de Fliess em cima da mesa, para assim indicar que o maior mérito de ter posto em circulação essa questão cabe de modo decisivo a este último*[47]." Stekel cita o relato de Freud na *Psicopatologia* para provar que não tinha a intenção de "anexar" a descoberta de Fliess. Aliás, Stekel afirma que outros o fizeram antes dele: contradição que Fliess não deixará de destacar. Stekel se insurge igualmente contra a publicação de cartas privadas de Freud, cujas expressões não lhe parecem compreensíveis para todo mundo. Enfim, se toma a defesa de Freud, Stekel critica o livro de Swoboda.

Em 11 de fevereiro, sob o título "Mais uma vez, o Dr. Fliess e a sua descoberta", o Dr. G. Heinitz, "bem conhecido por Fliess", responde a Stekel no *Berliner Tageblatt.* Defende, em especial, o direito de publicar cartas particulares quando se trata de "explicar a verdade", na medida, diz

[46] Traduzido a partir do texto publicado no *Monatshericht.* Trechos dessa carta foram publicados no nº 210 de 31 de outubro de 1906 de *Die Fackel,* sob a rubrica "Resposta do editor", dedicada à posição de Freud nesse caso. (Cf. o artigo de Albin Waldvogel, Zurique, *Karl Kraus und die Psychoanalyse. Eine historisch-dokumentarisch Untersuchung,* 1989, Psyche.) Esses trechos são os que foram retomados, parcialmente e com interpolações, por Jones, PUF, tomo I, p. 347.

[47] Passagem citada em *Sigmund Freud Briefe,* op. cit., p. 515 e traduzida por nós.

ele, em que nessas cartas Freud reconhece, depois de ter sido levado a isso por Fliess, ter utilizado e divulgado pensamentos deste.

No mês de maio, é a vez de Swoboda reagir pessoalmente. Depois de haver movido um processo de difamação contra Fliess e Pfennig, ele publica sua brochura de 55 páginas, *A pesquisa de interesse público e o pesquisador de interesse privado.* Essa réplica ao panfleto de Pfennig, que só se dirige a Fliess, fala a propósito deste em "delírio (*Wahn*) de ser roubado", em "delírio de perseguição" e em "monomania de cifras".

Um mês depois, Fliess lança-se na batalha, publicando também uma brochura de 47 páginas, à qual dá o mesmo título do encarte inserido ao final do "Curso da vida": *Em minha própria causa.* Como a de Pfennig, esta desenvolve a acusação contra Weininger e Swoboda. Contém, no entanto, informações e argumentos novos, ligados à existência de relações pessoais de Fliess com Freud, e faz uma redução temporal, incluindo na sua argumentação respostas à brochura de Swoboda, posterior à de Pfennig.

Fliess cita passagens inteiras de autores já citados por Pfennig, as cartas de Freud e recebidas por Freud, e um trecho de *Sexo e caráter.* Retoma a discussão de pontos de vista de Moebius e Schopenhauer já desenvolvida por Pfennig. Chega a mencionar Hirschfeld, citando o prefácio de Pfennig que fala deste! A maior parte dos argumentos formulados por Fliess já o havia sido por Pfennig.

Alguns termos são comuns a Pfennig e a Fliess, dentre os quais *intimste Freunde* (amigos muito íntimos) *freundschaftliche Verkehr* (relação amigável), *Keime* (germes [de pensamentos]) e *Doppelgeseschlechtigkeit* (dupla sexuação).

O texto de Fliess moldou-se, de certo modo, no de Pfennig, constituindo o seu duplo. Mas como Fliess certamente participou em grande medida na elaboração do texto de Pfennig, essa moldagem se efetuou também de uma maneira sincrônica e recíproca entre Pfennig e Fliess. Em outras palavras, o confronto dos textos de Pfennig e de Fliess revela um modo de escrita a dois, uma colocação em comum das idéias. Torna-se impossível saber o que vem de um ou de outro. Logo, não é sem razão que Swoboda, na sua resposta a Pfennig, atribui o panfleto deste último a Fliess; entretanto, ele desconhece a originalidade de cada um e a significação desta postura comum dos dois autores. Esta já faz parte da problemática do plágio.

A publicação de *Em minha própria causa* ocorre acaloradamente, num clima que se tornou passional. Desde a publicação do panfleto de Pfennig em janeiro, os jornais relatavam o caso dito do duplo plágio, tomando partido e incitando seus protagonistas a se explicar, replicar, justificar-se. Fliess conservou os numerosos artigos de jornais dedicados ao caso; certamente, eles contribuíram para fazê-lo intervir "em seu nome próprio[48]".

Alguns destes artigos assumem maior importância para nós. Inicialmente os de Magnus Hirschfeld no *Wiener klinische Rundschau*, no começo do ano de 1906. No primeiro deles, incidindo — o que é raro — sobre a obra de Fliess, "O curso da vida", ele conclui: "As cifras têm uma força sugestiva; como a mais exata de todas as ciências, a matemática, se poderia enganar? Se já começamos a desconfiar no capítulo 7, onde se trata da possibilidade de dividir de diversas maneiras um só número, a audaciosa construção vem abaixo por causa das tabelas em anexo, p. 578 e seguintes. Com efeito, a série a partir da qual Fliess calcula os dois números, 23 e 28, tão plenos de conseqüências para o destino, começa pelo número 1. Evidentemente, qualquer acontecimento da vida cívica, pública e não pública é apresentável como uma função de 23 e 28: um jogo complicado, mas matematicamente divertido. Pena que um cérebro tão rico de idéias e criativo se tenha perdido nesse labirinto." Quanto ao panfleto de Pfennig, Hirschfeld se diverte um pouco. Ele inocenta Freud e deprecia igualmente Fliess e seus descobridores imitadores, sem dar razão mais a um do que aos outros: "O fato de que as idéias daquele que foi roubado já esbarrem numa

---

[48] Segundo a expressão lida em um artigo. Consultamos mais de vinte e cinco jornais de informação geral que abordavam o assunto, conservados por Fliess, e essa lista não é exaustiva. Eles provêm de todas as regiões da Alemanha, bem como de Viena e Praga. Publicaram-se artigos até o começo de 1907, a maioria deles em julho de 1906, logo depois da publicação de *Em minha própria causa*.

incredulidade crítica, e que assim os pensamentos aberrantes dos descobridores imitadores simplesmente se arruinem dá ao caso um certo retrogosto humorístico." Sem chegar a tomar o partido de Fliess, é diante de Swoboda e Weininger que ele se mostra mais crítico: "Weininger está morto, que descanse em paz! É aborrecido e doloroso para um amplo círculo que a faculdade de filosofia de nossa *alma mater* se tenha apressado em conceder ao Senhor Swoboda a *venia legendi* de filosofia!"

No começo do ano de 1906, Hirschfeld publica igualmente um livro sobre a bissexualidade: *Sobre a essência do amor. Com uma contribuição à solução do problema da questão da bissexualidade*[49]. Ele refuta a pretensão de Fliess à prioridade da descoberta, lembrando os trabalhos de Weissmann, de Darwin e os seus próprios.

Em setembro do mesmo ano, ele publica um outro artigo dedicado a Fliess, "A sexualidade roubada". Mostra-se, ali, mais severo do que antes. Hirschfeld julga "característico" que o caso do plágio tenha ganho destaque, não tanto por parte da imprensa especializada, e sim pelo *Berliner Tageblatt* e pelo *Berliner Börserkourier,* cujos redatores-chefes, os irmãos Levysohn, são clientes de Fliess (efetivamente, Fliess fala sobre isso no "Curso da vida"). Ele observa, além disso, que Fliess não lançou a acusação de plágio logo em seguida à publicação dos livros de Weininger e Swoboda, mas somente alguns anos mais tarde, de fato, *depois* do lançamento de seu próprio livro "O curso da vida", o que constitui uma maneira de voltar a acusação de plágio contra Fliess. Hirschfeld tenta provar que os trabalhos sobre bissexualidade preexistiam aos de Fliess. Mas esse argumento se torna forçado, desde que ele desconhece a originalidade da concepção fliesseana da bissexualidade, a "bissexualidade *made in* Fliess", para retomar a expressão de Freud. Este também não vê diferença entre os termos "dualismo sexual", "bissexualidade", "dupla sexualidade", "dupla sexuação". Anulando o que faz, no entanto, a originalidade da concepção de Fliess, Hirschfeld

[49] M. Hirschfeld, *Vom Wesen der Liebe. Zugleich ein Beitrag zur Lösung der Frage der Bisexualität,* Leipzig, Verlag von Max Spohr, 1906.

não pode deixar de aparecer como partidário, defendendo ele mesmo sua própria causa; por conseguinte, só pode justificar a reivindicação de Fliess. Ao querer refutar Fliess, ele é levado, embora lute contra isso, a entrar por sua vez numa querela de prioridade a propósito da bissexualidade. A Fliess, que pretendia que o livro de Hirschfeld, "Transições entre o sexo masculino e o feminino" só fora lançado um ano e meio depois do de Weininger, Hirschfeld responde que os seus *Jahrbücher für sexuelle Zwischenstufen*, que tratam da bissexualidade, foram lançados anos antes da obra de Weininger. Seu artigo se conclui por considerações sobre a necessária pluralidade das contribuições científicas, nos seguintes termos: "Na ciência, cada pesquisador, Wilhelm Fliess inclusive, não passa de um elo de uma cadeia infinita. Enquanto pensar for um bem público e os pensamentos não forem taxados na alfândega e nem patenteados, cada um deverá e poderá continuar a construir em bases dadas. Nenhum pensamento nasce por geração espontânea; cada um amadurece, como fruto dos precedentes. Uma disputa de pessoas, como a provocada por Fliess, não faz progredir a ciência, mas inibe o seu avanço[50]."

No fim de 1906, H. Pudor publica em Berlim um livro intitulado simplesmente *Bissexualidade*, que testemunha igualmente a impressão, definitivamente muito partilhada, de plágio que anima os meios médicos em torno da questão da bissexualidade. Pudor declara ter falado de bissexualidade permanente generalizada muito antes de Fliess. Este último seria, pois, um plagiado plagiário! Pudor afirma que não se teria manifestado se Fliess não houvesse feito tanto barulho para reivindicar sua prioridade[51].

Podemos, enfim, citar o artigo de Raudnitz[52], que faz a resenha dos livros de Swoboda, Fliess, Moebius e Pudor, mostrando-se favorável à obra

---

[50] M. Hirschfeld, "A Sexualidade velada", *Wiener klinische Rundschau*, 23 de setembro de 1906. Essas considerações unem-se às de Swoboda, sustentando que "a ciência tem seu próprio desenvolvimento relativamente independente dos indivíduos".

[51] Certamente, o livro de Pudor irá suscitar por sua vez a crítica, em particular sob a forma de um artigo de Stekel no *Berliner Tageblatt* de 14 de outubro de 1906.

[52] *Prager Med. Wochenschrift* (Praga).

de Fliess. Raudnitz sugere que há, na referência ao sexual, um fenômeno social que não deixa de ter relação com a obra de Freud; segundo ele, a predominância do "considerar-se como um apêndice dos próprios órgãos sexuais e de tudo curar a partir de um só ponto, como Freud, está ligada ao meio social dos escritores de hoje. No tempo de Luís XIV, eram os vapores, e já que a constipação parecia ser a regra os médicos, não sem razão, purgavam tudo".

O interesse do grande público pelo caso se estende ao começo do ano de 1907. Em 15 de outubro de 1906, Fliess recebe uma carta de seu advogado, o Dr. Wilhelm Bernstein, informando-o de que o pedido de Swoboda, de abrir um processo contra ele, foi rejeitado. O *Die Fackel* de 9.1.07 publica a notícia: Swoboda teve negado seu processo de difamação contra Fliess e Pfennig e retirou seu apelo. Swoboda teria perdido o processo porque seu advogado, vienense, confessava-se ignorante das leis alemãs contra a difamação[53].

---

[53] Cf. Sulloway, op. cit., p. 217.

Capítulo 3

A RECORRÊNCIA DO PLÁGIO

Para Fliess, o assunto não se encerra em 1907. Por diversas vezes, em seus escritos, ele sente a necessidade de lembrá-lo. Inicia mesmo uma segunda questão de plágio, com Swoboda, em 1917. A cada vez, o título *Em minha própria causa* se repete com insistência.

Uma conferência inédita de Fliess

Fliess volta a essa questão numa conferência intitulada "A descoberta de dupla sexuação permanente. Uma apresentação histórica[1]", pronunciada em data desconhecida, mas provavelmente pouco depois de 1906. Ele traz precisões importantes sobre sua versão dos fatos.

"*Enquanto esses pensamentos e conclusões* [sobre os períodos] *se formavam em mim, dois jovens vienenses, que mais tarde tornaram-se amigos íntimos, estavam ainda nos bancos escolares: Otto Weininger e Hermann Swoboda. Eles são justamente os mesmos que, alguns anos depois, pretenderam ter feito minhas descobertas por sua própria conta. Acreditavam poder partilhar entre*

[1] *Die Entdeckung der dauernden Doppelgeschlechtigkeit. Eine geschichtliche Darstellung.* O manuscrito dessa conferência se encontra na Biblioteca do Congresso de Washington.

si, simplesmente, essas descobertas que, como viram, nasceram de uma reunião inseparável de idéias. Otto Weininger reclamou para si a dupla sexuação permanente e a lei da atração sexual, Hermann Swoboda a dupla periodicidade.

Mas como chegaram a isso? Eu não tinha qualquer ligação direta com eles, e não me encontrara com nenhum dos dois. Logo, deveriam ter tido acesso a minha propriedade intelectual por intermédio de um terceiro. Esse terceiro foi Siegmund Freud.[2]

Eu mantinha com Freud, há anos, um intercâmbio intelectual amigável. Comunicávamos um ao outro, oralmente e por cartas, todas as nossas descobertas e idéias, tínhamos efetivamente, com esse fim, encontros regulares em Berlim, Viena, Salzburgo, Dresden, Nuremberg, Breslau, Innsbruck — a última vez, no verão de 1900, no lago de Achen. Depois, afastei-me de Freud — vão entender por que[3] *— e deixei extinguir-se nossa correspondência regular. Portanto, a partir daquele momento, ele nada mais ouviu sobre minhas descobertas científicas. Mas ele travou, realmente, conhecimento, no mesmo ano de 1900, com Swoboda, o amigo de W., e tomou-o em tratamento devido a uma psiconeurose. Naquela ocasião, Swoboda soube por Freud da existência da bissexualidade permanente que estava em questão em cada cura psicanalítica, desde que eu a tinha comunicado a Freud. Mas, além disso, Swoboda tornou-se discípulo de Freud, o que Freud negou inicialmente mas admitiu mais tarde.*

Conforme a própria indicação de Freud, foi o mesmo Swoboda quem em seguida revelou a existência da bissexualidade permanente a seu amigo Weininger, ao encontrar este último ocupado com os problemas sexuais. W. teria, então, batido na testa e corrido para casa a fim de escrever seu livro. É isso o que conta Freud, de acordo com o relato de Swoboda.

Pode-se duvidar de que essa comunicação lacônica seja completa. Pois, já que Weininger apresenta em seu livro tudo o que comuniquei em caráter confidencial a Freud, justamente até 1900, Swoboda deve mesmo lhe ter dito *mais*

---

[2] A ortografia pouco habitual "Siegmund" está no manuscrito. Podemos considerar que se trate de um lapso de Fliess.

[3] *Sie werden hören, warum.* Em princípio, não se justifica a vírgula antes de *warum.* Cf. nosso comentário sobre a pontuação de Fliess, p. 161.

sobre isso. Se não, de onde Weininger poderia ter tirado a lei da atração sexual? Freud mesmo confessa que W. roubou, pois que o nomeia, nesse caso, "um ladrão com uma chave encontrada".

Mas como Freud foi levado a favorecer esse roubo? Aqui, em primeiro lugar, devo dizer-lhes que anteriormente o próprio Freud tinha querido, uma vez, tomar de mim essa idéia. Ele reconheceu abertamente, na sua Psicopatologia da vida quotidiana, *como isso se passou. Esta passagem irá interessar particularmente os analistas dentre vocês*[4]. [...]

Quando Freud fez essa confissão, éramos ainda amigos. Mas no verão de 1900, no lago de Achen, ocorreu um fato que abalou nossa amizade. Naquela época, Freud me havia falado, justamente, sobre um paciente a quem ele teria ajudado, de modo brilhante, pela psicanálise, mas vira com horror que todos os antigos sintomas psiconeuróticos tornavam a emergir, de maneira súbita, ao mesmo tempo que uma dor no braço que fora atribuída pelo cirurgião a um sarcoma nascente. Eu lhe disse: "Neste caso, a meu ver, você não tem nada a ver com isso, nem com a recaída, nem, infelizmente, com seu sucesso rápido e fulgurante. Pois já observei com freqüência que um estado eufórico durante meses precedia a aparição de um tumor maligno, um estado durante o qual também os sintomas neuróticos regridem. Mais tarde, eles reaparecem com uma rapidez desconcertante, ao mesmo tempo que os distúrbios da neoplasia." Freud ficou muito assustado com essa comunicação. Acreditou que eu questionava os sucessos da psicanálise em geral e viu nisso, apesar de meus protestos, um ato de animosidade. Em seguida à nossa discussão, acreditei perceber em Freud uma animosidade mais profunda *contra mim, que aumentava a cada comunicação das minhas novas descobertas. Parecia que uma certa inveja entrava em jogo. Não me havia já dito ele, em Viena: "Felizmente somos amigos. Se não eu morreria de inveja se ouvisse que alguém em Berlim descobriu tais coisas."?*

Foi assim que nosso intercâmbio científico terminou, e não mais foi retomado desde então.

---

[4] Segue-se, aqui, a citação do texto de Freud na *Psicopatologia,* ou mais exatamente a citação feita por Pfennig, no seu panfleto, do texto de Freud. Observe-se igualmente que havia analistas presentes à conferência.

Freud perdeu toda razão de preservar a propriedade intelectual que ele mesmo não conseguira roubar[5]*. A situação psicológica era a seguinte: a descoberta da dupla sexuação permanente pareceu-lhe ser algo de fundamental e de muito precioso. Ele bem que gostaria de tê-la feito. Assim, tentou apropriar-se dela. Meus protestos não o permitiram. Assim, teve que deixá-la para mim num primeiro tempo. Mas, quando nossa amizade se rompeu, não tinha mais interesse em conservá-la para mim. E, já que de toda maneira ele me seguia*[6] *com inveja, preferiu dá-la a um outro, a deixá-la comigo tranqüilamente. Este outro era Swoboda. E este a entregou a Weininger, que dela se serviu. Ele tomou conhecimento da transferência para Weininger. Com efeito, leu o livro de W. antes de sua publicação e confessa ele mesmo que o ponto de vista da bissexualidade permanente era claramente reconhecível ali. Deixou que tudo isso acontecesse e não me comunicou a mínima palavra. Pior ainda, desapareceu de Viena — a despeito do anúncio da minha visita — quando vim para falar com ele sobre o que se havia passado. Foi nessas condições que se produziu a correspondência que foi publicada nos dois escritos: Richard Pfennig, "Wilhelm Fliess e seus descobridores imitadores Weininger e Swoboda", e no meu próprio escrito* Em minha própria causa *(os dois, Berlim, 1906, Emil Goldschmidt). Nessa correspondência são dadas as provas documentais do roubo. Premido pelo tempo, só posso remetê-los a esses escritos. Eles são exaustivos.* [...]

Com base em uma idéia roubada, seria possível continuar trabalhando e dali tirar novas conclusões. Mas W. não foi capaz disso. Tomou somente o que encontrara pronto e nada acrescentou. Todas as outras conclusões que tirei, eu mesmo, mais tarde — a predominância da esquerda, a pertinência temporal da substância familiar, a significação do fator do ano, a explicação da simetria bilateral — permaneceram ocultas para ele. Foi incapaz de deduzir o que quer que fosse.

Com minhas idéias, ele retomou igualmente as lacunas, ambas no ponto preciso em que haviam ficado ao final de minhas relações com Freud. Logo, é

---

[5] A continuação do texto até "que dela se serviu" foi acrescentada à margem do manuscrito.

[6] *Verfolgte* significa também "perseguia".

com razão que diz Freud, em uma carta: 'Roubar não é tão fácil quanto W. imaginou." Mas não queremos julgar aqui. O pobre W. o fez ele mesmo. Disparou um tiro contra si próprio na idade de apenas 23 anos, no outono de 1903, na casa onde Beethoven morreu. Em cima da mesa, encontrava-se um papel com as palavras: "Tudo o que escrevi foi escrito com má intenção. Mato-me para não matar um outro. Só um criminoso comum espera seu carrasco. Um criminoso de ordem moral executa a si mesmo.'"

O tom dessa conferência é mais virulento que o de *Em minha própria causa*, em particular no que toca a Freud, que desta vez é abertamente acusado de haver querido roubar de Fliess sua propriedade intelectual. Tendo sido Freud o primeiro a acusar-se (na *Psicopatologia*), Fliess aproveita a oportunidade que lhe é dada. O traço de uma perseguição emanando de Freud não aparecia assim tão claramente em *Em minha própria causa.* Talvez a presença de analistas na conferência tenha algo a ver com seu questionamento de Freud. Por outro lado, o trauma do encontro do lago de Achen permanece — como vemos — ainda muito vivo.

Fliess, em contrapartida, é menos severo com Weininger, pois que este já se justiçou. Ele não duvida de que o outro tenha querido punir-se pelo roubo das suas idéias.

Vejamos agora uma carta de Fliess, mostrando que, como na conferência anterior, sua sensibilidade ao "caso" permanece ainda à flor da pele em 1918[7]. Trata-se de uma resposta a um certo Adrien Turel, de Berlim, que lhe havia enviado, a 27 de novembro de 1918, um artigo publicado no número de janeiro do *Neue Rundschau,* sobre o qual pedia a opinião de Fliess. A resposta, cruel, não se fez esperar:

29.11.18

"Muito Honrado Doutor,

Sou-lhe grato pelo envio de seu trabalho. Minhas pesquisas, e a maneira como exerço minha profissão, provam que jamais me submeti à autoridade que

[7] Esta carta provém da *Fliess Collection* da Biblioteca do Congresso em Washington.

esmaga. Portanto, posso alegrar-me com o fato de que o senhor ataque essa autoridade, e desejo-lhe pleno sucesso. O senhor colocou como ponto vivo de sua discussão a dupla sexuação permanente, uma teoria que me diz respeito, tanto mais que fui o primeiro a publicá-la, há dezoito anos. Fico surpreso que o senhor não a tenha mencionado em relação a meu nome, quando cita Freud, Schlich e outros. O senhor percebe esse esquecimento de modo manifesto, ainda que obscuro, no seu inconsciente. Pois construiu expressamente uma fórmula de proteção no "gluesis[8]*" paralelo, que sanciona em um batismo solene. Faço apelo ao analista no senhor*[9]*, que me irá atender. Apresentei em detalhes, e em suas relações internas com minhas outras pesquisas biológicas, a teoria da dupla sexuação de todos os seres vivos, em "O curso da vida", publicado em 1906. Quem teria descoberto e exprimido esse mesmo conhecimento ao mesmo tempo que eu? Weininger? Ele o roubou. O senhor encontrará os documentos sobre isso no escrito do Dr. Pfennig, "Wilhelm Fliess e seus descobridores imitadores, Otto Weininger e Hermann Swoboda", e no meu* Em minha própria causa. *Freud? Ele não conseguia mais progredir no psicanalítico em 1900. Foi então que eu lhe disse que, sem a dupla sexuação, não havia explicações. Inicialmente ele recusou essa opinião quando de nossa conversa em Breslau, para me escrever, três semanas mais tarde, que havia enfim achado uma solução para suas dificuldades com a dupla sexuação. Quando lhe expliquei que já lhe havia exposto essa solução em Breslau, respondeu: "Surpreendo-me tentando roubar de você a idéia da dupla sexuação", etc. Ele o confessou abertamente na sua* Psicopatologia da vida quotidiana,

Ou então, ainda um terceiro? O senhor teria a amabilidade de nomeá-lo para mim. Não o conheço.

Mas no tocante às outras coisas, minha teoria da dupla sexuação ainda não se tornou inteiramente um bem público geral, conhecido da ciência, de sorte que pudéssemos nos referir a ela como a alguma coisa bem estabelecida, tal

---

[8] Ignoramos o sentido desse termo.

[9] Encontramos um artigo de Adrien Turel, "Sexualsymbolik", in *Zeitschrift für Sexualwissenschaft*, V Bd, agosto de 1918, 5 Hft, no qual ele apresenta uma análise de caso que retoma uma exposição apresentada em maio na *Ärztliche Gesellschaft für Sexualwissenschaft*.

como a revolução da Terra — por que, então, o senhor não cita o autor que, por ora, ainda porta sozinho a responsabilidade por ela?

Eu não devia ocultar-lhe as minhas reservas, caro Doutor, a fim de que não se possa deduzir disso um consentive videator.

Cordialmente, seu muito devotado, W. Fl."

Falando de uma carta escrita por Freud três semanas depois de seu encontro em Breslau (em 1897) Fliess dá uma nova versão desse episódio. Não encontramos as cartas de Freud correspondentes àquelas que Fliess menciona aqui. Por outro lado, nesse novo relato, Fliess empilha duas datas, 1897, o encontro de Breslau, e 1900, o encontro do lago de Achen. Enfim, outras cartas[10] confirmam que, até pelo menos 1927, o tema do plágio permanece muito sensível para Fliess.

Um segundo caso de plágio

Vimos que Fliess já havia utilizado duas vezes o título *Em minha própria causa.* Ele não pára por aí.

Em 1917, escreve na revista *Zeitschrift für Sexualwissenschaft*[11] uma crítica muito dura do livro de Swoboda que acaba de ser lançado, *Das Siebenjahr* ("O ano sete[12]"). Nesse livro, H. Swoboda pretende, diz Fliess, "ter descoberto uma revolução periódica determinada pelo sétimo ano". Assim como o planeta voltaria ao mesmo lugar depois de um ano, o homem reencontraria os mesmos estados a cada sete anos. A vida do indivíduo seria, "na maior parte do tempo", divisível por períodos de sete anos, terminados pelos anos culminantes. Além da duração de sete anos, o número sete teria por si mesmo uma significação. Fliess critica o caráter aproximativo da lei de Swoboda ("uma lei dá sempre as suas provas") e denuncia seu caráter arbitrário: "Swoboda deve sempre procurar o sétimo ano, e portanto o encontra necessariamente em toda parte." É exatamente o mesmo gênero de críticas que foram formuladas contra as teorias de Fliess.

---

[10] Carta do Dr. Mosskowicz a Fliess, de 24.12.1927. Biblioteca do Congresso.

[11] Tomo 4, caderno 5.

[12] Trata-se de um neologismo de Swoboda.

Depois de lembrar que "o jovem amigo de Swoboda, Otto Weininger" lhe havia "tomado clandestinamente a idéia da dupla sexuação *permanente* de todo vivente" ao mesmo tempo em que "o jovem Swoboda" se havia "apropriado ilicitamente da descoberta, a ela ligada, dos processos periódicos no vivente[13]", Fliess conclui seu artigo assim: *"Ele agora transpôs a dupla periodicidade diária de 23 e 28 dias em seu novo livro e eliminou, deixando-os correr silenciosamente, os seus próprios 18 dias. Além disso, apropriou-se do ano. Não do ano exato, é verdade, tal como ele se passa realmente no vivo, mas de acordo com o modelo do ano sete. Nem nisso ele é original. P. J. Moebius pretendeu haver descoberto, em Goethe, um período de sete anos durante os quais ele ficava tão excitado no plano erótico quanto particularmente fecundo no plano poético. Moebius morreu e não pode mais afirmar sua propriedade contra Swoboda com tanta energia como o fez na época, no seu escrito "Sexo e audácia" (Halle, 1904), contra o amigo de Swoboda e seu cúmplice, Otto Weininger. Entretanto, Swoboda utilizou a idéia de Moebius, modificou-a de maneira grotesca, passando em silêncio sobre o nome de Moebius. Mais, ainda, ele tomou minha idéia segundo a qual o nascimento e a morte são pontos de partida e de chegada da evolução periódica, segundo a qual um laço temporal entre consangüíneos é demonstrável nas gerações. Além disso, serviu-se da minha constatação da mistura de caracteres sexuais nos artistas (os artistas homens têm uma parte mais feminina, as artistas mulheres mais masculina). E tomou tudo isso sem mencionar, num só lugar, a fonte de seus achados. Procede como se só se tratasse, nisso tudo, de suas próprias idéias [Einfälle]. Mas, na ciência, a integridade é a condição fundamental de toda criação coroada de sucesso. E é uma justa sanção do destino que esse parto de Swoboda não tenha caído igualmente num ano culminante."*

Fliess leu, pois, o novo livro de Swoboda, com a convicção de que se tratava de um plágio. Esse segundo caso, articulado ao primeiro, concerne igualmente a um duplo roubo, mas num sentido diverso do precedente: no

[13] [Nota de Fliess]. Os fatos são expostos em detalhe nos dois escritos: R. Pfennig: "Wilhelm Fliess e seus descobridores imitadores O. Weininger e H. Swoboda", Berlim, 1906; e Wilhelm Fliess: *Em minha própria causa*, Berlim, 1906.

primeiro caso, havia dois plagiários (Swoboda e Weininger) para um autor; dessa vez, há um plagiário (Swoboda) para dois autores (Fliess e Moebius, morto nesse meio tempo). A cada vez, há um morto na partida. Swoboda continua a ser o plagiário ativo. O nome de Freud não é mencionado no segundo caso.

Fliess não pára por aí. Em 1918, publica uma obra, "O ano no vivo[14]", cuja conclusão é um capítulo (o capítulo 18) intitulado, mais uma vez, "Em minha própria causa", que retoma em termos quase idênticos o artigo precedente. Ele acrescenta um protesto contra a atribuição por Swoboda da descoberta da periodicidade de 23 dias a um certo Dr. B. Pailhas[15].

As acusações de plágio são estereotipadas e monótonas. De um modo geral, aliás, a obra de Fliess comporta um número elevado de repetições. Nesse segundo caso de plágio, Fliess censura Swoboda empregando os termos e argumentos que são dirigidos a ele próprio. Persistindo em eleger Swoboda como plagiário, ele o institui como figura de duplo.

Fliess irá publicar um último "Em minha própria causa" quando da segunda edição, revista e aumentada, do "Curso da vida", em 1923. Este último texto é uma colagem das diferentes versões dos "Em minha própria causa" precedentes. Os três primeiros parágrafos reproduzem inalterados aqueles do apêndice "Em minha própria causa" que se encontra ao fim da primeira edição. Eles são seguidos pelo texto do capítulo intitulado "Em minha própria causa" situado ao final do "Ano no vivo", que ele retoma

---

[14] W. Fliess, *Das Jahr im Lebendigen* ("O ano no vivo"), Leipzig, Poeschel & Trepte, 1918.

[15] B. Pailhas, "As elevações da temperatura periódicas de longo intervalo no estado normal e nas doenças", tese, Paris, 1886. Fliess cita longos trechos, em francês, dessa tese para refutar toda relação com suas próprias descobertas: *"Tive que reproduzir em detalhe as passagens em causa a fim de designar toda a mistificação que o autor de "O ano sete" emprega destacando falsos fatos e silenciando sobre fatos verdadeiros, somente para apagar os traços da descoberta da dupla periodicidade. Foi assim que ele não me poupou de aumentar novamente o peso deste livro com a constatação de coisas pouco animadoras."*
A razão pela qual Fliess não mencionou B. Pailhas em seu artigo crítico sobre "O ano sete" provém, sem dúvida, do fato de que este autor tinha sido convocado por Swoboda numa resposta aos ataques de Fliess.

palavra por palavra, extraindo-lhe todavia as citações das diferentes obras de Pailhas.

O título "Em minha própria causa" terá sido, portanto, escolhido quatro vezes. Além da repetição de títulos, já em si notável, cada texto retoma os anteriores integralmente, ou quase, conforme o caso. Logo, trata-se realmente de uma espécie de estereotipia.

O caso do plágio não é uma crise passageira para Fliess. Não podemos reduzi-lo a um incidente provocado por Pfennig ou Freud, mesmo que estes o tenham favorecido. O plágio fez parte da problemática relacional de Fliess. Swoboda é seu duplo plagiário. O próprio Swoboda é um personagem duplo aos olhos de Fliess e de Pfennig. No reino dos duplos, reina a duplicidade. Pfennig escreve: "Swoboda tem uma dupla personalidade (*Doppel-Persönlichkeit*) e uma moral de duplo fundamento (*mit doppeltem Boden*)[16]." No "Em minha própria causa", Fliess escreve: "Li em Weininger o nome Swoboda", e não "o nome de Swoboda", o que, mesmo sendo correto gramaticalmente, deixa no entanto entrever a possibilidade de uma leitura do próprio nome. *Zwo* é equivalente a *zwei*, e é ainda hoje de uso corrente. *Boden* significa solo, assoalho, fundo, base. *Swoboda* pode ser entendido, assim, *Zwo Boda, zwo Boden*: "duas bases". Swoboda é para Fliess um personagem de base dupla, de duplo discurso, que busca dissimular, travestindo-o, aquilo que tomou de empréstimo (ele fala dos períodos de 18 horas, em lugar dos 28 dias de Fliess).

Podemos supor que o caso do plágio permita a Fliess um modo de identificação que o sustenta, em particular para se situar diante do público de sua obra: ele é aquele que terá sido plagiado. Repetido, o título *"Em minha própria causa"* assume um valor emblemático: ele é como uma divisa que Fliess poderia inscrever em suas armas.

Quando inserido numa obra "científica", esse título ocupa um lugar conclusivo: ele manifesta o retorno, *in extremis*, de uma subjetividade. A posição enunciativa de Fliess, muito diferente daquela de Pfennig, é então

[16] Cf. p. 300.

indicativa de sua relação com a teoria. Aproximemos, por exemplo, a versão de "Em minha própria causa", situada ao final da reedição, em 1923, do "Curso da vida", do novo prefácio dessa obra, que aqui está:

"Já a Antigüidade indiana teria podido construir a teoria exposta nesta obra. Seus pressupostos estavam todos dados. Pois sua dedução não necessita de laboratório nem microscópio. Ela se apóia em simples observações da natureza e seu instrumento é o espírito humano. Eis por que ela é suspeita aos olhos da corporação que acreditou poder matá-la em silêncio. Mas não conseguiu.

Decerto, quando graças a ela se compreender a imposição do curso da vida, as representações antigas a que nos ligamos serão destruídas. Uma nova imagem do mundo biológico se desenvolverá. A vida é regida pelo dia e ano, o tempo de rotação e o tempo de translação do nosso planeta. Os bons e os maus dias, os dias de criatividade e de desencorajamento são predeterminados. A substância familiar é um todo impulsionado pelos mesmos períodos, segundo um laço temporal, apesar da separação espacial de seus membros. E, nos pontos de ruptura naturais da substância vital que escoa eternamente[17]*, as portas de entrada para um germe que pode ser um germe de vida, de doença ou de morte. Tudo isso, conclusão do destino. A própria vida, um processo de engendramento durante o qual a substância masculina e a substância feminina do indivíduo duplamente sexuado agem uma sobre a outra*[18]*. A simetria bilateral do ser único provém da união de duas personalidades elementares, cuja dominância sexual é diferente. O laço entre o caráter sexual e o fato de ser canhoto se torna evidente: o primeiro raio de luz é lançado sobre a história natural do artista. Sabe-se, segundo proporções estritas, quantos homens e mulheres nascem, e igualmente quantos nascem vivos e quantos mortos, quantos são de sexo separado* [getrennten] *e quantos são hermafroditas. As variações dessas relações estão submetidas às mesmas leis. Nenhum ser é hoje o que era ontem. A hipótese da constância de uma função é incorreta, mesmo que tenha sido o fundamento da biologia.*

---

[17] *"Ewig fliessenden Lebensubstanz."*

[18] Essas frases sem verbos estão no texto original.

E ela deveria aceitar isso? Não se ergueria ela, com todas as suas forças, contra uma doutrina que lhe toma suas condições fundamentais? E, como sente obscuramente que não pode se defender com sucesso, então ela silencia. Ela continua a trabalhar como se todos esses novos dados sobre o devir periódico jamais houvessem sido formulados e deixa que ocasionalmente os "críticos" declarem que o autor seria um aritmético ignorante dos princípios mais simples da arte do cálculo mais elementar.

Vamos com calma! Dezessete anos se passaram desde que a primeira edição desta obra foi publicada. A segunda, remanejada, existe agora. Ela nada retirou, mas tornou-se mais simples, pois a influência globalizante do ano foi, nesse meio tempo, mais explorada. Talvez encontre ela melhor acesso aos ouvidos daquele que é de boa vontade. Ou então, devo dizer como Kepler: "Não me preocupo em saber se minha obra é lida agora ou somente o será no futuro. É-me indiferente esperar um século por meus leitores, lá onde o próprio Deus esperou seis mil anos por seu explorador. Venço. Roubei o tesouro secreto dos egípcios. Submeto-me à minha (meiner) [sic] *cólera sagrada."*

O Senhor Franz Deuticke desejou corajosamente, numa época de extrema penúria do espírito, fazer renascer o "Curso da vida". Possa eu, aqui, expressar-lhe meus agradecimentos mais cordiais.

Sou grato, mais uma vez, ao Senhor Doutor Pfennig por suas cuidadosas correções."

Fliess se deixa levar (uma vez só não faz mal) a exalar seu ressentimento, para não dizer mais, por não ser reconhecido, o que prejudica seu estilo, mas sem alterar nem suas convicções nem sua segurança. Ao contrário, ele sorve aí a energia necessária para travar um combate contra a biologia de seu tempo. Pode-se, aliás, pensar que, do seu ponto de vista, a existência de um plagiário é o sinal de um reconhecimento de sua obra (se não de seu nome), ainda que não provenha do lugar onde seria esperado: a biologia acadêmica. Tudo isso vai levá-lo a reforçar sua identificação com Kepler (já encorajada nas cartas de Freud), e mesmo com Deus, como revela o *meiner*, sobre o qual podemos nos perguntar se não se trataria de um lapso de Fliess: "minha" cólera sagrada, em vez de "sua" cólera sagrada. Não pude encontrar o texto original de Kepler.

A citação de Kepler ("Roubei o tesouro secreto dos egípcios") lança uma ponte entre esse prefácio e o caso do plágio: o sentimento de um roubo de idéias não deveria ser considerado como o avesso de uma crença, a de haver roubado o segredo do universo e usurpado o lugar de Deus? Roubo, arroubo de idéias.

Fliess, no entanto, não encontrou o equivalente às leis de Kepler para a biologia. As "leis" que descobriu não roubam nenhum segredo da natureza. Se, todavia, há segredo para ele, não seria um segredo de família? Relativo ao pai? Fliess talvez experimente o sentimento de havê-lo traído, publicando suas "leis".

CAPÍTULO 4

A REALIDADE DO PLÁGIO

FLIESS TERIA SIDO realmente plagiado por Weininger, e principalmente por Swoboda, o único a permanecer na liça? Se nos ativermos somente ao caso de 1917, a acusação de Fliess será, certamente, excessiva. Ela o será em 1906? O exame dos documentos autoriza a levantar a questão.

A cientificidade em questão

Sob vários aspectos a atitude de Swoboda desperta suspeitas. É ele quem, em primeiro lugar, em "Os períodos do organismo humano", introduz o tema do plágio: ele vai além de toda questão de prioridade, afirmando que nas ciências "os resultados da ciência têm um caráter inteiramente impessoal", e que o indivíduo não passa de um "soldado na armada científica", o que explica que uma descoberta científica possa ser efetuada por vários ao mesmo tempo. Desde as primeiras linhas de sua obra, ele se situa com relação a Fliess: "Meus resultados se recobrem em parte com os de um outro pesquisador e a exposição precisa da maneira como cheguei aos meus dá não somente a prova de sua independência mas também atribui às observações do outro uma confiança mais elevada[1]." Quando Swoboda repli-

[1] H. Swoboda, *Die Perioden des menschlichen Organismus in ihrer psychologischen und biologischen Bedeutung*. Leipzig e Viena, Franz Deuticke, 1904.

ca a Pfennig, em "A pesquisa de interesse público", ele reivindica a prioridade da mesma forma que Pfennig e Fliess, citando testemunhos exteriores e certificados; chega mesmo a reivindicar a prioridade da descoberta da bissexualidade[2].

Por outro lado, é curioso que seja precisamente no momento em que Swoboda toma conhecimento do livro de Fliess, *As relações*, que ele passa de 23 horas para 23 dias inteiros (isto é, uma contagem por dias, como Fliess[3]) no seu cálculo dos períodos referente às lembranças que emergem espontaneamente. Fliess não está errado ao chamar a atenção para a imprecisão e as contradições das datações de Swoboda relativas às suas observações de períodos de 23 *dias*.

Se nos voltarmos agora para Pfennig, é verdade que o excesso de suas acusações prejudica a credibilidade destas. Pfennig emprega um tom raivoso, fórmulas injuriosas — o que não é o caso de Fliess —, dando ao leitor a impressão de estar animado por um espírito preconceituoso, acusador, sistemático e malevolente. Em meio a críticas textuais e testemunhos externos, Pfennig expõe argumentos que são processos de intenção ("Ele não queria citar Fliess, e não podia citar Weininger") ou produtos de sua imaginação (Weininger, citando Fliess, empregaria expressões tortuosas por trás das quais se esconderia "nem mais nem menos que o desejo neurótico de vê-lo morto"), até mesmo interpretações de caráter delirante.

Para sua defesa, Swoboda afirma a diferença entre sua concepção da periodicidade e a de Fliess. Ele critica a idéia de Fliess, segundo a qual os dias periódicos são favoráveis à aparição de manifestações patológicas, porque então se produziria uma secreção periódica de toxinas (*Die Perioden*, p. 12). Ele anuncia ter encontrado a lei periódica para os fenômenos psicológicos normais de retornos espontâneos de lembranças, enquanto Fliess só estaria interessado nos fenômenos patológicos. Nesse ponto, o mal-entendido é total. Fliess não pode compreender essa distinção, já que para ele sua

---

[2] Cf. p. 349.

[3] Nas reedições da *Traumdeutung* em 1909, 1911 e 1914, Freud refere-se aos 23 dias de Swoboda e não às horas (*A interpretação dos sonhos*, op. cit., p. 150 da ed. franc.).

lei dos períodos explica *tudo* e se molda nos fenômenos biológicos normais, como as regras. Além disso, ele lembra a Swoboda que já descreveu, nas suas *Relações*, a representação de angústia e os sonhos de angústia como fenômenos periódicos. Em "A pesquisa" (pp. 15-16), Swoboda afirma que Fliess "fala ali de fenômenos psíquicos nos dias periódicos críticos, mas não da periodicidade dos fenômenos psíquicos", o que não faz sentido na teoria fliesseana, para a qual a lei dos períodos caminha junto com a natureza.

Para Swoboda, os períodos podem começar em qualquer dia, a qualquer momento: "Tudo, sem exceção, faz retorno, ou pelo menos pode retornar durante toda a vida física e psíquica, segundo um período de 28 e 23 dias, minuto a minuto" (*Die Perioden*, p. 16). Para Fliess, este não seria o caso: os períodos de 23 e 28 dias são determinados antecipadamente, transferem-se de mãe para filho, passam pelas datas de nascimento e de morte e estabelecem correlações "biológicas" entre os indivíduos, quer estes façam ou não parte de uma mesma família.

Poderíamos, portanto, subscrever a afirmação de Swoboda: "Nosso bem comum [com Fliess] não se estende mais, de fato, que até o número 23" (*Die Perioden*, p. 13). Mas é isso, precisamente, o que Fliess lhe reprova! A auto-proclamada "originalidade" de Swoboda só estaria ali para mascarar o roubo desta cifra que, segundo Fliess, é a sua propriedade intelectual. Ora, nesse ponto, não se pode tirar inteiramente a razão de Fliess. Pois a quantificação de 23 dias (que introduz o mensurável) é precisamente o que dá um ar científico às pesquisas psicológicas de Swoboda, aliás bastante inverossímeis na sua sistematização: com efeito, se a lei de Swoboda fosse verdadeira, passaríamos nosso tempo a nos lembrar. Afirmar o papel do número 23, como Fliess, um outro pesquisador, é uma garantia de cientificidade. Isso não significa, porém, que Swoboda tenha "roubado" o número 23 a Fliess para dele tirar um proveito pessoal. O mal-entendido começa quando ele solicita um reconhecimento por parte de Fliess. Pois, para este último, a lei da dupla sexuação permanente adquire seu valor científico por explicar tudo e varrer as concepções aproximativas da bissexualidade que a precediam. Portanto, ele não consegue compreender alguém que não reconheça esse ponto decisivo. E para Swoboda "Fliess está aprisionado no delírio de haver resolvido todos os enigmas do mundo..." ("A pesquisa...").

Percebe-se que, por trás da reivindicação de originalidade, o que está em jogo é uma reivindicação da própria cientificidade dessas descobertas, precisamente na medida em que ela não é garantida. A querela do plágio nasce desta falha: essas invenções, sejam ou não confirmadas, carecem da garantia de cientificidade. Lá onde esta garantia falta, é-se engolfado pela inflação imaginária da intersubjetividade.

Do forçamento à interpretação delirante

Em "A pesquisa...", Swoboda toca numa característica subjetiva particular de Fliess, expondo a questão de saber se suas idéias plagiadas estavam ou não publicadas antes do lançamento dos livros de Weininger e Swoboda. Segundo Pfennig e Fliess, os dois autores vienenses se apropriaram dos resultados de Fliess que não haviam sido publicados, mas transmitidos oralmente a Freud, entre 1897 e 1901.

Swoboda arrasa Fliess nesse ponto: "A acusação que Fliess dirige a Weininger é tanto mais grotesca quanto a idéia sobre a qual Fliess fantasma que lhe foi roubada se encontra no prefácio de suas "Relações" ("A Pesquisa...", p. 5), e: "Fliess reclama portanto, como se vê claramente, também a prioridade para seus pensamentos não publicados" diante de Moebius (ibid., p. 14), e: "Enquanto afirma contra Moebius sua prioridade nas idéias não publicadas, ele afirma contra mim [e com relação a Weininger] a prioridade das idéias que nem mesmo teve, mas que de fato poderia ter tido, como viu mais tarde" (ibid., p. 17).

Fliess responde a Swoboda que as idéias que comunicou oralmente a Freud, entre 1897 e 1901, ainda não estavam publicadas nas *Relações*, e que foram estas, precisamente, as que os autores vienenses pilharam. Eis como, no *Em minha própria causa*, ele define o que achou *depois* da publicação das *Relações*: "Mas o fato de que se possam detectar em todo homem substâncias femininas (não simplesmente "germes e propriedades") durante toda a sua vida, e mesmo em toda mulher substâncias masculinas durante toda a duração da vida, e que *em suma a quantidade operante destas substâncias seja antes de tudo essencial para o curso da vida*, esta afirmação ninguém a enunciou antes de mim e menos ainda tentou prová-la [...]. A dedução do fato de que estes períodos se encontram permanentemente em todos os processos da vida porque nas suas medidas temporais é dada a duração de vida de duas unidades de substância — a substância masculina e a feminina — constituindo cada organismo para a vida, esta nova dedução, que estabelece o liame entre *tempo* e *substância* e de onde decorre a dupla sexuação permanente como uma necessidade da vida, foi tirada somente mais tarde, não se encontra nem no prefácio nem mesmo no livro e foi comunicada oralmente por mim ao Dr. Freud."

Apesar da convicção de Fliess, excetuadas algumas diferenças de formulações, essas afirmações não são fundamentalmente novas com referência àquelas das *Relações*. A novidade consistiria essencialmente em referir-se a uma substância temporal sexualizada numa apresentação mais sistemática das idéias já formuladas. Mas não é este o objeto do plágio!

Para além das "idéias" e "impressões" de plágio, desejaríamos poder dispor de um material literal que lhes tivesse servido de trampolim. No entanto, é difícil proceder a confrontos textuais para objetivá-lo, dado que Fliess se refere a um plágio incidente sobre informações transmitidas *oralmente* entre 1897 e 1900. Só temos acesso, hoje, a textos escritos posteriormente, em 1906, que não escapam aos efeitos de reconstrução *a posteriori*. Segundo o que conhecemos, o elemento literal comum de Fliess e Swoboda é o número 23; ora, esta cifra foi publicada por Fliess *antes* do período de 1897-1900, de comunicação "oral" com Freud. Em Weininger praticamente só encontramos, como elementos literais comuns (ou muito próximos) com Fliess, a noção de substância, a "dupla sexualidade (*Doppelgeschlechtlichkeit*, e não *Doppelgeschlechtigkeit* como em Fliess) permanente", e uma lei da atração sexual, sobre a qual, aliás, Fliess nunca se estendeu muito.

Contrariamente ao que crê Fliess, o que ele escreveu em *As relações* é suficiente para constituir o ponto de partida das apropriações que destaca. Logo, encontra-se na posição singular de denunciar um plágio, não de escritos, mas de coisas faladas, reportando-se, ao mesmo tempo, a textos que anulam a acusação de plágio, mas verificam concordâncias. Nesse sentido, o plágio faz parte, para Fliess, de uma outra realidade além daquela da constatação de uma prioridade. Pretendendo justificar-se por elementos "ouvidos", e não escritos, a acusação de plágio joga com o intrincamento desses registros e fica condenada a uma verificação impossível. A ponto de podermos nos perguntar se tal não é o objeto dessa acusação: sustentar uma dimensão de impossível.

Mais além daquilo que a funda "objetivamente", a acusação de plágio revela uma posição subjetiva particular de Fliess, onde é posta à prova sua posição de leitor e de locutor, na distância entre sua fala e a escrita.

O forçamento de suas interpretações é aí muitas vezes evidente, na sua maneira de referir a si acontecimentos ou declarações: por exemplo, quando estima que Weininger matou-se para expiar o crime de lhe haver roubado a propriedade[4], ou ainda quando afirma que a noção de libido masculina em Freud equivale à sua idéia da dupla sexuação[5].

Esse forçamento pode chegar até um modo de interpretação que se pode qualificar de delirante. Aí está um exemplo. Trata-se da interpretação que ele faz de uma frase de Freud na carta de 27 de julho de 1904[6], isto é, no momento em que Fliess já pensava estar sendo plagiado. Buscando em Freud uma garantia de fala, Fliess era, pois, especialmente receptivo às palavras deste. Freud escreve que a idéia da bissexualidade está difundida na literatura e, dirigindo-se diretamente a Fliess, lhe diz: "Você vai reconhecer que um espírito engenhoso pode facilmente fazer também este passo por si

---

[4] Cf. o fim do manuscrito "A descoberta da dupla sexuação permanente", p. 95. A interpretação está também subentendida em *Em minha própria causa*, no seu comentário da carta de Freud de 27.7.04.

[5] Cf. *Em minha própria causa*, p. 233.

[6] Cf. *Em minha própria causa*, p. 230 sq.

mesmo e estender a constituição bissexual de alguns para todos, mesmo se este passo é sua novidade. Para mim pessoalmente você sempre foi (desde 1901) o autor da idéia de bissexualidade." Nesse ponto Fliess põe, em nota, uma citação de Pfennig que retoma por sua conta: "Na realidade, desde a primavera de 1897! (ver mais adiante). Há aqui um erro de princípio cometido por Freud em favor de Weininger" (Pfennig).

Eis como Pfennig desenvolvia a interpretação retomada aqui por Fliess. Pfennig citava uma nota da obra de Weininger, na qual este último explicava que acreditava, antes de ler Schopenhauer, ser o primeiro a haver descoberto (no começo de 1901) a lei da atração sexual em função da bissexualidade[7]. Segundo Pfennig, a data fornecida por Weininger não tem relação alguma com Schopenhauer, não tendo outro objetivo além de recobrir uma reclamação de prioridade por parte de Fliess. A essa elucubração, Pfennig acrescenta em nota: "É notável que também Freud não queira reconhecer Fliess como o autor da idéia da bissexualidade a não ser a partir de 1901 e isto de maneira errada", quando na realidade Fliess lhe falou sobre isso desde 1897, época em que Weininger, então com 17 anos, ainda estava na escola.

Pfennig fabrica uma interpretação que tem os caracteres de uma interpretação delirante: a pretexto de que uma mesma data, 1901, aparece (em nota e entre parênteses) ao mesmo tempo no livro de Weininger e na carta de Freud[8], ele dá a entender ao leitor que Freud teria indicado, precisamente, essa data por cumplicidade póstuma com Weininger, e *por vontade de roubar de Fliess a prioridade da idéia da bissexualidade*!

O que Pfennig dá a entender (bem claramente, é verdade), Fliess diz explicitamente: "Foi a boa vontade de ter errado ou a de errar que o levou a me designar na sua carta como o autor da bissexualidade somente a partir de 1901, ainda que ele soubesse, e que ele tivesse confessado em sua *Psicopatologia da vida quotidiana* que já havíamos falado disso em Breslau,

---

[7] Otto Weininger, *Geschlecht und Charakter* (*Sexo e caráter*), op. cit., p. 489.

[8] Também entre parênteses, mas Pfennig não chega a fazer publicamente este reparo, e no entanto...

em 1897? 1901 é precisamente o ano em que Weininger pretende ter feito sua descoberta e o "erro de princípio" não tem outro sentido que o de me colocar numa concorrência temporal com Weininger", escreve Fliess no *Em minha própria causa*.

Ora, o que significa a referência ao ano de 1901 na carta de Freud? A menos que se isole essa data do seu contexto e que se suprimam os parênteses, Freud não quer em absoluto dizer que Fliess seja, desde 1901, o autor da bissexualidade. Freud quer dizer que foi *em 1901* que ele *se lembrou* de que Fliess, em primeiro lugar, lhe havia falado da bissexualidade (isso foi em 1897). Essa data remete ao esquecimento ocorrido no lago de Achen, narrado por Freud na *Psicopatologia da vida quotidiana*; seu texto era, no entanto, bem conhecido por Pfennig e Fliess.

Notemos que o valor significativo, para Fliess, da simultaneidade de dois acontecimentos — que *a priori* nada têm a ver um com o outro — na mesma data (aqui, 1901) também operou para o ano de 1900: para Fliess, não se trata de um acaso se Swoboda começa sua cura com Freud em 1900, ano de seu último encontro com este no lago de Achen[9].

Fliess transforma um marco subjetivo, enunciativo — a data de 1901 — de uma carta privada de Freud em um enunciado constatativo que poderia se dirigir a um público virtual de jurados, um público que "saberia" o que estava em jogo e que já estaria julgando a questão da prioridade. Lembremos que foi a ausência de Freud de Viena, quando veio pedir a este explicações *orais*, que levou Fliess a escrever-lhe. As cartas que ele então dirige a Freud e aquelas que dele recebe *já* são, pois, para ele, peças de evidência de um dossiê. (Ele guarda, aliás, cópias das cartas que envia.) Sua "publicação", portanto, já está implicada — para Fliess — na sua leitura. Fliess as lê como cartas "abertas", em todos os sentidos que isso implica. Não podemos apreender aí o mecanismo pelo qual Fliess acredita ter um direito de propriedade sobre pensamentos — efetivamente, em certos casos, não publicados —, ou, igualmente, experimenta o sentimento de que

---

[9] Cf. *Em minha própria causa*, p. 222.

lhe estão roubando pensamentos não publicados? Não será porque esses pensamentos lhe vêm sob uma forma já "publicada", isto é, escrita e pública, vinda do Outro? Se é tão difícil, para um terceiro, identificar e portanto objetivar o que foi "tomado de empréstimo" e que ainda assim o sujeito está convencido de serem suas próprias afirmações, não será porque se trata, com efeito, de termos e de idéias próprias, mas que chegaram até ele de saída com um caráter de exterioridade? Nesse sentido, o "em minha própria causa" é também um "em sua própria causa", como permite o equívoco de *In eigener Sache*. É também a causa própria que vem do Outro.

No exemplo precedente, acontece que, ao escrever 1901 para evocar a data de seu encontro com Fliess, Freud se engana. Esse encontro — como vimos — ocorreu em Achensee, no famoso verão de 1900. Talvez seja, aliás, por não ter reconhecido esse lapso de Freud que Fliess foi levado a interpretar de maneira inteiramente outra esse 1901. Ora, Fliess, nessa interpretação, quer retificar um erro que é também, como 1901 em vez de 1900, um erro de pós-datação: 1901 teria vindo em lugar de 1897. Vamos levantar a questão: se Freud não cometesse um lapso, teria Fliess interpretado essa data? Sua interpretação, que imputa a Freud uma negação de prioridade, não se une à razão do lapso de Freud? Sem ter reconhecido conscientemente o lapso de Freud, não reagiria ele a isso, à sua maneira, exprimindo dessa forma uma verdade, a de um voto de prioridade inconsciente de Freud?

A rejeição da enunciação

O que credencia a realidade do plágio está ligado em definitivo a um certo modo de enunciação de Fliess que, nem sempre chegando até a interpretação delirante, vem favorecê-la. Trata-se de um modo de enunciação que se caracteriza pelo voto de se livrar, precisamente, dessa dimensão enunciativa. Daremos alguns exemplos.

Em sua carta a Fliess, de 23.7.04[10], Freud escreve: "Swoboda não é, como você escreve, *meu discípulo*. Ele me veio ver enquanto enfermo [...]

[10] Citada por Fliess em *Em minha própria causa*, p. 225.

A sua descoberta, que retoma muito mais suas idéias, sou completamente estranho." Pfennig começa a frase assim: Incluímo-nos na opinião de Freud, que diz que é "bem mais a descoberta de Swoboda que retoma as idéias de Fliess." Para Fliess, Freud reconhece, pois, o plágio cometido por Swoboda.

Separada de seu contexto, a frase de Freud poderia ser lida nesse sentido. Mas, com relação ao que a precede, ela significa claramente: se Swoboda devesse ser discípulo de alguém, deveríamos dizer que seria mais seu discípulo que meu, pois ele retoma mais as suas idéias do que as minhas. Este sentido faz eco à importância atribuída por Fliess à noção de discípulo para a transmissão das suas idéias. Freud recusa a suspeita de conivência entre ele e Swoboda, dando ênfase a "Swoboda não é meu discípulo", sem no entanto reconhecer que este teria plagiado Fliess. Entretanto, não descarta essa hipótese. Digamos simplesmente que, naquele momento, Freud não se pronuncia sobre a questão do plágio como tal. Para as necessidades de sua causa, Fliess desvia o enunciado de Freud do seu sentido, obliterando sua dimensão enunciativa própria.

O rodeio pelo qual Fliess suprime a dimensão enunciativa de uma frase isolando-a de seu contexto, a fim de fazê-la desempenhar um papel de prova, está marcado no seu próprio estilo. A frase seguinte (de *Em minha própria causa*) é, nesse sentido, exemplar.

> *Schon am Ende meines 96er Buches habe ich nicht nur auf die Wichtigkeit des Schilddrüse für die Sexualität hingewiesen, sondern ich habe damals aussprechen zu müssen geglaubt, dass auf die Schilddrüse ein gewisser Lichtstreif fiele, als auf ein Organ, dessen Tätigkeit in periodischen Schüben vor sich geht*: Já ao final de meu livro de 96, não somente indiquei a importância da tireóide para a sexualidade, mas também acreditei dever exprimir na época que um certo raio de luz caía sobre a tireóide, enquanto órgão[11] cuja atividade se desenvolve por surtos periódicos[12].

[11] No manuscrito de *Em minha própria causa*, Fliess havia inicialmente escrito: *als eines Organs* (como de um órgão) no genitivo, o que não faz sentido.

[12] Fliess falou anteriormente em "iluminação num clarão". Mais adiante ele emprega a expressão "raios periódicos" e fala também de períodos que "fulguram" (*ausstrahlen*); esse termo, além disso, substituiu *ausgehen*, mais neutro, inicialmente escrito no manuscrito.

Essa frase expõe a questão do estatuto metafórico de "raio de luz". Se Fliess houvesse utilizado *Lichstreif* como metáfora nessa frase, seria necessário em alemão, por exemplo, um *wie* em vez de *als*, ou então acrescentar: "sobre *a concepção da* tireóide incide um raio de luz". A frase apresenta as coisas como se efetivamente um raio de luz caísse sobre a tireóide. Pode-se considerar que Fliess perde a expressão metafórica: esclarecer a função da tireóide. Ali onde ele convoca uma metáfora (a da luz), esta se furta; a enunciação não é mais sustentada como tal. Essa falha inscreve na linguagem o voto de Fliess de uma adequação entre a linguagem e o real.

Existem em Fliess outros termos "imajados" que não funcionam como metáfora e a propósito dos quais podemos nos perguntar se ele não acredita estar falando da própria coisa, até mesmo se não acredita ser a própria coisa que fala. Por exemplo, quando, no começo de *Em minha própria causa*, ele escreve *Ihm habe ich alle meine wissenschaftlichen Gedanken und Keime rückhaltlos anvertraut* (Eu lhe [a Freud] confiei sem reservas todos os meus pensamentos e meus germes científicos), ficamos inclinados a compreender que ele "quer dizer", por "germe científico", um pensamento científico que está em germe. Ora, não é isso o que ele diz e, na frase, "germe científico" soa muito mal. Quando se sabe que as unidades periódicas incluem nos mesmos conjuntos os humanos e as plantas, não é impossível que "germe científico" deva ser tomado no sentido próprio e exprima a verdadeira concepção de Fliess: a saber, que haveria uma comunidade de "raízes" entre o desenvolvimento (periódico) das plantas e o dos pensamentos.

Do ponto de vista estilístico, estaríamos no caso de uma figura própria da metonímia, a metalepse[13], isto é, a sugestão da conseqüência subentendida pela expressão da causa (em outros casos, pode-se tratar do inverso: evocação da causa pela expressão da conseqüência). "Eu lhe faço minha reverência" (para dizer "vou-me embora") é uma metalepse.

A dita realidade do plágio recebe uma determinação ligada à natureza do tema em causa, a saber, o sexual. A incerteza dos critérios científicos de

---

[13] Cf. H. Morier, *Dictionnaire de poétique et de rhétorique*, Paris, PUF, 1961.

verdade quanto à natureza do sexual é tal que todos podem ser levados a reivindicar uma originalidade, separada daquela de seu vizinho apenas por pequenas diferenças. Se não levarmos em conta as posições enunciativas de cada um e o contexto discursivo, os enunciados se equivalem com muita freqüência, e esta é a porta aberta para o sentimento de plágio. A enunciação de Fliess se caracteriza por rejeitar suas próprias marcas, na sua posição de leitor, mas também nos seus textos de autor. O que, do sujeito, foi rejeitado, e o que, pela distância entre o oral e o escrito, não encontrou lugar, tudo isso retorna e se perde na florescência das acusações intersubjetivas de plágio. A realidade do roubo de idéias é também aquela pela qual as idéias são apanhadas em pleno vôo*.

* Trata-se de um jogo de palavras entre os dois sentidos, roubo e vôo, que tem em francês a palavra *vol* (NT).

Capítulo 5

Introdução à questão do delírio de Fliess

O delírio de Fliess aflora — como vimos — por ocasião do encontro do lago de Achen, quando ele se convence de que Freud tentou assassiná-lo, e o faz saber a quem quiser ouvi-lo. Isso volta à tona no momento em que se desencadeia o caso do plágio (1904), nas interpretações que o entretêm. É somente nesse momento que Freud toma consciência disso.

Entretanto, o delírio permanece relativamente circunscrito, e a única passagem ao ato que dele testemunha é a publicação de *Em minha própria causa*.

Talvez o problema da prioridade tenha contribuído para limitar o delírio. O fato de se situar no terreno da prioridade deveria, literalmente, ordenar a confusão de lugares e os falsos reconhecimentos inerentes ao domínio do plágio propriamente dito.

Por outro lado, a culpa que Fliess sentiu por ocupar um lugar divino, sensível quando ele evoca o roubo de um segredo da Natureza[1], provavelmente contribuiu também para limitar a extensão do seu delírio. O sentimento expresso de usurpar o lugar de Deus mostra que Fliess não se tomava completamente por Deus: esse limite à sua onipotência constituía, em

[1] Cf. o prefácio à segunda edição do "Curso da vida", p. 118.

troca, um freio à retorção de uma onipotência persecutória em relação ao ladrão de idéias, o plagiário.

A relativa limitação do delírio de Fliess explica os julgamentos mitigados, até mesmo contraditórios, a que ele deu lugar.

Adversários e partidários da paranóia de Fliess

Freud foi o primeiro a falar de paranóia a respeito de Fliess. Encontram-se traços dessas declarações nas suas correspondências com Jung, Ferenczi e Abraham. Em 12.7.08, ele escreve a Jung: "Meu amigo de então, Fliess, desenvolveu uma bela paranóia depois de se ter desembaraçado de sua inclinação por mim, que decerto não era pequena. É a ele, ou seja, a seu comportamento, com efeito, que devo essa idéia[2]" [o destacamento parcial da libido da componente homossexual no caso da paranóia]. Conhece-se sua célebre carta a Ferenczi: "Desde o caso Fliess, em cuja superação, precisamente, você me viu ocupado, essa necessidade [de abertura da personalidade] se extinguiu em mim. Uma parte do investimento homossexual foi retirada e utilizada para o crescimento do meu eu próprio. Tive êxito ali onde o paranóico fracassa[3]." Enfim, dirigindo-se a Abraham: "Não se esqueça de que nós dois aprendemos com ele [Fliess] a compreender o mistério da paranóia[4]." Logo, é sem equívoco que Freud designa a paranóia.

Por que — vai-se perguntar — Freud faz este julgamento, quando, ao mesmo tempo, admite que as teorias de Fliess foram utilizadas de maneira pouco correta por Swoboda e Weininger, e que ele mesmo participou da transmissão das idéias de Fliess? É que Fliess acusou Freud de haver favorecido o plágio com a intenção consciente de prejudicá-lo. Foi a isso

---

[2] *Correspondance Freud–Jung*, trad. franc. R. Fivaz-Silbermann, Paris, Gallimard, t. 1, 1975, pp. 182-183.

[3] *Correspondance Freud–Ferenczi*, op. cit., carta de 6.10.1910, p. 231. Essa frase foi traduzida como "Tive êxito onde o paranóico não tem" por G. Le Gaufey, "Ce que le paranoïaque ne réussit pas", *Littoral*, n.º 3/4, Toulouse, Érès, 1982.

[4] *Correspondance Freud–Abraham*, trad. franc. F. Cambon e J. P. Grossein, Paris, Gallimard, 1969, carta de 3.3.1911, pp. 107-108.

que Freud reagiu. Freud não liga a paranóia à acusação de plágio como tal, mas à acusação de tê-lo favorecido intencionalmente. Este ponto, evidentemente, tem muita importância para a edificação da teoria da paranóia que Freud irá apresentar a partir de sua experiência com Fliess. Na medida em que nós mesmos damos maior ênfase ao caráter delirante em si da acusação de plágio, somos levados a considerar a dita paranóia de Fliess sob um outro ângulo.

Curiosamente, o diagnóstico de paranóia não foi levado muito a sério pelos historiadores da psicanálise e pelos biógrafos de Freud.

Podemos classificá-los em três grupos: aqueles que, como E. Jones, M. Robert, M. Schur e K. R. Eissler, admitem a existência de uma paranóia ou de um momento paranóico em Fliess; aqueles que, como F. Wittels, E. Kris, P. Gay, F. Sulloway e D. Anzieu recusam explicíta ou implicitamente evocar a questão da paranóia em Fliess; e os que, como P. Roazen e O. Mannoni, têm uma posição intermediária.

Comecemos pelos que admitem a existência de uma paranóia em Fliess. Jones declara, entretanto, que essa questão não lhe interessa: "As idéias de perseguição que Fliess talvez alimentasse a respeito de Freud não podem aqui nos interessar; elas não surpreenderiam o leitor avisado[5]." M. Schur escreve: "Podemos supor que a forma do ataque e seu caráter indiscutivelmente paranóide contribuíram para o processo de "elaboração" indispensável a fim de dissolver a relação de Freud com Fliess[6]." Marthe Robert adota mais ou menos o mesmo ponto de vista: Freud se defendeu contra o ataque de Fliess "escrevendo à imprensa, Swoboda publicando um livro sobre isso onde expunha e discutia as reivindicações de Fliess, o qual se tornava suspeito por evidentes idéias de perseguição. Juridicamente, o caso era sem dúvida ambíguo[7]". Eissler escreveu diversos artigos sobre Fliess e é bastante moderado em seu julgamento sobre essa questão. Em 1971, escreveu: "A meu ver, para efetuar uma abordagem biográfica corre-

[5] E. Jones, *La Vie et l'Oeuvre de S. Freud*, Paris, PUF, t. 1, 1958, p. 348.
[6] M. Schur, *La Mort dans la vie de Freud*, Paris, Gallimard, 1975, p. 295.
[7] M. Robert, *La Révolution psychanalytique*, Paris, Payot, 1964, p. 183.

ta, seria preciso falar de Fliess como do exemplo de sábio cujos esforços são entravados por suas tendências paranóicas, e que desperdiça seu tempo e suas energias em querelas vãs e estéreis de prioridade — querelas que só conseguem fazê-lo passar por tolo aos olhos da posteridade[8]." Em outro artigo, em 1972, ele conta que algumas pessoas que encontrou e que conheceram Fliess pessoalmente testemunham a impressão profunda que ele causou nelas: a de um espírito muito poderoso, talvez um gênio. Segundo Eissler, Fliess era movido por uma monomania e é muito provável — como atesta o caso do plágio — que houvesse elementos paranóicos na sua personalidade. Ele acrescenta que esta é uma coisa freqüente entre os gênios, e que esses elementos paranóicos certamente não eram tão fortes em Fliess quanto em Newton[9]. Enfim, em 1974, Eissler não mais emprega o termo "paranóico" a propósito de Fliess. Contenta-se em dizer que "em seus próprios assuntos" (*in eigener Sache*) o julgamento de Fliess recaía muito provavelmente no *Irre* (erro, loucura) e qualifica as teorias de Fliess de "cheias de imaginações" (*phantasienvollen*)[10].

Os "partidários" da paranóia de Fliess se retraem com referência à afirmação de Freud. Jones e Eissler empregam advérbios restritivos tais como "talvez", "provavelmente". Mais que em uma verdadeira paranóia, os autores falam em personalidade paranóica, o que não é em absoluto a mesma coisa. Está mesmo estabelecido que não se encontram antecedentes de personalidade paranóica em casos de desencadeamento de delírio paranóico. Todos assinalam as idéias de perseguição de Fliess, sem insistir, e somente durante o caso do plágio, mas as "idéias de perseguição" ou "tendências paranóicas" a que fazem alusão são demasiado vagas para permitir uma discussão.

Chegamos agora à posição daqueles que se recusam a considerar a existência de uma paranóia em Fliess, ao menos tal como formulada por

---

[8] Citado por Sulloway, op. cit., p. 218.

[9] K. R. Eissler, "To Muriel M. Gardiner on her 70th birthday", *Bulletin of the Philadelphia Assoc. for Psychoanalysis*, vol. 22, 1972.

[10] K. R. Eissler, "Über Freuds Freundschaft mit Wilhelm Fliess nebst einem Anhang über Freuds Adoleszenz und einer historischen Bemerkung über Freuds Jugendstil", in *Aus Sigmund Freuds Sprachwelt und andere Beiträge*, Berna, Stuttgart, Viena, 1974.

Freud. Wittels não faz nenhuma referência a um delírio de Fliess, sobre o qual diz que tinha um espírito especulativo análogo ao de Freud[11]. E. Kris não faz alusão a delírio algum. Ele relata, em especial, diversos aspectos da colaboração de Freud com Fliess mas curiosamente, como dissemos, minimiza o "caso". P. Gay não tira a razão de Fliess e não faz referência a "idéias de perseguição", ao mesmo tempo em que trata Weininger de "demente[12]". Aliás, ele vê em Fliess um "parteiro da psicanálise[13]". Sulloway é o único a estabelecer uma relação entre as teorias de Fliess e as de Freud. Ele desenvolve de modo bem detalhado o caso do plágio, devolvendo a propriedade a Fliess, e rejeita explicitamente a opinião de Jones e Eissler: "Sinceramente convencido, como Weininger, de que estava na origem de perspectivas novas e penetrantes sobre uma questão que sabia ser antiga, Fliess fez o que acreditava necessário para defender sua prioridade. Uma tal atitude não pode ser considerada como paranóica, como Eissler e outros a qualificaram[14]." Ao contrário, ele qualifica Weininger de psicótico. D. Anzieu também se ergue contra o que chama de zombaria de Jones: "Fliess começou ocupando para Freud este papel de amigo, de sustentáculo, de confidente, de caixa de ressonância, de amplificador, necessário a todo gênio engajado num processo criador. Sem Fliess, a descoberta da psicanálise sem dúvida não teria sido possível. Assim, achamos injusta a zombaria de que Jones dá provas em sua direção durante todo o capítulo que lhe dedica na sua biografia de Freud[15]."

Enfim, dentre os que adotam uma posição intermediária sobre a questão, Roazen assinala que, "para Freud, Fliess tivera um acesso de paranóia[16]", mas ele não retoma realmente essa afirmação por sua conta, e tende, antes, a fazê-la aparecer como suspeita. Octave Mannoni mantém uma ambigüi-

[11] F. Wittels, *Freud l'homme, la doctrine, l'école*, Paris, F. Alcan, 1925, pp. 85-87.

[12] P. Gay, *Freud. Une vie*, trad. franc. Tina Jolas, Paris, Hachette, 1991, p. 178.

[13] Ibid., p. 119.

[14] F. Sulloway, op. cit., p. 219. Notemos, todavia, que justamente Sulloway se situa no plano da prioridade das idéias, quando vimos que o que está em questão, fundamentalmente, para Fliess é o plágio.

[15] D. Anzieu, *L'Auto-analyse de Freud*, Paris, PUF, t. 1, 1959, p. 164.

[16] P. Roazen, *La Saga freudienne*, trad. franc. A. Zouboff e P. E. Dauzat, Paris, PUF, 1986, p. 88.

dade: "Fliess saiu dessa situação [a amizade com Freud] com alguma coisa que bem pode se chamar um delírio de saber, no sentido em que o termo "delírio" é pronunciado no *Homem dos ratos*, enquanto Freud ali encontrou o saber do delírio, e em seguida sob a forma da interpretação dos sonhos[17]." Na continuação, O. Mannoni ora escreve "delírio" (entre aspas), ora delírio (sem aspas) ao se referir a Fliess.

Ao fim deste recenseamento de opiniões sobre a paranóia de Fliess — que, sem ser exaustivo, é ainda assim suficientemente representativo — aparece, em primeiro lugar, que a paranóia de Fliess jamais foi realmente discutida e não há mesmo meios de fazê-lo (por falta de informações). Em seguida, para nossa surpresa, constatamos que o movimento não se orienta em direção à confirmação da paranóia de Fliess. Entretanto, essa tendência não chega — senão, talvez, para Sulloway — ao ponto de tentar demonstrar que Fliess não era paranóico. De modo que o termo "paranóia" permanece ligado a Fliess como uma espécie de boato, ou, como diz Anzieu, de "zombaria", jamais completamente desmentida mas tampouco sustentada.

Da ligação entre o plágio e a teoria de Fliess

Nessa abordagem do delírio, em nossa opinião, não se percebeu a profunda solidariedade entre a querela do plágio e as teorias de Fliess. Apresentando sua teoria como uma espécie de reprodução da Natureza, apagando sua enunciação, Fliess eleva o conjunto da sua teoria à dimensão de um plágio da Natureza. A adequação, afirmada por Fliess, de suas idéias às leis da Natureza tende a apresentá-lo como um copista dessas leis. Um copista sobre quem pode pesar a suspeita de dissimular suas fontes, pois quem já ouviu a Natureza falar ou leu o texto das leis já escritas? Fliess? A lógica da sua enunciação tem por conseqüência que quanto mais Fliess quer ser reconhecido como autor mais ele corre o risco de passar por plagiário. Do contrário, ele precisaria confessar que sua convicção da adequação de suas

---

[17] O. Mannoni, *Clefs pour l'imaginaire*, Paris, Seuil, 1969, p. 116.

idéias às leis da Natureza lhe era imposta, ditada, de maneira alucinatória. Segue-se que o roubo que atinge sua obra, à sua revelia, não passa do inverso ou do retorno no real do plágio da Natureza de que seus trabalhos, a seus olhos, tiram sua garantia.

Um esquecimento de Freud vem, num ponto nomeado — nomeado pelo inconsciente de Freud! — fazer ressaltar um significante inscrito no nome próprio de Fliess, que ao mesmo tempo esclarece a ação deste último e testemunha o que ele foi para Freud. Freud relata que, depois de haver esquecido por quatro dias consecutivos de comprar mata-borrão (*Löschpapier*), interroga-se sobre a razão desse esquecimento e descobre que, se escreve *Löschpapier*, em compensação, ao falar[18], diz *Fliesspapier* (que é, pois, outro nome para mata-borrão), e que Fliess é o nome de seu amigo com quem está então em conflito[19]. O nome próprio que Fliess apaga para apresentar sua teoria como o mata-borrão da Natureza retorna na reivindicação deste, na acusação de plágio.

O caráter delirante da teoria de Fliess remonta, em nossa opinião, ao ano de 1895, isto é, o ano em que ele descobriu a lei dos períodos[20]. Até ali suas hipóteses (sobre as correlações entre o nariz e os órgãos genitais femininos, antes da descoberta das cifras periódicas) apoiavam-se em fatos clínicos e principalmente num tratamento (a cauterização das "zonas genitais" do nariz) observável por todos os médicos nas suas aplicações e seus resultados, de sorte que essas hipóteses não escandalizavam alguém como Breuer. Foi a partir da "invenção" da teoria dos períodos que a especulação passou à frente da observação clínica e tornou-se uma grade de leitura atingindo as dimensões de uma concepção do mundo. A partir dessa data, um sistema de *paranoïa scientifica* fica praticamente estabelecido, e não irá variar a não ser para ampliar seu domínio de aplicação. A adesão de Fliess a seu próprio

---

[18] Depois do que dissemos no capítulo precedente, é significativo, a nosso ver, que Freud encontre, a propósito de Fliess, uma diferença entre o escrito e o oral, e que classifique o nome de seu amigo sob o signo do escrito.

[19] S. Freud, *Psychopathologie de la vie quotidienne*, op. cit., cap. VII, p. 170; GW IV, p. 176.

[20] Cf. sua biografia, p. 39 sq.

sistema vai permanecer sem falha, inabalável, a despeito das numerosas críticas que lhe serão dirigidas. Ele, aliás, as reproduz integralmente nas suas publicações, mas para responder a elas, repetindo exatamente a mesma coisa que já escreveu e que constitui o objeto de crítica. Esta repetição incansável das mesmas afirmações dá a seus escritos um caráter quase estereotipado e monótono.

Fliess dá a sensação de ter o espírito ocupado quase permanentemente por seus cálculos: quando recebe seus doentes, em família, com amigos, durante seus lazeres. Encontrei diversos programas de concertos assistidos por ele onde havia rabiscado cálculos. Os artigos que lia estão anotados à margem com operações a partir das cifras 23 e 28. Seus arquivos, principalmente na Biblioteca de Berlim, contêm milhares de páginas manuscritas cheias de datas e cálculos sobre essas datas espalhados em todos os sentidos. Seu próprio livro "O curso da vida" está invadido por páginas de cálculos a partir de cifras periódicas, e cálculos sobre os cálculos de todos os múltiplos de 23 e 28. Percorrendo o conjunto desses documentos, não se pode deixar de pensar em delírio e de avaliá-lo.

Mas se Fliess tem o espírito invadido por seu sistema, este guarda uma aparência científica, e sem dúvida esta será uma das razões pelas quais o delírio permanece parcial. Sua expressão pseudocientífica lhe confere um quadro que limita e localiza o delírio. Como ciência artificial, a teoria de Fliess teria antes o valor de uma realização artística.

Vamos nos aproximar do delírio de plágio — na medida em que ele se diferencia da questão da prioridade — e do delírio teórico de Fliess a partir de três entradas onde, a cada vez, uma zona de fragilidade subjetiva na relação com a teoria faz retorno pela reivindicação da querela de plágio: o sexo com a trama da bissexualidade, o saber da linguagem com o papel devolvido à Natureza, o pai com a transmissão dos períodos. Vamos reler, pois, os textos teóricos de Fliess na retroação do caso de plágio.

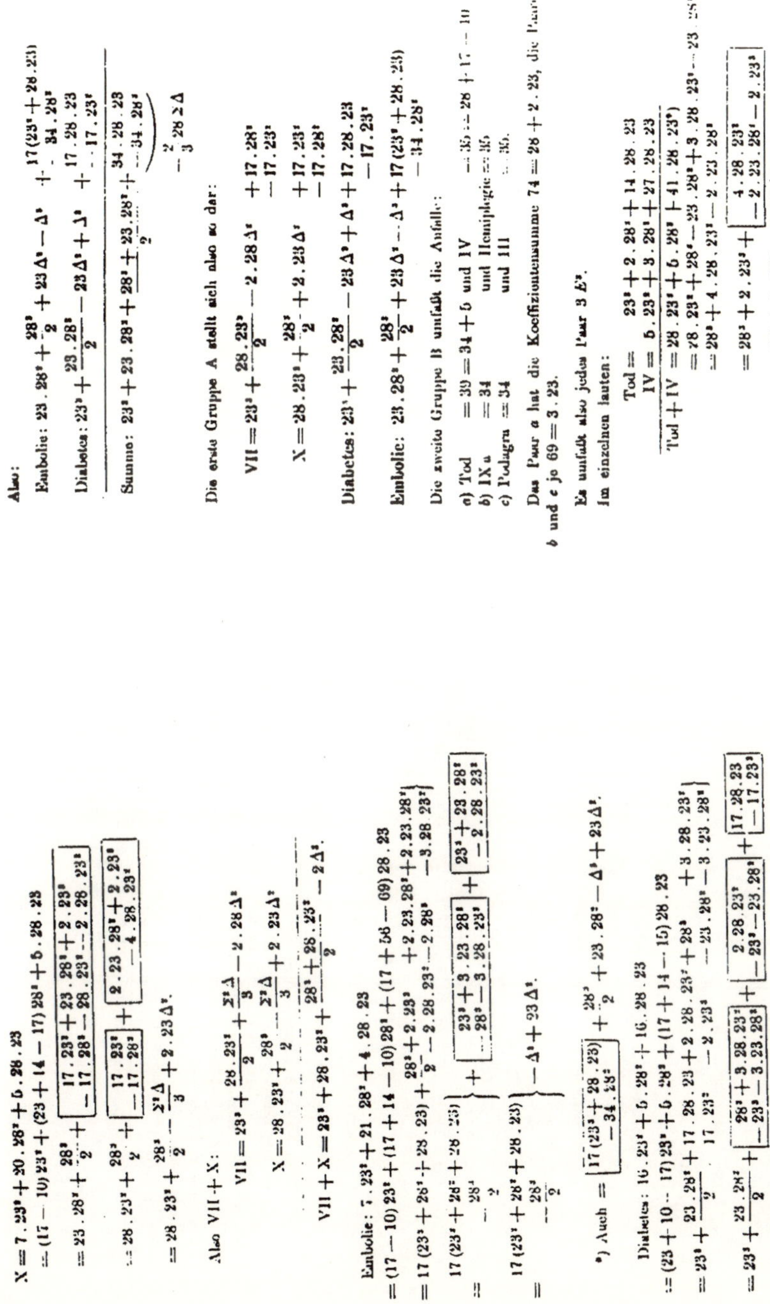

$$X = 7 \cdot 23^2 + 20 \cdot 28^2 + 5 \cdot 28 \cdot 23$$
$$= (17 - 10)\,23^2 + (23 + 14 - 17)\,28^2 + 5 \cdot 28 \cdot 23$$
$$= 23 \cdot 28^2 + \frac{28^2}{2} + \boxed{\begin{matrix}17 \cdot 23^2 + 23 \cdot 28^2 + 2 \cdot 23^2 \\ -17 \cdot 28^2 - 28 \cdot 23^2 - 2 \cdot 28 \cdot 23^2\end{matrix}}$$
$$= 28 \cdot 23^2 + \frac{28^2}{2} + \boxed{\begin{matrix}17 \cdot 23^2 \\ -17 \cdot 28^2\end{matrix}} + \boxed{\begin{matrix}2 \cdot 23 \cdot 28^2 + 2 \cdot 23^2 \\ -4 \cdot 28 \cdot 23^2\end{matrix}}$$
$$= 28 \cdot 23^2 + \frac{28^2}{2} - \frac{\Sigma^2 \Delta}{3} + 2 \cdot 23 \Delta^2.$$

Also VII + X:

$$VII = 23^3 + \frac{28 \cdot 23^2}{2} + \frac{\Sigma^2 \Delta}{3} - 2 \cdot 28 \Delta^2$$
$$X = 28 \cdot 23^2 + \frac{28^3}{2} - \frac{\Sigma^2 \Delta}{3} + 2 \cdot 23 \Delta^2$$
$$VII + X = 23^3 + 28 \cdot 23^2 + \frac{28^3 + 28 \cdot 23^2}{2} - 2 \Delta^3.$$

Embolie: $7 \cdot 23^2 + 21 \cdot 28^2 + 4 \cdot 28 \cdot 23$
$$= (17 - 10)\,23^2 + (17 + 14 - 10)\,28^2 + (17 + 56 - 69)\,28 \cdot 23$$
$$= 17\,(23^2 + 28^2 + 28 \cdot 23) + \frac{28^3 + 2 \cdot 23^3}{2} - 2 \cdot 28 \cdot 23^2 - 2 \cdot 28^3 \quad \begin{matrix}+2 \cdot 23 \cdot 28^2 + 2 \cdot 23 \cdot 28^2 \\ -3 \cdot 28 \cdot 23^2\end{matrix}$$
$$= \left.\begin{matrix}17\,(23^2 + 28^2 + 28 \cdot 23) \\ -\frac{28^3}{2}\end{matrix}\right\} + \boxed{\begin{matrix}23^3 + 3 \cdot 23 \cdot 28^2 \\ -28^3 - 3 \cdot 28 \cdot 23^2\end{matrix}} + \boxed{\begin{matrix}23^3 + 23 \cdot 28^2 \\ -2 \cdot 28 \cdot 23^2\end{matrix}}$$
$$= \left.\begin{matrix}17\,(23^2 + 28^2 + 28 \cdot 23) \\ -\frac{28^3}{2}\end{matrix}\right\} - \Delta^3 + 23 \Delta^2.$$

*) Auch $= \boxed{\begin{matrix}17\,(23^2 + 28 \cdot 23) \\ -34 \cdot 28^2\end{matrix}} + \frac{28^3}{2} + 23 \cdot 28^2 - \Delta^3 + 23 \Delta^2.$

Diabetes: $16 \cdot 23^2 + 5 \cdot 28^2 + 16 \cdot 28 \cdot 23$
$$= (23 + 10 - 17)\,23^2 + 5 \cdot 28^2 + (17 + 14 - 15)\,28 \cdot 23$$
$$= 23^3 + \frac{23 \cdot 28^2}{2} + 17 \cdot 28 \cdot 23 + 2 \cdot 28 \cdot 23^2 + 28^3 \quad +3 \cdot 28 \cdot 23^2$$
$$\qquad\qquad 17 \cdot 23^2 \quad -2 \cdot 23^3 \quad -23 \cdot 28^2 - 3 \cdot 23 \cdot 28^2$$
$$= 23^3 + \frac{23 \cdot 28^2}{2} + \boxed{\begin{matrix}28^3 + 3 \cdot 28 \cdot 23^2 \\ -23^3 - 3 \cdot 23 \cdot 28^2\end{matrix}} + \boxed{\begin{matrix}2 \cdot 28 \cdot 23^2 \\ -23^3 - 23 \cdot 28^2\end{matrix}} + \boxed{\begin{matrix}17 \cdot 28 \cdot 23 \\ -17 \cdot 23^2\end{matrix}}$$
$$= 23^3 + \frac{23 \cdot 28^2}{2} + \Delta^3 - 23 \Delta^2 + \frac{\Sigma}{3}\,23\,\Delta.$$

*) Durch Addition von $-51 \cdot 28^2 + 28^2 + 23 \cdot 28^2 = 0.$

Also:

Embolie: $23 \cdot 28^2 + \frac{28^3}{2} + 23 \Delta^2 - \Delta^3 \quad + \begin{matrix}17\,(23^2 + 28 \cdot 23) \\ -34 \cdot 28^2\end{matrix}$

Diabetes: $23^3 + \frac{23 \cdot 28^2}{2} - 23 \Delta^2 + \Delta^3 \quad + \begin{matrix}17 \cdot 28 \cdot 23 \\ -17 \cdot 23^2\end{matrix}$

Summe: $23^3 + 23 \cdot 28^2 + \frac{28^3 + 23 \cdot 28^2}{2} + \begin{matrix}34 \cdot 28 \cdot 23 \\ -34 \cdot 28^2\end{matrix}$

$$-\frac{2}{3}\,28\,\Sigma\,\Delta$$

Die erste Gruppe A stellt sich also so dar:

$$VII = 23^3 + \frac{28 \cdot 23^2}{2} - 2 \cdot 28 \Delta^2 \quad \begin{matrix}+17 \cdot 28^2 \\ -17 \cdot 23^2\end{matrix}$$
$$X = 28 \cdot 23^2 + \frac{28^3}{2} + 2 \cdot 23 \Delta^2 \quad \begin{matrix}+17 \cdot 23^2 \\ -17 \cdot 28^2\end{matrix}$$
Diabetes: $23^3 + \frac{23 \cdot 28^2}{2} - 23 \Delta^2 + \Delta^3 + 17 \cdot 28 \cdot 23 - 17 \cdot 23^2$

Embolie: $23 \cdot 28^2 + \frac{28^3}{2} + 23 \Delta^2 - \Delta^3 + 17\,(23^2 + 28 \cdot 23) - 34 \cdot 28^2$

Die zweite Gruppe B umfaßt die Anfälle:

a) Tod $= 39 = 34 + 5$ und IV $= 35 = 28 + 17 - 10$
b) IX a $= 34$ und Hemiplegie $= 35$
c) Podagra $= 34$ und III $= 35$.

Das Paar *a* hat die Koeffizientensumme $74 = 28 + 2 \cdot 23$, die Paare *b* und *c* je $69 = 3 \cdot 23$.

Es umfaßt also jedes Paar $3\,E^2$.

Im einzelnen lauten:

$$\text{Tod} = 23^2 + 2 \cdot 28^2 + 14 \cdot 28 \cdot 23$$
$$\text{IV} = 5 \cdot 23^2 + 3 \cdot 28^2 + 27 \cdot 28 \cdot 23$$
$$\text{Tod} + \text{IV} = 28 \cdot 23^2 + 5 \cdot 28^2 + 41 \cdot 28 \cdot 23^{*})$$
$$= 28 \cdot 23^2 + 28^3 - 23 \cdot 28^2 + 3 \cdot 28 \cdot 23^2 - 23 \cdot 28^2$$
$$= 28^3 + 4 \cdot 28 \cdot 23^2 - 2 \cdot 23 \cdot 28^2$$
$$= 28^3 + 2 \cdot 23^3 + \boxed{\begin{matrix}4 \cdot 28 \cdot 23^2 \\ -2 \cdot 23 \cdot 28^2 - 2 \cdot 23^3\end{matrix}}$$
$$= 28^3 + 2 \cdot 23^3 - 2 \cdot 23 \Delta^2$$
$$= 28^3 + 2 \cdot 23\,(23^2 - \Delta^2).$$

*) $41 = 69 - 28.$

Algumas das centenas de páginas de cálculo em "Le Cours de la vie".

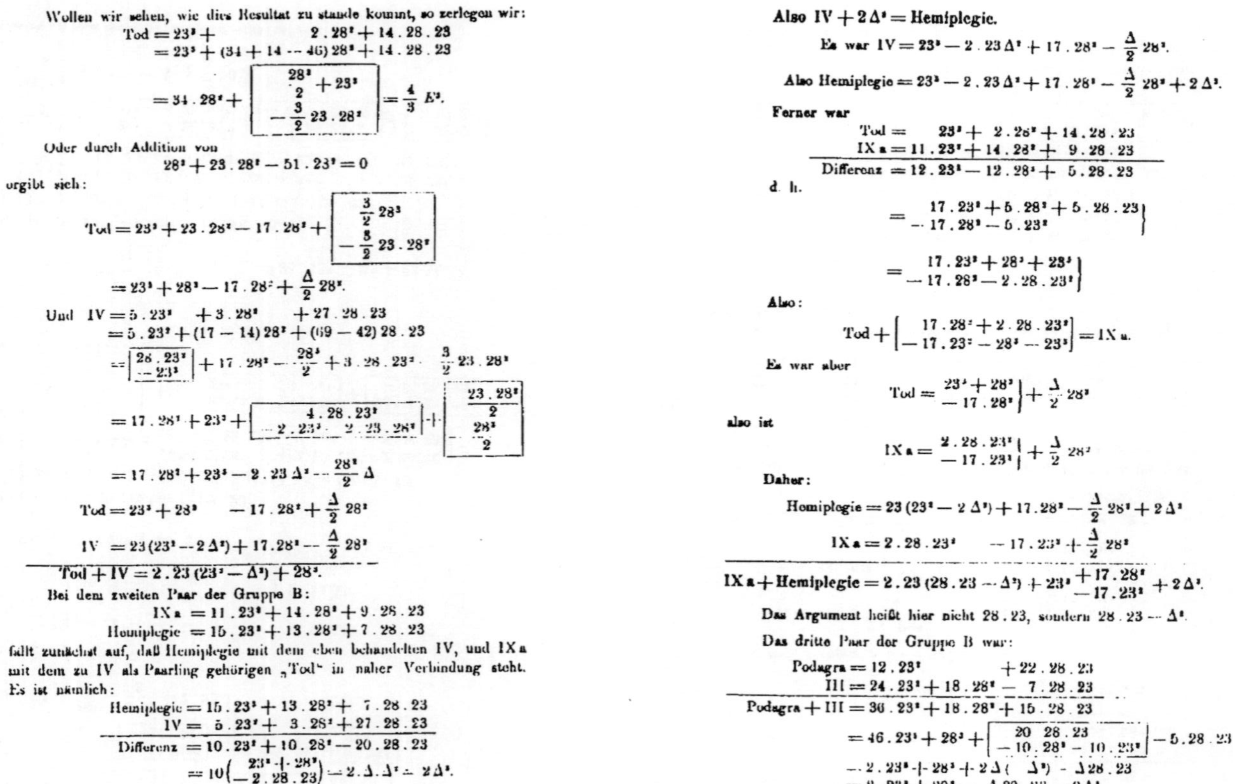

Wollen wir sehen, wie dies Resultat zu stande kommt, so zerlegen wir:

$$\begin{aligned}\text{Tod} &= 23^2 + \quad 2\,.\,28^2 + 14\,.\,28\,.\,23\\ &= 23^2 + (34 + 14 - 46)\,28^2 + 14\,.\,28\,.\,23\\ &= 34\,.\,28^2 + \boxed{\begin{matrix}\frac{28^2}{2} + 23^2\\ -\frac{3}{2}\,23\,.\,28^2\end{matrix}} = \frac{4}{3}E^2.\end{aligned}$$

Oder durch Addition von

$$28^2 + 23\,.\,28^2 - 51\,.\,23^2 = 0$$

ergibt sich:

$$\begin{aligned}\text{Tod} &= 23^2 + 23\,.\,28^2 - 17\,.\,28^2 + \boxed{\begin{matrix}\frac{3}{2}\,28^2\\ -\frac{3}{2}\,23\,.\,28^2\end{matrix}}\\ &= 23^2 + 28^2 - 17\,.\,28^2 + \frac{\Delta}{2}\,28^2.\end{aligned}$$

$$\begin{aligned}\text{Und}\quad \text{IV} &= 5\,.\,23^2 \quad + 3\,.\,28^2 \quad + 27\,.\,28\,.\,23\\ &= 5\,.\,23^2 + (17 - 14)\,28^2 + (69 - 42)\,28\,.\,23\\ &= \boxed{\begin{matrix}28\,.\,23^2\\ -23^2\end{matrix}} + 17\,.\,28^2 - \frac{28^2}{2} + 3\,.\,28\,.\,23^2 \cdot \frac{3}{2}\,23\,.\,28^2\\ &= 17\,.\,28^2 + 23^2 + \boxed{\begin{matrix}4\,.\,28\,.\,23^2\\ -2\,.\,23^2\cdot\;2\,.\,23\,.\,28^2\end{matrix}} + \boxed{\begin{matrix}\frac{23\,.\,28^2}{2}\\ -\frac{28^2}{2}\end{matrix}}\\ &= 17\,.\,28^2 + 23^2 - 2\,.\,23\,\Delta^2 - \frac{28^2}{2}\,\Delta\end{aligned}$$

$$\text{Tod} = 23^2 + 28^2 \qquad - 17\,.\,28^2 + \frac{\Delta}{2}\,28^2$$

$$\text{IV} \;= 23\,(23^2 - 2\,\Delta^2) + 17\,.\,28^2 - \frac{\Delta}{2}\,28^2$$

$$\overline{\text{Tod} + \text{IV} = 2\,.\,23\,(23^2 - \Delta^2) + 28^2.}$$

Bei dem zweiten Paar der Gruppe B:

$$\begin{aligned}\text{IX a} &= 11\,.\,23^2 + 14\,.\,28^2 + 9\,.\,28\,.\,23\\ \text{Hemiplegie} &= 15\,.\,23^2 + 13\,.\,28^2 + 7\,.\,28\,.\,23\end{aligned}$$

fällt zunächst auf, daß Hemiplegie mit dem eben behandelten IV, und IX a mit dem zu IV als Paarling gehörigen „Tod" in naher Verbindung steht. Es ist nämlich:

$$\begin{aligned}\text{Hemiplegie} &= 15\,.\,23^2 + 13\,.\,28^2 + \;7\,.\,28\,.\,23\\ \text{IV} &= \;5\,.\,23^2 + \;3\,.\,28^2 + 27\,.\,28\,.\,23\\ \hline \text{Differenz} &= 10\,.\,23^2 + 10\,.\,28^2 - 20\,.\,28\,.\,23\\ &= 10\left(\begin{matrix}23^2 + 28^2\\ -2\,.\,28\,.\,23\end{matrix}\right) = 2\,.\,\Delta\,.\,\Delta^2 = 2\,\Delta^2.\end{aligned}$$

Also IV + 2 Δ² = Hemiplegie.

Es war $\text{IV} = 23^3 - 2\,.\,23\,\Delta^2 + 17\,.\,28^2 - \frac{\Delta}{2}\,28^2.$

Also $\text{Hemiplegie} = 23^3 - 2\,.\,23\,\Delta^2 + 17\,.\,28^2 - \frac{\Delta}{2}\,28^2 + 2\,\Delta^2.$

Ferner war

$$\begin{aligned}\text{Tod} &= \quad 23^2 + \;2\,.\,28^2 + 14\,.\,28\,.\,23\\ \text{IX a} &= 11\,.\,23^2 + 14\,.\,28^2 + \;9\,.\,28\,.\,23\\ \hline \text{Differenz} &= 12\,.\,23^2 - 12\,.\,28^2 + \;5\,.\,28\,.\,23\end{aligned}$$

d. h.

$$= \left.\begin{matrix}17\,.\,23^2 + 5\,.\,28^2 + 5\,.\,28\,.\,23\\ -17\,.\,28^2 - 5\,.\,23^2\end{matrix}\right\}$$

$$= \left.\begin{matrix}17\,.\,23^2 + 28^2 + 23^2\\ -17\,.\,28^2 - 2\,.\,28\,.\,23^2\end{matrix}\right\}$$

Also:

$$\text{Tod} + \left[\begin{matrix}17\,.\,28^2 + 2\,.\,28\,.\,23^2\\ -17\,.\,23^2 - 28^2 - 23^2\end{matrix}\right] = \text{IX a}.$$

Es war aber

$$\text{Tod} = \left.\begin{matrix}23^2 + 28^2\\ -17\,.\,28^2\end{matrix}\right\} + \frac{\Delta}{2}\,28^2$$

also ist

$$\text{IX a} = \left.\begin{matrix}2\,.\,28\,.\,23^2\\ -17\,.\,23^2\end{matrix}\right\} + \frac{\Delta}{2}\,28^2$$

Daher:

$$\begin{aligned}\text{Hemiplegie} &= 23\,(23^2 - 2\,\Delta^2) + 17\,.\,28^2 - \frac{\Delta}{2}\,28^2 + 2\,\Delta^2\\ \text{IX a} &= 2\,.\,28\,.\,23^2 \qquad - 17\,.\,23^2 + \frac{\Delta}{2}\,28^2\end{aligned}$$

$$\overline{\text{IX a} + \text{Hemiplegie} = 2\,.\,23\,(28\,.\,23 - \Delta^2) + 23^2 \begin{matrix}+17\,.\,28^2\\ -17\,.\,23^2\end{matrix} + 2\,\Delta^2.}$$

Das Argument heißt hier nicht 28 . 23, sondern 28 . 23 − Δ².

Das dritte Paar der Gruppe B war:

$$\begin{aligned}\text{Podagra} &= 12\,.\,23^2 \qquad\qquad + 22\,.\,28\,.\,23\\ \text{III} &= 24\,.\,23^2 + 18\,.\,28^2 - \;7\,.\,28\,.\,23\\ \hline \text{Podagra} + \text{III} &= 36\,.\,23^2 + 18\,.\,28^2 + 15\,.\,28\,.\,23\\ &= 46\,.\,23^2 + 28^2 + \boxed{\begin{matrix}20\;\;28\,.\,23\\ -10\,.\,28^2 - 10\,.\,23^2\end{matrix}} - 5\,.\,28\,.\,23\\ &= 2\,.\,23^2 + 28^2 + 2\,\Delta\,(\;\;\Delta^2) - \Delta\,28\,.\,23\\ &= 2\,.\,23^2 + 28^2 - \;\Delta\,28\,.\,23 - 2\,\Delta^2.\end{aligned}$$

Algumas das centenas de páginas de cálculo em "Le Cours de la vie".

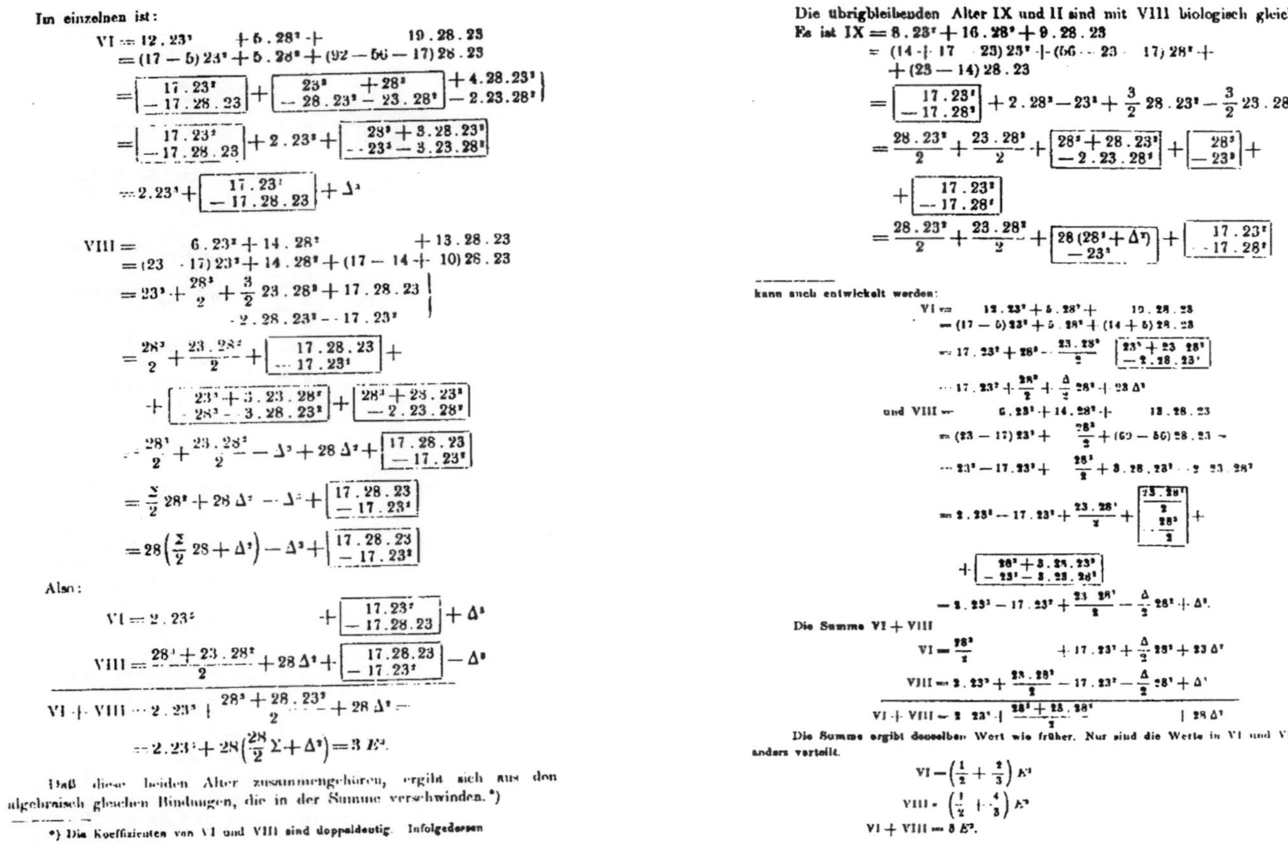

Im einzelnen ist:

$$VI = 12 \cdot 23^2 + 5 \cdot 28^2 + 19 \cdot 28 \cdot 23$$
$$= (17-5)\,23^2 + 5 \cdot 28^2 + (92-56-17)\,28 \cdot 23$$
$$= \boxed{\begin{matrix}17 \cdot 23^2 \\ -17 \cdot 28 \cdot 23\end{matrix}} + \boxed{\begin{matrix}23^2 \quad + 28^2 \\ -28 \cdot 23^2 - 23 \cdot 28^2\end{matrix}} \begin{matrix}+4 \cdot 28 \cdot 23^2 \\ -2 \cdot 23 \cdot 28^2\end{matrix}$$
$$= \boxed{\begin{matrix}17 \cdot 23^2 \\ -17 \cdot 28 \cdot 23\end{matrix}} + 2 \cdot 23^3 + \boxed{\begin{matrix}28^3 + 3 \cdot 28 \cdot 23^2 \\ -23^3 - 3 \cdot 23 \cdot 28^2\end{matrix}}$$
$$= 2 \cdot 23^3 + \boxed{\begin{matrix}17 \cdot 23^2 \\ -17 \cdot 28 \cdot 23\end{matrix}} + \Delta^3$$

$$VIII = 6 \cdot 23^2 + 14 \cdot 28^2 + 13 \cdot 28 \cdot 23$$
$$= (23-17)\,23^2 + 14 \cdot 28^2 + (17-14+10)\,28 \cdot 23$$
$$= 23^3 + \frac{28^3}{2} + \frac{3}{2}\,23 \cdot 28^2 + 17 \cdot 28 \cdot 23 - 2 \cdot 28 \cdot 23^2 - 17 \cdot 23^2$$
$$= \frac{28^3}{2} + \frac{23 \cdot 28^2}{2} + \boxed{\begin{matrix}17 \cdot 28 \cdot 23 \\ -17 \cdot 23^2\end{matrix}} + \boxed{\begin{matrix}23^3 + 3 \cdot 23 \cdot 28^2 \\ -28^3 - 3 \cdot 28 \cdot 23^2\end{matrix}} + \boxed{\begin{matrix}28^3 + 28 \cdot 23^2 \\ -2 \cdot 23 \cdot 28^2\end{matrix}}$$
$$= \frac{28^3}{2} + \frac{23 \cdot 28^2}{2} - \Delta^3 + 28\,\Delta^2 + \boxed{\begin{matrix}17 \cdot 28 \cdot 23 \\ -17 \cdot 23^2\end{matrix}}$$
$$= \frac{\Sigma}{2}\,28^2 + 28\,\Delta^2 - \Delta^3 + \boxed{\begin{matrix}17 \cdot 28 \cdot 23 \\ -17 \cdot 23^2\end{matrix}}$$
$$= 28\left(\frac{\Sigma}{2}\,28 + \Delta^2\right) - \Delta^3 + \boxed{\begin{matrix}17 \cdot 28 \cdot 23 \\ -17 \cdot 23^2\end{matrix}}$$

Also:

$$VI = 2 \cdot 23^3 + \boxed{\begin{matrix}17 \cdot 23^2 \\ -17 \cdot 28 \cdot 23\end{matrix}} + \Delta^3$$
$$VIII = \frac{28^3 + 23 \cdot 28^2}{2} + 28\,\Delta^2 + \boxed{\begin{matrix}17 \cdot 28 \cdot 23 \\ -17 \cdot 23^2\end{matrix}} - \Delta^3$$
$$VI + VIII = 2 \cdot 23^3 + \frac{28^3 + 28 \cdot 23^2}{2} + 28\,\Delta^2 =$$
$$= 2 \cdot 23^3 + 28\left(\frac{28}{2}\,\Sigma + \Delta^2\right) = 3\,E^3.$$

Daß diese beiden Alter zusammengehören, ergibt sich aus den algebraisch gleichen Bindungen, die in der Summe verschwinden.*)

*) Die Koeffizienten von VI und VIII sind doppeldeutig. Infolgedessen

Die übrigbleibenden Alter IX und II sind mit VIII biologisch gleich.
Es ist

$$IX = 8 \cdot 23^2 + 16 \cdot 28^2 + 9 \cdot 28 \cdot 23$$
$$= (14+17-23)\,23^2 + (56-23-17)\,28^2 + (23-14)\,28 \cdot 23$$
$$= \boxed{\begin{matrix}17 \cdot 23^2 \\ -17 \cdot 28^2\end{matrix}} + 2 \cdot 28^3 - 23^3 + \frac{3}{2}\,28 \cdot 23^2 - \frac{3}{2}\,23 \cdot 28^2$$
$$= \frac{28 \cdot 23^2}{2} + \frac{23 \cdot 28^2}{2} + \boxed{\begin{matrix}28^3 + 28 \cdot 23^2 \\ -2 \cdot 23 \cdot 28^2\end{matrix}} + \boxed{\begin{matrix}28^3 \\ -23^3\end{matrix}} + \boxed{\begin{matrix}17 \cdot 23^2 \\ -17 \cdot 28^2\end{matrix}}$$
$$= \frac{28 \cdot 23^2}{2} + \frac{23 \cdot 28^2}{2} + \boxed{\begin{matrix}28\,(28^2 + \Delta^2) \\ -23^3\end{matrix}} + \boxed{\begin{matrix}17 \cdot 23^2 \\ -17 \cdot 28^2\end{matrix}}$$

kann auch entwickelt werden:

$$VI = 12 \cdot 23^2 + 5 \cdot 28^2 + 19 \cdot 28 \cdot 23$$
$$= (17-5)\,23^2 + 5 \cdot 28^2 + (14+5)\,28 \cdot 23$$
$$= 17 \cdot 23^2 + 28^3 - \frac{23 \cdot 28^2}{2} + \boxed{\begin{matrix}23^3 + 23 \cdot 28^2 \\ -2 \cdot 28 \cdot 23^2\end{matrix}}$$
$$= 17 \cdot 23^2 + \frac{28^3}{2} + \frac{\Delta}{2}\,28^2 + 23\,\Delta^2$$

und

$$VIII = 6 \cdot 23^2 + 14 \cdot 28^2 + 13 \cdot 28 \cdot 23$$
$$= (23-17)\,23^2 + \frac{28^3}{2} + (69-56)\,28 \cdot 23 =$$
$$= 23^3 - 17 \cdot 23^2 + \frac{28^3}{2} + 3 \cdot 28 \cdot 23^2 - 2 \cdot 23 \cdot 28^2$$
$$= 2 \cdot 23^3 - 17 \cdot 23^2 + \frac{23 \cdot 28^2}{2} + \boxed{\begin{matrix}\frac{23 \cdot 28^2}{2} \\ -\frac{28^3}{2}\end{matrix}} + \boxed{\begin{matrix}28^3 + 3 \cdot 28 \cdot 23^2 \\ -23^3 - 3 \cdot 23 \cdot 28^2\end{matrix}}$$
$$= 2 \cdot 23^3 - 17 \cdot 23^2 + \frac{23 \cdot 28^2}{2} - \frac{\Delta}{2}\,28^2 + \Delta^3.$$

Die Summe VI + VIII

$$VI = \frac{28^3}{2} + 17 \cdot 23^2 + \frac{\Delta}{2}\,28^2 + 23\,\Delta^2$$
$$VIII = 2 \cdot 23^3 + \frac{23 \cdot 28^2}{2} - 17 \cdot 23^2 - \frac{\Delta}{2}\,28^2 + \Delta^3$$
$$VI + VIII = 2 \cdot 23^3 + \frac{28^3 + 23 \cdot 28^2}{2} + 28\,\Delta^2$$

Die Summe ergibt denselben Wert wie früher. Nur sind die Werte in VI und VIII anders verteilt.

$$VI = \left(\frac{1}{2} + \frac{2}{3}\right) E^3$$
$$VIII = \left(\frac{1}{2} + \frac{4}{3}\right) E^3$$
$$VI + VIII = 3\,E^3.$$

Algumas das centenas de páginas de cálculo em "Le Cours de la vie".

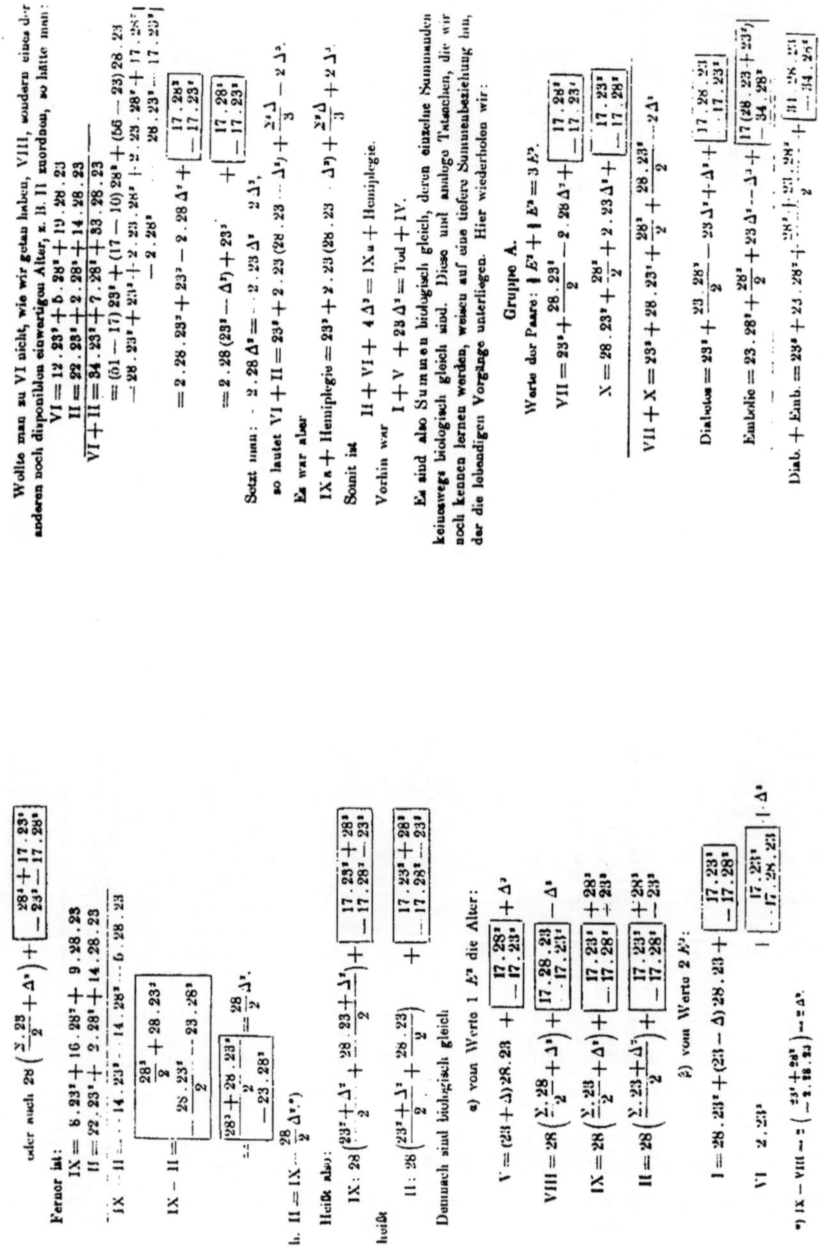

oder auch $28\left(\frac{\Sigma.23}{2}+\Delta^2\right)+\boxed{\begin{matrix}28^2+17.23^2\\-23^2-17.28^2\end{matrix}}$

Ferner ist:

$$IX = 8.23^2+16.28^2+9.28.23$$
$$II = 22.23^2+2.28^2+14.28.23$$
$$IX - II = -14.23^2 - 14.28^2 - 5.28.23$$

$$IX - II = \boxed{\begin{matrix}\frac{28^2}{2}+28.23^2\\ -\frac{28.23^2}{2}-23.28^2\end{matrix}}$$

$$= \boxed{\begin{matrix}\frac{28^2+28.23^2}{2}\\-23.28^2\end{matrix}} = \frac{28}{2}\Delta^2.$$

d. h. $II = IX - \frac{28}{2}\Delta^2$.*)

Heißt also:

$$IX: 28\left(\frac{23^2+\Delta^2}{2}+\frac{28.23+\Delta^2}{2}\right)+\boxed{\begin{matrix}17.23^2+28^2\\-17.28^2-23^2\end{matrix}}$$

so heißt

$$II: 28\left(\frac{23^2+\Delta^2}{2}+\frac{28.23}{2}\right)+\boxed{\begin{matrix}17.23^2+28^2\\-17.28^2-23^2\end{matrix}}$$

Demnach sind biologisch gleich

α) vom Werte 1 E^3 die Alter:

$$V = (23+\Delta)28.23+\boxed{\begin{matrix}17.28^2\\-17.23^2\end{matrix}}+\Delta^2$$
$$VIII = 28\left(\frac{\Sigma.28}{2}+\Delta^2\right)+\boxed{\begin{matrix}17.28.23\\-17.23^2\end{matrix}}-\Delta^2$$
$$IX = 28\left(\frac{\Sigma.23}{2}+\Delta^2\right)+\boxed{\begin{matrix}17.23^2\\-17.28^2\end{matrix}}\begin{matrix}+28^2\\-23^2\end{matrix}$$
$$II = 28\left(\frac{\Sigma.23+\Delta^2}{2}\right)+\boxed{\begin{matrix}17.23^2\\-17.28^2\end{matrix}}\begin{matrix}+28^2\\-23^2\end{matrix}$$

β) vom Werte 2 E^3:

$$I = 28.23^2+(23-\Delta)28.23+\boxed{\begin{matrix}17.23^2\\-17.28^2\end{matrix}}$$
$$VI \quad 2.23^3 \quad +\boxed{\begin{matrix}17.23^2\\-17.28.23\end{matrix}}+\Delta^2$$

*) $IX - VIII = 2\left(\begin{matrix}23^2+28^2\\-2.28.23\end{matrix}\right) = 2\Delta^2$.

Wollte man zu VI nicht, wie wir getan haben, VIII, sondern eines der anderen noch disponiblen einwertigen Alter, z. B. II zuordnen, so hätte man:

$$VI = 12.23^2+5.28^2+19.28.23$$
$$II = 22.23^2+2.28^2+14.28.23$$
$$VI+II = 34.23^2+7.28^2+33.28.23$$
$$= (51-17)23^2+(17-10)28^2+(56-23)28.23$$
$$= 28.23^2+23^3+2.23.28^2+2.23.28^2+17.28^2 - 2.28^3 \quad 28.23^2-17.23^2$$
$$= 2.28.23^2+23^3-2.28\Delta^2+\boxed{\begin{matrix}17.28^2\\-17.23^2\end{matrix}}$$
$$= 2.28(23^2-\Delta^2)+23^3 \quad +\boxed{\begin{matrix}17.28^2\\-17.23^2\end{matrix}}$$

Setzt man: $-2.28\Delta^2 = -2.23\Delta^2 - 2\Delta^3$,

so lautet $VI+II = 23^3+2.23(28.23-\Delta^2)+\frac{\Sigma^2\Delta}{3}-2\Delta^3$.

Es war aber

$IXa+$ Hemiplegie $= 23^3+2.23(28.23-\Delta^2)+\frac{\Sigma^2\Delta}{3}+2\Delta^3$.

Somit ist

$II+VI+4\Delta^3 = IXa+$ Hemiplegie.

Vorhin war

$I+V+23\Delta^2 =$ Tod $+IV$.

Es sind also Summen biologisch gleich, deren einzelne Summanden keineswegs biologisch gleich sind. Diese und analoge Tatsachen, die wir noch kennen lernen werden, weisen auf eine tiefere Summenbeziehung hin, der die lebendigen Vorgänge unterliegen. Hier wiederholen wir:

Gruppe A.

Werte der Paare: $\frac{1}{2}E^3+\frac{1}{2}E^3 = 3E^3$.

$$VII = 23^3+\frac{28.23^2}{2}-2.28\Delta^2+\boxed{\begin{matrix}17.28^2\\-17.23^2\end{matrix}}$$
$$X = 28.23^2+\frac{28^3}{2}+2.23\Delta^2+\boxed{\begin{matrix}17.23^2\\-17.28^2\end{matrix}}$$
$$VII+X = 23^3+28.23^2+\frac{28^3}{2}+\frac{28.23^2}{2}-2\Delta^3$$

$$\text{Diabetes} = 23^3+\frac{23.28^2}{2}-23\Delta^2+\Delta^3+\boxed{\begin{matrix}17.28.23\\-17.23^2\end{matrix}}$$
$$\text{Embolie} = 23.28^2+\frac{28^3}{2}+23\Delta^2-\Delta^3+\boxed{\begin{matrix}17(28.23+23^2)\\-34.28^2\end{matrix}}$$
$$\text{Diab.}+\text{Emb.} = 23^3+23.28^2+\frac{28^3+23.28^2}{2}+\boxed{\begin{matrix}34.28.23\\-34.28^2\end{matrix}}$$

Algumas das centenas de páginas de cálculo em "Le Cours de la vie".

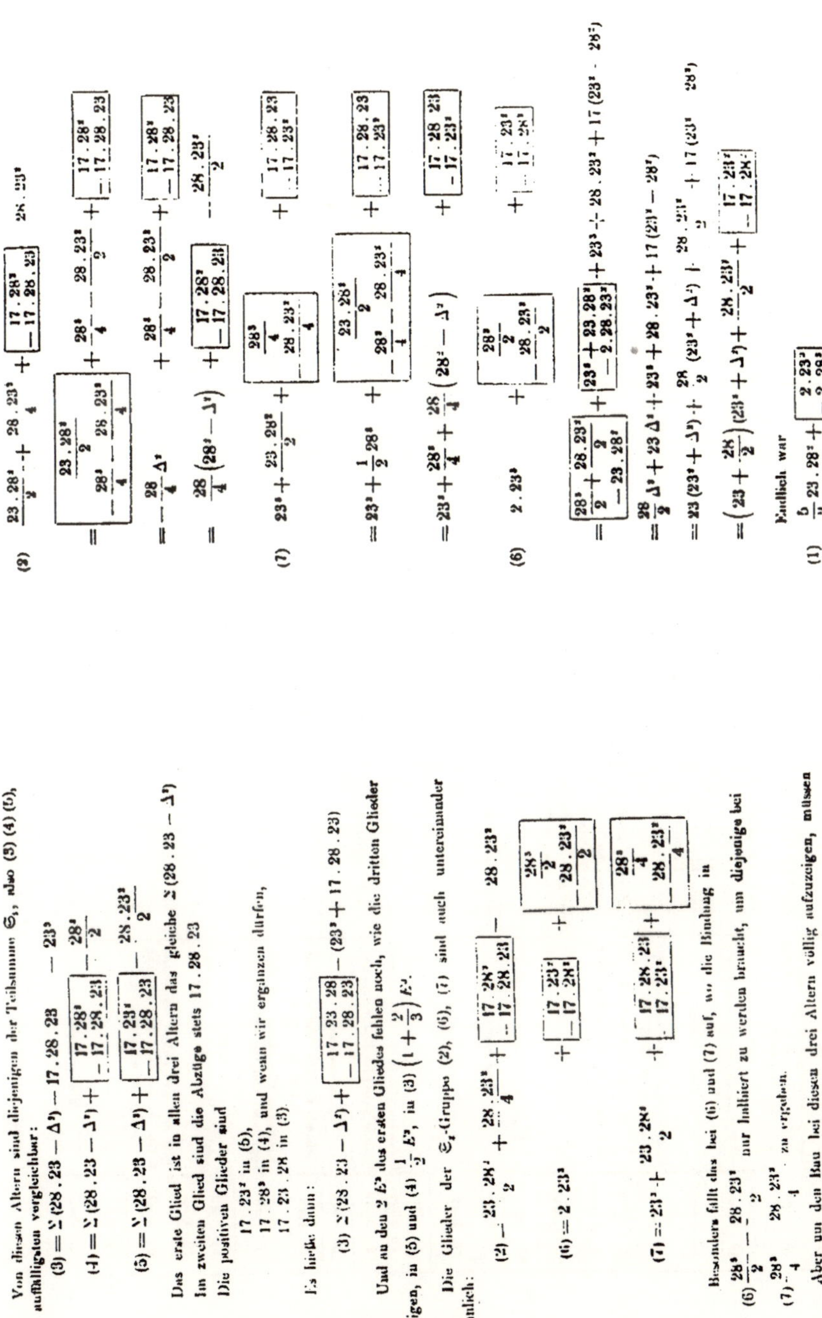

Algumas das centenas de páginas de cálculo em "Le Cours de la vie".

1903	Mutter Ida	Sohn Robert	Tochter Pauline	Sohn Conrad	
5. Januar	Heftige neuralgische Kopfschmerzen (28 Tage nach Verstärkung des Wochenflusses)	Besonders aufgeregt		Sehr aufgeregt	
11. Januar	Matt	Blinzelt stark	Etw. eitrige Conjunctivitis	11./12. nachts Enuresis	
16. Januar	Mittags plötzliche Diarrhöe		Sehr müde, abends 38·7 Fieb.		
22. Januar	Müde, frostig	Etwas Diarrhöe, weinerlich, Blut aus dem Penis			
23. Januar	Erste Menses post partum. 56 Tage p. p. 28./11.		Hustenbeginn	Hustenbeginn	
5. Februar	69 Tage post partum	Robert hustet			
13. Februar	Sehr müde. Milchspuren an der linken Brust	Herpes am linken Unterschenkel		Auffallend glatte Haare	
20. Februar		Morgens taumlig, 28 Tage post menses d. Mutter		Morgens plötzlicher Stuhl im Bett	
26. Februar	Erste Mensesspur mittags	Sehr müde, Bettruhe mittags	Nachmittag Magenschmerz	Sehr aufgeregt	
1. März	Sehr müde	Acne an der Nase; aufgeregt	Bauchweh	Sehr blaß	
8. März	Beginn eines Schnupfens			8./9. nachts Enuresis	Pauline Bondy, Mutter meiner Gattin, die [illegible] hat heute einen auffallend guten Tag, so daß [illegible] Tage [illegible] begonnen Hydrops
13. März				Abds. 12 Uhr Conrad Erbrech.	
18. März	Halsschmerzen u. Heiserkeit abends		Frieselausschlag	Frieseln	Pauline Bondy zu Wien hat heute einen [illegible] Tag
25. März	Müde und grundlos verstimmt	Samenfleck im Bett; sehr zerstreut			
30. März	Mensesbeginn				Bei Norbert Bie zu Wien, Sohn der Schwester meiner Gattin, Beginn einer Angina. Pauline Bondy schlechterer Tag
2. April	Abends 8½ Uhr Blut aus dem linken Nasenloch		Beginnender Schnupfen		
7. April	Kopfschmerzen abends 10 Uhr beginnend und bis nächsten Vormittag dauernd			Sehr aufgeregt und unwillig. Enuresis	Melanie Rie und [illegible] Bondy zu Wien Geschwister meiner Gattin, [illegible] Halsentzündung
14. April	Hatte sich seit 7. April weniger wohl gefühlt. Heute erster freier Tag				
19. April				18./19. nachts Enuresis	
25. April	Blut aus dem linken Nasenloch 6 Uhr nachmittags und krampfartige Bauchschmerzen		Kann heute zum erstenmal selbständig einen Purzelbaum machen		Bei Pauline Bondy zu Wien Tag großer Herzschwäche, am 26. besser
2. Mai					Marie, Schwester meiner Gattin, abends Menses [illegible]
3. Mai	Mittags Menses	Sehr apathisch	?	?	Pauline Bondy stirbt [illegible] Bondy, Bruder meiner Gattin, nachts 2./3. Mai [illegible] Blutung [illegible]

Correspondências entre Ida Fliess e seus filhos Robert, Pauline e Conrad (Le Cours de la vie, pp. 242-3).

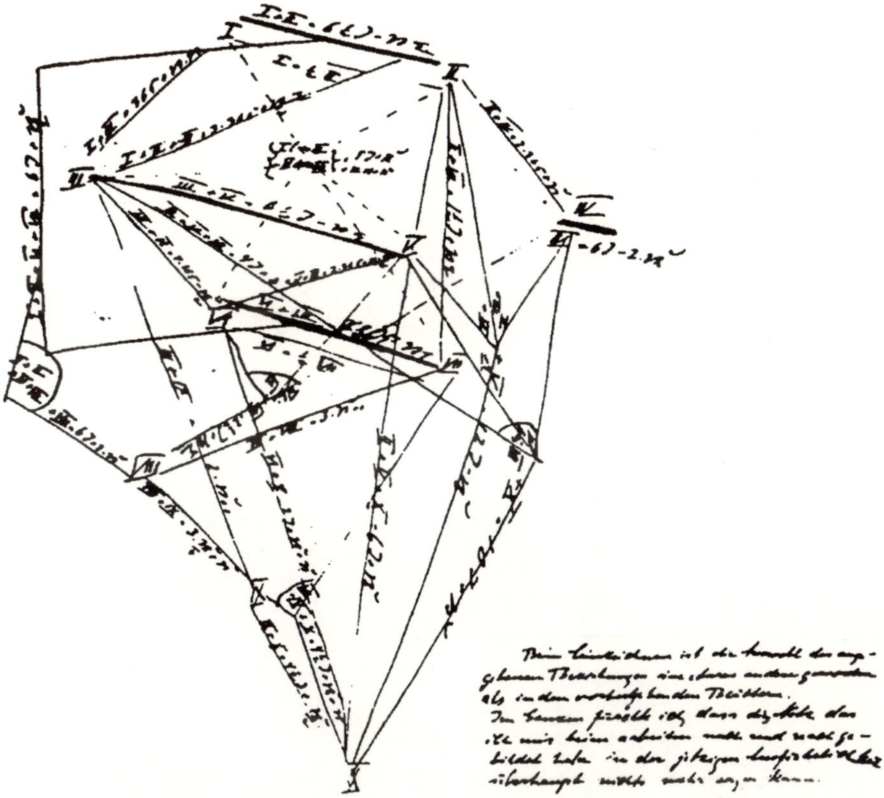

Tentativa de apresentação gráfica por Fliess de uma rede de relações entre os períodos.

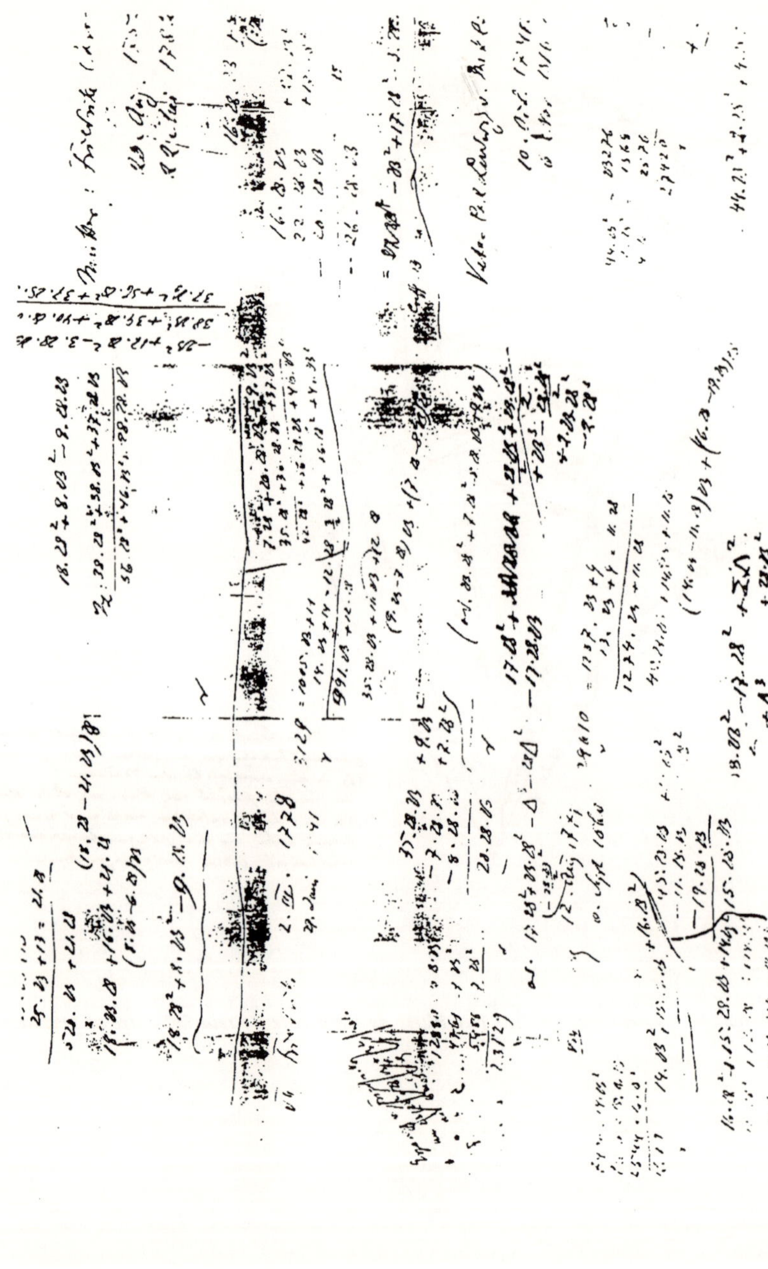

Exemplo dos milhares de páginas manuscritas de Fliess (Biblioteca de Berlim).

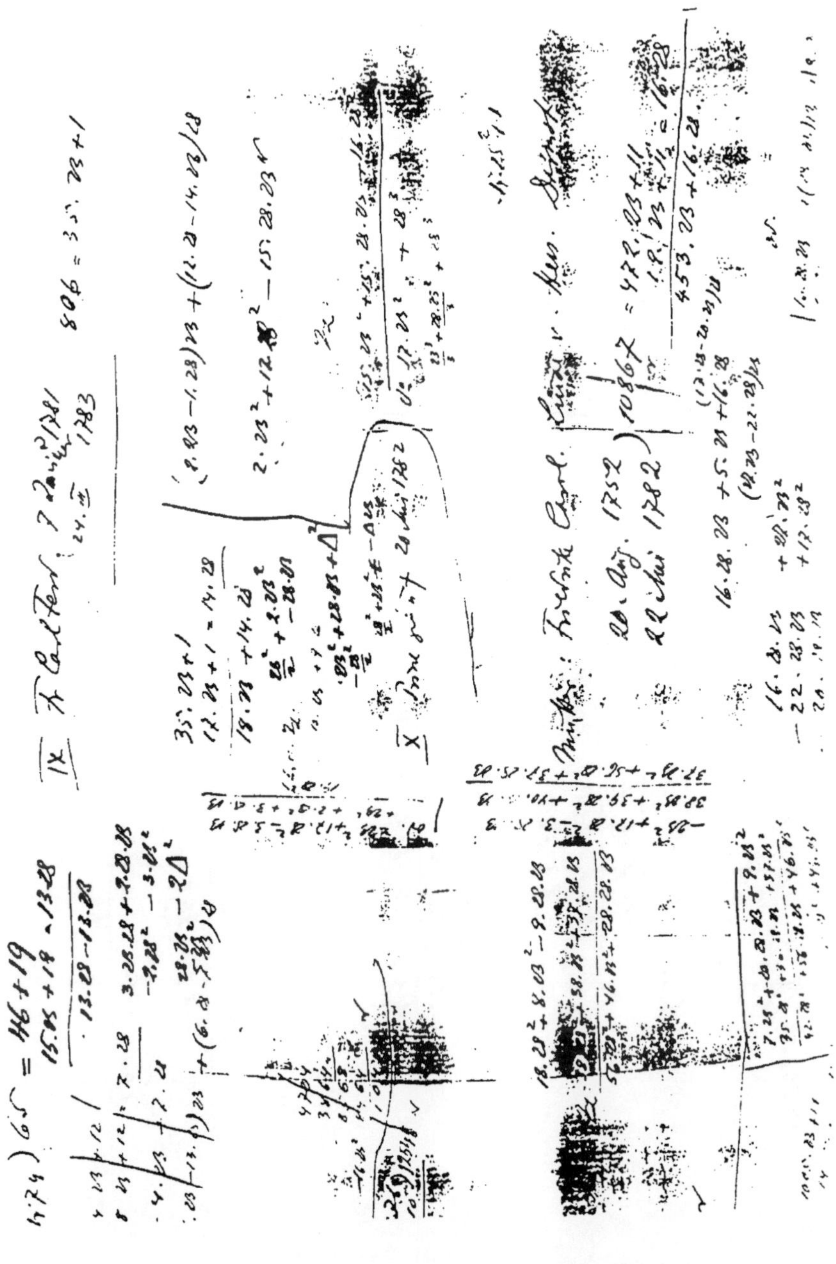

Exemplo dos milhares de páginas manuscritas de Fliess (Biblioteca de Berlim).

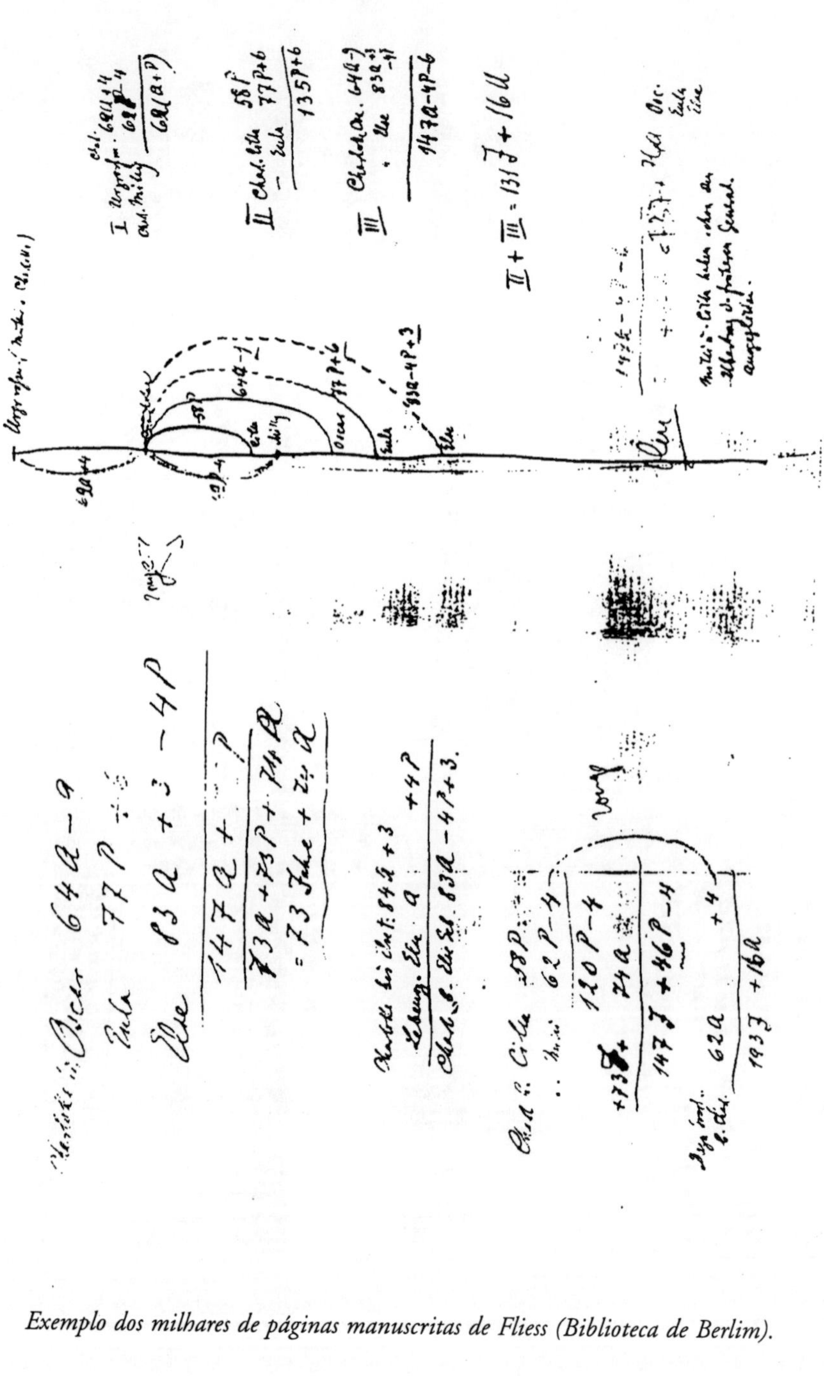

Exemplo dos milhares de páginas manuscritas de Fliess (Biblioteca de Berlim).

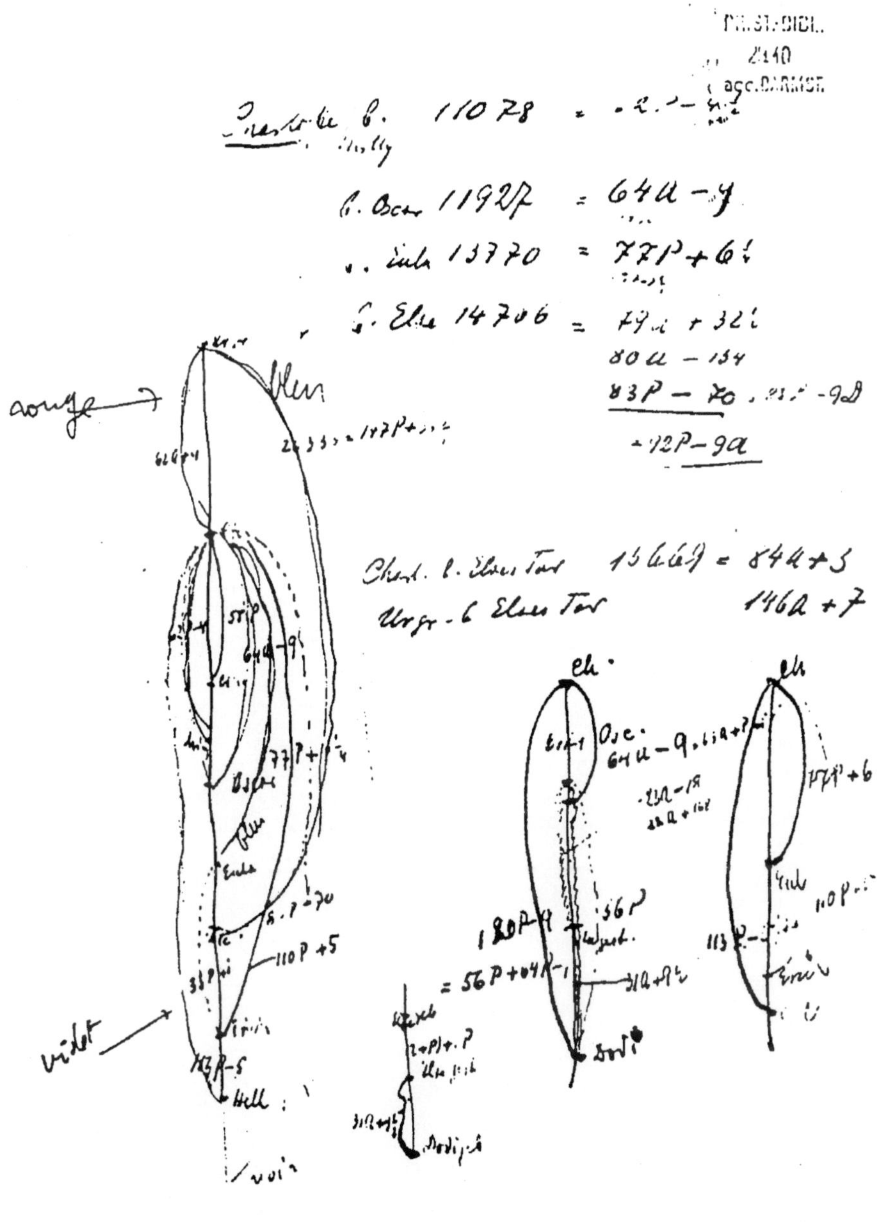

Exemplo dos milhares de páginas manuscritas de Fliess (Biblioteca de Berlim).

CAPITULO 6

A QUESTÃO DA BISSEXUALIDADE *MADE IN* FLIESS

A NOÇÃO FLIESSEANA de bissexualidade participa de uma tentativa de escrita da relação sexual, no sentido que esta fórmula assumiu desde Lacan, isto é, a possibilidade de escrever uma relação entre o que representaria o masculino e o que representaria o feminino. O duplo plágio de que Fliess se sente vítima afeta uma espécie de equilíbrio que ele está convencido de ter encontrado em sua teoria, quando de fato essa escrita verifica-se muito frágil. Se a noção de bissexualidade está no centro do caso de plágio é porque já em sua teoria essa noção contém uma ameaça.

Em *As relações*, Fliess utiliza duas vezes um verbo cuja ambigüidade chama nossa atenção. Trata-se de *präjudicieren*, que significa ao mesmo tempo "causar prejuízo" e "prejulgar". Na tradução francesa[1], o termo alemão é traduzido uma vez pela primeira significação, uma vez pela segunda. Ora, curiosamente, em ambos os casos o contexto é o mesmo: os "nomes" de "masculino" e de "feminino", atribuídos às cifras dos períodos, "não devem, inicialmente, nada *präjudicieren*", diz Fliess. Ou seja, não devem prejulgar sobre nada nem prejudicar nada. Podemos, pois, observar que no momento em que Fliess procede a uma nomeação, e uma nomeação da

[1] W. Fliess, op. cit., pp. 144 e 266.

diferença sexual, surge na vizinhança (semântica) a idéia de um prejuízo que daí resultaria. Este prejuízo vai tomar corpo no caso do plágio.

Como já indiquei acima, no tempo de Freud e Fliess diversas concepções da bissexualidade eram correntes, e foi principalmente sobre elas que se desencadearam as querelas de prioridade e de propriedade intelectual. O livro de Weininger, como vimos, suscitou quase uma epidemia de acusações de plágio. Moebius acusou Weininger de plágio em "Sexo e audácia". Swoboda acusou Weininger de plágio, mas não publicamente. Pudor acusou Fliess de plágio. Hirschfeld e Swoboda reivindicaram, cada um, a descoberta da bissexualidade.

A multiplicação das acusações de plágio no tocante à noção de bissexualidade está ligada, a nosso ver, à entrada da coisa sexual no domínio dito "científico" — ou melhor, que aspira a tornar-se assim — pelo viés da psicanálise e pelo das ciências ditas do sexual (Bloch, Hirschfeld, Krafft-Ebing...). A noção de bissexualidade constitui uma espécie de rótulo científico para o estudo da diferença sexual. Mas a essência do "masculino" e do "feminino" se "volatiliza"[2] a partir do momento em que se tenta designá-la, e as querelas só podem se exacerbar na abordagem de algo impossível de definir. Foi isso que nos levou a supor uma ligação entre a problemática do plágio e a questão da escrita da relação sexual, tal como se coloca na obra de Fliess.

Duplo plágio e dupla sexuação

O caso lançado por Fliess é original na medida em que se trata, como vimos, de um duplo plágio. Fliess acusa Weininger e Swoboda de lhe haverem roubado, não a mesma idéia, mas cada um deles a metade, as duas formando um todo: a dupla sexuação (Weininger) *e* a periodicidade dos processos vitais (Swoboda). Segundo Fliess, essas duas idéias são *inseparáveis*. Em *Em minha própria causa*, ele escreve: "Trata-se do fato espantoso de que

---

[2] S. Freud, "Psicogênese de um caso de homossexualidade feminina", in *Névrose, psychose et perversion*, op. cit., p. 270.

minhas duas idéias fundamentais e inseparáveis, a da dupla periodicidade de todos os processos da vida e a da dupla sexuação permanente que dela se deduz diretamente, teriam sido novamente descobertas *em separado*, e isso por duas pessoas cuja amizade remonta aos anos de escola, na mesma cidade e ao mesmo tempo." Igualmente, em sua conferência intitulada "A descoberta da dupla sexuação", ele diz: "Eles acreditavam poder partilhar simplesmente dessas descobertas que, como viram, nasceram de uma reunião *inseparável* de idéias." Para caracterizar sua concepção da bissexualidade e selar a inseparabilidade de suas duas idéias, Fliess forjou um novo termo, *Doppelgeschlechtigkeit* (dupla sexuação) que merece nossa atenção: "O novo termo nasceu de uma concepção nova. Já que se parte do sexo somático e não do sexual, o termo especial *dupla sexualidade (Doppelgeschlechtlichkeit)* foi substituído por este, mais geral e mais global: *dupla sexuação (Doppelgeschlechtigkeit)*. E espero que com a nova compreensão o novo termo também venha logo a receber o direito de cidadania na biologia[3]."

Apesar de uma pesquisa assídua, de que participou Norbert Haas[4], não encontramos, até agora, o substantivo *Doppelgeschlechtigkeit* em nenhum texto anterior aos de Fliess ou Pfennig. Podemos, portanto, constatar que Fliess inventou este substantivo, mesmo que a importância desse achado seja, levando-se em conta a existência já verificada de adjetivos vizinhos (*eingeschlechtig, gemischtgeschlechtig, zweigeschlechtig...*), menor do que ele acreditava. Mas é justamente a importância dada a uma pequena diferença que faz a singularidade de Fliess. O fato de que ele afirme ter inventado esse termo indica que este já está carregado de uma significação "própria". Ninguém retomou essa palavra, com exceção de seus admiradores próximos. O *-tig* que substituiu o *-lich* (o *ich*? O eu, "*je*", "*moi*" em francês) designa a concepção da bissexualidade própria de Fliess, aquela que postula a existência de substâncias masculinas e femininas cujos períodos de vida

[3] W. Fliess, *Pour ma propre cause*, op. cit., p. 290.
[4] Psicanalista em Berlim, tradutor de Lacan para o alemão, diretor da revista *Wunderblock*.

são múltiplos de 23 e 28 dias; sua localização no corpo não está limitada aos órgãos sexuais ou aos caracteres sexuais secundários, mas se estende ao conjunto do soma do indivíduo, de sua família, dos grupos de humanos e mesmo de toda matéria viva, humana, animal e vegetal, numa vasta harmonia com o cosmos. Fliess justifica o termo dizendo que "o que está em jogo é o sexo (*Geschlecht*) e não o sexual (*geschlechtlichen*)[5]". Gramaticalmente, -*tig* acrescentado ao substantivo denota uma possessão da coisa, da qualidade, por exemplo em "barba" e "barbudo", "sexo" e "sexuado"; -*lich*, por sua vez, denota uma qualidade de pertinência à coisa, como em "pai" e "paterno".

Para além do sentido dado pelo -*tig*, essas três letras não deveriam simplesmente ser tomadas como marca distintiva tipográfica da originalidade de Fliess? Não se trataria aí de alguma coisa que funciona como traço unário identificatório? Sim, sem dúvida esta é a "*Marke*" do traço de Fliess[6]. O termo "dupla sexuação" é, a nosso ver, um fato de escrita pelo qual se inscreve a particularidade de Fliess e a originalidade que sua concepção da bissexualidade deve à escrita das cifras 28 e 23.

Em que momento esse termo "dupla sexuação" surge em sua obra? Em 1896, em *As relações*[7], já se pode ler a expressão "disposição bissexual" (*doppelgeschlechtliche Anlage*). Fliess assinala[8] que introduziu o termo *Doppelgeschlechtigkeit* depois de 1900, e que conseqüentemente Freud não sabia sobre isso, e não se o encontra em Weininger[9]. É em 1906 que esse substantivo aparece pela primeira vez em "O curso da vida" e, deve-se sublinhar, *ao mesmo tempo*, no panfleto de Pfennig. Encontra-se o termo duas vezes no texto de Fliess. Neste, o uso de *Doppelgeschlechtigkeit* não é exclusivo. Com um sentido equivalente, Fliess fala da *Zweigeschlechtigkeit*

---

[5] No manuscrito de *Em minha própria causa* (p. 31, não mantido no texto publicado).

[6] A observação "tipográfica" de seu filho Robert vai igualmente nesse sentido. Cf. o necrológio redigido por Robert Fliess, p. 334.

[7] W. Fliess, *Les Relations*, op. cit., pp. 10 e 166.

[8] No manuscrito de *Em minha própria causa*, p. 31, não mantido no texto publicado.

[9] Em 1903, o substantivo *Doppelgeschlechtlichkeit* é publicado no livro de Weininger *Sexo e caráter*. Esta é justamente a passagem onde se encontra o termo que será citado por Pfennig e Fliess em seus panfletos.

da vida. Ocorre-lhe também empregar o termo *Bisexualität*. Em contrapartida, Pfennig em seu panfleto insiste nesse termo — o único que utiliza para se referir à concepção da bissexualidade de Fliess.

É evidente que podemos nos perguntar quem, se Pfennig ou Fliess, "inventou" o termo, ou pelo menos o promoveu. A única conclusão que se pode tirar deste pequeno histórico da aparição de um termo é que se trata de um termo descendente do caso do plágio, como se diz descendente de alemães, e que foi produzido "a dois", na "colaboração" entre Pfennig e Fliess.

Com freqüência, lê-se o caso do plágio de Fliess através da confissão pública de Freud de ter inconscientemente querido roubar de seu amigo a idéia da bissexualidade. Acreditou-se, a partir daí, que Fliess reivindicasse uma prioridade. Ora, ele tomou o cuidado de distinguir plágio e prioridade. Deve-se, pois, tentar demarcar o que tem de específico, para ele, o plágio. Em nosso entender, ele levanta o problema da inseparabilidade dos dois.

A inseparabilidade dos dois está no cerne do caso de plágio, em especial no que este deve à língua: ela introduz uma variedade de formas do dois que ornamentam o texto de Fliess. Em "as duas idéias inseparáveis", a expressão empregada *die beiden* significa "limitado a duas coisas diferentes" ou "que vão juntas", "a dois". *Die beide* estabelece uma ligação entre as duas coisas designadas, que reforça a sua inseparabilidade[10]. Este *beiden* comporta outros registros do "dois": a *zwiefache* (dupla) periodicidade e a *Doppel* (dupla) sexuação (*Geschlechtigkeit*). Em *zwiefache*, *zwie*, que equivale a *zwei* (dois), porta uma nuance de "entre os dois". *Zwiefache* designa o dois contável, contam-se dois. Em certos lugares o *zwei* que designa a periodicidade se torna um *die beide*[11]. Enfim, *Doppel* (duplo) significa "o mesmo duas vezes", a cópia.

As duas idéias de Fliess, que estavam reunidas (dificilmente) no seu intercâmbio com Freud, vão se reencontrar, depois do seu rompimento,

---

[10] Fliess, aliás, substituiu, no manuscrito de *Em minha própria causa*, *zwei* por *beiden*, falando de suas *duas* idéias inseparáveis.

[11] *Die beiden Zahlen* (*Ablauf*, p. 31), *die beiden Substanzen* (*Das Jahr*, p. 127).

separadas nos dois outros amigos, Weininger e Swoboda (designados ao mesmo tempo como *zwei* jovens doutores vienenses e os *beiden* autores). Fliess fica certo do plágio depois que, tendo acreditado encontrar em Swoboda um amigo e um discípulo, substituindo Freud, ficou sabendo por este último que Swoboda era amigo íntimo de Weininger *e* discípulo de Freud[12].

Logo, a nosso ver, não poderíamos subestimar a importância para Fliess da noção de inseparabilidade de suas duas idéias (ou de duas metades de idéia). Existe para ele uma espécie de postulado do "dois indivisível", que encontramos operante, por exemplo, na importância do papel que ele atribui à simetria dos sexos, dos corpos e das equações figurando os números 23 e 28[13]. Podemos nos perguntar se não é a separação das duas metades desse todo que se torna para ele insuportável e vai levá-lo a falar de plágio. O plágio não seria uma maneira de restituir o "dois" ali onde um outro "dois" se viu separado? A problemática do duplo, do *Doppel*, no plágio, viria em lugar de um *beiden* deslocado e isso tanto mais facilmente quanto ela já estava presente na concepção fliesseana da bissexualidade, a *Doppelgeschlechtigkeit*.

Em apoio a essa interpretação devemos recordar uma outra cisão de duas de suas idéias, que Fliess não suportou: aquela operada por Freud quando duvidou da ligação entre a bissexualidade e a bilateralidade, relação que, segundo Fliess, pode se manifestar em especial, vamos lembrar, pela predominância da metade esquerda do corpo nos homens femininos e nas mulheres masculinas, pois é portadora de caracteres do sexo oposto ao do sujeito. Para Fliess, separar essas duas idéias era rejeitar tudo em bloco. Os primeiros sinais de discordância entre Freud e Fliess datam desse momento.

Aqui assume sentido a observação que havíamos feito na introdução, a saber, que Freud trata na sua obra, em separado, das duas idéias principais

---

[12] Fliess (carta de 10 de julho de 1904) e Freud (carta de 23.7.04) qualificam, cada um, de "íntimos" os amigos Swoboda e Weininger; Pfennig emprega o mesmo termo para qualificar a amizade Freud–Fliess (p. 23) e a amizade Swoboda–Weininger (p. 25): *intimste Freund* (o amigo mais íntimo). Cf. também a carta de Fliess a Swoboda de 29 de janeiro de 1904, no que diz respeito à expectativa de Fliess sobre Swoboda.

[13] Ele, aliás, escreveu um artigo, "Sexualidade e simetria" em 1918, no *Zeitschrift für Sexualwissenschaft*. Cf. a bibliografia ao fim deste volume.

de Fliess: ora ele cita Fliess sobre a teoria dos períodos, ora vai citá-lo sobre a bissexualidade, como se as idéias de Fliess só pudessem ter valor para ele separadamente.

O que está, pois, em jogo para Fliess na inseparabilidade de suas duas idéias principais, ou melhor, de seus dois pares de idéias principais (bissexualidade e periodicidade, bissexualidade e bilateralidade)?

Uma escrita da relação sexual

Essa questão, parece-me que Freud a percebeu na *Introdução à psicanálise*: "Não se esqueçam de que ainda não estamos de posse de um signo universalmente reconhecido que permita afirmar com certeza a natureza sexual de um processo; só conhecemos, sob essa relação, a função de reprodução sobre a qual já dissemos que oferecia uma definição muito estreita. Os critérios biológicos, no gênero das periodicidades de 23 e de 28 dias estabelecidos por W. Fliess são ainda muito discutíveis[14]." A inseparabilidade das duas idéias principais de Fliess equivaleria, como observa Freud, a fornecer um signo de reconhecimento da natureza sexual de um processo.

Para retomar a terminologia de Lacan, isso recairia numa escrita da relação sexual, ou seja, a escrita de uma função lógica entre o que definiria como tal a identificação de um conjunto de todos os homens e de um conjunto de todas as mulheres. Na sua tentativa de definir o real como impasse da formalização, Lacan escreveu fórmulas lógicas (chamadas fórmulas da sexuação) que dão conta, não da relação homem/mulher, mas das relações ao falo que determinam os sujeitos ditos homens e ditos mulheres. O falo não instaura uma relação comum entre homem e mulher, ele revela a dissimetria dos sexos na sua relação com o gozo. O falo instaura para cada um dos sexos uma relação com a falta. O homem pode se inscrever como elemento de um todo-homem, graças à exceção fálica da função paterna, introduzida pelo mito de *Totem e tabu*, que confirma a regra. No entanto, ele não poderá gozar do corpo da mulher, limitado como está pelo gozo do órgão fálico. Pelo lado dito mulher, a ausência de função representativa de

[14] S. Freud, *Introduction à la psychanalyse* (lição 21), Paris, Payot, p. 300, GW XI, p. 331.

um traço de exceção à função fálica não lhe permite inscrever-se toda na função fálica. Ela é *não-toda*, diz Lacan. Haveria lugar aí para um Outro gozo que não o gozo fálico, "se houvesse um outro[15]". Essa radical dissimetria entre os sexos não autoriza a inscrição de uma relação de seus gozos, nem a reunião das duas metades homem e mulher, cada uma no todo de um conjunto.

Ainda que Fliess não entre nessas considerações, com esse vocabulário, a adoção das cifras 28 e 23 para representar uma substância masculina e uma substância feminina é uma escrita que implica a existência de tal relação. As cifras 23 e 28 são unidades de tempo; essas cifras designam ao mesmo tempo durações (períodos), contadas em dias e anos, e unidades de substância masculina e feminina. Elas conjugam a lei dos períodos e a bissexualidade permanente de todos os seres vivos. Assim cifrado, escrito, o sexual pode ser posto em forma de relação, no sentido em que Lacan emprega este termo, no sentido matemático de proporção. O próprio Fliess fala em *Sexualverhältnis*[16]. Foi, aliás, ao ler numa obra[17] que a dupla relação das cifras que numeravam os meninos e as meninas, natimortos e nascidos

---

[15] J. Lacan, O Seminário, livro XX, *Encore*. Paris, Seuil, 1975, p. 56.

[16] Em *Sexualverhältnis*, *Verhältnis*, "relação", é tomado no sentido matemático de proporção. *Sexual* e *Verhältnis* entram em outros termos compostos correntes: *Sexualverkehr* (relação sexual, mais no sentido de coito), *sexueller Verkehr* (relação sexual, mais no sentido de jogos sexuais), *sexuelles Verhältnis* (relação sexual, mais no sentido de caso, de relacionamento sexual). Logo, não há tanta ambigüidade em *Sexualverhältnis* quanto em "relação sexual", e assim Fliess escreve literalmente a relação (*Verhältnis*) sexual, mas sobre o fundo de rejeição do ato da relação (*Verkehr*) sexual. Em *Vom Leben und vom Tod*, ele escreve, por exemplo: "O ato da procriação não passa de um caso especial dessa relação (*Verhältnis*) geral", isto é, a relação da substância masculina com a feminina, tendo, respectivamente, 23 e 28 dias de unidades de vida. Ele acrescenta: "A mulher tem ovários porque é uma mulher, e o homem tem testículos porque é um homem" (pp. 12-13).

O termo *Verkehr* reaparece em outro lugar, para designar a relação de Fliess com Freud: *Mit Freud stand ich jahrelang in freundschaftlichen Verkehr* (com Freud tive uma relação amigável durante anos, *Em minha própria causa*). Ou ainda: "Weininger apoderou-se não somente de minhas idéias positivas mas também das lacunas exatamente tais como se apresentavam no fim de minha relação (*Verkehr*) com Freud" (ibid.). Embora *Verkehr* seja de uso bastante corrente, pode-se perguntar por que Fliess privilegiou um termo que comporta uma certa ambigüidade, que não se encontra em *Beziehung*, o qual tem uma significação mais ampla e não equívoca quanto à natureza da relação.

Assinalemos nesse sentido uma outra passagem equívoca numa carta de Fliess a Freud (26.7.04), publicada em *Em minha própria causa*, onde Fliess escreve "nossa conversa bissexual" onde teria sido preciso escrever "nossa conversa sobre a bissexualidade".

[17] Düsing, *Die Regulierung des Geschlechtsverhältnisses* ("A regulação da relação dos sexos"), Iena, 1884.

vivos, era igual à de 28/23, que Fliess teve a certeza de que 28 e 23 eram as cifras que representavam o masculino e o feminino. A colocação em relação fez parte, portanto, da determinação sexual de cada uma das cifras. A relação das cifras que enumeravam meninos e meninas tornou-se o sinal da existência de uma substância macho e uma substância fêmea, inerentes a essas cifras. Sendo a periodicidade aquilo pelo qual se instaura uma relação entre 23 e 28, bissexualidade e periodicidade não podem, pois, ser separadas. Desmembrá-las seria apagar a escrita da relação dos sexos.

O outro par de idéias, bissexualidade e bilateralidade, desempenha um papel essencial na escrita da relação. Se as cifras 28 e 23 introduzem a dimensão do quantificável e do mensurável na fenomenologia do masculino e do feminino, permitem também, segundo Fliess, estabelecer correspondências entre o corpo e os períodos da vida. Elas justificam a deslocalização do sexual com referência ao órgão. As relações entre as metades esquerda e direita do corpo dão o sinal de reconhecimento sexual. A relação sexual se inscreve no espelho.

Como lembrou Robert Fliess no necrológio de seu pai[18], o artista, na medida em que é marcado pela predominância da esquerda, é um paradigma (este é seu termo) do processo de vida, segundo Fliess. A predominância da esquerda, da substância feminina para o homem, masculina para a mulher, equivale a um signo de escrita. A propósito de Teje, a esposa de um faraó cujo rosto tem sinais de acentuação à esquerda, segundo a análise fisiognomônica que dela fez Fliess, Robert Fliess escreveu: "Seu retrato escreve numa escrita eterna a regra milenar da fisiognomonia".

Segundo Fliess, as "três divisões em dois (*Zweiteilungen*) que são os dois sexos, os dois períodos, os dois lados do corpo, têm uma "causa comum (*gemeisname Ursache*)[19]". Bissexualidade, biperiodicidade e bilateralidade têm uma mesma causa. Compreende-se melhor, a partir daí, o efeito desastroso que teve para Fliess a separação de duas das suas idéias

---

[18] Cf. Documentos anexos, p. 334.

[19] W. Fliess, *Vom Leben und vom Tod*, op. cit., p. 50.

principais. Basta que uma das noções seja separada das outras e o conjunto do edifício teórico desaba. É necessária a conjunção das três noções para sustentar a escrita da relação sexual à moda de Fliess. Essa escrita, no entanto, levanta objeções, mesmo no interior da sua teoria.

As centenas de páginas repletas de cálculos, de cálculos sobre os cálculos, para voltar sempre a 23 e 28, já dão por si mesmas a impressão de que alguma coisa não consegue se escrever. Outros fatos põem em questão a validade dessa escrita: por um lado, tendo formulado $\Sigma = 28 + 23 = 51$, e $\Delta = 28 - 23 = 5$, ele afirma a equivalência e o caráter intercambiável de Σ e Δ, logo, de 28 e de 23. Se 28 e 23 são equivalentes, não existe mais, falando propriamente, relação inscritível; se um se converte em outro, a diferença que faz a relação se desvanece.

Por outro lado, já assinalamos, Fliess traz como prova de sua escrita de uma relação sexual a existência de uma dupla relação estatística: a relação entre meninos e meninas natimortos — 128 meninos para 100 meninas — relacionada àquela entre meninos e meninas nascidos vivos — 105 meninos para 100 meninas; a relação entre essas duas relações, 128/105, é efetivamente igual à relação de 28/23. Sem nem mesmo levar em conta o fato de que a *sex-ratio*, de acordo com os órgãos sexuais, nada diz sobre o exercício da sexualidade nem sobre as identificações a ela relacionadas — o que seria sair do quadro "biológico" onde Fliess acredita permanecer —, pode-se observar que 28 e 23 correspondem aqui a uma relação dos sexos com a morte e a vida, mais que a uma relação entre os sexos. Além disso, as cifras da relação final, 128 e 105, representam apenas os meninos.

Acreditando escrever biologicamente a relação sexual, Fliess escreve, de fato, uma relação entre meninos natimortos e nascidos vivos. Esta distorção, provavelmente, não deixa de ter relação com sua história pessoal, já que seu nascimento foi precedido pelo de um menino natimorto, e que seu quarto filho foi uma menina natimorta, sem falar na morte de sua irmã e de seu pai.

O *duplo* plágio, que apresenta separadamente as duas idéias principais contidas na noção de *dupla* sexuação, constitui uma espécie de retorno da impossibilidade de escrever a relação sexual, impossibilidade mascarada pela convicção de ter podido cifrá-la. O duplo plágio revela a inconsistência da escrita fliesseana (suas duas idéias foram separadas) e ao mesmo tempo a oculta (houve uma aliança entre os dois plagiários).

Fundando-se numa forma de escrita da relação sexual, a teoria de Fliess se separa radicalmente da contribuição de Freud. Pretendendo-se uma ciência da relação sexual, ela faz a figura de uma pseudociência e tende a um delírio do todo-saber, ali onde a psicanálise encontra no sintoma de causalidade sexual os limites de uma verdade que não é adequada ao saber.

Capítulo 7

O SABER DA LINGUAGEM

O caso do plágio nos deu uma idéia da maneira como a linguagem dominava Fliess, principalmente para se situar com referência à diferença entre o enunciado e a enunciação no que lhe era dado ler. Em sua obra teórica, ele reconheceu que o objeto desta não era visível ao microscópio, e que a linguagem podia se mostrar mais profunda que a ciência[1]. É isso, com efeito, que vamos constatar, detendo-nos na ancoragem da teoria fliesseana na linguagem.

A fábrica de termos

Por diversas vezes em seus escritos, e a cada vez em pontos decisivos, Fliess insiste em termos que, segundo ele, conferem um valor de prova àquilo que expõe. Certos termos devem ser tomados simultaneamente em seu sentido figurado e seu sentido próprio. Seu duplo sentido estabeleceria uma relação de causalidade e de equivalência. A coexistência dos dois sentidos assume valor de significação causal. Três exemplos são significativos:

[1] No prefácio à segunda edição do "Curso da vida", cf. aqui p. 101, e em *Das Jahr Lebendigen*, p. 81.

a) O termo *Regel*

Este termo significa ao mesmo tempo "as regras" (a menstruação) e "a regra" (a norma), sendo em francês a raiz do termo *"regularité"*, regularidade. Eis o que Fliess diz sobre isso em "O curso da vida": "Ou seja: as regras da mulher formam o ponto de partida da nossa pesquisa. Este é um ponto de partida natural. A palavra já indica o retorno típico, e o nome seguinte da purificação mensal, da menstruação, liga seu ciclo a um intervalo de tempo astronômico, a revolução lunar[2]." Nessa frase, pode-se observar, por um lado, que Fliess não nomeia o que chama de "o nome seguinte" (provavelmente trata-se do termo *Menses*, "mênstruo", que só vai aparecer no parágrafo seguinte). Por outro lado, é impróprio dizer que o "nome" "liga seu ciclo a um intervalo de tempo". Fliess, mais uma vez, confunde dois registos na linguagem, neste caso, o do uso e o da menção do termo. Essa confusão faz série com aquelas entre enunciado e enunciação, a palavra e a coisa, os dois sentidos de um termo, e as reforça.

Quando Fliess diz que a lei dos períodos resolve o problema da irregularidade das regras, o leitor poderia crer que tenha sido essa questão o que o levou a deduzir a lei dos períodos. De fato, a "resolução" do problema da concepção se superpõe à sua aplicação à irregularidade das regras. Ida sempre tivera, até sua primeira gravidez, regras regulares (curiosamente, tal não se deu em seguida). A lei dos períodos permite, aliás, a Fliess, explicar inicialmente que o nascimento de seu primeiro filho tenha ocorrido antes do previsto[3].

---

[2] W. Fliess, "O curso...", op. cit., p. 12.

[3] Embora as contrações do parto (*Geburtswehen; Geburt* significa também "nascimento") de Ida tenham começado na noite de 27 de dezembro, a data de nascimento oficial de Robert é 29 de dezembro. Em "O curso da vida" (p. 244), Fliess diz que Robert nasceu a 29 de dezembro de 1895, às 8 horas da manhã, e que foi preciso proceder a uma "expressão" devido a uma compressão do cordão umbilical. É curioso que essa data não surja em nenhum momento nas *Relações*. De acordo com a data da concepção, o nascimento deveria, "regularmente", ter ocorrido depois de 27 ou 29 de dezembro, ou seja, a 6 de janeiro de 1896; isso teria, então, correspondido a um período de 280 dias depois das últimas regras (1º de abril de 1895), ou seja, dez períodos femininos (*As relações*, p. 154). Segundo Fliess, a diferença se explica pelo fato de que o 27 de dezembro corresponde ao "cruzamento" de um período masculino de 23 dias e feminino de 28 dias. Como ele escreve: "Tais cruzamentos, é claro, só podem se produzir com séries de intervalos diferentes (28 e 23 dias). Logo, só as séries masculinas e femininas podem se cruzar, e não

Fliess pode dizer que as regras formam o ponto de partida de suas pesquisas na medida em que essa questão está intrincada com as da concepção e do nascimento. Antes da primeira gravidez de Ida (e portanto antes da publicação das *Relações*), Fliess havia mostrado que o sangramento do nariz era o "protótipo" da menstruação: ele pode ocorrer desde o nascimento, depois da menopausa, durante a gravidez, no homem e na mulher, e de maneira regular. A menstruação se "reflete" no nariz pela congestão de localizações ditas genitais do nariz, onde se encontram, diz Fliess, corpos eréteis semelhantes ao clitóris. É sobre o modelo dessa "dismenorréia nasal" que, no momento da gravidez de Ida, e por "analogia", a menstruação se torna, segundo ele, o "tipo" do nascimento: "A dor de contração é o xibolete que permite reconhecer o processo do nascimento como não sendo mais que uma menstruação transformada[4]." Destinada inicialmente a responder ao enigma da concepção, a teoria dos períodos se nodula (pela equivalência nascimento = regras[5]) com sua interpretação das regras. Ela faz passar a menstruação ao estado de "tipo" natural. Ao mesmo tempo, o nascimento encontra sua regra. A equivalência do nascimento com a menstruação passa pela linguagem. As regras servem de suporte para o cálculo da regra que explica o mistério da concepção, e em virtude do duplo sentido do termo "regra". A regularidade da periodicidade das regras substitui a falta de regra na concepção.

Nesse sentido, o valor típico das regras e a teoria dos períodos caminham juntos; a irregularidade das regras tem algo de não "natural", ela é uma contradição em termos. A *regra* dos dois períodos (23 e 28 dias) explica que a *irregularidade* é apenas aparente, e que as datas das *regras* e seus sucedâneos obedecem a uma *regra* que exprime sua *regularidade* natu-

---

séries do mesmo tipo" (*As relações*, p. 254). A lei dos períodos "repara", pois, a "irregularidade" da data de nascimento de Robert, ocorrido antes do previsto. Em "O curso da vida", Fliess relaciona a data de nascimento de Robert, fixada em 29 de dezembro, e não mais 27 (como em *As relações*), com um cruzamento de dois períodos, mas com a data de nascimento da avó materna de Ida, Barbara Hellmann.

[4] W. Fliess, *As relações*, op. cit., p. 111.

[5] O que Fliess chama de "a natureza menstrual do processo do nascimento", ibid., p. 113.

ral. Ora, como vimos no "Curso", o termo *Regel*, por seu duplo sentido, justifica a correspondência entre as regras e a regra, justifica que se encontre uma regra para a irregularidade das regras. O duplo sentido do termo convoca, para Fliess, uma ligação causal, a fim, precisamente, de que os dois sentidos se fundam, sem entrar em contradição. A irregularidade das regras causava um defeito no sistema de equivalências instaurado pelo próprio termo. A unicidade do termo impõe encontrar uma causa natural que unifique a pluralidade de seus sentidos. É muito surpreendente constatar que essa soldagem operada entre os dois sentidos do termo não provém de uma reflexão de Fliess: ele a considera como auto-evidente; além disso, como notamos, ela se inscreve nas impropriedades próprias ao seu estilo.

A soldagem operada pelo termo *Regel* é redobrada pelo emprego de dois outros termos correntes de seu vocabulário conceptual: *Tage* ("dias" e "regras"), *Periode* ("período" e "regras").

Assim, em todos esses casos, os mesmos termos servem para designar realidades diferentes: o que há a se mensurar (as datas das regras), o instrumento de medida (os dias) e a regra de cálculo (dos períodos). A unicidade de um termo designando coisas diferentes significa para Fliess a identificação "natural" dessas coisas, ela vale como prova de sua ligação orgânica.

b) O termo *Blut* (sangue).

Fliess entende este termo da mesma maneira que *Regel*. Eis o que ele diz sobre isso: "Não é à-toa que se fala em "do mesmo sangue". A linguagem é aqui mais profunda que a ciência. Se a mãe é atingida por um ataque — pelo qual o sangue se espalha no cérebro —, a filha no mesmo momento tem suas regras, e o filho um sangramento de hemorróidas, então alguma coisa se passa realmente no *sangue* da família. E se aprendemos a escutar e ver bem, ficamos surpresos de poder observar, com tanta freqüência, em tais dias, nos membros de uma família, pequenos sangramentos (por exemplo, do nariz e das gengivas) que estávamos acostumados a atribuir ao "acaso"[6]."

[6] W. Fliess, *Das Jahr*, op. cit., p. 81.

Para Fliess, é biologicamente natural — e não da ordem de uma determinação significante — que, nos consangüíneos, produzam-se sangramentos simultâneos; eles exprimem a simultaneidade dos dois sentidos do termo "sangue". O que o observador vê com seus olhos, pode também escutar nas palavras. O termo "sangue", designando o parentesco por metonímia, se transpõe nos sangramentos na realidade.

c) O termo *ähnlich* (semelhante, parecido)

Novamente Fliess se deixa prender ao termo, desta vez decompondo-o segundo sua etimologia.

Num trecho do "Curso[7]", ele compara a duração da vida, em número de dias, é claro, do príncipe de Orange Wilhelm IV e de sua irmã Charlotte Amalie von Nassau-Dietz, para chegar a duas fórmulas bastante próximas *formalmente.*

A duração de vida de **Charlotte**[8] é igual a: **34.28.23** + 2 $\Sigma\Delta^2$ dias (ou seja, 24446 dias).

A de **Wilhelm IV** é igual a:

$$34.28.23 + 2\,\Sigma\Delta^2 + \boxed{23^3 - 28^3}$$ dias (ou seja, 14661 dias).

E Fliess encadeia:

"Comparemos[9] com isso, mais uma vez:

$$\textbf{Bismarck} = 34.28.23 + \Sigma\Delta^2 + \boxed{\begin{matrix} 28^3 \\ -\,28.23^2 \end{matrix}} + \Delta^3$$

$$\text{e } \textbf{Goethe} = 34.28.23 - \Sigma\Delta^2 + \boxed{\begin{matrix} 28^3 \\ -\,23^3 \end{matrix}} - 2\,\Delta^3$$ [10]

e vamos reconhecer, realmente, o típico da estrutura de todas as quatro idades da vida, mas ainda não ousamos atribuir a estrita semelhança

---

[7] W. Fliess, "O curso", *Der Ablauf*, op. cit., p. 158.

[8] O grifo em negrito é de Fliess.

[9] W. Fliess compara as durações de vida, em número de dias, de Charlotte e Wilhelm IV com as de Bismarck e Goethe. Como faz sistematicamente, Fliess reduz o número total de dias a operações comportando apenas as cifras 23 e 28 e seus múltiplos, apresentados da maneira mais simétrica possível.

[10] Trata-se da formulação de suas durações de vida respectivas em dias.

(*Ähnlichkeit*) em Charlotte e Wilhelm IV ao parentesco de sangue de primeiro grau: a não ser que a semelhança das duas outras idades (Bismarck e Goethe) no sentido literal — semelhante (*ähnlich*) = antepassado (*ahn*) lîka**[11], isto é, corpo do mesmo antepassado — provenha também do fato de que os homens são parentes de sangue uns dos outros, numa medida muito mais extensa do que sabemos hoje."

O dicionário etimológico de Duden e o de Kluge[12] confirmam que "lîka" é uma origem (obscura) de "Leiche" que se encontra em "gleich" (igual) e do sufixo *-lich*. Vamos assinalar que no vocabulário tipográfico *Leiche* significa também "bordão" (em tipografia, termo omitido num texto). *Ahn* (antepassado) e *Ähn* em *Ähnlichkeit* têm duas origens etimológicas diferentes, segundo Duden, mas o Kluge assinala que *ähnlich,* em alemão meio-alto, vem de *"dem Ahnen gleich"* (semelhante ao antepassado). A decomposição etimológica de *ähnlich* efetuada por Fliess joga com o parentesco, ou semelhança sonora entre *ahn* e *ähn,* que ele, portanto, não teria inventado. Fliess, porém, dá um passo a mais com relação à decomposição etimológica admitida. Ele combina as duas etimologias separadas, admitidas, de *ähnlich* e de *gleich* para criar, de fato, uma nova etimologia de *ähnlich*:

ähnlich ← *dem Ahnen gleich*

\+

gleich ← *Leiche (Körper)*

=

ähnlich ← *dem Ahnen Körper / (Leiche).*

Além disso, nessa nova etimologia que ele fabrica, inverte a ordem de prioridade entre *Ahn* e *ähn.*

A partir do termo "semelhança", Fliess cria uma verdadeira teoria da identificação. Ela não se liga somente a uma semelhança exterior, visível, mas ao termo que implica literalmente uma origem comum entre coisas ou seres que se assemelham.

---

[11] Fliess põe aqui em nota: "** lîka = corpo (*Körper*), existe também no cadáver (*Leiche*)."

[12] Friedrich Kluge, *Etymologisches Wörterbuch der deutschen Sprache*, Berlim, Nova Iorque, Walter de Gruyter, 1975.

Não vamos nos surpreender, nessas condições, que se perceba nessa ocasião o esboço de uma filiação delirante. O parentesco de Wilhelm IV e de Charlotte não basta para explicar a semelhança de suas fórmulas. Um outro modo de legitimação é necessário: aquele que viria da essência da semelhança. Chega-se a este resultado incrível, pelo qual a semelhança entre as fórmulas de Goethe e Bismarck (comparadas àquelas do irmão e da irmã) cria entre eles um parentesco mais legítimo e mais em conformidade com a ordem do universo que aquele ligado à consangüinidade de irmão e irmã. O parentesco fantástico entre Goethe e Bismarck, que se impõe pela semelhança das fórmulas, e além dela pelo termo "semelhança", legitima, em troca, o parentesco entre um irmão e uma irmã. Este último pode, aliás, ser posto em dúvida, devido à incerteza quanto à paternidade.

Nestes exemplos[13], cada um dos termos, *Regel, Blut, Ähnlich,* é um significante, no sentido entendido por Lacan: cada um representa o sujeito para um outro significante. "Sangramentos" representa o sujeito para a família, "regras" para a lei dos períodos e seu destino, "semelhança" para um ancestral. Fliess entende esses termos como significantes, cindindo-os, sublinhando seu equívoco semântico e sonoro. São estes os termos de um neocódigo, que dão as bases de sua teoria; eles são como que os pontos de estofo que prendem as malhas do seu sistema e constituem seu modo de inserção subjetiva nessa teoria. São significantes, na medida em que o representam para o conjunto do saber de que a teoria é tecida[14].

---

[13] Haveria outros: *Euphorie; Genie = gebärenden* (*Das Jahr*, p. 215)...

[14] Os "jogos" de linguagem que descrevemos em Fliess aproximam-se do que Pfersdorf chama de "interpretação filológica": "Quando há interpretação filológica, o doente não reage no sentido do termo; tampouco fornece uma associação puramente verbal (assonância, rima, aliteração; a reação dita "exterior") como faz um maníaco, mas reage ao caráter puramente verbal do termo provocador com crítica, e enuncia essa crítica. Damos o exemplo seguinte: "tirania é atirar com um fuzil" [...] O interesse do fenômeno não é dado pelo fato de que haja associações por aliteração, que elementos perseverem — esses sintomas são de observação corrente; mas pela interpretação crítica consciente dos elementos constitutivos do termo e do duplo sentido [...] Um outro gênero de interpretação, que se baseia no caráter fonético do termo, é fornecido pelo doente quando da enumeração dos oficiais e sub-oficiais de seu regimento. Capitão de la Chapelle (figurando uma capela [*chapelle*]), Bastion, um bastião. De Vaux figura o bezerro de ouro ([*le veau d'or*], sendo *vaux* e *veau* homofônicos). Robillard (é o vestido [*robe*] e um bilhar [*billard*]..." C. Pfersdorf, *Contribution à l'étude des catégories du langage*, trabalhos da clínica psiquiátrica da Faculdade de Medicina de Estrasburgo, 1929, pp. 307-357.

Para terminar este capítulo da fábrica de termos, vou assinalar ainda um deles, que assume em Fliess uma significação particular: o termo *Generation* (geração).

Em *As relações*, o termo "geração" designa, como é uso, o mesmo grupo etário ou o mesmo nível na linhagem: a geração dos avós, a geração dos pais, a geração dos filhos. Fliess fala então de períodos que se transferem da mãe ao filho, ligando gerações sucessivas ("Três gerações estão ligadas entre si pelo mesmo processo periódico", *As relações*, p. 193). Ora, a partir do momento em que Fliess generaliza sua teoria da periodicidade da substância viva, o termo "geração" assume dois sentidos. Por um lado, ele designa, como antes, o mesmo nível na linhagem, por outro lado a própria linhagem, agrupando de maneira "genérica" várias gerações. Enquanto, em *As relações*, mãe e filho pertenciam a duas gerações diferentes, em seu artigo *Die periodische Tage des Menschen* ("Os dias periódicos do homem")[15] mãe e filho fazem parte de uma única geração: "Eles [os períodos] não concernem ao indivíduo somente; a mudança periódica atravessa, como um relâmpago, simultaneamente, a substância de toda uma geração. Se a mãe sofre, o corpo da criança porta também esse traço, no mesmo dia." A simultaneidade de uma doença na mãe e no filho os faz participar da mesma geração. "Geração", portanto, é quase sinônimo, no vocabulário fliesseano, de "substância familiar", e é concebida como uma mistura de gerações.

A Natureza fala

O que surpreende na enunciação de Fliess é a sua segurança. Ele afirma coisas como se elas fossem evidentes por si, como se o simples fato de apresentar cálculos lhes conferisse um caráter de evidência. A primeira vez que ele expõe o cálculo dos períodos, poderíamos esperar que provasse de que modo chegou aos números 23 e 28. Nada disso! Ele apresenta de

[15] Publicado em *Das monistische Jahrhundert*, 2 de maio de 1914.

saída um ordenamento de acontecimentos clínicos em diversas séries de 23 e 28 dias, ou de seus múltiplos, e depois, à guisa de argumento, conclui: "Considerando essas séries, fica-se surpreso com o fato de que dois grandes grupos se distinguem: o grupo com intervalos de 28 dias e um outro grupo com intervalos de 23 dias[16]." Nada, nem ali nem alhures, é dito sobre o que justifica a escolha de 23 e a de um conjunto das duas cifras (admitindo-se que 28 seja plausível), em vez de três ou mais.

A aparente evidência das afirmações de Fliess vale como argumento. Com freqüência, Fliess publica, ao mesmo tempo que seus artigos, objeções e críticas de leitores; ora, ele responde a elas sempre da mesma maneira: repetindo o que já disse, ou com uma superalimentação de seu sistema. Por exemplo, quando quer provar que os coeficientes de 23 e de 28 não são arbitrários, ou mostra que eles se repetem para o mesmo indivíduo, ou vai compará-los e combiná-los em função do número de dias do ano, e descobre que os números obtidos são, por sua vez, múltiplos de 23 e 28 e coincidem, às vezes mediante novos coeficientes, com os períodos já cifrados[17].

É evidente para ele que "é a Natureza que fala", diretamente. Não ele. Ele não inventa nada, só faz transcrever o que a Natureza diz ou dita. Basta que Fliess pronuncie o nome "Natureza" para que aquilo que afirma seja verdadeiro, já que é a Natureza que o diz. No decorrer dos textos voltam, sem cessar, expressões como: "Devemos perguntar à Natureza". "Outras cifras além de 23 e 28 seriam possíveis, mas não descrevem a Natureza", "Eu não invento, encontro-as na Natureza", "Aqui a Natureza fala diretamente", "Ela própria faz a divisão 28 : 4 = 7"... Decerto, não é surpreendente encontrar o termo "Natureza" numa época de plena expansão das *Naturwissenschaften.* Entretanto, Fliess não explicita sua posição diante da filosofia das ciências da Natureza e nem embarca em qualquer reflexão sobre o método e objeto destas[18]. O termo "Natureza" é um termo

---

[16] W. Fliess, *Les Relations*, op. cit., pp. 140-144.

[17] Por exemplo, em "O curso", pp. 342-344, e *Zur Periodenlehre*, p. 173.

[18] A posição filosófica mais próxima das concepções de Fliess é representada pelo monismo de um E. Haeckel, por exemplo, em *Le monisme. Profession de foi d'un naturaliste* ("O Monismo. Profis-

encantatório. É ele o nome[19] invocado por Fliess para designar o que lhe fala com um caráter de evidência.

A posição de Fliess é aparentada ao pitagorismo. Nessa doutrina, como lembra Schrödinger, as coisas não são como números, elas são números[20]. Com efeito, Fliess invoca Pitágoras: "Deus calcula, disse Pitágoras, mas nem falsa e nem imprecisamente[21]."

Entretanto, a teoria de Fliess não se origina tanto de um método de interpretação que possa ser posto à prova da dúvida e da refutação, mas sim de uma posição subjetiva que se impõe a ele, seja sob a forma de uma certeza indubitável, seja como a obrigação de conjurar um espectro, que tem por nome "acaso" (*Zufall*). "Não é por acaso" é uma das frases que surgem com mais freqüência sob sua pena. O determinismo das cifras é absoluto, irrefutável, infalível, é uma necessidade da Natureza. "O acaso é blasfemo (*Gotteslästerung*), disse Lessing", gosta de repetir Fliess[22]. Sua própria teoria lhe dá os meios de não blasfemar, isto é, de não correr o risco de uma fala que se dirija a um Deus que fala.

Embora invoque Kepler e pretenda decifrar como este o livro da Natureza, sua posição enunciativa é diferente, como testemunha sua relação com Deus, ou melhor, sua ausência de referência a Deus. Quando, em

---

são de fé de um naturalista"), Paris, Schleicher Frères, p. 12: "Expressamos assim [sob o nome de monismo], sem dúvida alguma, a convicção de que um espírito é um todo, e de que todo o mundo passível de ser conhecido existe e se desenvolve de acordo com uma lei fundamental comum. Insistimos em particular, desse modo, na unidade fundamental da natureza orgânica e inorgânica, das quais a última começou relativamente tarde a evoluir a partir da primeira. [...] Em conseqüência, encaramos também toda a ciência humana como um único edifício de conhecimentos, rejeitamos a distinção habitual entre a ciência da natureza e a do espírito. A segunda não passa de uma parte da primeira, ou reciprocamente, as duas fazem somente uma." Vimos que Freud compartilhava deste ponto de vista.

[19] Tendo quase estatuto de nome próprio, é por isso que o dotamos de uma maiúscula.

[20] E. Schrödinger, *La Nature et les Grecs*, trad. franc. de M. Bitbol e A. Bitbol-Hespériès, Paris, Seuil, 1992, p. 152.

[21] W. Fliess, *Zur Periodenlehre*, op. cit., p. 27. Isso não exclui o delírio, se acreditarmos no que Xenofonte relatava, sobre seu mestre: quando este último passava por um cão que acabava de ser cruelmente surrado, apostrofava o carrasco, dizendo: "Pare, não bata nele, pois é a alma de um amigo, e o reconheci pelo som de sua voz". (E. Schrödinger, op. cit., p. 155).

[22] Por exemplo, W. Fliess, *Das Jahr*, op. cit., p. 257.

O segredo do mundo, Kepler afirma decifrar o livro da Natureza, ele não deixa de fazer disso ocasião para um hino ao Criador[23]. Para além da preocupação de preservar suas descobertas da suspeita de heresia, Kepler testemunha uma relação pessoal com Deus pela oração; deixa-se guiar por uma analogia com a Santíssima Trindade, quando procura as leis da harmonia do mundo. Quando ele apresenta seu trabalho como lhe tendo sido "ditado", é no quadro de uma conformidade com a palavra de Deus que se situa: "Este trabalho, com efeito, não deve ser considerado como uma invenção pura e simples de meu espírito, [...] daí o fato de que os principais capítulos desta pequena obra, exatamente como se fossem um oráculo caído do céu que me tivesse sido ditado, foram imediatamente reconhecidos por aqueles que compreendem como absolutamente verdadeiros (como é habitualmente o caso para as obras manifestas de Deus)[24]." Se Fliess pretende igualmente decifrar o livro da Natureza, ao inverso de Kepler, ele não instaura nenhum diálogo com Deus: a certeza que apregoa é correlativa da ausência de referência a essa alteridade. Daí o caráter "inspirado" de seus escritos, nos quais se pode certamente discernir os traços de um "alhures", mas de uma tal intimidade que não é enunciável: confunde-se com os resultados cifrados dos recortes de períodos.

Deus, para Fliess, é um ser racional, inteiramente submetido às leis da razão humana[25]. Seria insultá-lo acreditar no contrário. E nisso ele se separa de Descartes, que refere à vontade de Deus a garantia das verdades eternas. Dois e dois fazem quatro porque Deus quer que seja assim. Lacan sublinhou a importância desse procedimento para o nascimento da ciência

---

[23] Jean Kepler, *Le Secret du monde*, trad. franc. de A. Segonds, Paris, Gallimard, 1984, pp. 21, 22, 37, 193.

[24] Ibid., p. 13.

[25] Novamente a posição de Fliess é próxima daquela de E. Haeckel, op. cit., p. 54: "Não mais se pode representar Deus como um ser pessoal, isto é, como um personagem ocupando uma parte determinada do espaço, ou sob uma forma humana. Deus está, antes, em toda parte. [...] Cada átomo é assim provido de alma, e do mesmo éter cósmico. Logo, pode-se definir Deus como a força infinita de todas as forças naturais, ou a soma de todas as forças atômicas e de todas as vibrações do éter."

moderna e do sujeito "sobre quem operamos em psicanálise[26]": é essa rejeição da verdade para fora da dialética do sujeito e do saber que constitui, falando propriamente, o ponto nevrálgico da fecundidade da trajetória cartesiana. A ciência institui um saber que não tem mais que se embaraçar com os seus fundamentos de verdade. É saber, a partir de Descartes, o que pode servir para aumentar o saber. Rejeitada, a verdade retorna por uma outra via, o sintoma, e foi esta a descoberta de Freud. O sujeito é dividido entre o saber e o retorno da verdade no sintoma, a verdade contida neste último fazendo surgir o obstáculo de um "nada querer saber disso" quanto ao real do sexo[27]. A posição de Fliess, portanto, não é de natureza a torná-lo sensível à problemática da divisão do sujeito entre o saber e a verdade. De fato, ele não cessa de postular uma adequação sem falha entre o saber e a verdade.

A adequação das cesuras da Natureza às pontuações de Fliess

Como é que a Natureza fala a Fliess?

Uma vez, somente, Fliess evoca a maneira como lhe chegou, pessoalmente, uma idéia: "Veio-me plasticamente, diante dos olhos, uma noite...[28]". O termo "plástico" (*plastisch*) é um termo codificado: algumas páginas adiante, ele fala das idéias incidentes (*Einfälle*) que sobrevêm em "dias plásticos", isto é, dias de mudanças de períodos. O amor "plástico" serve, pois, para designar a qualidade subjetiva de uma representação, e a medida objetiva de uma mudança de período. Essa dupla polaridade nos autoriza a ler o texto de Fliess através do que caracteriza objetivamente, segundo ele, a teoria dos períodos.

A Natureza lhe fala por intermédio de idéias súbitas (*Einfälle*), a cifração dos períodos corresponde a cesuras na Natureza. Esse modo de

[26] J. Lacan, "La science et la verité", *Écrits*, op. cit., p. 858.

[27] Cf., para esses desenvolvimentos, J. Lacan, "Os problemas cruciais da psicanálise", sessões do mês de junho, seminário inédito de 1964-1965.

[28] W. Fliess, *Zur Periodenlehre*, op. cit., p. 1.

pensamento se traduz às vezes por modos particulares de pontuação no estilo de Fliess.

Dois traços assinalam o modo de falar da Natureza: ele é "direto" (*direkt*) e "súbito" (*plötzlich*). Na língua, o termo *Einfall*, diz Fliess, "guarda (*bewahrt*) o conhecimento originário" do fenômeno. *Einfall* não é somente o signo e o representante de uma mudança de período, mas é, depositado na língua, a voz direta e súbita da Natureza. "Nossos pensamentos fecundos não vêm também subitamente sem que saibamos, como?" interroga Fliess, ao falar dos *Einfälle*.

Essa frase, exemplar a nosso ver, porta a marca estilística de uma verdadeira teoria da pontuação, onde se reflete a relação de Fliess com a Natureza. A pontuação dessa frase é homogênea à maneira como Fliess pensa que a Natureza lhe fala. Ela mesma é uma *Einfall*. Eis a frase em alemão: *Kommen nicht auch unsere fruchtbaren Gedanken plötzlich, ohne dass wir wüssten, wie*[29]? Em alemão, o emprego da vírgula é regrado: ela deve preceder toda frase subordinada. Na frase que citamos, o *wie* depois de *wüssten* pode ser considerado como uma frase elíptica, subordinada mas reduzida a uma só palavra. Pode-se colocar uma vírgula antes de *wie*? De-

[29] Essa frase é extraída de um artigo de 1914, "Die periodischen Tage des Menschen", que foi republicado em *Zur Periodenlehre*, p. 8. Helmholtz também põe uma vírgula num caso semelhante, e isso numa passagem citada por Fliess, e numa frase tão próxima àquela de "Die periodischen Tage" que podemos nos perguntar se Fliess não a teria decalcado: *Sie schleichen oft ganz still in den Gedankenkreis ein, ohne daß man gleich von Anfang ihre Bedeutung erkennt; dann hilft später nur zuweilen noch ein zu fälliger Umstand, zu erkennen, wann und unter welchen Umständen sie gekommen sind; sonst sind sie da, ohne daß man* weiß, woher. *In anderen Fällen aber treten sie plötzlich ein, ohne Anstrengung, wie eine Inspiration.* ("Elas [as *Einfälle*] se insinuam com freqüência de maneira totalmente silenciosa no círculo de pensamentos, sem que se reconheça inicialmente sua significação; depois, mais tarde, às vezes somente uma circunstância fortuita ajuda a reconhecer quando e em que condições elas vieram; do contrário, elas estão ali sem que se saiba de onde. Mas em outros casos elas aparecem subitamente, sem esforço, como uma inspiração") Hermann von Helmholtz, *Vorträge und Reden*, Braunschweig, 1896, p. 15; citado em "O curso", *Der ablauf*, p. 250.
Descartamos a hipótese de que a vírgula tenha sido um erro de impressão, pois encontramos no manuscrito "A descoberta da dupla sexuação permanente" uma frase onde Fliess põe, antes de um *warum* isolado, uma vírgula que, desta vez, não nos parece em absoluto justificada: *Sie werden hören, warum* ("vão entender por que". Cf. p. 92).

pois de haver longamente interrogado os gramáticos[30], os *native speakers*, e buscado exemplos na literatura, chegamos à conclusão de que existe um vazio gramatical para este caso particular de frase elíptica reduzida a uma palavra. Entretanto, a maioria dos exemplos fornecidos e o sentimento da língua mais freqüentemente partilhado levam a *não* usar a vírgula nesse caso preciso. O lugar da vírgula nesse ponto é, pois, indicativo de uma determinação propriamente subjetiva, na medida em que se aceite a idéia de que o sujeito é determinado pela linguagem. Que determinação? A vírgula entre o *wüssten* e o *wie* dá, de repente, ao que está elidido, uma presença (aquela esperada de uma frase subordinada, aqui: "como elas vêm"), que se opõe ao próprio ato de elisão cujo efeito é justamente retirar a parte elidida da frase. A vírgula aponta para a parte elidida ("elas vêm"), ela a convoca em sua formulação, faz dela uma espécie de fantasma.

O contexto em que essa frase sobrevém é particularmente instrutivo do procedimento de Fliess. Eis uma tradução das três páginas que a precedem.

Sra. Dr. P:
Últimas regras 10 de abril 08
Nascimento de um filho em 15 jan. 09
A criança olha subitamente
em todas as direções 12 de março 09
Primeiros dentes 10 de agosto 09
Anda subitamente 19 nov. 09
Segundo filho nascido 7 out. 10

*A propósito deste exemplo, permitam-me ainda uma observação. Em seguida, deixaremos todo cálculo. Do primeiro nascimento até o momento da marcha autônoma, passaram-se (*verfliessen*) 11 x 28 dias e a partir desse momento até o nascimento do segundo filho passaram-se ainda 14 x 23 dias. Entre os dois nascimentos se encontra portanto a soma desses intervalos de tempo: 11 x 28 + 14 x 23 dias. Tudo isso dá 630 dias. Mas foi dito — e esta é a*

[30] As *Duden*, a de Gerhard Wahrig, *Deutsches Wörterbuch*, Bertelsmann Lexicon-Verlag, 1974, principalmente.

única objeção que se fez a minha doutrina — que não é uma grande arte apresentar 630 dias como uma soma de 28 e 23. ***Isso seria igualmente possível com outros números não divisíveis entre eles tais como justamente 28 e 23. É certo. Mas será que nesses casos se descreveria também a Natureza? Pois bem, não! Pois primeiramente nossos períodos não são inventados mas encontrados na Natureza. E em segundo lugar: onde a própria Natureza pôs o traço de separação nesses 630 = 11 x 28 + 14 x 23 dias? Exatamente depois de 11 x 28 dias, no momento em que a criança pôs-se a andar subitamente sozinha. Foi a própria Natureza quem portanto interrompeu o tempo depois de 11 x 28 dias e isso exatamente no ponto onde nosso cálculo colocou a cesura do sinal mais. E o que vêem aqui se deixa sempre e em toda parte demonstrar. Nosso cálculo marcha pois com o mesmo passo que a Natureza***[31].

É a tarefa da ciência descrever os processos naturais da maneira mais simples e completa. Para essa descrição ela se serve de certas imagens. Os símbolos matemáticos são tais imagens. Mas dessas imagens exigimos, segundo Heinrich Hertz, propriedades tais que as conseqüências impostas logicamente pelas imagens correspondam às conseqüências impostas naturalmente pelo acontecimento, ou que as conseqüências das imagens sejam idênticas às imagens das conseqüências.

No caso onde realmente processos naturais *foram descritos exatamente por intermédio das imagens de nossos períodos, que conseqüência se impõe logicamente? Segue-se que o curso de nossa vida não pode ser um processo contínuo mas descontínuo, que deve ser interrompido por golpes súbitos. Pois cada vez que um período se desenrola, há uma modificação nos processos da vida. Mas o tempo de 23 e de 28 dias termina* subitamente. *Somente quando o último minuto é passado, o relógio da vida soa. Por conseguinte, a modificação de nossa própria vida, que se segue apenas ao fim de 28 ou de 23 dias, deve ser uma modificação súbita. E ela o é com efeito.*

Vocês todos conhecem o termo ataque. Falamos de um ataque de convulsões, de um ataque de dores, de um ataque cerebral. O termo ataque exprime o

---

[31] [O grifo é nosso] Essas frases são repetidas por Fliess em vários outros lugares de seus escritos.

caráter súbito. Alguém que parecia ainda gozar absolutamente de boa saúde há um instante é atingido muito subitamente por uma convulsão ou por uma apoplexia. Ou então é presa de calafrios ou de fraqueza ou de hemorragia. Com efeito, as grandes hemorragias também — do pulmão, do estômago, do cérebro — surgem subitamente. Ora assim como as doenças sobrevêm subitamente ou se agravam subitamente, assim também elas se curam subitamente. A grande maravilha da crise, isto é, a saída súbita da doença para a convalescença ou morte, só se torna compreensível pela teoria dos períodos. E ali onde não há decisão crítica direta, não há salto na cura, ali a observação mais fina nota surtos absolutamente inequívocos claramente separados durante os quais a melhora evolui até a cura.

O mecanismo da doença tem seu exemplo sempre na norma que ele eleva ou abaixa mas jamais suprime. Vocês concebem assim que à natureza súbita da doença corresponde também uma natureza súbita dos processos normais da vida. Aprenderam há pouco a data em que uma criança na idade de 2 x 28 dias começou de repente a olhar em todas as direções e a fixar de forma precisa os objetos. E essa característica súbita é válida também para os outros surtos de desenvolvimento. O dente transparece vários dias sob a gengiva; acredita-se que ele não deva tardar a romper sua cobertura fina. Mas ele espera e espera. Subitamente ele nasce: em nosso exemplo, depois de 9 x 23 dias. Que mãe nunca reparou como seu filho se ergue subitamente um dia e pode dar alguns passos; como se segue uma estagnação sem progresso apesar de todas as suas diretivas atentas. A pulsão (Trieb) *vem de um só golpe. A mesma criança que há um quarto de hora ainda não havia deixado adivinhar sua nova aptidão anda de novo e atravessa de uma só vez vários cômodos.* ***E a primeira palavra clara não sai de maneira absolutamente inesperada do caos de misturas de sons, e os progressos da fala não chegam subitamente e como uma torrente*** (stromweise)***? Um dia plástico faz aparecer dez novas palavras de uma só vez, não uma ou duas E para nós adultos isso não se passa como para uma criança? Nossos pensamentos fecundos não vêm também subitamente sem que saibamos, como? A língua que guardou o conhecimento originário nas suas formações de palavras, não fala de*** *uma "idéia incidente"* (Einfall)*? Pode-se descrever esse caráter súbito com mais clareza*[32]*?"*.

O *súbito* é, pois, um traço característico das mudanças de períodos; é por isso que os "ataques" (*Anfälle*) são pontos de demarcação para os cálculos de períodos. Os pensamentos fecundos, na medida em que são súbitos, sobrevêm em datas periódicas e, inversamente, sua vinda atesta uma data periódica.

O estilo de Fliess porta a marca daquilo que ele enuncia, no momento mesmo em que o enuncia. Para voltar à vírgula que nos ocupa, esta é como um traço de uma idéia incidente surgida de súbito sem que Fliess saiba como; no caso, tratar-se-ia antes do surgimento de uma falta, já que é a elisão que não pode ser simbolizada. A teoria dos dias periódicos, ou plásticos, vem a este lugar de ausência de simbolização da elisão.

As páginas de Fliess que acabamos de citar contêm uma verdadeira teoria da pontuação. A proposição "A própria Natureza pôs o traço de separação exatamente no lugar onde o cálculo pôs o sinal mais" pode ser considerada como um postulado. Fliess levanta a objeção de que a soma de 630 dias a que ele chega poderia ser um múltiplo de outros números que não 28 e 23. Isso seria verdadeiro do ponto de vista aritmético, responde ele, mas não corresponderia à Natureza. Sua resposta a esse gênero de objeção é invariavelmente a mesma: eu não invento essas cifras, elas vêm da Natureza. Ele considera que essa resposta se basta a si mesma e não necessita de outra explicação[33]. Em momento algum ele reconhece ter algo a ver com a escolha dos números e dos acontecimentos que toma como pontos de referência. Entretanto, ele inverte a ordem de prioridade entre a Natureza e ele: em primeiro lugar, o cálculo põe o sinal mais, depois a Natureza

---

[32] [O grifo é nosso] W. Fliess, *Zur Periodenlehre*, pp. 6-8.

[33] O período de "630 dias" mede a distância de tempo entre dois nascimentos; 630 é igual a 11 x 28 + 14 x 23 dias, e não, por exemplo, 2 x 315 dias, pois 11 x 28 e 14 x 23 correspondem, cada um, a períodos naturais (nascimento do primeiro filho — seus primeiros passos — nascimento do outro filho). Logo, 11 x 28 e 14 x 23 não são arbitrários, eles vêm da Natureza que colocou o traço de separação no lugar mesmo onde seu cálculo colocou o sinal mais. Cf. por exemplo "O curso", *Der Ablauf*, p. 342 sq.

põe a cesura. Mas, que importa, se a Natureza é, ela mesma, matematizante, se "o cálculo anda no mesmo passo que a Natureza"[34].

A pontuação de *Em minha própria causa* tem um caráter pouco habitual, até mesmo arbitrário. O exemplo mais impressionante é o uso dos dois pontos. Fliess serve-se deles a todo momento, na maioria das vezes para evitar construir uma nova frase, utilizar uma conjunção ou colocar uma vírgula. Em alemão, tal procedimento é pouco habitual, até mesmo incorreto. Aqui estão três exemplos[35].

"Pelo contrário: foi somente depois que as provas se foram acumulando que me dei conta..." (p. 18).

"Observações sobre a clarificação dos pensamentos: quem fala disso?"

"E da mesma forma o desenvolvimento da linguagem na criança: evidentemente um processo normal da vida psíquica" (p. 33).

Será um acaso, se o autor da *Doppelgeschlechtigkeit*, que faz funcionar tantas coisas a dois em seu sistema, usa tão freqüentemente os dois pontos (*Doppelpunkt*)? De um modo geral, a pontuação pouco habitual de *Em minha própria causa* dá a impressão de um texto onde as frases se acotovelam, se comprimem, se encadeiam na desordem. Mas, desde que se examine um pouco mais de perto, como fizemos, vamos nos dar conta de que a aparente desordem não é desprovida de uma certa constância.

Pode-se igualmente detalhar — sempre em *Em minha própria causa* — uma semiologia da *citação*. Muitas vezes Fliess não fecha as aspas (pp. 14, 31, 42); raramente ele indica o editor. Uma vez (p. 25) faz uma citação indicando a página, mas não o nome da obra nem o nome do autor; essa citação vem logo depois de ele interpretar frases de uma carta de Freud; à primeira vista, ela pode passar pela justificativa, por Freud, de um esquecimento, quando de fato se trata de uma citação de Swoboda.

Em outra passagem, citando uma frase de Swoboda (p. 39), Fliess recopia um erro grosseiro (*vornimmt*, "empreende", em lugar de *aufnimmt*,

---

[34] Para voltar à frase "Nossos pensamentos fecundos...", e à luz do que chamei de o postulado de Fliess, direi que, nesta frase, um sinal escrito de pontuação, a vírgula, que faz cesura, anda no mesmo passo que a natureza.

[35] A paginação é a de *In eigener Sache*.

"recebe, registra"), de Swoboda, cometido numa auto-citação. A citação de citação é uma especialidade de Fliess. Ao final de *Em minha própria causa*, ele cita o primeiro parágrafo da obra de Pfennig, resumindo suas teorias. Cita igualmente Hirschfeld citando Pfennig, para em seguida recusar Hirschfeld. Um pouco mais adiante ele cita Hirschfeld citando a si mesmo (pp. 45-46).

Enfim, em *Em minha própria causa*, com freqüência os nomes de obras não são impressos em caracteres diferentes. Freqüentemente, também, os termos citados como palavras, por exemplo, *Bisexualité*, não são postos em itálico ou entre aspas.

As distorções nas citações são tanto mais notáveis na medida em que vêm numa brochura que acumula as citações e se apóia nestas para demonstrar o plágio ou as inexatidões dos autores citados.

Os textos de Fliess são construídos com citações — citações de autores que o plagiam, auto-citações — e mesmo *como* citação da Natureza. Se, com Melitta Schmideberg[36], considerarmos a citação como um plágio legalizado, compreenderemos melhor a ligação entre as teorias de Fliess e o caso de plágio. O sentimento de plágio em Fliess revelaria uma espécie de fracasso de suas "leis" em se legitimar.

As particularidades do estilo de Fliess, principalmente em *Em minha própria causa*, já que ele deve tomar a palavra em seu próprio nome, chamam nossa atenção para uma identidade formal entre a alucinação e a citação. A alucinação verbal (e suas variedades "psicomotoras") se define como um dizer do sujeito, que lhe é dirigido e que é citado, posto no estilo direto, com "dois pontos, abrir aspas". O que o sujeito alucinado diz é: "A voz me disse: 'porca'". A citação é uma estrutura específica da alucinação. Ela *intima*, além disso, o sujeito, no sentido jurídico do termo "citação" (citação a

---

36 Melitta Schmideberg, *"Intellektuelle Hemmung und Eßstörung"*, *Zeitschrift für Psychoanalytische Pädagogik*, 8 Jahrg., Nr. ¾. Nesse artigo figura uma primeira menção da primeira análise daquele que temia ser plagiário e que iria retomar sua análise com E. Kris. O *acting-out* feito por ele durante essa análise (ir comer miolos frescos depois de uma sessão) deu lugar a um artigo de E. Kris, freqüentemente comentado por Lacan. Cf. "La fabrique d'un cas d'acting-out" em Ph. Julien, *Le Retour à Freud de Jacques Lacan*, Toulouse, Érès, 1985.

comparecer). Ela diferencia uma alucinação de uma obsessão, o sujeito remete esta última ao discurso indireto: "Uma voz me disse que verificasse se a torneira estava mesmo fechada." A alucinação verbal, paradigma de toda alucinação, é uma colocação em forma pontuada de uma mensagem, e é portanto estruturada pela escrita. Na medida em que o texto de Fliess se constitui como citação da Natureza, que acaba por reduzir-se e identificar-se à pontuação ("dois pontos, abrir aspas") desta, ele dá ao leitor a impressão de se estruturar como uma alucinação.

Fliess não pesquisava a verificação dos fundamentos de sua biologia exata na experimentação física ou no microscópio: "Nos germes de procriação estão depositadas as "horas do ano" de nossos ancestrais. Nenhum microscópio nem nenhum ultramicroscópio pode percebê-las[37]." Ou ainda: "Quem pode, quando da observação das células-ovo fecundadas, dizer se os tempos de nosso avô paterno ou de nosso bisavô materno prevalecerão em nós[38]?" Enfim: "Já a Antigüidade indiana teria podido construir a teoria que está exposta nesta obra. Seus pressupostos estavam inteiramente dados. Pois sua dedução não necessita nenhum laboratório ou microscópio. Ela se apóia em simples observações da Natureza e seu instrumento é o espírito humano. É por isso que ela é suspeita à corporação que acreditou poder matá-la em silêncio[39]."

Fliess sabe que está à margem da ciência de seu tempo, e ocorre-lhe reivindicar isso. De fato, ele se apóia para suas demonstrações, além de no que chama de observações da Natureza, na linguagem, no imaginário do corpo ou nos dois ao mesmo tempo.

Não lhe basta referir-se à "linguagem exata dos números", ele toma por modelo a simetria corporal para avaliar a validade das fórmulas que escreve. O aspecto simétrico — segundo ele — dessas fórmulas lhe confere uma legitimidade natural. Em suas apresentações de equações ele não cessa

---

[37] W. Fliess, *Zur Periodenlehre*, op. cit., p. 53.

[38] Ibid., p. 233. Vai-se notar aqui a menção por Fliess de avós, sem que jamais em seus cálculos apareçam seus próprios avós.

[39] W. Fliess, prefácio à segunda edição do "Curso", *Der Ablauf.*

de insistir — principalmente empregando itálicos — no caráter simétrico e harmônico das somas:

"E que este valor não foi criado pelo acaso, sua estrutura completamente similar o demonstra";

"em torno do dia da morte da avó se agrupam, pois, harmoniosamente, os nascimentos de dois netos e de um bisneto";

"A disposição harmoniosa que inclui as datas [de um ataque] numa soma biologicamente semelhante nos ensina que a seqüência das datas não pode ser arbitrária[40]".

A seguinte frase resume muito bem a posição de Fliess: "Precisamente, a estrutura simétrica dessa soma de partes autentifica (*verbürgt*) seu caráter natural e nos dá a garantia (*Gewähr*) de que não se pode tratar de acaso na estrutura da soma final[41]."

Fliess lê suas fórmulas matemáticas como observa a simetria de um corpo. Não é um suplemento estético, mas uma garantia de que seu cálculo caminha no mesmo passo que a Natureza. A semelhança faz parte dessas *Einfälle* que constituem prova, pois exprimem a voz da Natureza.

Essa semelhança não é somente imaginária. Ela encontra também na linguagem e pela linguagem sua razão de ser. Certos termos, tais como *Blut, Regel, Ähnlichkeit,* nos quais já nos detivemos, têm para Fliess uma natureza "einfálica" no sentido em que neles se nodulam o simbólico da linguagem, o real da Natureza e o imaginário do corpo. Esses termos são os desfiladeiros e os pontos de amarração subjetivos da certeza de Fliess. Eles revelam as determinações subjetivas que sua teoria recebe da ancoragem significante. São tanto mais potentes quanto são desconhecidos, até mesmo rejeitados. A única subjetividade de que Fliess testemunha em seus escritos teóricos é a certeza de dar conta do saber sem sujeito da Natureza.

---

[40] W. Fliess, "O curso", *Der Ablauf,* op. cit., pp. 92, 7, 145.
[41] W. Fliess, *Das Jahr,* op. cit., p. 134.

Capítulo 8

O lugar do pai na teoria de Fliess

Em minha própria causa demonstra que Fliess estava longe de negligenciar a importância do nome próprio como nome de autor. Ele escreve o opúsculo que leva esse título para defender "sua própria causa", e fazer reconhecer a "Marke Fliess". A chamada à ordem do nome próprio na acusação de plágio contrasta com a espécie de colocação entre parênteses do sujeito e da função do pai nas concepções de Fliess.

Fliess guardou segredo sobre o suicídio de seu pai, chegando, para escondê-lo, até a mentir a Freud, e provavelmente também a seus próprios filhos. O fato de que ele tenha precisado mentir e calar-se deixa supor que já existisse uma configuração familiar mantendo silêncio sobre certos aspectos da função paterna. Configuração que talvez tivesse algo a ver com o fato de que o pai não encontrou outra solução além do suicídio. Se houve, efetivamente, uma mentira por parte de Fliess, era preciso que esta correspondesse a uma atitude subjetiva particular, talvez a uma forma de desconfiança diante do outro e do laço de fala que pudesse existir com este. Poderíamos igualmente nos perguntar até que ponto Fliess tinha consciência de mentir, e se ele não teria forjado uma versão na qual acreditava. Seja como for, é certo que alguma coisa não estava resolvida para Fliess no tocante a essa questão, a ponto de tornar problemático um dizer sobre a morte de seu pai. Isso marcou de maneira determinante a sua subjetividade, em especial sua subjetividade de autor: ao mesmo tempo, nos temas desenvolvidos, a explicação e a previsão da morte do sujeito, e na maneira de assumir a paternidade de sua obra.

O suicídio do pai de Wilhelm Fliess talvez retorne no real pela escolha de Weininger como plagiário. Fliess não teria sido sensibilizado — a seu modo — pelo fato de Weininger se ter suicidado? Ele sugere que Weininger se teria suicidado por lhe haver roubado sua propriedade intelectual. A acusação de plágio era, portanto, se invertermos as coisas, uma forma de explicar uma morte por suicídio. Weininger talvez tenha sido uma espécie de fantasma do pai de Fliess, e o caso de plágio uma versão de sua morte.

Um outro elemento de sua vida deixa pensar na existência de uma correlação entre a função paterna e a relação subjetiva de Fliess com sua teoria: é ao se tornar pai pela primeira vez que ele concebe a teoria dos períodos de uma forma quase definitiva. Algumas semanas depois de ter sabido que sua mulher estava grávida, ele anuncia a Freud que resolveu o problema da concepção, e Ida se torna o caso principal a revelar a existência dos períodos de 23 e 28 dias. Assim, no momento em que Fliess vai se tornar pai pela primeira vez, cai sobre ele a *Einfall* que o faz pai de uma teoria que, como veremos, dispensa o pai na transmissão familiar.

Curiosos contrastes em seus escritos revelam a existência de uma lacuna no lugar do pai.

Para demonstrar a teoria dos períodos, Fliess se entrega a numerosas pesquisas genealógicas que remontam a um ponto mais ou menos elevado na série de gerações. Nesse material de observação, incluem-se com freqüência os membros de sua família por casamento (cuja linhagem ele faz remontar até a terceira geração), seus filhos, ele, sua irmã e seu irmão natimorto. Mas nem por uma vez seus pais e seus avós são mencionados em seus cálculos.

Aliás podemos observar que, nas respostas a seu amigo, nenhuma vez Freud fala no pai de Fliess, quando lhe acontece de falar de sua mãe, no momento em que esta cai doente. A maneira como Freud informa Fliess de suas descobertas relativas a seu próprio pai talvez tenha dissuadido este último de lhe falar do seu[1].

Em duas ocasiões Freud situa a teoria de Fliess em referência ao pai, mas não ao de Fliess. Da primeira vez, em 27.9.99, Freud escreve: "Sei que sua teoria não se preocupa, provisoriamente, com os *pais*; no entanto, seria ousado submeter ao cálculo outros filhos que não os mais velhos nas famílias nobres[2]." Alguns meses mais tarde, em 29.12.99, Freud envia a seu amigo o poema que escrevera naquele mesmo dia em homenagem ao nascimento de Conrad Fliess: "... Mas saúdo também o pai que, pouco antes, no fundo de seus cálculos achou meios de represar a potência do sexo feminino para que este cumpra sua parte de obediência à lei...[3]". Ao mesmo tempo em que Wilhelm Fliess engendra um filho, engendra uma teoria que faz com que este filho colabore com a ordem sagrada dos períodos. Fliess é pai de um filho e de uma teoria que prediz o nascimento deste. A teoria de Fliess é a insígnia, simbólica, de sua potência paterna. A aproximação das duas cartas anteriores de Freud permite, a nosso ver, que se faça uma idéia bastante justa do lugar problemático do pai em Fliess: *a insígnia da potência paterna representada pela teoria de Fliess opera sobre o fundo de ausência da função paterna na própria teoria.*

Isso é o que vamos agora verificar, lendo os escritos teóricos de Fliess, na ordem de sua publicação.

---

[1] Não haveria aí uma omissão que relança a importância do termo *ähnlich* estudado anteriormente? Havíamos assinalado que um dos sentidos de *Leiche*, cujo radical entra na composição do termo, é "bordão", designando um termo que falta num texto impresso. A ausência dos pais e avós de Fliess em seus cálculos, contrastando com a repetição dos elementos provenientes de sua família por casamento, é uma espécie de bordão. Nos escritos de Fliess há um bordão, o nome de seus pais e avós. Lá onde há bordão (*Leiche*) do nome, Fliess vê o corpo (*Leiche*) de seus ancestrais (*Ähnen*) e a semelhança (*Ähnlichkeit*) das fórmulas não significa tanto a proveniência do mesmo corpo, segundo a "interpretação filológica" de Fliess, quanto a marca da falta do nome de seus antepassados.

[2] S. Freud, *Sigmund Freud Briefe...*, op. cit. Talvez porque nas famílias nobres os mais novos possam ser bastardos do pai.

[3] Cf. o poema inteiro p. 47.

Em *As relações*[4], é claro que o pai não tem lugar. Sua ausência nem mesmo é marcada como tal. As observações clínicas a partir das quais Fliess entende demonstrar sua teoria provêm quase todas de casos de mulheres, e jamais se trata do pai. Trata-se apenas de processos periódicos transferidos da mãe para o filho, a partir de uma "mãe primitiva" (*Urmutter*) (p. 189), sem intervenção do pai. Numa família particular: "Quatro gerações [de mulheres] compreendem exatamente as mesmas fases periódicas" (p. 217); "o laço entre as gerações pela transferência da periodicidade da mãe aos filhos é indubitável" (p. 229); "Se seguirmos nosso raciocínio até o fim, pode-se levantar a questão de saber se o sexo da criança não poderia ser também determinado pela mãe" (pp. 266-267).

A teoria dos períodos é fundada de uma maneira que vai permanecer inalterada em suas linhas gerais, unicamente em referência a uma transferência de períodos da mãe ao filho, sem nada fazer do pai[5]. Apesar das inflexões que Fliess irá imprimir a sua teoria, a exclusão da função paterna na transmissão dos períodos permanece sua marca definitiva[6].

Em seu seminário sobre as psicoses[7], Lacan diz; "É unicamente a partir do momento em que buscamos inscrever a descendência em função dos machos que intervém uma inovação na estrutura. É unicamente a partir do momento em que falamos da descendência de macho a macho que se introduz um corte que é a diferença das gerações. A introdução do significante do pai introduz daí por diante um ordenamento na linhagem, a série de gerações." Em 1971, ele retoma este ponto de vista, ligeiramente modificado (a referência à numeração substitui aquela ao ordenamento): "O matriarcado consiste no seguinte, é que no que diz respeito à mãe,

---

[4] W. Fliess, op. cit., as referências de paginação se referem à edição francesa.

[5] Fliess vai observar isso em *Vom Leben* (1909), p. 90, em nota onde anuncia um trabalho futuro sobre os traços do laço paterno (*Spuren des väterlichen Zusammenhanges*), trabalho que jamais será publicado.

[6] Como notou Alain de Mijolla, pode-se imaginar o que havia de inaudível para Fliess na comparação feita por Swoboda, em sua carta de 28 de junho de 1905, do controle da descendência com a *emissio seminis*. Cf. p. 307.

[7] J. Lacan, *O Seminário*, livro III, "As Psicoses", p. 360 da versão francesa.

como Freud sublinha ocasionalmente, não há dúvidas [...] sobre quem é a mãe. Tampouco há dúvida alguma sobre quem é a mãe da mãe e assim por diante. A mãe, na sua linhagem, é, eu diria, inumerável; ela é inumerável em todos os sentidos próprios ao termo, ela não pode ser numerada porque não tem ponto de partida. A linhagem materna, por mais que esteja necessariamente em ordem, não se pode fazê-la partir de lugar nenhum[8]." A sistematização de Fliess confirma *a contrario* as afirmações de Lacan. A contagem operada pelas cifras de períodos faz as vezes da numeração das gerações devolvida à função paterna, pelo fato da ausência desta. As "filiações" permitidas pela teoria dos períodos são testemunhas disso[9].

Em suas obras posteriores às *Relações*, Fliess cita o papel do pai na transmissão dos períodos, mas de uma maneira sujeita a caução, que não implica o reconhecimento da especificidade de sua função. Vários casos ilustrativos podem se apresentar:

1– Ele nota a ausência do pai no cálculo dos períodos, o que é uma certa maneira de levá-lo em conta, pelo menos para o leitor: "...o pai é eliminado...[10]", ou: "O papel do pai deve ser mais afastado" que o da relação próxima entre mãe e filho[11].

2– Existem casos onde a "eliminação" do pai liga-se à idéia de que a paternidade como tal pode ser posta em dúvida (*Pater incertus est*). Este é o único caso em que Fliess, que nos outros pontos não deixa de afirmar suas certezas, dá lugar à expressão de uma dúvida. Em uma observação onde só se trata da idade dos descendentes maternos, ele indica em nota: "Abstraindo-se a incerteza da paternidade, os resultados de nossa análise nos autorizam provisoriamente a ver a unidade familiar apenas na mãe[12]." Um pouco mais adiante[13], ele toma o exemplo da família von Humbolt e compara as durações de vida dos oito filhos de Wilhelm von Humbolt e de sua mulher

---

[8] J. Lacan, "D'un discours qui ne serait pas du semblant", seminário inédito, sessão de 19-6-1971.

[9] Cf. a ilustração p. 27 da "filiação" de Robert Fliess segundo a teoria dos períodos.

[10] W. Fliess, "O Curso", *Der Ablauf*, op. cit., p. 92.

[11] Ibid., p. 159.

[12] Ibid., p. 157.

[13] Ibid., p. 174.

Karoline, nascida von Dachröden, com o tempo de vida das mães destes, somente, para chegar a formulações comuns; em nota, ele comenta: "Na família tratada aqui, a paternidade não é absolutamente certa. Em biologia, a frase "*pater est quem nuptiae demonstrant*" não tem valor." Não se sabe o que permite a Fliess suspeitar da legitimidade (do lado paterno) de alguns dos filhos dos von Humbolt, ainda que isso seja possível. Este argumento não lhe viria, no entanto, para poder afastar o pai dos seus cálculos, e extasiar-se diante da fórmula do número de dias comuns dos filhos e na mãe?

Num outro caso onde põe em evidência uma fórmula de tempos de vida comparáveis entre um pai e seus filhos (de família nobre), ele acrescenta: "Não posso decidir se essa forma se funda, no pai, sobre uma verdadeira paternidade de sangue em primeiro grau[14]." A paternidade é novamente posta em dúvida por Fliess, sem que se saiba por quê.

Esses exemplos têm ao menos o mérito de introduzir o pai no discurso, mesmo que seja para pôr em dúvida sua função na transmissão dos períodos. Resta que sua presença não é necessariamente requerida para provar a validade da teoria; é mesmo o contrário, poderíamos dizer.

3– Existem casos onde Fliess contradiz por sua enunciação o lugar que parece reconhecer ao pai. Aqui está um exemplo: "Se assim é, então impõe-se a nós a idéia de que uma quantidade determinada de substância viva do corpo da mãe é atribuída a cada geração, em unidades simples, e que *é daí* que provém a soma simples das durações de vida dos irmãos e irmãs. Mas a quantidade dada a cada criança individualmente a partir dessa soma de geração deve depender de uma outra instância cuja intervenção determina também a estrutura do elemento separado da soma materna no momento da concepção: o pai. É assim que se esclareceria o laço mais próximo da criança com a *mãe*, laço que se pode continuamente observar. Pois *sua* substância continua a oscilar na criança, imortal como o amor materno[15]." Não se compreende que depois de ter frisado a intervenção do

---

[14] Ibid., p. 216.
[15] Ibid., p. 172.

pai Fliess continue com um "é assim" (*Damit*) que se refere à mãe. Para compreender o "é assim", é preciso voltar ao que Fliess diz sobre a mãe duas frases acima. O desenvolvimento sobre o pai, na enunciação de Fliess, não passa de parênteses sem conseqüências.

4 – Em todos os casos, Fliess tem uma concepção bastante ampliada do que é "paterno". Um exemplo a propósito de sua própria família o demonstra: "Aqui o ano *paterno* não pode ser desconhecido. Em minha própria família isso também se manifesta claramente. Posso assinalar que minha única irmã (*Schwester*) adoeceu a 29 de dezembro de 1879 de uma pneumonia muito severa (*schwerster*) e morreu trinta horas depois. Em 29 de dezembro de 1895 nasceu meu filho mais velho, meu filho mais novo em 29 de dezembro de 1899, portanto, precisamente, 16 e 20 anos depois[16]." A relação feita entre as datas de nascimento de seus filhos e a data da morte da tia destes basta a Fliess para provar a influência paterna... já que se trata de uma tia pelo lado paterno. Pode-se observar que, com este cálculo, Fliess prova indiretamente sua própria paternidade: graças à intervenção de sua irmã, ele próprio é *pater certus.*

Ele não leva em consideração a influência biológica direta do pai, mas a de um membro da parentela do pai. A substância familiar forma, com efeito, um todo bastante elástico, cujas "vagas" atravessam todos os membros da família. Essas relações familiares deixam-se compreender melhor se as considerarmos segundo uma lógica do significante. Sob este ponto de vista, é provável que, para Fliess, o nascimento de seus filhos não deixe de ter relação com a morte de sua irmã. Pode-se igualmente supor, conforme suas afirmações, que ele teria concebido imaginariamente seus filhos com sua irmã. A biologia de Fliess é uma biologia fantástica, isto é, tecida, à revelia de seu autor, de fantasias, até mesmo de delírio.

5 – Depois de *As relações,* Fliess amplia tanto a noção de substância familiar e confere à transmissão dos períodos um tal grau de generalidade que a própria questão do papel do pai se torna sem objeto.

---

[16] Este exemplo é retomado por duas vezes em *Das Jahr,* p. 61 e p. 236.

O conjunto do parentesco de sangue, próximo e distante, da mesma geração e de gerações sucessivas forma um todo, uma vasta substância familiar percorrida pelas "vagas" de períodos que atravessam e sacodem o corpo e o espírito dos indivíduos, cada um deles contendo uma parte dessa substância[17]. Sem cessar voltam termos da mesma água — rio (*Stromweise*), marés (*Gezeiten*, termo onde "tempo" está incluído), vagas (*Wellen*), ondas (*Wogen*) —, para indexar os períodos, seja isoladamente, seja em termos compostos: *Jahreswellen*, as vagas do ano; *Lebenswelle*, as vagas da vida. Estas não são apenas metáforas ocasionais. Esses termos estruturam sua maneira de pensar os acontecimentos.

Além disso, o "comum" (*Gemeinsam*) transborda as fronteiras do familiar do parentesco consangüíneo: "Não são somente os intervalos de nascimentos de uma mesma mãe que autorizam a comparação biológica entre eles, mas todos os intervalos de nascimentos devem ter em sua estrutura alguma coisa de comum[18]." A comparação dos intervalos de nascimentos entre os membros de uma família, por exemplo a de Fliess, com os intervalos de nascimentos dos membros de uma outra família que não lhe seja aparentada, por exemplo a de Freud, fornece o que Fliess chama de um princípio comum, o qual permite formular equações entre uns e outros. "A comparação das somas nos convenceu", escreve Fliess, "de que os intervalos de nascimentos de duas famílias completamente estranhas são formados segundo um princípio comum[19]." Esse princípio o autoriza a escrever a equação:

"Freud I = Flieβ I – (2 $\mathring{J}$ – 23^2)" [20]

---

[17] Cf. *Das Jahr*, pp. 49, 80, 173.

[18] W. Fliess, *Das Jahr*, pp. 129, 135.

[19] W. Fliess, *Das Jahr*, pp. 135, 137.

[20] $\mathring{J}$ vale por *Jahre*, a duração de um ano, isto é, 365 dias. Freud I e Fliess I representam as distâncias entre os nascimentos de seus dois primeiros filhos. Em cifras, temos: 783 = 984 – (730 – 529); 783 representa o número de dias entre o nascimento de Mathilde (16 de outubro de 1887) e o de Martin (7 de dezembro de 1889) Freud. 984 representa o número de dias de diferença entre o nascimento de Robert (29 de dezembro de 1895) e Pauline (8 de setembro de 1898) Fliess.

Essa fórmula põe em evidência um tipo, aqui "D-Typus", aumentado de um ano = $2\mathring{J} - 23^2$, que reencontramos em outras famílias, e até mesmo para plantas.

Tratar-se-ia apenas nessas equações de se pôr em evidência um tipo comum que verifica a universalidade da lei dos períodos? Não será este também um meio de recriar um parentesco fantástico entre pessoas de famílias diferentes? Vimos, com o exemplo da *Ähnlichkeit*[21], que Fliess pode se engajar nessa vertente. O "parentesco" entre Goethe e Bismarck, traduzido pela semelhança de suas fórmulas, seria mais primitivo e conforme à ordem da Natureza do que um verdadeiro parentesco de sangue; no limite, ele o legitimaria. Na equação precedente o D-Typus aumentado de um ano permite reunir Freud e Fliess numa mesma comunidade, como se houvesse uma ligação substancial comum que regrasse as diferenças de idades de seus filhos. Enfim, podemos citar uma passagem de "Masculino e feminino" confirmando que se trata realmente, para Fliess, de recompor os laços substanciais entre indivíduos que não têm relações de parentesco: "Naturalmente, a quantidade das duas substâncias é limitada em cada ser vivo. Se ela for consumida, a vida se extingue. É provável que a mesma quantidade total de substância viva estivesse presente nesses grupos de 28 homens mortos de tuberculose e de 23 mulheres que foram vítimas do bacilo tuberculoso na mesma época e na mesma população. Dito de maneira geral, existem grupos de indivíduos de 28 e de 23, que são ligados entre eles por um destino comum e, com eles, a mesma quantidade de substância viva desaparece ou entra na vida. Pois, também para a entrada no mundo, os mesmos grupos podem ser recenseados[22]."

O sistema de Fliess é uma concepção do mundo na qual se diluem os laços de parentesco: "O homem nada mais é que um membro da cadeia das formas de existência[23]", diz ele. Homem e mulher participam de uma "maravilhosa" harmonia do universo: o curso de suas vidas, os aconteci-

---

[21] "O Curso", *Der Ablauf*, p. 158. Cf. nosso comentário p. 153 sq.
[22] W. Fliess, "Masculin et féminin", *Littoral*, n.º 23/24, out. 87, Toulouse, Érès.
[23] W. Fliess, *Das Jahr*, p. 256.

mentos marcantes, o dia de suas mortes são fixados segundo períodos calculados em dias e anos, isto é, em unidades de tempo astronômicas, que os põem em órbita no cosmos. Em "O curso da vida", Fliess chega à conclusão de que "três anos é a menor unidade de anos que poderia ser comparada com a vida duplamente sexuada", conforme uma explicação no mínimo obscura, mas reveladora da sua concepção do mundo: "Os dois portadores duplamente sexuados da vida, o homem e a mulher, deveriam incluir em si a ação de dois tempos (verão e inverno). Pois a vida dos dois é atribuída segundo as estações. Se cada um tivesse o precipitado de um afélio e de um periélio, isto é, de todo um ano, então os sexos deveriam se assemelhar como um ano se parece com outro. Somente se um apresenta dois afélios e um periélio, e o outro dois periélios e um afélio, a diferença progressiva, como propõe a vida, aparece. Neste caso, cada indivíduo disporia de um ano inteiro para poder viver de maneira independente no ciclo do ano e disporia a mais de uma parte do ano que tenderia para a unificação com seu complemento, a fim de formar novamente um novo todo. É isso que significam os *três* anos[24]." A teoria dos períodos realiza a participação do indivíduo nas leis do Universo, como já era anunciado desde *As relações*: os períodos "não são limitados aos homens, mas se estendem ao reino animal e provavelmente a todo o mundo orgânico. A maravilhosa precisão com a qual os tempos de 23 e de 28 dias são respeitados deixa, com efeito, supor uma profunda participação das relações astronômicas na criação dos organismos[25]".

Como conclui, mais uma vez, Fliess: "Somente assim nos tornamos verdadeiros filhos da Terra e membros do grande cosmos, do qual ela mesma é uma parte minúscula[26]." Por que ainda haveria necessidade de diferenciar um papel específico do pai nessa cosmologia? A "maravilhosa precisão" dos períodos permite que se o dispense inteiramente.

Compreende-se que num tal sistema os limites identificatórios do "filho da Terra" possam vacilar. Isso é o que decorre de diversos pontos da

---

[24] W. Fliess, "O Curso", *Der Ablauf*, op. cit., p. 528.
[25] W. Fliess, *Les Relations*, op. cit., prefácio, p. 10.
[26] W. Fliess, *"L'année dans le vivant"*, op. cit., p. 269.

obra de Fliess. Ele fala, em certo momento, da "personalidade das plantas": vários álamos formam uma "personalidade" única, seus limites não são individuais e, diz ele, "devemos, pois, biologicamente, ampliar os limites do indivíduo". Nesse ponto, ele encadeia: "Morrer, amar e viver são acordados uns aos outros: seu lugar é estritamente determinado, seu tempo atribuído com precisão no grande fluxo (*Strom*) da substância viva que escorre em ondas (*flutet*) sobre a terra e de que nós mesmos somos as gotas[27]."

Num capítulo intitulado "Do mesmo sangue", ao final de "Sobre a doutrina dos períodos", Fliess escreve:

"Nenhuma essência viva se mantém só; fios invisíveis se estendem entre todos os membros de uma mesma descendência. De uma geração a outra, a vida se desenrola e em certos pontos de ruptura naturais ela se interrompe para um e começa para outro.

> O rio eterno corre e flui
> Onde comecei eu? Onde acaba você?[28]"

Estes dois versos são a tradução de:

> *Der ewige Strom fließt ab und zu,*
> *Wo fang ich an? Wo endest du?*

Onde se observa o *fließt*, do verbo *fliessen*, que significa "escorrer", "escoar", para um líquido. No imperativo, conjuga-se: *fließ(e)*.

O nome de Fliess [Fließ, na grafia alemã] se liga ao tema de sua obra, resumida pelo título "O curso da vida". "Fließ", nome próprio de Wilhelm, é ao mesmo tempo o imperativo singular de *fliessen, fließ:* corre. O nome próprio que Fliess reivindicou no caso de plágio talvez já estivesse em obra, como imperativo (*fließ*), na sua teoria do curso da vida.

---

[27] W. Fliess, *Vom Leben*, op. cit., p. 81.

[28] W. Fliess, *Zur Periodenlehre*, p. 87. Não encontramos a origem desses dois versos. Eles também são citados por Fliess num artigo posterior a 1924, intitulado "Pode-se prolongar a vida?".

Capítulo 9

Fliess: outro, público e leitor de Freud

Nossa leitura dos textos teóricos de Fliess mostra que o caráter delirante da acusação de plágio tem suas raízes no sistema fliesseano.

Freud só começou a falar de paranóia em Fliess *depois* do desencadeamento do caso que o implicava. Anteriormente ele não podia se dar conta do caráter delirante do sistema de seu amigo. Pela simples razão de que dele participava ativamente. Mas, longe de ter sido um obstáculo, o desconhecimento do lado delirante do sistema de Fliess permitiu a Freud escrever a *Traumdeutung* e nomear o inconsciente.

Voltemos a sua correspondência. Os três termos *outro, público, leitor* são aqueles que voltam mais freqüentemente sob a pena de Freud, juntos ou em separado, para designar seu amigo.

Em 21.5.94, Freud escreve a Fliess: "Não é um favor do destino que eu só tenha cerca de cinco horas, durante o ano, para uma troca de idéias com você, quando não posso dispensar o outro, e você é o único outro, o *alter*." Em 16.5.97, escreve que espera poder abusar dele como público (*Publikum*) favoravelmente disposto, sem o que não pode trabalhar. Em 23.2.98: "O outro (*der Andere*) me faz falta." Em 18.5.98: "Sem público, não posso escrever, mas agrada-me escrever só para você." Em 21.9.99, Freud qualifica Fliess de "o mais amado e melhor leitor"; "não posso dispensar você, o representante (*Repräsentant*) do 'Outro'". Quando sua correspondência está a ponto de cessar, Freud deplora perder nele seu "único público"; para quem iria eu escrever então? — pergunta ele[1].

O termo *outro* tem nessa correspondência um duplo sentido. Designa, por um lado, o *alter ego*, o duplo do eu e, por outro lado, uma alteridade como tal, o Outro, particularmente quando Freud fala de "representante" do Outro; trata-se da alteridade graças à qual o sujeito pode se constituir e reconhecer aquilo que lhe é "próprio". Essa alteridade faz intervir uma função terceira, o que é marcado pelo termo de "público" que Freud lhe associa.

Publikum (público) designa um grupo de pessoas *a priori* receptivas a um espetáculo, uma atividade, uma resenha. Numa peça cômica de Johann Nestroy o "público" é limitado a uma pessoa. A relação entre Freud e Fliess não era somente "privada". Havia entre eles os pacientes que encaminhavam um ao outro e que às vezes tratavam todos dois, os amigos comuns, as famílias mais ou menos ligadas, e... a ciência. Era também a título de representante da ciência que Fliess era o Outro de Freud, numa relação intermediária entre o público e o privado.

O trabalho comum

Nos primeiros capítulos, frisamos a importância do trabalho comum de Freud e Fliess. A escrita da *Traumdeutung* é um exemplo da colaboração entre os dois homens. Vamos lembrar, como registro, que na fase final (verão de 1899) a circulação intensa das provas tipográficas entre o impressor, Fliess e Freud é incessante. Freud leva em conta as correções de seu amigo. Muito do material da *Traumdeutung*, e depois da *Vida quotidiana*, provém direta ou indiretamente de Fliess.

No entrelaçamento que se tece, Freud está pronto a valorizar o que há de comum entre eles, até perder o sentido daquilo que lhe é próprio. "Eu sei", escreve ele em 17.12.96, "que você dá a minhas fantasias o seu justo lugar, que você leva esses pontos de vista mais adiante e não me tem

---

[1] As citações deste parágrafo provêm de S. Freud, *Sigmund Freud Briefe...*, op. cit.

nem por um fantasioso, por lhe comunicar coisas tão inacabadas, nem por um louco, que se acreditaria por isso acima das observações e correções. São sínteses e *working*-hipóteses que, espero, possam ser trocadas entre nós sem restrições. Minha alegria interior quando uma idéia incidente (*Einfall*) sobrevém não se relaciona, é evidente, com as provas latentes, e sim com o achado de um solo comum de trabalho entre nós. Espero que isso vá tão longe que possamos juntos construir algo de definitivo nesse ponto, e assim reunir nossas contribuições até não mais reconhecermos o que é próprio (*Eigentumsverkennung*) a um ou a outro[2]."

Freud se pergunta se suas teorias não são loucura. Para muitos contemporâneos, havia tanta, se não mais loucura, nas descobertas de Freud quanto nas de Fliess. Disso testemunha a observação de Breuer que Freud relata a Fliess em sua carta de 1.3.96: "Nossa relação pessoal [com Breuer] exteriormente remendada me enegrece profundamente a existência. A seus olhos, não faço nada bem, e além disso abandono o projeto. Segundo ele, eu deveria me perguntar todos os dias se sofro de *insanity moral* ou de *paranoïa scientifica*[3]." Freud rejeita a idéia de ser afetado por *paranoïa scientifica*, mas adere à de seu amigo, tomando-o por alguém mais sensato que ele mesmo.

A carta precedente mostra o quanto é importante para Freud poder comunicar suas idéias com toda confiança, sem reservas. "A ausência de imposição (*Zwang*) é o principal atrativo de nossa correspondência", escreve ele a 30.7.98. Em seus "congressos", cada um falava de seus trabalhos e o outro ficava livre para intervir ou não. Eissler emitiu a hipótese de que a distância favoreceu essa liberdade de trocas[4].

Em sua carta de 3.1.97 (em seguida à de 17.12.96), Freud lança um "*Nous y arriverons*" [em francês no texto]: Freud, para a psicologia e as neuroses, Fliess para a organologia. Em 22.6.97, ele se compara, bem como a Fliess, com dois mendigos (*Schnorrer*) que dividem entre eles a província de Posen: para Fliess, o biológico, para Freud o psíquico.

---

[2] S. Freud, *Sigmund Freud Briefe...*, op. cit.

[3] Ibid.

[4] K. R. Eissler, "*Über Freuds Freundschaft mit Wilhelm Fließ nebst einem Anhang über Freuds Adoleszenz und einer historischen Bemerkung über Freuds Jugendstil*", op. cit.

Pode parecer contraditório que Freud procure ao mesmo tempo, por um trabalho comum, apagar a distinção do que cabe a cada um e delimitar dois domínios. Assim seria, se os domínios já estivessem constituídos. Mas no tempo em que esses campos ainda estão por ser trilhados, quando a teoria se inventa, as coisas se colocam de outra maneira. O que é próprio a cada um está por se conquistar, não é dado de antemão, e só vai cair posteriormente, no movimento de destituição subjetiva de uma perda, de uma separação do que era até então considerado como seu. Freud e Fliess sentiram essa "perda" quase ao mesmo tempo no momento da publicação da *Traumdeutung*. Fliess fala da sensação dolorosa do "dar-de-si" (*von-sich-geben*) daquilo que era próprio (segundo a carta de Freud de 4.10.99). Quanto a Freud, ele diz de seu livro dos sonhos "que nenhum trabalho meu foi tão autóctone", "é meu próprio adubo, minha planta e uma *nova species mihi*" (carta de 28.5.99).

Uma relação entre privado e público

A relação entre Freud e Fliess não é somente uma relação amigável, privada, "transferencial"; o *alter ego* de Freud é também seu público. Sua relação é atravessada de parte a parte pelos públicos, restritos ou ampliados. Eles publicam os trabalhos que discutiram juntos e esperam um reconhecimento do público maior a que se dirigem, dispostos a esperar por muito tempo. O Outro de que Fliess é, como vimos, o representante aos olhos de Freud, a quem ele pode dizer tudo, com quem pode sair dos limites do seu eu, é igualmente um público (*Publikum*) e, como tal, representante de um ideal científico. É também nesse sentido que se pode interpretar a tentativa de separação dos domínios: atribuindo o domínio da biologia a Fliess, Freud faz dele seu avalista da cientificidade do projeto comum.

Como notou Eissler[5], Fliess encarna para Freud uma espécie de bode expiatório (*Sündenbock*) que lhe permite exorcizar sua atração pela magia

[5] K. R. Eissler, op. cit., p. 53.

dos números. É precisamente o delírio de Fliess que lhe permite ocupar esse lugar para Freud. Este o admira pelo caráter grandioso de suas teorias e a certeza de que dá provas nas suas afirmações. Ele encoraja e exalta a tendência megalomaníaca de Fliess, porque esta lhe proporciona bem-estar e o estimula quando está deprimido[6].

Eissler[7] foi o primeiro a relacionar a "aritmomania" de Fliess com o interesse pelos números de Freud adolescente. Depois de haver completado seus estudos de segundo grau com menção honrosa, Freud escreve em 6 de agosto de 1873 a seu amigo Eduard Silberstein: *"Em dias de trabalho intenso, isto é, uma semana antes da † falecida † prova final, a tentativa de construir um sistema de números ocupou-me seriamente, porque reparei que tudo o que se passa no mundo real tem seu equivalente, diria, seu par, no mundo dos números. Os números nascem, morrem, casam-se e se matam como os humanos. A terra dos números tem sua nobreza, seus exércitos, suas tabelas genealógicas, como os homens. Possui mesmo uma mitologia e deuses! Bem sei que vai se surpreender com esta descoberta, mas quando eu tiver terminado minha obra e submetê-la a você, reconhecerá que ela constitui uma maravilhosa prova de penetração humana, em especial daquela do seu amigo, o autor. Sei também que um tal assunto é digno da atenção de mil indivíduos mais engenhosos que eu, mas se me faltam forças louvem-se minhas intenções, e é a mim que deve restar a glória eterna da idéia, mesmo que meus sucessores e aqueles que venham subir em meus ombros me superem na execução*[8]."

Esta é uma profissão de fé que Fliess poderia ter assinado. Compreende-se, a partir daí, que mesmo que Freud houvesse se distanciado dessa "descoberta", só poderia ficar "subjugado" por alguém que incontestavelmente o "superasse na execução" de um sistema de números. Freud dirige-se a Fliess como ao homem de ciência que assegura o "complemento" de

[6] Cf. por exemplo a carta de 18.8.94, e a de 22.7.99, "A segurança (*Zuversicht*) nos seus dizeres sempre teve alguma coisa de extraordinariamente benéfico para mim, e agiu de maneira excitante por um longo período."

[7] K. R. Eissler, op. cit., bem como "*To Muriel M. Gardiner on her 70th birthday*", *Bulletin of the Philadelphia Assoc. for Psychoanalysis*, vol. 22: 110-130, 1972.

[8] S. Freud, *Lettres de jeunesse*, trad. franc. de C. Heim, Paris, Gallimard, 1990, pp. 65-66.

garantia científica às verdades que ele descobre. Mesmo que as "descobertas" de Fliess ainda não sejam reconhecidas por seu justo valor, não há dúvidas para Freud de que elas o serão um dia. A impassibilidade de Fliess diante do julgamento de outrem reconforta Freud quando este se sente demasiado isolado (carta de 1.7.1900). Freud e Fliess confortam-se um ao outro por seu isolamento e pelas críticas que lhes são dirigidas; para eles, isso é uma prova de que inventam coisas novas; entre eles, sorvem energia para prosseguir seus trabalhos. A caução científica que Freud encontra em Fliess não precisa ser reconhecida por outros, na época em que opera; basta-lhe saber que um dia ela o será. Fliess permite-lhe suportar a antecipação desse reconhecimento.

Freud tem necessidade de ser estimulado, pois quanto mais admira os resultados de Fliess, tanto mais sofre com suas próprias pesquisas. Em 26.11.99, ele fala de suas depressões periódicas, e acrescenta: "Ao contrário, leio com alegria (*Freude*) na sua carta que o seu trabalho progride clara e lucidamente na luz, mas isso não conviria às minhas coisas subterrâneas[9]." Em 7.5.1900, evoca seu "esplêndido isolamento" e dirige um grande ditirambo a seu amigo: "Nada substitui para mim a relação (*Verkehr*) com o amigo, exigida por um certo lado, talvez feminino, e vozes interiores que estou habituado a escutar aconselham-me uma avaliação mais modesta do que a proclamada por você para o meu trabalho. Quando o seu trabalho [a preparação do "Curso"] for publicado, nenhum de nós será capaz de emitir, sobre a sua justeza (*Richtigkeit*), um julgamento que ficará reservado para a posteridade, como ocorre com toda grande novidade, mas a beleza da concepção, a originalidade dos pensamentos, a simplicidade das conexões e a certeza do autor irão criar uma impressão que lhe proporcionará a primeira reparação pelo penoso esforço da luta contra o demônio. Nenhum crítico (nem mesmo o estúpido Löwenfeld, o Burckhardt da neuropatologia) vê de forma mais aguda que eu a desproporção que existe entre os problemas e as soluções, e será para mim uma justa punição que nenhuma das províncias não descobertas na vida psíquica, onde penetrei em primeiro lugar entre os mortais, levará o meu nome ou obedecerá às minhas leis."

---

[9] S. Freud, *Sigmund Freud Briefe...*, op. cit.

Invertendo a famosa fórmula "tive sucesso ali onde o paranóico fracassa[10]", poderíamos resumir o que diz, então, Freud a Fliess por: "Aí onde fracasso, você terá sucesso."

Como Freud irá escrever a Abraham, a respeito de Fliess: "Eu o amei muito outrora e por essa razão houve muitas coisas com que não tomei cuidado[11]."

Freud, efetivamente, não percebeu que as teorias de seu amigo eram um sistema delirante, em que havia acreditado e que encorajara. Felizmente, já que isso nos valeu a *Traumdeutung*!

Depois de haver admitido a existência de um delírio em Fliess, Freud tentou explicar suas causas, segundo o seu ponto de vista (que não é o mesmo nosso). Ele o fez de maneira indireta, com seu estudo do caso Schreber[12].

Ler o Schreber de Freud com Fliess

Entre 1906 (caso do plágio) e 1910 (ano em que começou a redigir o caso Schreber), Freud não esconde seu incômodo quanto ao que se passou com Fliess; ele edifica sua teoria da paranóia precisamente como interpretação da saída desastrosa dessa relação apaixonada. É isso que aparece muito claramente na sua correspondência com Ferenczi[13] e com Jung. A este último, ele confia que a idéia de uma transformação da homossexualidade na origem da paranóia lhe vem de Fliess: "Meu amigo de então, Fliess, desenvolveu uma bela paranóia depois de se ter desembaraçado de sua inclinação por mim, que certamente não era pequena. É a ele, ou seja, a seu comportamento, que devo, com efeito, esta idéia[14]." Em suas cartas ulteriores,

---

[10] Carta a Ferenczi de 6.10.1910, *Correspondance Freud-Ferenczi*, op. cit.

[11] *Correspondance Freud-Abraham*, Paris, Gallimard, p. 108 (carta de 3.3.1911).

[12] Daniel Paul Schreber, *Mémoires d'un névropathe*, trad. franc. de Paul Duquenne e N. Sels, Paris, Seuil, 1975. S. Freud, *Cinq psychanalyses*, Paris, PUF, 1967, trad. franc. M. Bonaparte e R. Lowenstein, e S. Freud, *Remarques psychanalytiques sur un cas de paranoïa* (Dementia paranoides) *décrit autobiographiquement*, Paris, EPEL, 1993, trad. franc. E. Legroux, C. Toutin-Thelier, M. Viltard, suplemento gratuito ao n.º 2 de *L'Unebévue* destinado aos assinantes.

[13] Cf. a carta de Freud a Ferenczi de 6.10.1910, já citada acima, op. cit.

[14] *Correspondance Freud-Jung*, carta de 17.2.1908, op. cit., tomo I, p. 182-183.

Freud diz a Jung que quer transmitir, com Schreber, o que aprendeu de Fliess (é obrigado a suspender a ambigüidade do "ele", explicando "ou seja, a seu comportamento"): "Um estudo [de Schreber] será lançado, em todo caso, e as pessoas poderão crer que fiz a teoria a partir do livro[15]." Mas, como escreve em outra parte: "Edifiquei minha teoria da paranóia antes de haver tomado conhecimento do livro de Schreber[16]" e, acrescentemos, depois de Fliess havê-lo deixado. Freud reconhece ter tido dificuldades para escrever "seu" Schreber "por causa da luta ocorrida durante sua redação contra complexos interiores (Fliess)[17]".

Curiosamente, depois de haver descartado Ferenczi de uma colaboração sobre o caso de Schreber, Freud faz com que os primeiros elementos de sua nova teoria da paranóia sejam publicados inicialmente por Abraham (instalado em Berlim desde 1907) em "As diferenças psicossexuais entre a histeria e a demência precoce"(1908)[18]. Comunicando sua descoberta antes de publicá-la, Freud se põe exatamente na mesma posição de Fliess divulgando oralmente suas descobertas antes de publicá-las, e acreditando ter sido plagiado.

A presença em filigrana de Fliess explica que Freud aborde a psicose de Schreber pelo lado transferencial. O estudo do caso Schreber gira em torno de sua transferência com Flechsig; Freud torna a luta contra a transferência homossexual responsável pelo desencadeamento da psicose. Edificando sua teoria da paranóia como interpretação de seu rompimento com Fliess, não é de surpreender que ele seja levado a situar no quadro de uma transferência a causação da paranóia de Schreber.

Tudo se passou em seguida como se ele e seus discípulos tivessem tentado apagar, *a posteriori*, a importância dessa opção. Com efeito, ele cita

---

[15] *Correspondance Freud-Jung*, carta de 1.10.1910, op. cit., tomo II, p. 98.

[16] S. Freud, *Cinq psychanalyses*, trad. franc. M. Bonaparte, R. Loewenstein, op. cit., p. 321.

[17] *Correspondance Freud-Jung*, carta de 18.12.1910, op. cit., tomo II, p. 122.

[18] K. Abraham, *Oeuvres complètes*, trad. franc. de I. Barande e E. Grin, tomo I, Paris, Payot, 1973, p. 36. Freud vai citar este artigo três vezes em seu estudo sobre Schreber. Em uma nota (*Cinq psychanalyses*, op. cit., p. 289), Freud escreve: "Nesse trabalho [o de Abraham citado], o escrupuloso autor, referindo-se a uma correspondência trocada entre nós, atribui-me uma influência sobre a evolução das suas idéias."

em três oportunidades o artigo de Abraham, sem se alterar diante de afirmações que contradizem o que diz Schreber e o que constitui o motor da interpretação freudiana do caso: assim, a afirmação de K. Abraham segundo a qual "a demência precoce destrói a capacidade de transferência sexual, de amor objetal[19]". O próprio Freud irá se unir, em 1915, na *Introdução à psicanálise*, a essa posição que no entanto é desmentida pela argumentação do seu Schreber. Há, aí, um curioso efeito de desconhecimento por parte de Freud com relação a seu ponto de vista precedente. Ainda assim, é inegável que foi ele quem abriu caminho para uma psicanálise das psicoses.

Diversos fatores concorrem para privilegiar a dimensão da transferência no texto de Freud sobre Schreber. Em primeiro lugar o método. Freud escolhe um método de análise que não se funda na biografia. Ele ignora a história familiar de Schreber, com exceção daquilo que Schreber escreve sobre isso em seu livro, ao que acrescenta algumas informações sobre a data de nascimento e de morte do pai de D. P. Schreber. Essa ignorância é uma postura preconcebida de Freud, que também foi a de Lacan em seu artigo "Sobre uma questão preliminar a todo tratamento possível da psicose[20]". Pode-se achá-la discutível. A seu favor, podemos dizer que ela deu provas de uma fecundidade que os novos dados biográficos trazidos por H. Israëls[21], por preciosos que sejam, não modificaram.

Esse método de análise se apóia no texto de Schreber e, por conseguinte, na trama do delírio no qual se destaca, efetivamente, a atualidade da relação de Schreber com Flechsig. Freud só conhece essa relação pelas *Memórias* de Schreber; ele a chama de transferência, o que não é evidente por si, nem naquela época, e nem para o próprio Freud. A raiz da fantasia feminina de Schreber "seria uma nostalgia de seu pai e de seu irmão, exaltada até comportar um reforço erótico. Essa nostalgia, aquela referente ao

[19] K. Abraham, *"Les différences psychosexuelles entre l'hystérie et la démence précoce"*, op. cit.
[20] J. Lacan, *Écrits*, Paris, Seuil, 1966.
[21] Han Israëls, *Schreber, père et fils*, traduzido e adaptado do inglês por N. Sels, e *Schreber inédit*, Paris, Seuil, 1986.

irmão, fixou-se por transferência no médico Flechsig[22]" e: "A causa ocasional desta doença [de Schreber] foi, portanto, um surto de libido homossexual; o objeto sobre o qual essa libido incidia era sem dúvida, desde a origem, o médico Flechsig, e a luta contra essa pulsão libidinal produziu o conflito gerador dos fenômenos mórbidos[23]."

A importância que Freud atribui à transferência é facilitada pelo fato de que ele só leva em conta o segundo episódio delirante de Schreber, sobrevindo depois que este houvesse sido tratado por Flechsig de um primeiro acesso hipocondríaco. Ora, deixando um impasse quanto à primeira crise, ocorrida antes do encontro com Flechsig, que além disso ele situa nos limites de uma neurose, quando as observações médicas encontradas por F. Baumeyer mostram que já se tratava de um episódio delirante[24], Freud é levado a sustentar a hipótese da causalidade transferencial do delírio (por "reação" contra a libido homossexual).

Essa interpretação coincide com aquela da ruptura com Fliess e tende à generalização. Ela permite a Freud não se deter no fato de que Fliess já delirava antes desse rompimento. Mas, inversamente, ela constitui uma espécie de confissão velada de sua própria transferência para com Fliess, e engaja o psicanalista a não pesquisar a verdade causa do delírio fora da transferência *do* psicótico e *para com* o psicótico.

Este ato de Freud é muito mais decisivo do que todas as suas declarações sobre a inaptidão do psicótico para a transferência. Ele é, aliás, confirmado por uma passagem da 28ª conferência da *Introdução à psicanálise*[25]. Freud ali responde à objeção segundo a qual os resultados da análise podem ser devidos à sugestão. A garantia de que este não é o caso nos é fornecida, diz ele, pelos... dementes e paranóicos! Eles são os nossos "fiadores" (*Gewährsmänner*). Por quê? Porque não se pode, naturalmente, suspeitar

[22] S. Freud, *Cinq psychanalyses*, op. cit., p. 298.

[23] Ibid., p. 291.

[24] F. Baumeyer, "Le cas Schreber" in *Le Cas Schreber*, coletânea de artigos traduzida sob a direção de E. Prado de Oliveira e J. Laplanche, Paris, PUF, 1979, p. 172.

[25] Payot, 1965, p. 431 e GW XI, p. 471.

que tenham sido influenciados pela sugestão; suas traduções de símbolos (*Symbolübersetzungen*) e suas fantasias se recobrem com os resultados das pesquisas sobre o inconsciente das neuroses de transferência (*Übertragunsneurotiker*) e, por conseguinte, corroboram a justeza objetiva das interpretações que são postas em dúvida por um contraditor[26]. O paranóico, no caso, é promovido por Freud a um lugar de fiador da validade das pesquisas sobre o inconsciente. Apesar da diferença de contextos, o que Freud diz aqui é, a nosso ver, a repetição do que se passou na sua relação com Fliess: o delírio é como que a garantia, o contraponto da ciência por vir. Assim funcionou o delírio de Fliess para a obra de Freud, à revelia deste último.

Em 1955, em seu seminário, Lacan disse por sua vez: "Encontramos também no próprio texto do delírio uma verdade que não está escondida ali, como é o caso nas neuroses, mas claramente explicitada e quase teorizada. O delírio a fornece, nem mesmo podemos dizer que a partir do momento em que se tem a sua chave, mas desde que se o toma pelo que ele é, um duplo, perfeitamente legível, do que é abordado pela investigação teórica[27]."

---

[26] Encontra-se a mesma idéia no opúsculo de E. Bleuler, *Die Psychanalyse Freuds. Versteidigung und kritische Bemerkungen*, Leipzig e Viena, Fr. Deuticke, 1911, p. 45.

[27] J. Lacan, "Les structures freudiennes dans les Psychoses" ("As estruturas freudianas nas psicoses") publicado sob o título *Le Séminaire*, livro III, *As psicoses*, Paris, Seuil, sessão de 23 de novembro de 1955.

CONCLUSÃO

ATÉ HOJE A TRADIÇÃO analítica quis fazer do tornar-se analista de Freud a saída compreensível de uma auto-análise que ele teria sustentado graças à sua amizade com Fliess, com quem teria tido uma relação "transferencial[1]." A auto-análise de Freud tornou-se uma referência obrigatória para os historiadores da psicanálise, tendo sido promovida ao nível de mito de origem, etapa iniciática pela qual o herói Freud descobriu a psicanálise e tornou-se analista. No que toca à formação atípica de Freud, essa versão é uma maneira de salvar as aparências, projetando sobre as origens da psicanálise um modelo, até mesmo uma norma, que só se constituiu bem posteriormente: tornar-se analista depois de se ter feito uma análise didática.

Uma tal visão caricatural das origens da psicanálise fecha todo debate sobre esse tema, ou leva a impasses. Como conciliar a noção de auto-análise com aquela de análise "dirigida" por um psicanalista? Se Fliess foi o

[1] Pode-se consultar, sobre este assunto, as obras que já citamos de Jones, Schur, Sulloway, O. Mannoni e principalmente D. Anzieu, nas três edições sucessivas remanejadas (1959, 1975, 1988) de *L'Auto-analyse de Freud et la découverte de la psychanalyse*, PUF. Foi ele quem mais contribuiu, na França, para propagar essa versão das origens da psicanálise; ele igualmente prefaciou a obra de K. Horney, *L'Auto-analyse*, Paris, Stock, 1953.

psicanalista de Freud, isso significa que qualquer um possa fazer uma análise com um paranóico não analisado[2]?

A censura exercida sobre o papel de Fliess instalado como um personagem silencioso, sua desqualificação, só podem contribuir para alimentar a lenda de uma auto-análise. Mas ao preço de reduzir ao silêncio sua obra, seu delírio. O trabalho que efetuamos para — de maneira ainda insuficiente — tornar a dar-lhe a palavra nos obriga a modificar nossos preconceitos sobre os começos da psicanálise.

As primeiras conclusões que tiramos são as seguintes. Freud não fez auto-análise; entretanto, ele efetuou uma análise "pessoal" com Fliess *e* com alguns outros, em especial seus pacientes e suas pacientes[3], mas o ato apenas surtiu efeito no só-depois de seu tornar-se analista. No tornar-se analista de Freud, Fliess desempenhou um papel essencial para a entrada em jogo efetiva do sujeito suposto saber como linha divisória entre a congruência do saber e da verdade e um "saber sobre a verdade diminuída do saber[4]".

Freud não fez (auto-)análise com Fliess

Mesmo que Freud tenha reconhecido que Fliess poderia estar implicado naquilo que chamava de sua auto-análise, jamais disse que fizera uma análise com ele, muito menos somente com ele. Sua relação não transcorreu sob as condições de uma análise, beneficiando-se dos recursos da fala. Como notou Lacan: "A auto-análise de Freud era uma *writing-cure*, e creio que foi por isso que não deu certo[5]." Freud não fez analisar seus sonhos por Fliess, e foi este último quem pôs fim à relação. Além disso — e tivemos este testemunho — foi, antes, Freud quem tentou fazer um pouco de análise em Fliess, aliás sem sucesso.

---

[2] Como nota É. Roudinesco, *La Bataille de cent ans*, vol. I, Paris, Ed. Ramsay, 1982, p. 103, retomada pela Seuil como *L'Histoire de la psychanalyse en France*, tomo I: "O primeiro paradoxo da formação "impossível" dos analistas encontra sua origem nessa relação que está, ela própria, na origem da fundação da primeira sociedade de psicanalistas."

[3] Esta é também a "proposição" de Louis Althusser em "Sur le transfert et le contre-transfert", *Écrits sur la psychanalyse*, Paris, Stock/IMEC, 1993, p. 180.

[4] J. Lacan, "D'un Autre à l'autre", seminário inédito, sessão de 26 de fevereiro de 1969.

[5] J. Lacan, *Scilicet 6/7*, Paris, Seuil, 1976, p. 36.

Enfim, o próprio Freud observa numa carta a Fliess que a auto-análise é um procedimento impossível: "Uma verdadeira auto-análise é realmente impossível, senão, não haveria mais doença[6]."

Mas — pode-se objetar — Freud, no entanto, fala realmente de auto-análise. O que então este termo recobre?

Freud fala da sua *Selbstanalyse* a Fliess durante um período limitado, que vai de agosto de 1897 a fevereiro de 1898. Nessa época, ele já começou uma prática analítica. Além disso, nada nos diz que esta *Selbstanalyse* tenha permanecido sem efeito sobre sua prática. *Selbstanalyse* designa inicialmente, para ele, a análise de seus sonhos e a análise de si com seus pacientes. Sobretudo, e este é, para nós, o ponto essencial, a *Selbstanalyse* de Freud se prolonga pela redação da *Traumdeutung* com a qual ela acaba por se confundir. Freud, aliás, chama por vezes seu *Traumbuch* (Livro do sonho, Livro sobre o sonho) de o *Traum* (O sonho). A escrita do livro sobre os sonhos chega a se confundir com o próprio sonho, o qual, precisamente, Freud mostra ser estruturado como uma escrita. A redação da *Traumdeutung* efetuou-se em dois tempos. Freud inicialmente redigiu uma primeira versão, entre dezembro de 1897 e julho de 1898; então ele parou (durante esse período, publica seu caso do esquecimento do nome de Signorelli); em seguida, começa uma segunda versão a partir de janeiro de 1899, que conclui às pressas, em setembro do mesmo ano. O momento em que surge essa pressa (numa prova de velocidade entre as correções de provas e a redação do texto) pode ser datado de modo bastante preciso, a partir do sonho dito da "preparação anatômica", contemporâneo da carta a Fliess de 28.5.1899, na qual ele profere "Que o sonho seja" (*Der Traum wird also werden*) e: "O sonho se tornou súbito, sem motivo particular, mas desta vez certo" (*Der Traum wird plötzlich, ohne besondere Motivierung, aber diesmal sicher*)[7]. No sonho da "preparação anatômica" se revela a identificação da *Selbstanalyse* com a publicação do "Sonho": "A preparação em *meu próprio corpo*, de que

---

[6] S. Freud, *Sigmund Freud Briefe*..., op. cit., carta de 14.11.97.
[7] Este sonho foi datado por D. Anzieu, op. cit. (edição de 1988), p. 374.

sou encarregado no sonho, é pois esta *Selbstanalyse* que a publicação do meu livro comporta[8]." Este sonho diz a Freud que ele não pode mais retardar a publicação de seu livro, precisamente na medida em que esta se confunde com sua *Selbstanalyse*: "A preparação significa a auto-análise que venho realizando, por assim dizer, com a publicação do Livro sobre o sonho, que me foi tão penosa que retardei a impressão do manuscrito já pronto há mais de um ano. Agora o voto me impele a ultrapassar essa sensação de impedimento e é por isso que não sinto, no sonho, nenhum horror[9]." A publicação do "Sonho" é, pois, a efetuação para Freud de sua auto-análise. Freud descobre que o sonho é escrita. Em conseqüência, no ponto em que está, analisar o sonho passa pela publicação da materialidade literal, em si mesma sem sentido, do sonho e mais precisamente daquilo que o torna espiritual (*witzig*), como dizia Fliess. Publicar "o sonho" obedece, a partir daí, à mesma necessidade que relatar um chiste.

Essa publicação marca o tornar-se analista de Freud na medida em que ela fixa seu desejo de analista numa relação à ciência. Publicando a *Traumdeutung*, Freud entrega sua "alma" à ciência, e propõe-se como objeto de transferência para gerações de analistas, como propunha em sonho o seu corpo para a dissecação anatômica. Ora, Fliess está presente para Freud em cada uma das etapas da publicação da obra, inclusive a da correção das provas.

Se a sua *Selbstanalyse* se inscreve mais no tornar-se analista de Freud, o que vem a ser a sua "própria análise"? Empregamos de propósito este termo que traduz *Eigenanalyse*, utilizado por Freud mais tarde, quando dá seus conselhos "de auto-análise" aos futuros candidatos analistas[10]. Freud fez uma própria análise, que não era uma auto-análise no sentido em que

---

[8] S. Freud, *L'Intérpretation des Rêves*, Paris, PUF, 1967, p. 385 sq; e GW II/III, p. 455 sq. Freud fala do sonho da preparação anatômica também em PUF, pp. 353, 407 e GW, pp. 417, 481.

[9] Ibid., GW p. 481, retraduzido por nós. No prefácio à segunda edição da *Traumdeutung*, Freud declara que este livro é uma parte da sua *Selbstanalyse*.

[10] Em "Conseils au médecin pour le traitement psychanalytique" (1912), in Freud, *La Technique psychanalytique*, trad. franc. de A. Berman, Paris, PUF, 1967, p. 67 e GW VIII, p. 382; também em "Analyse finie et infinie" (1937), "L'Analyse avec fin et l'analyse sans fin", trad. franc. de J. Altounian, A. Bourguignon, P. Cotet, e A. Rauzy in *Résultats, idées, problèmes*, II, 1921-1938, Paris, PUF, 1985, p. 264 e GW XVI, p. 94.

ele não a fez só, mas com Fliess, Breuer, alguns e algumas pacientes como Emma Eckstein (a Irma do sonho paradigmático da *Traumdeutung*)[11]. Saber como ele a terminou já é uma outra história. Entretanto, seja qual for o interesse de reconstituir o tecido das relações pessoais em que se efetuou sua análise, o seu estudo isolado não dá em si mesmo acesso ao ato de "origem" da análise de Freud. A análise "original" de Freud ocorreu, com certeza, mas somente podemos afirmar isso no *só-depois*, pelo que sabemos de sua prática de analista inventando a psicanálise. Foi porque Freud inventou a posição do analista, soube mantê-la, e transmitiu sua experiência a outros que reconhecemos hoje que sua própria análise não era uma auto-análise.

Tal é, parece-me, o sentido da resposta dada por Lacan ao artigo "percussor"[12] de Octave Mannoni, num texto cujo tema teórico e institucional realça a importância: "O título [do artigo de O. Mannoni, "A análise original", op. cit.] presta-se à observação de que a verdadeira original só pode ser a segunda, por constituir a repetição que da primeira faz um ato, pois é ela que introduz aí o só-depois próprio ao tempo lógico, marcado pelo fato de que o psicanalisante passou a psicanalista. (Quero dizer o próprio Freud, que sanciona, ali, por não haver feito uma auto-análise)[13]."

Não levar em conta essa dimensão de só-depois é situar a origem da psicanálise numa espécie de auto-origem, como visa incrementar a lenda da auto-análise. Freud inventou algo que foi transmitido a outros, a nós, segundo modalidades que permanecem por se precisar[14]. A questão mesma da "origem" é um efeito do fato de que não houve auto-análise. É porque alguma coisa se transmitiu, não permaneceu "auto", que nos formulamos a questão de um começo.

---

[11] Cf. Mayette Viltard, "L'éxperiénce paranoïaque du transfert", *L'UNEBÉVUE* n.º 1, Paris, EPEL, 1992.

[12] Maud Mannoni, *Un savoir qui ne se sait pas*, Paris, Denoël, 1985, p. 30.

[13] J. Lacan, "Proposition du 9 octobre 1967 sur le psychanalyste de l'École", *Scilicet 1*, Paris, Seuil, 1968, p. 24.

[14] Lacan tentou. Em *Télévision*, Paris, Seuil, 1973, p. 10, ele diz: "Não espero nada mais dos analistas supostos além de serem este objeto graças ao qual aquilo que ensino não é uma auto-análise." É assumindo um lugar de objeto num discurso, o discurso analítico, que Lacan espera evitar que seu ensinamento seja confundido com uma auto-análise.

O limite do sujeito suposto saber

Como Fliess ajudou Freud a se tornar psicanalista? Delirando, tomando-se por aquele que Freud idealizava. Foi na medida em que Freud realmente aderiu ao delírio de Fliess (sem se colocar a questão), tomando-o — antes do caso do plágio — como "a verdade de um 'médico'" e não como o "delírio de um 'doente'"[15] que ele pôde escrever a *Traumdeutung*. Se Fliess não houvesse ocupado para ele o lugar de um Kepler da biologia, Freud não teria encontrado apoio em Fliess. Fliess, por sua vez, tomava-se efetivamente pelo Kepler da biologia[16]. Sua megalomania o impôs a Freud. Ela permitiu a ele mesmo sustentar por algum tempo e até certo ponto a transferência de Freud[17].

Com seu talento de escritor, J.-P. Sartre exprimiu uma parte da verdade de Fliess no personagem que compôs para seu *Scénario Freud*[18]. Fliess é ali um dos principais interlocutores de Freud, com quem partilha a embriaguez das descobertas sobre a sexualidade, recusadas pelo mundo médico. Sartre apresenta Fliess como um visionário convencido de haver arrebatado o segredo da Natureza e animado pela onipotência de suas datas periódicas, um sábio louco que subjuga completamente Freud, para grande prejuízo de Martha, e estabelece com ele uma relação fraterna ao mesmo tempo em que o aconselha a livrar-se do pai Breuer. Fliess encarna um personagem diabólico, um Mefistófeles concluindo com Freud–Fausto um pacto no qual a Margarida prometida é a ciência do sexual. Como escreve E. Roudinesco: "Fliess é o Mister Hyde de Freud, seu arcanjo pulsional, sua consciência infeliz[19]."

---

[15] O. Mannoni, op. cit., p. 122.

[16] Cf., por exemplo, o prefácio à segunda edição de *Ablauf*, p. 102.

[17] É por isso que nos opomos à opinião difundida segundo a qual a loucura não teria tido lugar, para Freud, no nascimento da psicanálise. Embora diferente, a experiência de Lacan com Marguerite Anzieu também teve para ele um valor de engajamento na psicanálise. Cf., nesse ponto, J. Allouch, *Marguerite ou l'Aimée de Lacan*, Paris, EPEL, 1990.

[18] Jean-Paul Sartre, *Le Scénario Freud*, Paris, Gallimard, 1984.

[19] Élisabeth Roudinesco, "Sartre lecteur de Freud", in *Les Temps modernes*, n.º 531 a 533, vol. I, 1990.

Tornando-se uma espécie de avesso pulsional para Freud, Fliess participa da criação de uma instância terceira na relação entre eles, aquela que podemos designar, depois de Lacan, pelo nome de sujeito suposto saber[20].

O. Mannoni foi o primeiro a haver introduzido esse termo, como um canto na relação Freud–Fliess: "Ali estão eles, em todo caso, sendo um para o outro o sujeito suposto saber (*Lacan*), pois numa análise também o analisado, necessariamente, figura como sujeito suposto saber[21]." Não subscrevemos essa última proposição de que o analisado figure necessariamente como sujeito suposto saber. Entretanto, se O. Mannoni pode dizer que analista e analisando são, um para o outro, o sujeito suposto saber, é no sentido, a nosso ver, de que nem um nem outro é identificável em si próprio ao sujeito suposto saber, sendo este — segundo a expressão de Lacan — um "constituinte ternário[22]". Logo, vamos retificar um pouco nossa concepção da transferência de Freud para com Fliess, dizendo, não que Freud tenha feito uma transferência para Fliess tomado como sujeito suposto saber, mas que Freud tenha tido com Fliess uma relação tal que lhe permitiu *antecipar* a constituição do sujeito suposto saber como instância terceira.

Freud, vamos lembrar, não confunde suas pesquisas com as de Fliess. Quer fundar com ele *uma* ciência nova, na qual cada um teria um domínio. Ele não quer sair do quadro das *Naturwissenschaften*, e espera que os trabalhos de Fliess o ajudem nisso, trazendo-lhe um aval de cientificidade. Preparando a *Traumdeutung*, ele pensa fazer obra científica, ao mesmo tempo em que percorre um caminho semeado de dúvidas. Fliess lhe oferece a imagem de alguém que o precede na certeza — *et pour cause.* Nesse momento, Freud espera o efeito de retorno das "descobertas" de Fliess. A suposição de um sujeito sabendo daquilo que Freud descobre é, digamos, antecipada graças a Fliess. Talvez seja esta, aliás, a única maneira para que a instância do sujeito suposto saber seja efetiva.

---

[20] Desenvolvemos este ponto a partir das judiciosas observações de Philippe Julien.

[21] O. Mannoni, op. cit., p. 120.

[22] J. Lacan, "Proposition du 9 octobre 1967", op. cit., p. 20.

Na relação Freud–Fliess, o sujeito suposto saber é um "constituinte ternário" em vias de advir. Dizer que Fliess *é* o sujeito suposto saber de Freud não leva em conta este momento em instância de realização que constitui, para Freud, a preparação da *Traumdeutung*, e leva a crer que um sujeito possa supor um outro, o que não é autorizado pela fórmula "sujeito suposto saber". Como diz Lacan, explicitando-a: "Um sujeito não supõe nada, ele é suposto. Suposto, ensinamos, pelo significante que o representa para um outro significante[23]."

A quais significantes Freud esteve sujeito na sua transferência com Fliess? Sabendo que são necessários pelo menos dois (pois que um significante representa o sujeito para um outro significante), arriscamo-nos a uma conjectura. As insígnias da ciência são os significantes representando o sujeito para o outro significante, este termo (mencionado acima) saído do inconsciente de Freud: *Fließpapier.* As insígnias da ciência por vir de que Fliess é o portador são os significantes que representam o sujeito (Freud) para o significante *Fließpapier*, papel mata-borrão. Papel aspirador *da* Natureza e *do* que Freud escrevia, Fliess conjugava em seu nome as aspirações de Freud (escrever o sonho) e os meios de comunicá-lo (o papel)[24]. Ao que se pode acrescentar que Freud pôde ser *imantado* por um elemento literal sonoro do nome de Fliess, elemento que representava aquele que havia retirado de seu nome a partir de 1872: o *is* de *Sigismund.*

Fliess ocupou o lugar de *Fließpapier* até o momento em que *papier* e *Fließ* se separaram, Freud cessando de lhe escrever. Este ponto foi o limite onde o sujeito suposto saber cessou de operar como constituinte ternário entre Freud e Fliess.

A relação entre os dois atinge, com efeito, um ponto de limite, que eles não situam no mesmo momento. Em 1904 Freud o faz remontar à *Vida quotidiana*, isto é, a 1901, data de sua publicação. Em sua carta de 27.7.04, escreve: "Você não tem mais demonstrado interesse nos últimos

[23] J. Lacan, "Proposition du 9 octobre 1967", op. cit., p. 19.

[24] Enfim, não vamos esquecer que o primeiro amor de Freud se chamava Gisela *Fluss* e que ele a havia apelidado *Ich*tyosaura.

anos — a *Vida quotidiana* é o limite (*Grenze*) para isso — nem por mim nem pelos meus ou por meus trabalhos." Fliess situa o limite mais cedo, em agosto de 1900, por ocasião de seu encontro no lago de Achen. Mesmo que Fliess esteja mais próximo da exatidão histórica, as duas datas, 1900 e 1901, põem em cena um elemento estrutural idêntico no problema do limite que interessa os dois homens: a questão do sujeito no sujeito suposto saber.

Em 1901, a propósito da *Vida quotidiana*, Freud situa o limite em Fliess: "E você alcançou aí o limite (*Grenze*) da sua perspicácia, toma partido contra mim e me diz, o que desvaloriza todos os meus esforços: "O leitor de pensamentos só lê nos outros os seus próprios pensamentos." Se sou um destes, então jogue a minha *Vida quotidiana*, sem nem mesmo lê-la, na lata de lixo. Ela está cheia de referências a você, manifestas, para as quais você forneceu o material, e outras, ocultas, cujos motivos lhe concernem. A epígrafe é também oferecida a você. Independentemente de tudo o que restar do conteúdo, isso pode testemunhar, para você, do papel que desempenhou para mim até hoje. Depois de uma tal declaração, posso bem lhe enviar o trabalho sem uma palavra, quando o tiver em mãos[25]." Alguns dias mais tarde, Freud volta à objeção de Fliess: "Um outro mal-entendido especialmente ofensivo na sua carta relaciona minha exclamação "você destrói o valor dos meus achados!" à minha terapia[26]. Isso me fez sofrer, perder o meu "único público", como diz nosso Nestroy. Para quem ainda escrevo, então? Se também você, no momento em que uma interpretação minha o deixa pouco à vontade, está pronto a aprovar que o "leitor de pensamentos" nada adivinha no outro, mas só faz projetar seus próprios pensamentos, você não é realmente mais meu público, e deve, como os outros, considerar o conjunto do meu modo de trabalho como igualmente sem valor[27]."

---

[25] S. Freud, *Sigmund Freud Briefe...*, op. cit., carta de 7 de agosto de 1901.

[26] Freud contesta aqui a interpretação de Fliess segundo a qual ele (Freud) teria sentido, no lago de Achen, como uma ameaça contra seu método terapêutico, as explicações trazidas pela teoria dos períodos para as "recaídas" da doença, e que haveria experimentado animosidade contra Fliess por causa disso. Esta recusa da interpretação de Fliess não passa de um dos sinais do mal-entendido que existe então entre eles, e do limite de sua compreensão.

[27] S. Freud, *Sigmund Freud Briefe...*, op. cit., carta de 19.9.1901.

Seremos sensíveis ao caráter radical que assume para Freud a objeção de Fliess: "O leitor de pensamentos só lê nos outros os seus próprios pensamentos." Aliás, é significativo que esta frase seja a única de Fliess, em toda a sua correspondência, que Freud põe entre aspas. É também a única de Fliess que ele transcreve literalmente.

O peso dessa frase confirma a importância que tinha Fliess como leitor para Freud. Ao mesmo tempo, ela o desqualifica como leitor aos olhos de Freud. Se Fliess acha que o leitor de pensamentos só lê os seus próprios pensamentos, então o que vem a ser ele, Fliess, Freud deve perguntar-se? Não cairia ele sob o próprio golpe que denuncia?

Talvez não seja por acaso que a questão do limite surja a propósito da *Vida quotidiana*, mais que da *Traumdeutung*, por exemplo. Fliess sustentou bem menos a psicopatologia da vida quotidiana que a psicologia da noite, de cuja elaboração participou. A psicopatologia da vida de vigília tem um lado mais novo e persecutório que a interpretação dos sonhos, tocando mais nos monopólios da consciência. Além disso, a psicopatologia da vida quotidiana introduz a dimensão do ato, que não tem lugar no sistema de períodos regrado por um determinismo absoluto.

Rejeitando radicalmente o argumento do "leitor de pensamentos", Freud não estaria desconhecendo uma posição que já foi a sua? Decerto, ele tem razão em recusar-se a ser um leitor de pensamentos que *só* lê nos outros os seus próprios pensamentos; mas isso não nos deve esconder que ele pôde descobrir nos outros pensamentos que não tinha porque ele também leu nos outros os seus próprios pensamentos. Teria ele podido escrever a *Traumdeutung* se não houvesse lido seus pensamentos (o complexo de Édipo) naqueles de seus doentes? Aliás, não escreveu ele a Fliess que desejava chegar a um estágio de não-reconhecimento do que era próprio a cada um, e que buscava a comunhão de pensamentos com seu amigo?

Freud teria dramatizado menos a desaprovação do amigo, se não percebesse a expressão da sua rejeição.

Do ponto de vista de Fliess — de que Freud havia partilhado —, o argumento do leitor de pensamentos é redibitório. O leitor de pensamentos é o personagem contra o qual a teoria de Fliess foi construída, aquele cuja ação é preciso esconjurar. Fliess consegue isso de uma maneira simples e radical: suprimindo o lugar do sujeito e apresentando suas observações como uma transcrição direta da Natureza. Ele se faz o autor de uma teoria na qual não há lugar para um leitor de pensamentos, pois não há outros pensamentos (*Einfälle*) além daqueles determinados pelos períodos, que não exigem nenhum intérprete.

O fantasma do leitor de pensamentos começou, provavelmente, a adquirir consistência em 1900, no encontro do lago de Achen, e é por isso que estamos inclinados a dar razão a Fliess quando ele faz remontar a esta data o fim de suas relações de trabalho com Freud. Nessa época, Freud já publicou a *Traumdeutung*. Fliess cessou de ser seu "único público". Freud conseguiu tornar comunicável um saber saído do mais íntimo de seus pacientes e de si mesmo, um saber não sabido pelo sujeito, que ele chama inconsciente. Recusando o determinismo impessoal regido pelos períodos — implicando que nem ele nem o doente teriam algo a ver com a evolução dos distúrbios — Freud diz que não concebe a ação do tratamento sem a participação do sujeito, o analista e o analisando. A partir daí, há lugar para o leitor de pensamentos.

Na introdução, retomávamos a questão de Octave Mannoni: por onde passa a linha "que separa o delírio de Fliess do saber de Freud[28]"? Podemos, enfim, responder. Em nossa opinião, ela passa pelo sujeito suposto saber. No lago de Achen, essa linha foi fraturada. Freud e Fliess, que haviam contribuído para traçá-la como "constituinte ternário" de sua relação, deram-lhe, cada um, um prolongamento diferente. Fliess permaneceu convencido da totalização de um saber natural fora da problemática do sujeito, ao passo que Freud sustentou a necessidade, em cada caso, de confrontar verdades particulares, que têm em comum revelar-se como oriundas do sujeito e emergir de uma certa discordância do saber.

---

[28] O. Mannoni, op. cit., p. 117.

De um lado da linha do sujeito suposto saber, houve asserção do sujeito dividido entre verdade e saber (o sujeito desejante dos pensamentos latentes do sonho[29]); do outro, a suposição de sujeito ao saber se resolveu na concepção de uma conjunção harmoniosa do saber e da verdade.

Não dando lugar nem ao sujeito dividido nem ao pai, a teoria de Fliess se constitui como *paranoïa scientifica* ou delírio do saber, do saber da relação sexual. Seu caráter, ao mesmo tempo fixo, repetitivo e explicativo de tudo, aparenta-a a uma concepção de mundo que permanece ligada ao nome de seu autor, uma autoconcepção. Ela representa o avesso paranóico do sujeito suposto saber, a hipertrofia monstruosa e caricatural de um sujeito que se conjuga à completude do saber.

O apoio que Freud tomou no delírio fliesseano para dar nascimento à psicanálise ficou à sombra, ou foi objeto de comentários desfavoráveis, como se houvesse se tratado de um erro de sua parte. Nessa sombra erra ainda o fantasma de Wilhelm Fliess[30].

Se Freud não tivesse ido até este ponto do avesso delirante do sujeito suposto saber, se não se tivesse deixado *transferir* por Fliess, é provável que não houvesse descoberto o inconsciente. Em todo caso, não teria escrito que teve sucesso onde o paranóico fracassa. Nesta admissão, Freud sela uma espécie de aliança, se não de liga, entre a psicanálise e a paranóia. Ele teve sucesso "não sem" a paranóia de Fliess. Aliás, em seu texto sobre Schreber, reconhece que pode haver loucura na teoria e verdade na loucura: "O futuro dirá se a teoria contém mais loucura do que eu gostaria, ou a loucura mais verdade do que outros, hoje, estão dispostos a crer[31]." O fracasso de Fliess é como que o avesso do sucesso de Freud. Freud não pôde dispensar

[29] Cf. a retomada por Lacan do tema da certeza em Freud, a partir, precisamente, da *Traumdeutung*, nos *Quatre Concepts fondamentaux de la pssychanalyse*, Paris, Seuil, 1973, pp. 36 e 44. "O procedimento de Freud é cartesiano no sentido em que parte do fundamento do sujeito da certeza", diz ele, destacando que para Freud a dúvida sobre a existência de um pensamento dá a certeza dessa existência.

[30] O plágio também assombrou Lacan; cf. É. Roudinesco, *Jacques Lacan*, Paris, Fayard, 1993, p. 332 em especial.

[31] S. Freud, *Cinq psychanalyses*, op. cit., p. 321.

o fracasso de Fliess, isto é, a convicção deste último de ter conseguido com pleno êxito uma operação científica. A psicanálise tem êxito como ato falho de um pensamento científico totalizador. O sucesso de Freud foi o de um ato falho, na medida em que não se opõe a um fracasso, o de Fliess, mas inclui em seu seio este fracasso como um avesso sempre prestes a ressurgir.

EM MINHA PRÓPRIA CAUSA[1] *
de
Wilhelm Flieβ

CONTRA OTTO WEININGER E HERMANN SWOBODA

EMIL GOLDSCHIMIDT, BERLIM 1906

TRADUÇÃO DE A. BUFFEL E E. PORGE,
REVISTA POR J.-F DE SAUVERZAC

[1] *In eigener Sache.* Poderia ser traduzido: "Em meu próprio nome", "Por minha própria causa", "Por sua própria causa", "Em sua própria causa". *Sache*, causa, coisa, assunto, é também um termo jurídico. Notaremos no texto a freqüência do vocabulário jurídico. Não se trata somente, parece-nos, de que Fliess esteja envolvido num processo de difamação, mas também de que nesta obra ele quer fazer reconhecer um direito, o da propriedade de idéias.
A leitura do manuscrito de *Em minha própria causa* (guardado na Livraria do Congresso, Washington) mostra que, mesmo que este texto tenha sido escrito na pressa, ele o foi com cuidado. As particularidades de estilo são nele das mais notáveis. Em nossa tradução nós as respeitamos o máximo possível (particularmente a pontuação própria a Fliess), sem buscar corrigir certas viradas abruptas. O manuscrito contém numerosas correções, supressões, acréscimos. Estes freqüentemente tomam a forma de interpolação de frases, que tornam a leitura final às vezes difícil. Vemos também que as palavras mais polêmicas, escritas num primeiro impulso, foram depois riscadas. Assinalamos em nota algumas das particularidades do manuscrito. Também respeitamos as particularidades tipográficas da edição original.

* Nos textos a seguir traduzidos, procuramos respeitar a pontuação (e mesmo sua ausência) como presente no texto em francês; evitamos, inclusive, acrescentar sinais de pontuação que tornariam a leitura mais fácil e agradável, com o objetivo de manter as diferenças de estilo verificadas. (NT brasileiro)

Em meu livro "O curso da vida" (Viena, 1906) encontra-se na antepenúltima página a seguinte declaração:

Em minha própria causa

As duas idéias principais inseparáveis deste livro: a dupla periodicidade de todos os processos de vida e a dupla sexuação[2] permanente dos seres vivos foram — e isto cada uma em particular —, dizem, descobertas também e rapidamente publicadas por dois jovens doutores vienenses.

Otto Weininger, falecido neste meio tempo, reclamou para si a bissexualidade permanente, Hermann Swoboda a evolução periódica. Os dois autores tinham entre si uma amizade das mais íntimas e tinham acesso a uma única e mesma fonte: o Prof. Sigmund Freud de Viena.

Tive uma relação de amizade com Freud durante anos. Eu lhe confiei sem reservas todos os meus pensamentos e meus germes científicos. Depois que o questionei com insistência, ele me confessou que minhas idéias efetivamente chegaram a Weininger e Swoboda por seu intermédio. Certamente, somente depois que as duas publicações já tinham aparecido há muito tempo.

---

[2] *Doppelgeschlechtigkeit.* A fim de que se possa reconhecer esta palavra essencial para Fliess, nós a traduzimos sistematicamente por "dupla sexuação".

O bibliotecário real berlinense, o Dr. Richard Pfennig, fez uma exposição exata e crítica deste caso com todos os detalhes possíveis em seu escrito "Wilhelm Fliess e seus descobridores imitadores, Otto Weininger e Hermann Swoboda[3]". Aqui fala um especialista de história e de matemáticas a quem devemos o belo trabalho sobre a questão de prioridade entre Lagrange e Arbogast[4].
Berlim, novembro 1905.

W.F.

Em seu escrito o Dr. Pfennig forneceu a prova do plágio de que Weininger assim como Swoboda se tornaram culpados. Foi ele, Pfennig, quem atraiu minha atenção para este assunto de plágio; ele reuniu todo o material, referente a isso, e levou sua pesquisa de maneira totalmente independente. Foi ele quem me pediu que lhe deixasse a apresentação crítica porque não queria ver meu livro sob o peso desta questão. Eu não disse uma palavra para convidá-lo a este trabalho. Eu lhe sou calorosamente grato por seus motivos, dos mais puros, e por sua maneira idealista de agir, mas não posso reivindicar a honra de ser autor — mesmo que de uma pequena parte — de sua brochura.

É certo que Swoboda, em sua réplica[5], exprimiu-se com insistência[6] a favor de uma concepção totalmente afastada da nossa no que concerne ao

---

[3] Berlim, Emil Goldschmidt, 1906.

[4] "Qui a d'abord émancipé l'analyse de la métaphysique?", publicado em Hommage à August Wilmanns, Leipzig, Otto Harrassowitz, 1903. [Em seu manuscrito Fliess havia inicialmente escrito: "Newton e Leibniz". Estes dois autores são efetivamente citados no artigo de Pfennig, mas não são seu tema principal. (NT francês)]

[5] "La recherche d'intérêt publique et le chercheur d'intérêt propre. Réponse à l'accusation élevée par Wilhelm Fliess contre Otto Weininger et moi", Viena 1906.
Ainda que esta brochura seja datada de "março 1906", ela foi — ainda antes de sua publicação — inicialmente anunciada em 10 de maio no *Zeit* de Viena e colocada à venda em Berlim na noite de 21 de maio, depois de intensa propaganda.
Já que o escrito de Pfennig foi publicado no ano novo de 1906 [no manuscrito Fliess tinha inicialmente escrito: "3 de janeiro". (NT francês)], Swoboda levou quatro meses e meio para sua resposta.

[6] *Das Wort geredet*, construído a partir de *jemandem das Wort reden*, expressão rebuscada e rara. (NT francês)

papel de Pfennig. Mas com isto ele inverteu a verdade. Ele me identifica a Pfennig de maneira sistemática e, em sua resposta, ele o ignora completamente, salvo quando quer difamá-lo.

No entanto, ele não desdenhou traduzir, não somente a mim mesmo como a Pfennig, na justiça, para difamação, e isto exatamente antes do prazo legal de prescrição. Mas posto que o tribunal não tem o hábito de julgar o lado científico das questões de plágio — ele só se ocupa de sua expressão formal —, torna-se necessário que eu mesmo traga este assunto mais uma vez ao fórum daqueles que têm um interesse na verdade histórica objetiva.

Veremos a partir do que se segue em que medida estou de acordo com as conclusões de Pfennig e em que medida tenho que corrigir um erro ou preencher as lacunas.

Aliás eu me refiro à apresentação de Pfennig somente na medida em que isto é necessário para o esclarecimento de todas as questões que Swoboda deixou sem reposta em sua réplica escrita. *Cum tacent clamant.*

Não considero a própria réplica escrita a não ser em seu conteúdo factual. Conceder-se-me-á sem problema o grau de dignidade que me obriga desprezar todos os insultos pessoais.

Enfim, já que este caso é tal que o ato de plágio não pode ser provado em todo o seu alcance simplesmente a partir de material impresso mas que foi encaminhado por falas confidenciais e orais das quais existem provas manuscritas, sou forçado a fazer uso do benefício legal que permite publicar cartas enquanto meio de defesa.

Berlim, 5 de junho de 1906.

WILHELM FLIESS

I.

No outono de 1896 foi publicado meu livro *As relações entre o nariz e os órgãos genitais femininos apresentadas segundo suas significações biológicas.* Nele é destacada a causa das irregularidades dos deslanchamentos das menstruações e dos partos pela prova de que estes dois fenômenos são a resultante de dois processos periódicos que comportam um intervalo de 23 ou de 28 dias precisos e inteiros. Mas além disso constatou-se aí o fato importante de que estes períodos de 23 e 28 dias não governam somente a menstruação e o parto mas de que todos os processos internos da vida, corporais e psíquicos, estão submetidos a eles.

Enfim, como eu já tinha reconhecido nesta época que o limite superior da relação estatística dos nascimentos de meninos e de meninas é idêntico ao quociente de 29 : 23, deduzi disto que os períodos de 28 dias e de 23 dias se situam numa relação interna estável com os caracteres sexuais e *por esta razão* chamei o período de 28 dias de período feminino e o de 23 dias de masculino. Swoboda pretende que, já que o período feminino (o de 28 dias) era conhecido como tal, eu teria colocado ao lado o de 23 dias (masculino), de maneira pura e simplesmente exterior. Além do fato de que um tal procedimento teria sido não científico e desprovido de todo fundamento interno, nunca se conheceu um ciclo feminino de *exatamente* 28 dias. Todos os espaços menstruais são, se observamos séries mais longas, "irregulares", i.e. não seguem jamais exatamente o intervalo de 28 dias. Foi precisamente esta irregularidade que foi o ponto de partida da descoberta de *dois* períodos comportando intervalos novos de 23 e 28 dias inteiros.

Uma pesquisa levada mais longe me ensinou que a existência destes dois períodos pertence aos dois sexos, e, portanto, que nos homens igualmente períodos de 23 e de 28 dias, masculinos e femininos, são detectáveis. Assim processos masculinos e femininos deviam desenvolver-se permanentemente no organismo masculino, processos femininos e masculinos no organismo feminino. Para explicar esta constatação espantosa e inteiramente nova eu, já nesta época, apelei para a constituição bissexual bem conhecida nos organismos superiores. No que concerne a esta constituição[7] bissexual trata-se unicamente do fato de que no embrião, na origem, os órgãos sexuais são constituídos de duas formas, mas naturalmente que, quando do desenvolvimento ulterior, unicamente os órgãos sexuais masculinos se formam no homem da mesma forma que nas mulheres, os femininos. Tem-se o hábito de distinguir dois sexos como inteiramente separados. *Propter ovarium solum mulier est, quod est.* Mas a esta diferença dos órgãos sexuais se juntam os ditos caracteres secundários: barba, voz, etc, que separam ainda mais os sexos formados. Portanto seria ainda mais espantoso que se produzissem assim mesmo normalmente períodos masculinos e femininos nos dois sexos durante toda a vida. E — é a conclusão que daí decorre — isso não se pode dar a não ser que, não somente a constituição seja dupla, mas também que durante toda a vida no homem exista e *aja permanentemente* o feminino e na mulher o masculino.

Esta conclusão — devo sublinhá-lo com vigor — é inteiramente nova, ninguém chegou a ela antes e não se encontra, por isso, em nenhum outro lugar. Certamente se observou a existência de múltiplas transições entre homem e mulher nos próprios órgãos sexuais (hermafroditismo) ou nos caracteres sexuais secundários. Como explicação da inversão sexual (homossexualidade) emitiu-se a hipótese de que nos centros da excitação a esfera feminina das sensações podia estar presente no homem de forma anormal e *vice versa*, a masculina na mulher, por causa de uma espécie de distúrbio do desenvolvimento[8]. Mas o fato de que se possam detectar em todo homem substâncias femininas (não simplesmente "germes e propriedades")[9] durante toda a sua vida, e mesmo em toda mulher substâncias masculinas durante toda a duração da vida, e que *em suma a quantidade*

---

[7] *Anlage* traduzido por "constituição" ou "disposição" segundo o contexto. (NT francês)

[8] Quanto a isto cf. R. v. Krafft-Ebing, *Psychopathia sexualis*, 12ª ed., Stuttgart, 1903, p. 277 e seguintes.

[9] Segundo Freud: "Trois essais sur la théorie du sexuel", 1905, p. 81, G. Hermann 1903 fez alusão a isto. Agarram-se aqui a um *aperçu* [em francês no texto (NT francês)] ocasional e inteiramente superficial a partir do qual ninguém poderia tirar alguma coisa.

operante destas substâncias seja antes de tudo essencial para o curso da vida, esta afirmação ninguém a enunciou antes de mim e menos ainda tentou prová-la. Segundo esta concepção — que eu teria segundo Swoboda forjado unicamente para me distinguir de meus predecessores[10]! — é o sexo-soma que é primário e os órgãos sexuais são somente uma parte das particularidades sexuais da mesma forma que a barba. Mas como o sexo-soma é masculino e feminino e assim permanece durante toda a duração da vida, os órgãos sexuais também não são somente duplamente constituídos em seu germe, mas durante toda a duração da vida restos desta constituição e restos da função existem em todos os indivíduos; assim como há permanentemente traços dos caracteres sexuais secundários do sexo oposto em todos os indivíduos.

Encontrei também esta frase com todos os seus detalhes e na forma como Weininger a plagiou, somente *depois* da publicação de meu livro de 96 e eu o comuniquei oralmente ao Dr. Sigm. Freud de Viena. Esta comunicação ocorreu inicialmente na primavera de 1897, quando encontrei Freud em Nuremberg com o objetivo de uma discussão científica. No mesmo ano escrevi ao Prof. von Bunge da Basiléia sobre minhas conclusões. Lembro-me de ter dito nesta carta ao Senhor von Bunge que atrás da duração de 23 e 28 dias se escondiam unidades de substância masculinas e femininas.

Swoboda todavia pretende, na p. 13 de sua brochura[11] — nisso precedido por Freud em sua carta ao Dr. Magnus Hirschfeld[12] —, que Freud não teria podido fornecer minha idéia da bissexualidade permanente a Weininger pela boa razão de que ela tinha sido publicada no de meu livro de 1896. Se isto é exato, sim, pois bem, todas as acusações seriam de fato caducas (salvo esta dirigida a Weininger de não me ter citado). Pois o que foi impresso em 1896 não pode ter sido traído em 1901!

O que deve deter nossa atenção agora é que nem Freud em sua carta a Hirschfeld, nem Swoboda em sua brochura apresentaram textualmente

---

[10] Cf. Swo. 1 nos Extratos dos textos de Swoboda. (NT francês)

[11] Cf. Swo. 2. (NT francês)

[12] *Monatsberichte des wissenschaftlich-humanitären Comités* [sic] [Relatórios mensais do comitê científico e humanitário] – fevereiro 1906.

esta prova tão importante e decisiva. E por que não o fizeram? Porque neste ponto decisivo eles se fiam com uma total confiança em Pfennig, e é o único [ponto] em que lhe aconteceu cometer um erro.

Neste prefácio encontramos a frase: "Estes dois grupos de processos periódicos (de 23 e 28 dias) puderam ser interpretados como tendo liames internos e estáveis com o caracter sexual masculino e feminino. E se os dois existem no homem e na mulher, somente com uma predominância diferente, isto corresponde somente a nossa própria constituição bissexual."

Nesta frase, a constituição bissexual bem conhecida — e de fato justamente porque ela era bem conhecida — foi atraída[13] para tornar plausível simplesmente a analogia de que existem também *duas espécies* de períodos temporais. A dedução do fato de que estes períodos se encontram permanentemente em todos os processos da vida porque nas suas medidas temporais é dada a duração de vida de duas unidades de substância — a substância masculina e a feminina — constituindo cada organismo para a vida, esta nova dedução, que estabelece o liame entre *tempo* e *substância* e de onde decorre a dupla sexuação permanente como uma necessidade da vida, foi tirada somente mais tarde, não se encontra nem no prefácio nem mesmo no livro e foi comunicada oralmente por mim ao Dr. Freud. Freud já havia confessado[14] isso antes na *Psicopatologia da vida quotidiana* (Monastschrift für Psychiatrie u. Neurologie Bd. X, 1901) e depois na carta de 27.VII.1904 utilizando a expressão: "Mesmo se este passo é sua novidade[15]."

Esta conclusão comunicada oralmente, Freud, segundo sua própria confissão, forneceu-a a Weininger que a retomou nesta forma, e estando consciente de sua novidade. Ver a este respeito p. 10 do livro de Weininger: "Que se leve bem em conta que aqui não *se trata unicamente de uma constituição* bissexual mas de uma dupla sexualidade *permanente.* E não mais simplesmente de estados sexuais intermediários, hermafroditas (corporais e

---

[13] *Angezogen,* de *anziehen*: atrair. Palavra imprópria aqui. Neste contexto onde se espera "escolhida", seria preciso escrever *herangezogen.*

[14] Cf. Pfennig, pp. 27 e 28.

[15] Cf. Pfennig, p. 30.

psíquicos) aos quais se limitaram até o presente todas as observações deste gênero por razões facilmente apreensíveis. *Sob esta forma este pensamento é então inteiramente novo...*"

Weininger sabia muito bem como era novo este pensamento tanto quanto Swoboda ou não reconhecia como o meu[16], ou sobre o qual pretendia que já fora antes publicado por mim[17], ou enfim o interpretando como uma simples modificação formal — "a fim de me distinguir claramente de meus predecessores[18]".

Para desconhecer a todo preço a novidade de meus pensamentos ele amplia desmesuradamente sua falta de seu senso crítico. Ele cita[19] Berthold do ano de 1846:

"Os dois sexos são portanto os dois fatores da espécie, homem e mulher são portanto os dois fatores do ser humano."

Daí, ele pôde depois prender-se a um documento bem mais antigo, a Gênese cap. 1, versículo 27: Ele os cria homem e mulher! Salvo que em nenhuma parte se trata da dupla sexuação do *indivíduo*[20].

Swoboda, assim como seu informante Freud, serviu-se justamente do erro de Pfennig porque podia interpretá-lo a seu favor.

Como com o "prefácio", Swoboda segue um procedimento análogo no que concerne a Moebius a quem quero, segundo ele, contestar uma prioridade, o que é uma asserção puramente gratuita. Exceto que desta vez

---

16 Cf. Swo. 3 (NT francês)

17 Cf. Swo. 2 (NT francês)

18 Cf. Swo. 1 (NT francês)

19 Cf. Swo. 3 (NT francês)

20 A citação de Berthold, que fala somente da espécie, mostra o quanto Swoboda pouco se apropriou do pensamento da dupla sexuação individual. Ele faz também como se eu reclamasse para mim a descoberta da *palavra* bissexualidade! Esta já aparecia no título de um artigo de um certo Kurella publicado no Centralblatt *biológico* 1896 [Cf. Swo. 3, NT francês]. Este artigo encontra-se de fato no Centralblatt *für Nervenheilkünde und Psychiatrie* e não se trata aqui novamente a não ser de uma explicação das inversões sexuais. A *palavra* bissexualidade, entretanto, é muito mais antiga como sabe cada estudante instruído.
Não se trata de melhor coisa com a menção da *Zendavesta* de Fechner para a periodicidade que com as citações acima. Swoboda se esquiva de citar a página e o texto. De fato, em todo o *Zendavesta*, nada se encontra que tivesse uma afinidade, mínima que fosse, com nosso pensamento positivo da dupla periodicidade com uma unidade de medida temporal determinada.

não há um erro de Pfennig para estender a mão em auxílio. Pelo contrário, Pfennig comentou sem equívoco este assunto com uma rara clareza que somente um remanejamento dos fatos pode permitir outras conclusões.

Não há dúvida de que Moebius encontrou sozinho e publicou antes de mim esta idéia parcial de que os talentos das moças seriam caracteres sexuais secundários masculinos, ou seja: as moças extraordinariamente dotadas apresentariam uma mistura do gênero feminino com o masculino. Mas Moebius nunca exprimiu a idéia principal e fundamental da dupla sexuação permanente de todo ser vivo e não sei até que ponto ele a aprova. Quando da discussão do sexo-soma, Moebius diz em "Sobre os efeitos da castração" (Halle, 1903): "Parece-me muito melhor crer que o que os testículos criam é masculino, que o que os ovários criam é feminino. Um homem tem um cérebro masculino não porque tem testículos mas ele tem um e outro porque é um homem. Uma coisa evidentemente deve ser acrescentada. O sexo do ovo não parece ser somente masculino ou somente feminino, mas de forma totalmente predominante masculino ou de forma totalmente predominante feminino. Também no sexo masculino existe uma *disposição* feminina e *vice versa*, de modo que disto resulta a *possibilidade* de uma mistura dos dois caracteres sexuais masculinos e femininos[21].

Aqui, trata-se unicamente de uma disposição bissexual no ovo graças à qual a possibilidade ulterior das transições sexuais deve ser tornada plausível. O fato de que Moebius não tenha postulado nenhuma dupla sexuação permanente sobressai, entre outros, numa brochura, "Sexo e doença", na qual, além das doenças predominantemente femininas, ele fala das doenças exclusivamente femininas, embora numa dupla sexuação efetiva, segundo minha concepção, não possa haver senão doenças predominantemente femininas[22] e absolutamente nenhuma exclusivamente feminina. O mesmo vale para as masculinas.

---

[21] Os itálicos não estão no original. O mesmo vale para a citação seguinte de Hegar, em parte também para Weininger. [As aspas não estão fechadas no original. (NT francês)]

[22] Cf., neste sentido: "Le cours de la vie", p. 487 et sq.

Da mesma forma, o ponto de vista de Hegar (citado in "Castração" de Moebius) de que se deve supor em cada ser dois fatores determinantes do sexual nada tem a ver com nossa proposição.

Hegar diz em seu livro *A castração das mulheres*[23]: "Suponhamos então que haja em cada indivíduo 2 fatores determinantes do sexual, dos quais um leva ao homem e o outro à mulher, e suponhamos depois que um tal fator não busque somente produzir a glândula sexual, mas também os caracteres sexuais restantes, então temos, parece-me, uma explicação completa e suficiente de fatos de natureza diferente e parcialmente contraditórios aparentemente. Habitualmente, um tal fator determinante do sexual domina o outro de forma muito significativa, de modo que este último seja *completamente* recalcado; então o indivíduo com uma glândula sexual específica e os *caracteres sexuais restantes correspondentes* é produzido..."

"Até agora não foi demonstrado precisamente de que maneira se produz um recalque do outro fator determinante do sexual; mas é provável que aqui fatores simplesmente mecânicos desempenhem um papel", e assim segue.

Aqui também como em todos os outros lugares toma-se como norma somente um sexo-soma — masculino ou feminino.

Já que assim Moebius não publicou absolutamente nada sobre a dupla sexuação permanente e normal dos seres vivos, isto não se pôde produzir antes de mim.

Frente à importância deste fato, pouco importa que seu livreto muito lido "Sobre a debilidade fisiológica da mulher" tenha sido publicado não antes, mas depois de minhas *Relações*. Estas foram publicadas em 1896 (data de livraria 1897) e aquele em 1900. Somente Swoboda pode inverter esta cronologia. Além disso, não estou numa "querela de prioridade" com Weininger mas eu o acuso, a ele a Swoboda — deve-se enfim reter isto! — de plágio: noções que ele confunde intencionalmente em sua brochura[24].

Tirei ainda uma outra série de conclusões do conhecimento, discutidas acima, da dupla sexuação permanente de todo vivo. Inicialmente aque-

---

[23] Cf. a este respeito: "Le Cours de la vie", p. 487 et sq.

[24] É uma frase de Pfennig, p. 24. (NT francês)

la de que os homens que têm predominância feminina e de que as mulheres que têm predominância masculina se atraem mais sexualmente. Esta dedução, comuniquei-a igualmente a Freud na época[25] e depois a discuti com meu amigo o Prof. Franz Reuleaux em Berlim, falecido neste meio tempo, o que testemunha a carta citada abaixo:

Berlin W., Ahornstr. 2.
27.III.05.

Muito querido e honrado doutor,

Respondendo com prazer a seu desejo expresso em sua última carta, confirmo por esta de maneira explícita nossa longa conversa aprofundada em meados do último ano, na qual, como me lembro muito bem, discutimos o fato de que já em 1898 o senhor me falou da existência da dupla sexuação permanente. Nesta mesma época — 1898 — o senhor igualmente me informou da importância que constatou, do fato de ser canhoto. Quando da discussão de suas teorias e de seu fundamento várias vezes retomados, o senhor também sublinhou nesta época a atração[26] recíproca observada e observável das "mulheres masculinas" pelos "homens femininos" e *vice versa* enquanto teorema científico.

Nada tenho a objetar a que o senhor faça uso de minhas observações precedentes também para o público.

Com minhas melhores saudações
seu muito devotado
Prof. Dr. Reuleaux
Conselheiro governamental privado

Senhor Dr. med. Wilhelm Fliess, aqui
v. d. Heydstr. 1.

---

[25] Cf. em Pfennig p. 29 minha carta de 26.VII.01.

[26] *Anziehung.* Poderíamos também, traduzir por "atração" [em francês, *attraction*, estando no corpo do texto *attirance.* Em português, as duas palavras podem ser traduzidas por atração, guardando os dois sentidos. (NT brasileiro)] que evocaria Newton a quem Fliess faz referência em sua obra; encontramos também, em Fliess, a palavra *atração.* (NT francês)

Com Freud tive freqüentemente encontros para discussões científicas. Assim em Berlim, em Viena, em Salzbourg, Dresde, Nuremberg, Breslau, Innsbruck. A última vez foi em 1900 no lago Achen. Desta vez, Freud foi de uma veemência contra mim inicialmente inexplicável para mim, porque numa discussão sobre as observações de seus doentes eu atribuí igualmente um valor absoluto aos processos periódicos para a psique: principalmente eu os situava como eficazes para as manifestações psicopatológicas que Freud analisava com um objetivo de cura. Nem os agravamentos súbitos nem as melhoras súbitas deveriam então ser colocadas de repente à conta da análise e de seus efeitos. Eu apoiava minha opinião em minhas próprias observações. Na continuação desta discussão, acreditei perceber em Freud uma animosidade pessoal contra mim proveniente da inveja. Freud não me havia dito antes em Viena: "Felizmente somos amigos. Se não eu morreria de inveja se ouvisse que alguém em Berlim descobriu tais coisas." Estupefato, comuniquei esta observação na época a minha mulher e depois à mulher do Mestre de música da Cour Schalk, uma amiga nossa, nascida Hopfen, neste momento em Viena, que disso testemunha de boa vontade.

Em razão do que se produziu no lago Achen (era 1900) afastei-me de Freud sem dizer uma palavra e deixei nossa correspondência regular tornar-se esparsa. Depois deste momento, Freud nada mais ouviu de minha parte sobre minhas descobertas científicas, mas neste mesmo ano de 1900 em que se queixa de minha retirada, conheceu Swoboda, o amigo de Weininger, e o tomou sob tratamento por causa de uma psiconeurose. Quando deste tratamento, Swoboda soube da existência da bissexualidade permanente de que se tratou na sua cura psiconeurótica, segundo a informação de Freud depois que me comuniquei com ele. Depois ele foi também aluno de Freud, o que Freud primeiro contestou depois reconheceu.

No ano de 1903 foi publicado o livro de Weininger *Sexo e caráter* ao qual lancei uma vista de olhos somente na primavera de 1904. Na verdade espantou-me no mais alto grau encontrar na primeira parte deste — trata-se exclusivamente disto apesar da objeção de Swoboda — expressa de maneira clara e não desprezível[27] minha idéia da dupla sexuação permanente e a dedução da atração sexual. Mas eu não tinha nenhuma suspeita da relação de Weininger com Freud e estava tão longe de pensar num abuso de confiança de sua parte que nem mesmo pedi a Freud uma informação sobre este fato surpreendente. Nesse meio tempo — início de 1904 — o livro de Swoboda, que trata dos períodos do organismo humano, foi publicado, mas à primeira vista de forma ligeiramente modificada pois ele supõe 23 e 18 horas como intervalos. Eu mesmo fui inicialmente enganado por esta modificação, senão não teria escrito esta carta a Swoboda publicada por Pfennig na qual ele se apóia agora tão freqüentemente. Ela é o sinal de minha inocência original e torna caduca a afirmação de Swoboda segundo a qual eu teria inicialmente tido desconfiança e depois teria buscado justificá-la. Pelo contrário: somente depois que as provas se acumularam percebi que havia uma ligação[28].

Em princípio[29] espantou-me ler em Weininger o nome Swoboda. A este respeito, depois dos anos de interrupção, recebi de maneira inesperada uma carta de Freud na qual ele me pedia minha colaboração para um projeto de revista, que eu recusei. Nesta carta de 26.IV.04, encontramos a seguinte passagem:

"Você recebeu um escrito do Dr. Swoboda do qual eu sou, sob diversos aspectos, o instigador intelectual, ainda que eu não queira ser o autor. *Gênero Gattel*[30] [grifo de Fliess]. Mas penso agora começar a dispor de um melhor grupo de discípulos."

---

[27] No manuscrito Fliess tinha primeiramente escrito "*klipp und klar*", "de maneira nítida e clara". (NT francês)

[28] Eu a achei exagerada e não dei atenção a uma advertência de meu bom amigo, o Dr. Oskar Rie de Viena, que me fez notar "o roubo" logo no momento da publicação do livro de Swoboda. É claro que eu tinha boa fé!

[29] Fliess primeiro escreveu *Zuerst*, que substituiu por *Zunächst*. (NT francês)

[30] O Dr. Gattel, falecido neste ínterim, foi também um paciente e aluno de Freud. Freud, que pouco estimava o caráter de Gattel, e que o chama por escrito de um imbecil, além disso o considerava como seu plagiador. Entre outras coisas, ele escreve: "Dizer-lhe isto me é muito penoso, que ele *não pode de modo algum publicar estas coisas para seu próprio bem*, ainda que ele as

Por esta carta compreendi pela primeira vez que Swoboda era um *discípulo* de Freud, que me parecia, além disto, que ele estimava muito. Sei que esta comunicação me tocou, mas foi preciso ainda algum tempo para que surgisse em mim a hipótese de que Freud tinha sido o intendente infiel de minhas idéias. Tomei a resolução de interrogá-lo pessoalmente a este respeito, no verão em que eu teria a oportunidade de uma viagem a Viena. Ainda que Freud conhecesse a data de minha chegada a Viena, partiu de férias dois dias antes e me comunicou isto somente no último momento com um pequeno bilhete. Então fui obrigado a usar a caneta. Isto deu lugar assim à correspondência já publicada em Pfennig.

Sou forçado a publicá-la mais uma vez e completamente pois neste meio tempo ela teve (ver a brochura de Swoboda[31]) uma nova interpretação. Restará saber em que medida esta interpretação é justificada. Quero inicialmente entregar aqui ao leitor os elementos para que ele faça seu julgamento.

Viena, 20 de julho de 1904[32]

Caro Sigmund,

Tomei conhecimento de uma obra de Weininger. Em sua primeira parte consagrada a aspectos biológicos, encontrei descrito, para minha surpresa, o desenvolvimento de minhas idéias sobre a bissexualidade e a sorte de tendência sexual que delas se deduz — homens femininos têm tendência para mulheres masculinas e *vice versa.* Vejo a partir de uma citação neste livro que Weininger conheceu Swoboda — seu discípulo — (antes da publicação de seu livro) e compreendi então que os dois homens eram *íntimos*

---

leve adiante." [Freud faz referência à carta a Fliess de 30.1.98. Gattel também se tornará um paciente de Fliess quando voltar a Berlim. Morrerá pouco tempo depois. Em seu manuscrito, Fliess não fala de plagiador e cita a obra de Gattel *Über die sexuellen Ursachen der Neurasthenie und Angstneurose,* Berlim, 1898; Fliess diz somente que Freud reprovara Gattel por não diferenciar o bastante o que pertencia a um e a outro. (NT francês)]

31 Cf. Swo. 4. (NT francês)

32 Escrito num papel que tem no cabeçalho Hotel Meissl & Schadn, Wien. Fliess fez uma cópia desta carta por causa do número de rasuras (Pfennig, p. 26). (NT francês)

mos. Não tenho nenhuma dúvida do fato de que Weininger teve conhecimento de minhas idéias por você e de que de sua parte isto constituiu um abuso do que é do outro. O que você sabe a este respeito[33]? Peço a você de todo o coração uma explicação clara (para meu endereço de Berlim porque eu parto daqui dia 23 à noite).

Com minhas muito cordiais saudações

seu

Wilhelm

Depois disso chegou a seguinte resposta:

Cidade de Sonnenfels, 23.7.04

Caro Wilhelm[34].

Eu também creio que o falecido *Weininger era um ladrão com uma chave encontrada.*

Eis tudo o que sei a este respeito. *Swoboda, que era seu amigo íntimo e que ouviu falar na minha casa sobre a bissexualidade de que se trata em cada cura, lançou, como ele conta, a palavra bissexualidade quando o viu ocupado com problemas sexuais. W. então bateu na testa e correu para casa para deitar por escrito seu livro.* Certamente, não posso avaliar se este relato é real.

De resto, penso que W., que se suicidou, dizem, por medo diante de sua natureza de criminoso, pode ter tirado também a idéia de bissexualidade de outro lugar, já que ela tem um papel na literatura há muito tempo. Sem dúvida se estará obrigado a explicar a concordância dos detalhes pelo fato de que, uma vez colocado na pista da idéia, ele adivinhou uma parte das deduções de maneira exata — a maior parte de maneira errada. De fato Sw. diz não lhe ter dado mais esclarecimentos, não tinha mais nada para dar, já que nada mais ouviu de mim que o que se apresenta na cura, quer

[33] No manuscrito a frase: "e sua opinião sobre o que devo fazer para preservar meu direito de propriedade" foi riscada. (NT francês)

[34] No original, Freud não colocou ponto depois de "Wilhelm". Nesta carta e nas seguintes, as frases em itálico foram sublinhadas, salvo exceção que será assinalada, por Pfennig e Fliess. (NT francês)

dizer, que em todo neurótico encontramos uma forte corrente homossexual. Sw. *não é*, como você escreve, *meu discípulo*[35]. Ele me veio ver enquanto enfermo, encontrou a mesma ajuda e aprendeu as mesmas coisas de mim que qualquer outro; sou estranho a *sua descoberta, que retoma muito mais as suas idéias*; não li seu livro antes de sua publicação[36]; quando o li, fiquei muito surpreso com a espécie de reconhecimento neurótico [que consiste em] utilizar suas descobertas para combater minha teoria dos sonhos. Ele simplesmente me explorou, finalmente também para lhe encontrar um editor, o que fiz por suas qualidades de trabalhador, *recusando explicitamente toda responsabilidade por este trabalho.* Estou sempre disposto a isto com a intenção de não me censurar mais tarde.

Atualmente estou terminando três ensaios sobre a teoria do sexual, nos quais evito na medida do possível o tema da bissexualidade. Em dois lugares não posso fazê-lo; quando da explicação das inversões sex., aí eu vou tão longe quanto a literatura me permite (Kraftt-Ebing e seus predecessores, Kiernan, Chevalier e outros), depois quando da menção da corrente homossexual nos neuróticos. Aqui eu penso colocar em nota que fui preparado por suas[37] observações precisas para a necessidade desta descoberta. Ou você pode se quiser me propor uma formulação similar.

O restante trata da vida sexual infantil e dos componentes da pulsão sexual.

Com minhas muito cordiais saudações

seu

Sigmund.

Neste meio tempo ouvi quando de uma entrevista com meu fraterno Oskar Rie em Viena que Freud teria mesmo visto o manuscrito de Weininger. Mas já que Freud nada me escreveu sobre este fato importante e que ele

[35] Sublinhado por Freud no manuscrito. (NT francês)

[36] Pfennig tinha suspendido aqui a citação da carta de Freud. (NT francês)

[37] Sublinhado por Freud em seu manuscrito mas não por Fliess em sua reprodução desta carta. (NT francês)

parecia excluir a correção desta indicação pela observação: "eis tudo o que sei a este respeito", eu lhe mandei esta segunda carta[38]:

Berlim, 26.VII.04.

Caro Sigmund

Então foi por engano o que Oskar Rie contou inocentemente quando falei de Weininger: Weininger teria vindo a sua casa com seu manuscrito e, depois de tê-lo olhado, você teria desaconselhado a ele a publicação porque o conteúdo era um não-senso. Pensei que neste caso você deveria ternos assinalado, a ele e a mim, o roubo. Weininger manifestamente somente acreditou — como você — que o pensamento sobre a bissexualidade necessária e permanente de todos os seres vivos — não somente da disposição bissexual —, já que ele declara na p. 10 este pensamento sob esta forma inteiramente nova, teria podido vir-lhe de outro lugar. Eu lhe serei muito grato se você me citar as outras fontes de que fala em sua carta (Krafft-Ebing, Kiernan, Chevalier, etc), de tal forma que eu possa consultá-las facilmente. Já que sou tão pouco versado na literatura.

Weininger igualmente dissimula[39] em seu arreno e teloplasma* [o pensamento] de que a substância viva em todos os seres vivos é masculina e feminina (como já fui obrigado a concluir a partir da presença constante de 28 e 23 no homem e na mulher).

Até agora eu não sabia — o que compreendi somente com sua carta — que você se serve na cura da bissexualidade permanente. Tratou-se disto

[38] Carta de que Fliess tinha uma cópia (Pfennig, p. 28) pois tinha sido recopiada por Ida Fliess. Fliess escreve "Oscar" com um *k* no lugar do *c*. (NT francês)

[39] No original há uma expressão mais forte. [*Gestohlen* (rouba)]. Citando a carta Pfennig não substituiu a palavra. (NT francês)

* Os termos empregados dizem respeito à biologia do final do século passado / princípio deste século. Nesta época, por exemplo, Francis Galton (Inglaterra, 1822-1911), que criou a "lei da herança ancestral", defendia a transmissão de caracteres pelo sangue: o sangue de cada indivíduo era uma mistura do sangue de seu pai com o de sua mãe, numa proporção de meio a meio, sendo também os avós, bisavós, etc, implicados, já que cada indivíduo herdava 1/2 dos caracteres de cada um de seus pais e que estes, por sua vez, haviam herdado 1/2 dos caracteres de seus próprios pais (o que corresponderia a 1/4 dos caracteres de cada um de seus avós, para um dado indivíduo), e assim por diante. (NT brasileiro)

entre nós pela primeira vez em Nuremberg, quando eu estava adoentado e você me contou a história da doença de uma mulher com sonhos com serpentes gigantescas. Naquele momento você estava muito interessado na idéia de que as correntes subjacentes numa mulher poderiam provir da parte masculina de sua psique. Assim sua resistência em Breslau contra a hipótese da bissexualidade na psique me espantou mais ainda. Em Breslau eu também falei a você do fato de que no meu círculo de amigos há muitos com esposas canhotas, e a partir da teoria da lateralização esquerda eu dei a você uma explicação que corresponde até em seus detalhes à de Weininger (que nada conhece da lateralização esquerda). É verdade que você rejeitou a lateralização esquerda e que você esqueceu durante um certo tempo nossa conversa bissexual como claramente você mesmo admitiu.

Mas já que eu não sabia que na cura a menção da bissexualidade era necessária, eu não duvidaria de que o íntimo de Weininger era seu paciente o Dr. Swoboda e isto tanto mais que você o compara em sua carta a mim com Gattel acrescentando: "mas penso agora começar a dispor de um melhor grupo de discípulos".

Teríamos sem dúvida ambos sonhado uma melhor ocasião para correspondência que a discussão sobre um plagiário[40]. Que o futuro no-la traga.

Com minhas muito cordiais saudações

Wilhelm.[41]

A esta carta imediatamente sucede a seguinte resposta desconcertante, de 27.7.04:

Caro Wilhelm[42].

Vejo que tenho que dar mais razão a você do que eu queria de início porque eu mesmo fiquei surpreso de ter esquecido quanto me queixei de meu

---

[40] No original há uma expressão mais forte [*Räuber* (ladrão). Aqui também Pfennig não substituiu a palavra. (NT francês]

[41] Fliess acrescentou no manuscrito: "Nuremberg, meados de abril de 97 (Páscoa). Breslau: era o Natal de 1997." (NT francês)

[42] No manuscrito não há ponto depois de "Wilhelm" e o endereço de Freud em Viena está riscado. (NT francês)

discípulo Swoboda por ter omitido a visita de W. a minha casa que eu no entanto não havia esquecido[43]. *O último fato foi exatamente como Rie contou a você*; é verdade que o manuscrito que tive em minhas mãos tinha um teor inteiramente outro que o do livro hoje impresso; fiquei muito surpreso essencialmente com o capítulo sobre a histeria que foi escrito *ad captandum benevolentiam meam*, mas o ponto de vista de bissexualidade presente de ponta a ponta era naturalmente para ser reconhecido, e eu devo ter lamentado na época *ter-lhe entregado sua idéia por intermédio de Sw., o que eu já sabia.* Isto combina com minha própria tentativa de lhe furtar esta originalidade, compreendo agora meu comportamento frente a W. e meu esquecimento suplementar.

Não acredito entretanto que eu devesse gritar naquela época: ladrão! Tanto mais que isto não teria servido de nada pois o ladrão pode também pretender que é sua própria idéia; *além disso as idéias não podem ser chanceladas. Podemos retê-las e temos razão para fazê-lo se concedemos um valor a sua prioridade. Se as soltamos, elas seguem seu próprio caminho.* Aliás, eu já na época conhecia as indicações da literatura nas quais se recorre à idéia da bissexualidade para a explicação da histeria[44]. Você vai reconhecer que um espírito engenhoso pode facilmente fazer também este passo por si mesmo e estender a constituição bissexual de alguns para todos, mesmo se *este passo é sua novidade.* Para mim pessoalmente você sempre foi (desde 1901)[45] o autor da idéia de bissexualidade; creio que você encontrará folheando a literatura que muitos chegaram a um ponto ao menos próximo àquele a que você chegou. Encontrei os nomes que transmiti a você em minha carta, não mencionei livros[46] para lhe dar justificativas mais precisas, você os encontrará certamente na *Psychopathia sexualis* de Krafft-Ebing.

---

43 Falta um *habe* para que a frase fique bem construída. (NT francês)

44 Pfennig e Fliess substituíram aqui "inversão" por "histeria". Cf. *Briefe*, p. 512. (NT francês)

45 "Na realidade, desde a primavera de 1897! (ver mais adiante). Há aqui um erro de princípio cometido por Freud em favor de Weininger" (Pfennig).

46 Freud estava de férias em Berchtesgaden. (NT francês)

Aliás eu estava seguro, e estou ainda, de não ter dado nenhum detalhe de suas comunicações a Sw. A generalidade da disposição bissexual é tudo o que aparece na cura e tudo aquilo de que tenho necessidade para esta. Desde a experiência que tive e que relatei abertamente[47] na *Vida quotidiana* tenho o pressentimento que *para um de nós o arrependimento de nossa troca de idéias sem restrição desta época poderia chegar, e me esforcei com sucesso em esquecer os detalhes de tais comunicações. O fato de que minha generosidade ou minha imprudência tenha disposto de sua propriedade, disto me reprovei na época obscuramente, como hoje com muita clareza.* Posso somente supor que o dolo que você sofreu por parte de W. é muito pequeno pois ninguém levará a sério uma tão má obra e você pode, se isto lhe parecer valer a pena, colocar em evidência este estado de coisas[48]. *Roubar não é tão fácil quanto W. imaginou*, é assim que me consolo e gostaria também de sabê-lo consolado.

Você não é o único a lamentar, eu também lamento que seja este incidente em que você me reprova que desperte novamente uma correspondência adormecida há muito tempo. Não é minha culpa se você só encontra tempo e vontade de uma troca de cartas comigo quando de um motivo tão mesquinho...

Com minhas muito cordiais saudações
Sigm.

Estas cartas[49] mostram Freud como o *spiritus rector* que não somente tinha conhecimento da utilização ilícita de um bem alheio por Weininger mas que até mesmo tornou-a possível. E no entanto ele não fez nenhum protesto e nem advertiu a Weininger nem a mim!

---

[47] Trata-se do esquecimento de Freud quando do encontro do lago de Achen. (NT francês)

[48] Freud permite a Fliess entrar em ação para replicar. (NT francês)

[49] No manuscrito Fliess diz que depois desta troca de cartas ele interrompeu toda relação (*Verkehr*) com Freud, ainda que este lhe tenha enviado por duas vezes novos trabalhos. (NT francês)

De fato, Freud agora quer interpretar de outra forma o volteio "*Weininger era um ladrão com uma chave encontrada*". Ele faz anunciar por Swoboda[50] muito seriamente:

"Como me disse, Freud nunca pensou em designar Weininger como um ladrão da propriedade de Fliess mas como um ladrão no domínio das ciências naturais.*"

Mas Freud começa sua resposta com: "Eu *também* creio que o falecido Weininger era um ladrão com uma chave encontrada."

Por esta pequena palavra introdutiva *também* resulta que Freud se refere diretamente aos trechos de minha carta que trata somente da utilização abusiva de meu bem intelectual por Weininger.

Comparemos a passagem: "De resto, penso que W., que se suicidou, dizem, por medo diante de sua *natureza de criminoso*, pode ter tirado também a idéia de bissexualidade de outro lugar!"

E isto na outra carta: "E eu devo ter lamentado na época ter-lhe entregado sua idéia por intermédio de Sw., o que eu já sabia.

E ainda:

"Não acredito entretanto que eu devesse gritar naquela época: *ladrão*! Tanto mais que isto não teria servido de nada pois o ladrão pode também pretender que é sua própria idéia."

E enfim: "Roubar não é tão fácil quanto W. imaginou."

A pequena palavra traidora "tão" não indica já um acordo sem reserva com minha concepção de que é verdadeiramente bem espantoso chamar de inofensivo intruso no domínio das ciências naturais "um ladrão com uma chave encontrada". Não se o chamará além disso de ladrão, não se falará de roubar e se referirá a sua natureza de criminoso? E como fazer passar esta maneira de entregar *minha* idéia como uma simples irrupção na ciência natural?

---

[50] Cf. Swo. 5, que continua Swo. 4. (NT francês)

* Aqui, como em outros pontos, o leitor mais atento vai notar diferenças entre textos, que aparecem nas diversas citações cruzadas. Nesta frase, há uma inversão (*Como me disse, Freud* ao invés de *Freud, como me disse*), uma troca de palavras (*designar* por *qualificar*) e uma pluralização/acréscimo (*das ciências naturais* por *da ciência*). Em algumas outras citações as diferenças são ainda mais significativas. Mantivemos estas diferenças quando se apresentaram no original francês. (NT brasileiro)

Pois Freud tenta atenuar sua confissão epistolar de ter entregue minhas idéias indicando que teria esquecido que a bissexualidade permanente já teria sido tratada por mim no prefácio das *Relações*. Ele designa como motivo deste esquecimento sua boa vontade de ter errado. Pois graças à experiência que ele comunica em sua *Psicopatologia da vida quotidiana*,

"quando ele se surpreendeu querendo esquecer que Fliess já lhe havia feito notar a validade geral da bissexualidade..." ele se teria

"praticamente imposto uma penitência e doravante estava disposto a considerar-se errado neste assunto contra seu amigo, mesmo onde não estava errado. Ele se teria lembrado a respeito do prefácio quando lhe teria faltado uma oportunidade de se reprovar por alguma coisa. A boa vontade de ter errado conduziu ao esquecimento" (p. 20)[51].

Esta lenda da boa vontade deve sua existência à adoção do erro manifesto de Pfennig. Nós já sabemos que no prefácio não há a mínima palavra sobre a dupla sexuação *permanente e corporal* e que só se trata da constituição bissexual conhecida há muito tempo. Mas o que não foi escrito não pode também ser esquecido!

Foi a boa vontade de ter errado ou a de errar que o levou a me designar na sua carta como o autor da bissexualidade somente a partir de 1901, ainda que ele soubesse, e que ele tivesse confessado em sua *Psicopatologia da vida quotidiana* que já havíamos falado disso em Breslau, em 1897? 1901 é precisamente o ano em que Weininger pretende ter feito sua descoberta e o "erro de princípio" não tem outro sentido que o de me colocar numa concorrência temporal com Weininger.

Isto não é "a boa vontade de esquecer", como diz deformando Swoboda, mas a fixação da data quatro anos inteiros mais tarde, que Pfennig designa como erro de princípio.

Freud pretende agora que se esforçou para esquecer depois os detalhes de minhas comunicações e que Swoboda, seu paciente, nada mais teria ouvido além da bissexualidade de que se trata em cada cura. Swoboda teria

[51] Cf. Swo. 4. Trata-se de uma citação da brochura de Swoboda *La Recherche*... (NT francês)

então lançado esta palavra bissexualidade a Weininger quando o encontrou ocupado com problemas sexuais. "Weininger então bateu na testa e correu para casa para deitar por escrito seu livro[52]."

Em suma a palavra bissexualidade era bastante conhecida do erudito Weininger. Para isto ele não tinha necessidade da intermediação de Freud. Na "cura" não aparece somente "a bissexualidade" mas também a bissexualidade geral e permanente. Neste sentido as passagens dos *Três ensaios sobre a teoria do sexual*[53] de Freud — Leipzig e Viena 1905 — são comprovadoras:

"Nota: não faço senão fazer justiça a uma incitação que me foi feita se comunico que foram inicialmente proposições particulares de Wilhelm Fliess de Berlim que atraíram minha atenção para a *necessária generalidade* da tendência à inversão nos psiconeuróticos depois que eu a descobri em casos isolados."

Logo trata-se da necessária generalidade da tendência à inversão nos psiconeuróticos. E numa cura analítica para a melhora de uma psiconeurose só se pode tratar desta necessária generalidade das correntes psíquicas bissexuais. E isso é mesmo mais que a simples palavra bissexualidade! A frase seguinte do escrito citado acima mostra o quanto Freud estava em dia com esta necessária generalidade e quanto dela se servia em suas conclusões:

"A libido é, regularmente e segundo uma lei, de natureza masculina, apareça ela no homem ou na mulher."

Aqui trata-se de novo da questão da dupla sexuação permanente segundo minha concepção, e por isso Freud continua:

"Desde que tive conhecimento do ponto de vista da bissexualidade (por W. Fliess)[54], tomo este fator como preponderante aqui e penso que

---

52 Swoboda pretende até hoje "não mais poder dizer com certeza" se Weininger ouviu dele esta palavra bissexualidade. Cf. p. 7 [Cf. Swo. 6. (NT francês)]. Entretanto ele assinala à p. 14 [Cf. Swo. 7. (NT francês)] que a palavra bissexualidade fez Weininger progredir muito no desenvolvimento de suas idéias. O que é então o correto?

53 Segundo a tradução de La Transa. (NT francês)

54 Fliess só é mencionado aqui por Freud na edição de 1905. (NT francês)

sem levar em conta a bissexualidade praticamente não se poderia chegar à compreensão das manifestações do sexual efetivamente observáveis do homem e da mulher." Vê-se por aí que Freud que conhecia certamente melhor que eu a literatura[55] não podia encontrar alhures a necessária generalidade da bissexualidade. Mas se vê além disso que ele justamente entregou este fator a Swoboda já na cura. E Swoboda foi também seu discípulo o que Freud contestou inicialmente (e por quê?) e com este discípulo ele deve ter também discutido o fundamento desta necessária generalidade[56].

Na realidade a exposição de Pfennig é correta. Freud diz em sua carta de 23.VII.04:

"Swoboda não é, como você escreve, meu discípulo. Ele me veio ver enquanto enfermo."

E na carta seguinte de 27.VII.04, depois de ter lembrado a Freud que antes ele me havia falado de aluno: "Eu mesmo fiquei surpreso de ter esquecido quanto me queixei d*o discípulo* Swoboda."

Esta confrontação mostra aquele que deforma!

Mesmo se já está provado por isto que é inverossímil que só tenha havido comunicação da simples palavra bissexualidade, outros fatores ainda testemunham contra. Inicialmente o fato de que Weininger tem pleno conhecimento da lei da atração sexual das mulheres masculinas e dos homens femininos; uma lei que desenvolvi diante de Freud já em Breslau — portanto no Natal de 1897 — como prova a passagem de minha refutação

[55] Com a exatidão nas citações que lhe é própria, Swoboda inventou que eu nunca *absolutamente* li literatura, em lugar de "muito pouco", como diz Pfennig. [Cf. Swo. 3. NT francês]
Com esta mesma exatidão ele me faz *falar durante algumas horas* com seu amigo Dr. Wolf para sondá-lo, enquanto ele só me fez uma visita de mais ou menos 3/4 de hora em 1905! O Dr. Wolf me escreve que queria me fazer uma visita "a fim de travar conhecimento com o reformador da biologia". Quando de nossa entrevista se colocou a questão [de saber] há quanto tempo ele já se ocupava do cálculo dos períodos. "Há mais de 3 anos" foi a resposta, "mas Hermann (i. e. Swoboda) calcula já há um ano a mais." Até aqui os fatos.

[56] Swoboda diz p. 23 [cf. Swo. 8, continuação de Swo. 5. (NT francês)]:
"Em vez disso como tudo é deformado! Na brochura (de Pfennig) pretende-se que Freud me teria ao contrário designado como discípulo somente mais tarde e depois de inicialmente ter contestado."

de minha carta de 26.VII.04. E que discuti também no ano seguinte com o Prof. Reuleaux.

O que falta dizer a respeito deste assunto se encontra longamente detalhado em Pfennig. Ele demonstra que Weininger absolutamente faz menção à transmissão por Freud; que Weininger só sabia o que era conhecido por Freud de minhas pesquisas. Sobretudo nenhuma palavra sobre todos os resultados encontrados por mim depois de 1900 — o ano da ruptura de minhas relações com Freud — que são explicados em meu livro "O curso da vida". Ainda que estes resultados sejam igualmente deduções tiradas da dupla sexuação permanente, deduções que o plagiário não pôde portanto tirar por sua própria conta.

Pfennig demonstra enfim que Weininger não tirou conclusões erradas num caso preciso. Quero abordar mais de perto apenas este exemplo porque ele ilumina como um relâmpago a situação e que tenho a acrescentar de novidade à exposição de Pfennig.

Weininger sublinha que o mixedema deveria ser uma doença da substância feminina; como tendência masculina para a doença ele cita o hidrocele. O mixedema é claramente um estado proveniente de um defeito da glândula tireóide que ocorre essencialmente nas mulheres mas que não tem relação com os órgãos sexuais propriamente ditos da mulher. Logo efetivamente um estado patológico da *substância* feminina. O hidrocele, em troca, é uma doença da pele dos testículos logo uma doença dos órgãos sexuais masculinos. O mixedema tem somente a ver com o sexo-soma, o hidrocele é exclusivamente localizado no aparelho sexual masculino. Estas duas doenças não podem inteiramente serem postas em paralelo. Isto ocorre porque Weininger confunde o sexual com o sexo. Ele tão pouco se apropriou do pensamento da dupla sexuação permanente que chegou a compreendê-la mal. E "só se pode compreender mal o que é algo de outro" (H. Fischer "Roubo do espírito" Die Funken nº 22, 1906)[57]. Sobre este caso significativo também Swoboda nos dá uma resposta.

---

[57] Fliess não tinha dado estas referências em seu manuscrito. (NT francês)

Mas como Weininger, com a idade de 22 anos e sem ser médico, poderia ter a idéia de tomar o mixedema como paradigma das doenças da substância feminina quando há muitas outras e muito mais conhecidas — por exemplo a anemia clorótica? Aqui ele trai a origem de "seus" pensamentos muito claramente. Já ao final de meu livro de 96, não somente indiquei a importância da tireóide para a sexualidade, mas também acreditei dever exprimir na época que um certo raio de luz caía sobre a tireóide enquanto órgão[58], cuja atividade se desenvolve por surtos periódicos[59]. Foi por isto que todo o meu interesse se dirigiu à tireóide e que depois eu me interessei particularmente pelos estados dependentes da tireóide. Assim, eu já tinha discutido muito com Freud a questão do mixedema e o caracterizei para ele como uma doença da substância feminina. Lembro-me de não ter podido nomear imediatamente na primeira conversa o análogo para a substância masculina. E isto pela boa razão de que as afecções da substância masculina principalmente consideradas, a hemofilia e a pseudo-hipertrofia, são extremamente raras num consultório médico. Assim uma lacuna em nossa conversa de então subsistia: com sua faculdade de compreensão o jovem Weininger a completou com o hidrocele!

Weininger se apoderou não somente de minhas idéias positivas mas também das lacunas exatamente tais como se apresentavam no fim de minha relação com Freud. Weininger não foi capaz de tirar conclusões próprias a partir das idéias sobre a dupla sexuação.

E no entanto ele teria ouvido *somente a palavra bissexualidade*!

Freud também não parece crê-lo já que acrescenta ao relato de Swoboda: "Certamente, não posso avaliar se este relato é *real*." (carta de 23.7.04).

[Trata-se] de fato de um testemunho nada menos que brilhante pela credibilidade de Swoboda do qual iremos examinar agora a própria "descoberta".

---

[58] Cf. nosso comentário desta frase p. 114. (NT francês)

[59] Se eu já tivesse tirado nesta época a conclusão sobre as duas substâncias a partir dos tempos, não teria mais buscado a causa da periodicidade nos órgãos isolados. Mas esta conclusão só me veio no ano seguinte e é por isso que em meu livro não havia nada escrito sobre a dupla sexuação geral e permanente.

II.

Trata-se do fato espantoso de que minhas duas[60] idéias, a da dupla periodicidade de todos os processos de vida e a da dupla sexuação permanente que dela se deduz diretamente, tenham sido, dizem[61], descobertas *separadamente*, e isto por duas pessoas cuja amizade remonta aos anos de escola, na mesma vila e na mesma época.

E já que Swoboda permanece devedor quanto a mim de toda explicação deste fato espantoso, eu mesmo devo levar adiante minha pesquisa.

"O que é que me reprovam principalmente?" pergunta Hermann Swoboda[62]. "A afirmação de que eu já tinha feito numerosas observações sobre as representações espontâneas muitos anos antes do conhecimento com Fliess." Não meu caro, pois isto seria altamente louvável. Mas o assunto da querela é a tentativa bem calculada de me roubar meu direito de propriedade exclusiva da periodicidade de 23 e 28 dias.

Efetivamente como Swoboda foi bem sucedido em sua descoberta? Sobre este ponto existem duas fontes: seu livro sobre os períodos e sua brochura. Em seu livro sobre os períodos ele conta que teria inicialmente percebido que uma lembrança musical lhe vinha espontaneamente: "depois de um longo tempo" ele teria descoberto que este retorno ocorria depois de n x 23 horas. Depois de 24 destes intervalos, i. e. depois de 23 dias, estas lembranças deveriam voltar de maneira particularmente clara!! Assim ele chega aos 23 dias que encontrou tomando conhecimento de meu livro.

"Fliess observou o período de 23 dias e isto em seus pacientes para fenômenos *patológicos*. No que me me diz respeito, posso dizer que o calculei e isto para fenômenos psíquicos pertencentes à psicologia normal, isto em que Fliess, conformemente a seu material de observação, certamente não pôde pensar.

---

[60] No manuscrito *zwei* foi riscado e substituído por *beiden*. Cf. p. 141. (NT francês)

[61] Fliess escreve três mais (+++) depois deste "dizem" no manuscrito. (NT francês)

[62] Cf. Swo. 9. (NT francês)

"Quando travei conhecimento com as observações de Fliess me alegrei como um astrônomo que determinou antes o lugar em que uma estrela se tornaria visível"[63].

Disso resulta que Swoboda não somente descobriu um período de 23 dias mas que ele pretende, além disso, ter sabido por si mesmo que 24 x 23 horas, i. e. 23 dias, formam uma maior unidade periódica. E ele pretende tê-lo sabido *antes* de tomar conhecimento de meu livro. Ele então se reserva um direito de descobridor pelo "cálculo" do período de 23 dias. Ele não fez observações sobre o período de 23 dias antes (ver brochura p. 46)[64] mas somente sobre o período de 23 horas. A questão é saber quando ele fez estas últimas observações e quando reconheceu que se tratava de um retorno periódico.

Pfennig provou que pela datação inteiramente indeterminada "há muito tempo", etc, ele queria dar a impressão de que isto já tinha ocorrido à época em que eu começava minhas próprias experiência. É por isto que Swoboda teria também negligenciado indicar o ano de sua descoberta. Em lugar de retornar a isto ele deixa hiante esta lacuna em sua brochura de justificação e em nenhuma parte indica o ano de sua descoberta[65]:

"A afirmação de que fiz as observações dos intervalos de horas somente depois de 1901 é uma insinuação infame." Mas ele não diz quando fez a observação das horas, como veremos ainda abaixo. Além disso, ele não nos revela se por estes intervalos de horas quer dizer que reconheceu a existência exclusiva de dois tipos de 23 e 18 horas.

Ele de fato deixa totalmente indeterminado o que Pfennig esclareceu de maneira incisiva com sua brochura. A apresentação do livro sobre os períodos é por ele criticada em sua inverossimilhança interna: "Já há cerca de oito anos que muitas vezes observei o seguinte... a ária voltava espontaneamente" com sua contrapartida na datação atual de Swoboda[66]:

[63] Cf. Swo. 10 (NT francês)
[64] Cf. Swo. 11. (NT francês)
[65] Cf. Swo. 11. (NT francês)
[66] Cf. Swo. 12., continuação de Swo. 11. (NT francês)

"As primeiras observações surpreendentes — sobre a clarificação e a articulação progressivas dos pensamentos — remontam ao menos ao ano de 1897."

Mas o que é que isto quer dizer? Observações sobre a clarificação dos pensamentos: quem fala disso? Trata-se de duplos intervalos de horas. Mas no momento de sua descoberta, nenhuma palavra! O ano de 1897 deve somente sustentar o "Já há cerca de oito anos" anterior. Os oito anos anterior indicariam é verdade 1895 — o ano de minha descoberta. Parece então que ele aceitaria neste caso de necessidade agora negociar dois anos.

À segunda questão: quando ele reconheceu o retorno periódico? a brochura dá a resposta[67]: somente *depois* do conhecimento que teve do meu livro.

Agora se deveria assim mesmo crer que com isto toda reivindicação da descoberta da periodicidade psíquica desaba. Ora Swoboda se protege assinalando, no seu livro sobre os períodos, que Fliess se teria ocupado somente de fenômenos patológicos e ele de fenômenos normais, mais precisamente daqueles que pertencem à psicologia normal, "isto em que Fliess, conformemente a seu material de observação, certamente não pôde pensar[68]".

Esta asserção é audaciosa. Parti de *processos normais* — menstruação, parto, movimentos da criança, secreção de leite, fenômenos de crescimento, etc — e assinalei que a dupla sexuação atravessa todos os fenômenos da vida, os normais e os patológicos. Eu a reconheci e caracterizei desde o início como uma lei da natureza tão geral e sem exceção que teria devido sublinhar expressamente se para um processo qualquer de vida — e os fenômenos psíquicos também pertencem a eles — ela não devesse ter validade. Mas, desde a primeira redação de minhas descobertas, também me ocupei de exemplos referentes à psique. Sonhos ansiosos, representações ansiosas[69], crises de frenesi são aí mencionados. E da mesma forma o desenvolvimento da linguagem na criança: evidentemente processo normal da vida psíquica.

---

[67] Cf. Swo. 11. (NT francês)

[68] Cf. Swo 10 e 13. (NT francês)

[69] Cf. p. 195 de meu livro de 96. Lá como exemplo de representação ansiosa: "encontra amigos na rua e pensa que eles querem atacá-lo".
Swoboda objeta, em seu favor, que aqui a palavra representação não está escrita expressamente. Mas eu podia supor de acordo com o nível de meus leitores que eles soubessem o que é uma representação. [Cf. Swo. 13. NT francês]

Pouco tempo depois da conclusão de meu livro me caiu nas mãos um artigo do *Vossischen Zeitung* de 31 de janeiro de 1897: "Pelo centenário de Franz Schubert". Neste artigo se encontravam os dados dos dias em que Schubert foi muito espantosamente produtivo. Reconheci estes dias como periódicos, apresentei-os a Freud na Páscoa de 97 em Nuremberg e os mostrei no início de maio do mesmo ano ao Prof. v. Bunge da Basiléia. Foi bem desde esta época que eu estive na pesquisa da periodicidade dos fenômenos psíquicos e que me convenci de que eles estavam submetidos à lei da periodicidade da mesma forma que todos os processos da vida.

Em minha primeira carta (Pfennig p. 61), à qual Swoboda se refere tão freqüentemente, faço-lhe observar a afirmação incorreta em seu livro. Ele de toda forma negligenciou retificar este erro em seu segundo escrito "Estudos para o fundamento da psicologia" no qual trata-se igualmente da questão dos períodos.

Logo, como ele não sabia que seus intervalos eram periódicos antes do conhecimento de meu livro, ele não pode fazer acreditar que nas minhas pesquisas sobre a periodicidade eu tenha negligenciado os fenômenos psíquicos. E no entanto ele se intitula o descobridor da periodicidade psíquica[70] e afirma p. 12[71] de seu livro sobre os períodos que suas próprias pesquisas não teriam sido alteradas pelo conhecimento de meu livro!

Ainda que comece seu livro sobre os períodos assim[72]: "Quando de uma primeira comunicação é sempre preferível indicar em detalhe como se chegou a seus resultados", ele chega a completar consideravelmente, em sua brochura, a exposição daquilo que no entanto se poderia crer que estava completo. Com efeito aqui,[73] ele [diz] ter descoberto inteiramente sozinho, em seu campo de experiência, não somente a periodicidade mas também a bissexualidade que ele sempre apresentou antes como notória. Escutamos e nos surpreendemos[74]:

---

[70] Cf. Swo. 14. (NT francês)
[71] Cf. Swo. 15. (NT francês)
[72] Cf. Swo. 10. (NT francês)
[73] Cf. Swo. 6. (NT francês)
[74] Cf. Swo. 6. (NT francês)

"Numa conversa em outubro do ano de 1900 comuniquei a este (Freud) uma observação que tinha feito há muito tempo. Podem-se constatar, em situações difíceis durante um certo tempo, dois comportamentos completamente contraditórios: fantasmamos freqüentemente triunfar — o que não é supreendente —, mas nos poderíamos também surpreender com os fantasmas que exprimem um prazer, que não pode ser desconhecido, por ter o outro lado. Poderíamos inclusive encontrar em abundância provas deste comportamento duplo na poesia lírica[75]. Freud assinala que a duplicidade que eu observei — tanto *incubus* quanto *succubus* face aos acontecimentos — encontrava uma explicação satisfatória na disposição bissexual de cada ser humano..."

Daí que qualquer um que seja imparcial pode somente concluir que foi Freud quem teria dado esta explicação estranha. Mas já que Swoboda pretende, em nota, ter também descoberto independentemente a bissexualidade, é-se obrigado a considerar o assinalamento "tanto *incubus* quanto *succubus* face aos acontecimentos" como vindo de Swoboda. Inicialmente não se compreende absolutamente como o prazer pelo fato de triunfar ou de ter o subalterno poderia ser colocado em relação com a bissexualidade. E confesso que levei um certo tempo para encontrar o fio psicológico. Somente se se leva em conta que *incubus* nomeia diretamente o amante e *succuba* a amante e se se tem, além disso, conhecimento do fato de que a análise freudiana demonstra que os fantasmas de seus pacientes neuróticos são sem exceção fantasmas sexuais, não se pode até evitar a interpretação de que os fantasmas nos quais Swoboda se apoiou poderiam ter sido os fantasmas de coito conhecidos e típicos. Pelo fato de que alguém se encontre tanto em cima, quanto embaixo, "incubus e succubus", ele se sente tanto homem quanto mulher. E é isto que ele chama bissexual!

Tanto um homem que tem estas disposições é de se lamentar, tanto é preciso assim mesmo protestar se tais fantasmas doentios[76] devem ser subli-

[75] Aqui há uma nota de Swoboda que Fliess não reproduz mas à qual faz alusão alhures. Ela se encontra em nossos extratos de Swoboda, Swo. 6. (NT francês)

[76] No manuscrito Fliess fala "de um tal doente" — e não de "um homem que tem estas disposições" — "que quer sublimar seus fantasmas doentios". A forma impessoal do texto publicado atenua um pouco o ataque. (NT francês)

mados em descobertas científicas[77]. Eu de boa vontade me teria recusado a entrar no detalhe da natureza destes fantasmas mas é deles que se deduzem direitos de descobridor!

Até agora vimos como Swoboda se ocupou do masculino com seu período de 23 horas. Mas lhe faltava ainda o análogo para o feminino. Ele não podia descobrir o período feminino enquanto período de 28 horas — isto seria exatamente trair; logo: de dois faz um — é isto a tábua de multiplicação do senhor Swoboda! Foi assim que nasceu o período de 18 horas que foi transformado, multiplicando-o por 24, em 18 dias. Todavia 23 dias parecia mais novo que 28 dias; então dever-se-ia apoderar-se sobretudo dos 23 dias. E do período de 18 dias o senhor Swoboda se serviu pouco; ele o abandonou sem dizer uma palavra em seus exemplos posteriores e se ateve de preferência aos 28 dias. Quanto ao período de 18 horas ele não revela nem mesmo quando o observou pela primeira vez ("no senhor M."; mas *quando*?)[78].

A respeito das 18 horas a exatidão também não lhe importa como tal. Uma vez que ele encontrou — fazendo a experiência — que 17 3/4 horas se deixam melhor dividir em 28 dias (quase que exatamente 38 vezes), imediatamente encontra esta mesma medida por observação; é assim que a natureza é encaixada no sistema.

A via pela qual Swoboda quis penetrar na dupla periodicidade de 23 e 28 dias lhe pareceu sagradamente inteligente; mas apesar de toda a sua inteligência ele cometeu um lapso de uma patetice inteiramente elementar. Foi assim que ele se prendeu em sua própria rede. Ele negligenciou completamente que as horas são uma unidade de medida artificial tendo um puro valor de acaso enquanto que o dia é uma unidade de medida natural, dependente do movimento de rotação da Terra e de seu deslocamento em torno do Sol. Ele não se adverte absolutamente desta diferença, e foi somente depois da publicação de seu livro que sua atenção foi atraída para

[77] Neste contexto compreende-se também a expressão estranha de Swoboda na carta que me envia (p. 66 em Pfennig): "O poder sobre a descendência só vai até a *emissio seminis.*" Como um homem normal chegaria a se desnudar desta forma diante de um estranho!

[78] Cf. Swo. 16. (NT francês)

este ponto pelo Prof. Höfler de Praga. Se o dia tivesse uma outra unidade horária, p. ex. 20 horas, o período de Swoboda atualmente de 23 horas não comportaria mais que 19 1/6 horas, e 20 destes períodos não fariam mais uma conta de dias completos. Vê-se justamente a partir de seu lapso como ele só encontrou as 23 horas para poder transformá-las, por multiplicação com 24, em 23 dias inteiros.

A esta crítica que Pfennig já lhe fizera, Swoboda não sabe replicar com uma só palavra! E já que não há nada a replicar, ele opera, sempre com sua maneira imprecisa, somente com "a cifra 23", a qual seria comum a mim e a ele. Pois bem, a cifra 23 é comum a todos que têm um conhecimento do sistema de cifras. O que conta é sua denominação e sua significação. Em mim, trata-se de 23 dias inteiros do tempo solar médio tomados como unidade de medida dos dois processos periódicos nos quais se desenrola a existência de todo vivo.

Mas assim como o erro de Swoboda caracteriza sua "descoberta" como sendo apenas uma "via desviada" para "penetrar por anexação" nas medidas periódicas efetivas, seu erro mostra que a periodicidade de horas não pode objetivamente ser verdadeira. Pois a unidade de medida humana *de uma* hora (18 e 23 têm somente 1 como unidade de medida comum) não pode estar contida nos processos naturais que abarcam *todo* ser vivo.

Para inventar a periodicidade de horas ele buscou o estímulo numa observação de meu livro de 96 [segundo a qual] eu queria no futuro observar as horas mais de perto (Pfennig 57).

Mas, continua Swoboda, meus períodos podem radiar a partir de qualquer dia: isto é até uma diferença em relação aos de Fliess[79].

Aqui acontece com Swoboda algo de semelhante [ao que acontece] a Weininger com seu hidrocele. Ele não compreendeu uma passagem de meu livro de 96. À época, eu era ainda forçado a admitir, em alguns raros casos complicados, tantas séries de períodos quantos cada segundo dia já estavam ocupados. Além disso, em outros casos, fui obrigado a calcular

[79] Cf. Swo. 15 e 10 (NT francês)

com uma margem de ± um dia. A pesquisa de fato não estava ainda mais avançada. Por causa da acumulação destes dois fatos por incompreensão, Swoboda chega a se autorizar a tomar *cada* dia como um dia periódico. Ele não tinha mais que pedir emprestado além disso o trauma psíquico, que, segundo Freud, causa os processos psicopatológicos, para que sua teoria de um ponto de partida quotidiano da radiação periódica ficasse pronta. Logo, ele se parece também com seu amigo Weininger no fato de que adotou minhas lacunas da época para depois fazer delas seus erros próprios.

A que ponto, mesmo depois de ter tomado conhecimento de meu livro, ele deve ser pouco ligado não somente aos 23 e 28 dias mas também ao ponto de partida quotidiano dos processos periódicos ele revela à p. 9 de seu livro sobre os períodos, atribuindo-me a asserção de que qualquer dia poderia fazer parte de uma série periódica. Aí ele teria uma dificuldade. E ele continua:

"Demonstrarei depois como esta dificuldade se resolve e como caem as *objeções* que não somente outros mas também *eu mesmo* dirigi por esta razão à tese de Fliess[80]."

Qualquer um que em seu nome tivesse defendido a mesma tese levantaria uma objeção contra ela?

De acordo com isto posso muito bem compreender [*begreifen*] a observação escrita de Freud de que Swoboda só teria retomado [*aufgegriffen*] minhas idéias. Posso igualmente compreender que ele compare Swoboda com seu próprio plagiário Gattel, um homem com um caráter pelo qual ele não possuía um fiapo de estima, e que em razão de suas dúvidas sobre a exatidão do relato de Swoboda concede pouco crédito a este[81], enfim que ele espera poder contar no futuro com um melhor grupo de discípulos. E não posso querer dele a não ser isto, que "ainda que o instigador intelectual sob diversos aspectos, ele não queria no entanto ser o autor do livro[82]".

---

[80] Cf. Swo. 10. (NT francês)

[81] Esta proposição é um exemplo de frase interpolada, acrescentada no manuscrito. (NT francês)

[82] Na carta de 26.IV.04. Será suficiente confrontar esta passagem da carta com a p. 23 da brochura onde Freud faz anunciar agora por Swoboda o exato contrário: no que diz respeito aos trabalhos

Pois bem! "a vida do homem se desloca numa espiral. O homem avança lentamente em espiral [*schraubt sich*] sempre mais" como diz Swoboda (Livro sobre os períodos p. 21)[83]. A significação desta frase verdadeiramente fundamental se revelou a mim somente depois da leitura de seu opúsculo mais recente. Até onde se contorciona [*schraubt sich*][84] o homem Swoboda?

Tanto ele designa a bissexualidade como notória (p. 9 do Livro sobre os períodos)[85], como diz ter sido ele mesmo o descobridor (p. 6 da brochura)[86].

Tanto ele não sabe se disse esta palavra (bissexualidade) a Weininger[87], como diz[88] que justamente esta palavra fez Weininger progredir muito no desenvolvimento de suas idéias[89].

Tanto ele me concede ter somente encontrado a constituição bissexual conhecida há muito tempo[90], como admite a diferença de minha concepção e lhe dá como motivação que ela visaria unicamente a me distinguir claramente de meus predecessores[91]. Tanto ele já ouviu falar do período de 28 dias nos homens por Weininger no outono de 1901[92], supondo que

---

de Swoboda, não lhe cabe nenhum papel de intermediário [cf. Swo. 17. (NT francês)]. É assim que é interpretada a passagem: "A sua descoberta, que retoma muito mais suas idéias, sou completamente estranho." Swoboda declara inocentemente que não se encontra em nenhum lugar nas cartas de Freud o mínimo elemento que permita pensar que Freud teria querido contestar a originalidade de seu trabalho em favor de Fliess!!
A que ponto Freud estima o homem de que fala com insistência sobressai da carta de 23.VII.04 citada acima: "Quando o li [o livro sobre os períodos de Swoboda] fiquei muito surpreso com *a espécie de reconhecimento neurótico* que consiste em utilizar suas descobertas para combater minha teoria dos sonhos. Ele muito simplesmente me explorou, finalmente mesmo para lhe encontrar um editor, o que fiz por suas qualidades de trabalhador com a *recusa explícita de qualquer responsabilidade* por este trabalho..."

[83] Cf. Swo. 18. (NT francês)

[84] Fliess joga com os diversos sentidos do verbo. (NT francês)

[85] Cf. Swo. 10. (NT francês)

[86] Cf. Swo. 6. (NT francês)

[87] Cf. Swo. 6. (NT francês)

[88] Cf. Swo. 7. (NT francês)

[89] É uma citação; seriam necessárias as aspas. (NT francês)

[90] Cf. Swo. 3. (NT francês)

[91] Cf. Swo. 1. (NT francês)

[92] Cf. Swo. 19. (NT francês)

Weininger o conhecia graças a meu livro, como ele pretende ainda[93] que a atenção de Weininger teria sido atraída para meu livro somente muito mais tarde, em março de 1902; como ele mesmo teria tomado conhecimento do conteúdo de meu livro — logo, também dos períodos de 23 e 28 dias — somente em 6 de março de 1902.

Tanto ele "calculou" o período de 23 dias antes de conhecer meu livro (Livro sobre os períodos, p. 6[94]), como somente a *cifra* 23 lhe era familiar antes, "mesmo que fosse inicialmente simplesmente a partir de um *intervalo de horas*[95]".

Tanto ele é o "descobridor da periodicidade psíquica[96]", como, mesmo depois de ter conhecido meu livro ele não tinha ainda aceitado de imediato que se tratava de fato de periodicidade nos intervalos das representações espontâneas, mas somente "de um tempo de latência que é inversamente proporcional ao grau de atenção com o qual se empreende [*vornimmt*][97] alguma coisa[98]".

Tanto ele descobriu inteiramente sozinho o ponto de partida quotidiano dos raios[99] periódicos (p. 34[100] da brochura, p. 20[101] "dos períodos"), como faz objeções a minha tese que ele pretende ser idêntica [à sua] (p. 9 "dos Períodos")[102].

Tanto, em 1902, ele estava inteiramente familiarizado com a teoria dos períodos[103], como, no outono de 1902, um ano antes da publicação de seu livro sobre os períodos, tinha consignado os pensamentos na psicologia

---

[93] Cf. Swo. 8. (NT francês)

[94] Cf. Swo. 10. (NT francês)

[95] Cf. Swo. 19. (NT francês)

[96] Cf. Swo. 14. (NT francês)

[97] No lugar de *aufnimmt* (registra). Trata-se de um erro inicial de Swoboda (*Perioden* p. 12) que ele reproduziu e que Fliess por sua vez retoma. (NT francês)

[98] Cf. Swo. 11. (NT francês)

[99] *Strahlungen.* É uma palavra de Fliess, não de Swoboda. Ela participa da importância da "luz" para Fliess neste contexto. (NT francês)

[100] Cf. Swo. 13. (NT francês)

[101] Cf. Swo. 18. (NT francês)

[102] Cf. Swo. 10. (NT francês)

[103] Cf. Swo. 12. (NT francês)

orgânica "sem relação íntima com a teoria dos períodos" (p. 79 dos "Estudos"), "*sem dúvida* (como ele quer interpretar este fato perturbador à página 48 da brochura[104]) *porque* as cifras as cifras não têm mesmo aqui importância[105]".

E enfim depois de se ter contorcido em sua espiral tanto num sentido como noutro, ele em suma assim não tem mais necessidade "destas algumas cifras[106]".

Quanta magnanimidade! Mas o que resta do conhecimento da dupla periodicidade se se renuncia a sua unidade de medida exata! Onde encontrar a conclusão da necessidade natural da dupla sexuação permanente de todo ser vivo? Onde a significação que dela se deduz da simetria de dupla face[107] e do fato de ser canhoto? Onde o reconhecimento biológico e psicológico do gênio artístico? Onde a inteligência sobre a natureza do sentimento sexual e da angústia? Onde a compreensão dos fenômenos da reprodução? Onde a prova do fato de que há uma lei da floração e do cio, do nascer e do morrer, da conexão das gerações? Onde encontrar a elucidação unívoca dos dados da estatística dos nascimentos, das doenças e das mortes que riam até agora de toda possibilidade de compreensão?

De todos estes problemas "as algumas cifras" eram a chave geral. Ela também não faltará à questão particular das representações que voltam livremente se somente um pesquisador honesto e correto a ajustar.

À espera, era meu dever mostrar o que é a chave e o que é parêntese de suspensão[108]. Por quê?

---

[104] Cf. Swo. 12. (NT francês)

[105] É sem dúvida por isto que ele até aqui não divulgou sua "régua de cálculo dos períodos" para a qual ele solicitava meu consentimento não faz ainda um ano (cf. Pfennig p. 64). Sua tábua pueril de 23 horas é igualmente característica para o pesquisador de interesse público, ela me devia persuadir de que de fato 24 x 23 horas fazem 23 dias inteiros! [Cf. Swo. 14. (NT francês)]

[106] Cf. Swo. 12. (NT francês)

[107] *Zweiseitigen.* A palavra é aqui pleonástica. (NT francês)

[108] No manuscrito Fliess tinha inicialmente escrito *Dietrich*, "falsa chave, gazua". (NT francês)

Adendo

Em seu livro mais recente "Da essência do amor" (Leipzig, Spohr 1906), o Dr. Magnus Hirschfeld de Charlottenburg tentou provar que meu pensamento da dupla sexuação permanente necessária a toda vida teria já sido defendido antes por outros pesquisadores. Não me ocuparia de Hirschfeld — que queria entrar em todas as críticas tendo como origem um mal-entendido intencional ou não — se Hirschfeld não tivesse sido levado por *Freud* a tomar posição. Isto é provado pela correspondência Freud–Hirschfeld tal como se pode lê-la na edição de fevereiro dos Monatsberichte des wissenschaftlich-humanitären Comités [Relatórios mensais do Comitê científico e humanitário]. Hirschfeld relaciona sua contestação à introdução do escrito seguinte de Pfennig:

"Recentemente foi publicado um livro de Wilhelm Fliess sob o título "O curso da vida. Fundamento para uma biologia exata", que foi chamado a dar uma visada inteiramente nova à biologia.

"Pois se prova aí da maneira mais exata o fato, até agora insuspeitado, de que toda vida está ligada à existência de duas substâncias: a masculina cujo conjunto mais simples possui uma duração de vida de 23 dias exatamente e a feminina, cuja unidade possui 28 dias de duração de vida. E já que nenhuma vida é possível sem a existência das *duas* substâncias de que os caracteres sexuais dependem unicamente, então cada portador de vida deve ser de forma *permanente* duplamente sexuado. A observação do mundo vivo mostra também que não somente, como já se sabia, os seres mais organizados são constituídos de maneira bissexual mas que todo vivo traz em si os caracteres dos dois sexos por toda a duração de sua existência, a qual se organiza e se desorganiza por impulsos periódicos. Logo, não se trata de uma constituição bissexual mas de uma dupla sexuação permanente. O sexo, não o sexual, está no centro da questão."

E o que Hirschfeld traz ao campo de batalha contra isto?

Primeiramente Darwin!

Em sua obra "As variações das plantas e animais no estado doméstico" (2ª ed., Stuttgart 1893, tomo 2, p. 5) ele escreve: "Vemos que em muitos casos, sem dúvida em todos os casos os *caracteres secundários* de cada sexo repousam de maneira *adormecida ou latente* no sexo oposto, prestes a se desenvolver em condições particulares."

Esta frase se encontra no capítulo: Hereditariedade, Retorno. E Darwin não deixa sombra de dúvida sobre o que quer dizer com esta expressão. Pois ele continua:

"Podemos assim compreender como é por exemplo possível que uma boa vaca leiteira transmita suas boas qualidades por intermédio de seus descendentes machos para gerações posteriores; pelo fato de que supomos de maneira assegurada que estas qualidades existem no macho de cada geração, ainda que em estado latente. A mesma coisa é válida para o galo de briga que pode transmitir a excelência de sua coragem e de seu vigor por intermédio de sua descendência fêmea ao macho; e no homem se sabe que doenças tais como, por exemplo, o hidrocele que necessariamente são limitadas ao sexo masculino podem ser transmitidas pela filha ao neto. Como já sublinhamos no início deste capítulo, este tipo de caso representa o exemplo mais simples de retorno e eles se compreendem supondo que qualidades comuns a um avô e a um neto do mesmo sexo existem, ainda que de maneira latente, no genitor intermediário do sexo oposto[109]."

Mas o que é que o fato de que o hidrocele[110] do avô possa ser transmitido ao neto pela filha tem a ver com nosso pensamento? Há aqui, de maneira latente, no ovo da filha uma *disposição* que provém de seu patrimônio germinal paterno e que ela transfere a seu filho.

Nós, em troca, nós afirmamos que cada ser vivo deve compor-se de *substância* masculina e feminina, pois a própria vida repousa na reação destas duas substâncias entre si. Esta reação nada tem de latente, ela é algo que age continuamente, ela não se refere à "disposição germinal" mas a todo o organismo, a tudo o que é vivo e enquanto isso vive.

---

[109] Em francês: Ch. Darwin, *Variations des animaux et des plantes à l'état domestique*, cap. XIII, Paris, Reinwald, 1880, p. 29. (NT francês)

[110] O exemplo de hidrocele escolhido por Weininger poderia igualmente ser um fruto de leitura desta passagem de Darwin.

Pois a vida não é pensável sem esta reação. E posto que as unidades das duas substâncias possuem cada uma 23 e 28 dias de duração de vida, a vida de todo ser se desenrola por impulsos periódicos de 23 e 28 dias.

Portanto trata-se de duas substâncias e não de caracteres sexuais secundários, não de algo escondido repousando na constituição mas de algo agindo sem parar, algo de criativo numa ação de mudança incessante, ligada a determinações temporais fixas.

Onde se encontra em Darwin a menor palavra a propósito disto? ou em Weismann, que Hirschfeld cita em segundo lugar?

Ele diz:

"E Weismann se exprime de maneira ainda mais determinada. Em seu trabalho "O plasma germinal. Uma teoria da hereditariedade" (Iena 1892, p. 467) lê-se:

"A presença latente de caracteres sexuais opostos em cada *bion* diferenciado no plano sexual dever ser concebida como uma organização geral"."

Esta frase se encontra p. 468 e possui ainda uma pequena palavra que Hirschfeld omitiu. É dito precisamente na sua última parte:

"deve *por isso* ser concebida como uma organização geral."

Por quê?

"Do homem sabemos", diz Weismann nas frases precedentes, "que todos os caracteres sexuais secundários, não somente os dos indivíduos do sexo correspondente, mas também os do outro serão transmitidos. A bela voz de soprano da mãe pode ser transmitida através do filho à neta, assim como a barba negra do pai pela filha ao neto."

Portanto exatamente o mesmo problema que aquele da hereditariedade em retorno em Darwin. Naturalmente, este retorno não está limitado ao homem.

"Também nos animais", continua Weismann em seguida, "as duas espécies de caracteres sexuais devem existir em cada *bion* diferenciado no plano sexual, *umas manifestas, outras latentes*".

Aqui não mais que a sombra de nosso pensamento da substância masculina e feminina *agindo* sempre e necessariamente em todo o indivíduo.

Pela omissão da pequena palavra "por isso", Hirschfeld se dispensou do esforço de dizer de que em verdade se tratava.

Isto é correto? Um autor que inverte assim intencionalmente o sentido e que tenta despertar no leitor uma crença que se apaga imediatamente quando se conhece o contexto da citação merece confiança?

Para o que é de esquecer, Hirschfeld é, manifestamente, dotado.

"Eu mesmo", diz ele em terceiro lugar tomando amplamente seus gostos ao largo de dois importantes pesquisadores científicos, "numa exposição sobre o tema: "Transições entre o sexo masculino e feminino", que apresentei em 1904 no 76º Congresso dos pesquisadores científicos em Breslau, defendi entre outros este princípio diretivo:

A variabilidade dos indivíduos do ponto de vista somático e psíquico depende em grande parte da proporção muito variável dos *atributos* masculinos e femininos."

O Senhor Hirschfeld esqueceu completamente de acrescentar que ele escreveu aqui *um ano e meio depois que Weininger*, bem conhecido dele e que Weininger foi o primeiro que falou de uma proporção, para dizer a verdade proporção de uma *substância* masculina e feminina, que o Senhor Hirschfeld não somente diluiu em simples atributos mas também literalmente volatizou.

Meus leitores sabem de onde Weininger toma o pensamento da substância e a relação de mistura. Mesmo aquele que copia de Weininger não pode reivindicar o direito de originalidade e de prioridade. Cronologicamente, o Senhor Hirschfeld portanto já está eliminado: não falemos do fato de que o conteúdo do princípio diretor se refere unicamente à questão particular das "transições entre o sexo masculino e feminino" — já que tal é o título da exposição de Hirschfeld.

Ele continua: "Estas citações se deixam facilmente multiplicar." Mas Hirschfeld terá sem dúvida escolhido as melhores, tanto mais que nos Monatsberichte mencionados acima ele não pode nomear nenhum outro além dos autores já tratados por Kraff-Ebing: quer dizer Kiernan com a frase: "It seems certain, that a feminily functionating brain can occupy a male body and vice versa" [parece certo que um cérebro que funciona de forma feminina pode encontrar-se num corpo masculino e *vice versa*] e depois Chevalier que defende a mesma opinião em sua obra *Inversão sexual*.

Certamente, aqui, trata-se unicamente de homossexualidade. Assim também o Dr. E. Lehien. Este, segundo Hirschfeld p. 123, escreveu um ensaio "Bissexualidade" (na revista *Sexo e sociedade* caderno 2), mas que trata unicamente da *sensação* sexual.

Sublinhamos com insistência que esta perversidade homossexual da sensação sexual humana nada mais é que uma das conseqüências da dupla sexuação permanente e necessária de todo vivo. Enquanto tal, ela não tem em princípio significação diferente de qualquer das outras manifestações da vida sexual às quais ela é somente coordenada enquanto fato biológico. Ela é um fato isolado que deve sua existência, como todos os outros fatos biológicos, à ação constante, uma sobre a outra, da substância masculina e da substância feminina, necessária para toda vida.

Tal é o fruto do pensamento conquistador. E aqueles que se ocupam da homossexualidade não têm maior ou menor razão para fazer pesquisas sobre a dupla sexuação que aquele que se ocupa de qualquer outro problema da vida.

Ao invés de tornar estes fatos inteiramente claros, Hirschfeld usa a seu gosto meu termo novo "dupla sexuação" como se ele pertencesse à sua velha mobília (por ex. p. 67)[111]. A nova palavra nasceu de uma concepção nova. Já que se parte do sexo-soma e não do sexual, a palavra especial *dupla sexualidade* [*Doppelgeschlechtlichkeit*] foi substituída por aquela mais geral "*dupla sexuação*" [*Doppelgeschlechtigkeit*]. E espero que, com a nova compreensão, a nova palavra também receba imediatamente o direito de cidadania na biologia.

---

[111] Esta palavra aparece sob a pluma de Hirschfeld provavelmente esta única vez. Quando cita a brochura de Pfennig (p. 112), Hirschfeld não faz nenhum comentário sobre o *–tig*, e emprega então, quanto a si, o termo *Doppelgeschlechtlichkeit*. (NT francês)

Apresentação dos textos de Swoboda e Pfennig

Nas páginas que se seguem, apresentamos uma tradução de trechos:

— De "Os períodos do organismo humano", 1904, de Hermann Swoboda,

— Do panfleto de Richard Pfennig, "Wilhelm Fliess e seus descobridores imitadores", publicado no início de 1904 e que lançou à cena pública a questão de plágio,

— Da resposta que lhe deu Swoboda em "A pesquisa de interesse público e o pesquisador de interesse privado".

A publicação destes trechos releva menos de um cuidado de completude do dossiê do caso de plágio (seriam necessários muitos volumes para isto), que do reconhecimento do fato de que eles fazem parte numa certa medida do próprio texto de *Em minha própria causa* e que permitem uma melhor leitura dele.

Em minha própria causa se desenvolve numa dimensão de interlocução, ou, para ser mais rigoroso, de inter-inscrição, já que o caso se desenrola essencialmente pelo escrito. Fliess declara que foi levado a escrever porque Swoboda tinha escrito "A pesquisa" e tinha apontado Pfennig e ele mesmo frente aos tribunais por difamação. *Em minha própria causa* é uma resposta de Fliess ao texto de Swoboda que por sua vez respondia ao panfleto de Pfennig, o qual tinha como alvo o livro de Swoboda "Os períodos". Disso resulta em *Em minha própria causa* um tecido de citações, de citações de citações[1] que misturam as relações diacrônicas em função da própria argumentação de Fliess. Torna-se às vezes difícil saber quem disse o que, a quem e quando. Recolocando em sua ordem cronológica os extratos escolhidos (que, lembremos, precedem *Em minha própria causa*) desenvolve-se diacronicamente a dimensão temporal condensada de *Em minha própria causa* e assim se facilita sua interpretação ao mesmo tempo que melhor se deixa apreender o formidável trabalho de síntese e de conexões realizado por Fliess (o mesmo que aquele que havia fascinado Freud). Seu trabalho se apresenta, para seguir uma metáfora que corresponde ao gosto pela música de Fliess, como uma partitura a várias vozes.

A publicação dos textos de Swoboda e de Pfennig é importante em vários sentidos. Primeiro, ela participa de nossa tentativa de suspender uma censura que se exerceu pelos próprios analistas freudianos sobre uma questão da qual Freud participou e contribuiu para alimentar. Por outro lado, estes textos constituem um bom apanhado das teses que se confrontavam, a respeito da noção de bissexualidade principalmente, e das reações dos autores entre si: além de Freud, Fliess, Weininger e Swoboda, encontramos Moebius, Hirschfeld, Schopenhauer, Moll, Darwin, Krafft-Ebing, Havelock Ellis, Fechner, Berthold, Beard...

Enfim, a publicação de textos de Pfennig e Swoboda permite ao leitor construir sua própria opinião sobre o caso de plágio e expõe o papel decisivo de Pfennig, que alertou Fliess e que amplificou suas reações.

---

[1] Por exemplo, Fliess citando Swoboda se citando (*In eigener Sache*, p. 39), Fliess citando Hirschfeld citando Pfennig (p. 34).

Extratos de:
Os períodos do organismo humano
em sua significação biológica e psicológica

De Dr. Hermann Swoboda
(Leipzig e Viena, Franz Deuticke, 1904[2])

Swo. 10 –

Primeira parte
Fatos novos
Primeiro capítulo: As primeiras observações

Quando de uma primeira comunicação é sempre preferível indicar em detalhe como se chegou a seus resultados. Facilita-se com isto para os outros tanto sua concordância quanto a crítica em particular, pois em caso de dedução errada ou precipitada as fontes desta se deixam melhor revelar. Mas tenho ainda mais uma razão para me decidir por uma apresentação genética de meu edifício de pensamentos: de fato, meus resultados se recobrem em parte com os de um outro pesquisador e a exposição precisa da maneira como cheguei aos meus dá não somente a prova de sua independência mas também atribui às observações do outro uma confiança mais elevada. Enfim o problema dos períodos poderia um dia representar na ciência do homem um grande papel e seria então interessante saber de que observações discretas tiveram início as discussões a seu respeito. A apresentação seguinte corresponde a tais considerações.

---

[2] *Die Perioden des menschlichen Organismus in ihrer psychologischen und biologischen Bedeutung.* Tradução de A. Buffel e E. Porge, revista por J.-F de Sauverzac. Os números indexando os "Swo" remetem à ordem das referências a Swoboda colocadas em notas em *Em minha própria causa* de Fliess. Os pontos no fim de um parágrafo indicam uma descontinuidade no texto de Swoboda. (NT francês)

Já há cerca de oito anos que muitas vezes observei o seguinte: depois de um concerto ou uma ópera eu me esforçava tentando lembrar uma passagem que me tinha particularmente tocado durante a representação. Mas um dia, quando de um passeio, quando de um trajeto de trem, quando trabalhando ou no meio de uma conversa a passagem se apresentava espontaneamente. Esta foi a *primeira observação*: a ária voltava *espontaneamente*. Então tomei o hábito de me consolar tão freqüentemente com isso que nunca me acontecia uma reprodução voluntária. Muitas dezenas de vezes devo ter vivido este tipo de lembranças espontâneas de impressões musicais antes que a segunda observação se apresentasse: as lembranças espontâneas ocorriam preferentemente no *segundo* dia depois da percepção. Neste dia, eu podia ter certeza. No início eu não concedia nem mesmo um olhar às lembranças de outros dias. E novamente um bom lapso de tempo transcorre antes que eu faça a terceira observação de que a lembrança ocorreu no segundo dia duas horas mais cedo. Os concertos filarmônicos, que eu assiduamente freqüentava, começam a uma hora. No segundo dia após, mais ou menos às onze horas, eu podia certamente contar com me surpreender ao ter uma lembrança dele, logo, após 46 horas. Se se tratasse de passagens cuja reprodução era possível para mim, de cada instante então eu me lembrava após 46 horas, até mesmo muito mais claramente, a lembrança era instrumentada, a tonalidade, o timbre das vozes, tudo estava lá.

Segundo o estado das coisas, era completamente excluído na maior parte do tempo pensar nas associações, eu tinha antes a impressão de que a lembrança abria o caminho para a consciência através do que me estava ocupando. Acredito poder fazer além disso a observação, sobre a significação da qual não posso no momento estipular nada, de que é chamado a uma reprodução espontânea particularmente o tipo de impressões musicais que não são objeto de apercepção mas somente percebidas, como por exemplo quando se passa mergulhado em pensamentos diante de uma casa onde se toca o órgão de Barbaria ou ainda estas impressões que ocorrem justamente quando de pausas de descanso durante um concerto.

Minhas observações rapidamente se multiplicaram de forma que não tive mais nenhuma dúvida de que se tratava aqui de uma *emergência espontânea de representações.*

Assim a coisa adquire um interesse psicológico extraordinário pois a partir da origem era provável, primeiramente, que esta emergência espontânea não estivesse limitada às representações musicais e que, em segundo lugar, este intervalo de 46 horas não se tratasse senão do início de observações ulteriores sobre relações temporais sendo aqui consideradas. Comecei então a fazer observações sistematicamente a fim de me assegurar da validade geral do intervalo de 46 horas.

Numa noite eu passeava com um colega quanto ele repentinamente começou a assoviar um motivo da abertura de *Zampa.* Era exatamente seis horas. Ah, eu me disse, anteontem você esteve no concerto — ele de fato quis esconder-me, por uma razão, esta saída! — e esta abertura começou às oito horas. Isto era verdadeiro. Assim a lembrança espontânea se tornou o traidor.

Uma série de pessoas que contactei com o pedido de fazer observações em meu estilo me forneceu imediatamente confirmações. Havia é verdade quando destas primeiras enquetes um pouco de acaso, como se revelou ulteriormente.

Os observadores engajados encontraram também no que lhes concernia o intervalo de 46 horas, os menos engajados me certificavam ao menos que "tudo lhes voltava ao espírito sempre no segundo dia", quer dizer, o segundo dia depois da percepção. Um colega me confirmou ter tido depois de 46 horas lembranças visuais. Esta é a única observação deste gênero que pude obter, e ela é ainda mais preciosa porque este colega faz parte a meu ver muito mais do tipo auditivo. Os relatos para a emergência espontânea de uma representação são manifestamente diferentemente favoráveis segundo o sujeito pertença a um dos três tipos, visual, auditivo ou motor.

Então tive a prova de que minha hipótese da emergência espontânea não estava limitada às lembranças musicais. Imediatamente observei o seguinte: eu me surpreendi fazendo jogadas de bilhar mentalmente; calculando para trás me dei conta de ter jogado a última partida há cerca de 46 horas. Neste caso — supunha — tratava-se de uma lembrança combinada dos sentidos visuais e musculares. Entretanto, quanto à clareza — tanto no que concerne a minha própria pessoa quanto àquela dos fornecedores de dados —, todas as lembranças ficavam longe frente às musicais.

Estas últimas têm freqüentemente o caráter das representações obsessivas. Repentinamente elas estão lá, algumas medidas se repetem incansavelmente e sem que se possa desembaraçar-se delas, a maior parte do tempo somente por uma duração muito curta, cerca de cinco, dez minutos, para em seguida desaparecer novamente de uma vez sem deixar traço, a ponto de se repetir o embaraço anterior de encaminhá-las voluntariamente à consciência.

Dei-me conta então, rapidamente, de que elas não estavam por isso definitivamente perdidas, que elas vinham à superfície inteiramente sozinhas novamente depois do escoamento de um certo tempo.

Comecei então a tomar notas mais precisas e delas deduzi a seguinte observação: se me lembrava de um canto depois de 4 dias, a lembrança chegava 4 horas mais cedo que o horário do dia da percepção, depois de 6 dias 6 horas mais cedo, depois de 10 dias 10 horas mais cedo, etc. Logo, eu me lembrava de um concerto da noite depois de uma semana perto de meio-dia, depois de 14 dias de manhã ao me levantar.

As observações só podiam naturalmente ser precisadas numa aproximação das horas. Primeiramente o instante da emergência de uma lembrança já não coincide na maioria das vezes com aquele em que se a anota; justamente nos casos mais comprovadores de espontaneidade da reprodução, a melodia cavalga já na cabeça há algum tempo antes que se se detenha nela e assim mesmo se se está interessado e engajado na observação. Uma outra dificuldade bem maior consiste em estabelecer o instante da percepção. Já que não se sabe antes de que percepção se recordará, dever-se-ia ter um registro de *tudo* o que se ouviu; mas mesmo que se tivesse uma tal coragem de sacrifício isto assim mesmo seria em vão em todos os casos em que registramos (*aufnehmen*) alguma coisa sem perceber (*vornehmen*).

Estas eram as dificuldades que eu não podia ultrapassar em mim mesmo. Nos outros que não podiam ter um tal interesse neste tipo de observações, pois eu não podia comunicar-lhes o objetivo sem me arriscar a um efeito de sugestão, outras dificuldades ainda se acrescentariam a estas. Não é comum a todo mundo, no meio da rua ou em sociedade, em suma, sem ficar embaraçado por seu círculo, tirar seu caderno de anotações de seu bolso e começar a tomar notas. Mas a este caráter deplorável da observação se junta ainda um outro que se situa na própria coisa.

O instante da lembrança poderia de fato não ser inteiramente imutável; seu início pode ser retardado, a lembrança pode ser retida como é o caso quando necessidades orgânicas retornam periodicamente. Elas chegam justamente num momento em que se está ocupado com outra coisa, num momento em que nossa atenção está fortemente concentrada, em que a psique — comparável à eletricidade num condutor fechado que se aproxima de um outro condutor — se concentra na periferia do homem, então as representações que estão emergindo espontaneamente devem esperar pacientemente. E quando não têm que novamente começar por ter esperado tanto tempo, elas aparecem finalmente apesar de tudo na sala de recepção da consciência ainda que com um pouco de atraso.

...

Descontadas algumas observações não concordantes com todas as outras apesar de todas as circunstâncias modificadoras, sobressaía com uma enorme clareza que a lembrança espontânea de uma percepção se produzia tantas horas mais cedo quantos dias se produzia mais tarde. O mesmo resultado se delineia nas observações que o Dr. B. me forneceu em Leipzig, evidentemente sem saber o que as observações deveriam demonstrar.

Algumas vezes obtive sucesso enfim também em ter uma lembrança depois de 23 horas, assim como meu colega o Dr. W.

Depois observações do intervalo de 23 horas me foram enviadas em grande quantidade e isto para as mais variadas reproduções: de melodias, de imagens, de estados d'alma, de dores. Uma senhora foi picada por um inseto maligno, a dor inicial diminuiu muito rapidamente, e pontualmente depois de 23 horas ela retornou subitamente com a intensidade original.

Tão cético quanto se quisesse ser frente ao material de observação, não se podia impedir de ter a impressão de que as lembranças espontâneas mostravam uma tendência à *precessão*, mesmo se nem sempre com a precisão desejável. Mas a data predeterminada de aparição era a prova que se precisava de uma *emergência espontânea* de representações. Seria completamente aberrante supor que nesta data, de uma só vez, associações se pusessem em atividade para levar justamente a melodia precisa à consciência.

Depois que 23 horas foi estabelecido como o menor intervalo de lembrança, poder-se-ia naturalmente exprimir a lei da precessão acima da maneira seguinte: as lembranças espontâneas retornam depois de um número de horas que é igual a um múltiplo de 23.

...

Se a emergência espontânea se produz a cada dia seguinte uma hora mais cedo, ela deve chegar depois de 24 x 23 horas, isto é, depois de 23 *dias* na mesma hora em que a lembrança teve lugar. Eu já havia observado até 14 dias de intervalo, além disso não obtive sucesso de imediato. Isto podia ter uma boa razão. Tratava-se na maioria das vezes de música escutada à noite; depois de cerca de 15 dias as lembranças chegavam pela manhã já que chegavam junto dos sonhos aos quais na época eu não prestava uma atenção suficiente. Depois todas as lembranças são submetidas ao recolhimento, um grande engajamento e uma grande vigilância são necessários para constatá-las imediatamente à menor emergência, sobretudo se elas não se manifestam a não ser como misturas acrescentadas a lembranças mais frescas e mais próximas. Portanto eu conjecturei que o 23º dia seria favorável a uma reprodução mais clara: no mesmo momento do dia elementos associativos deviam segundo minha opinião concorrer para formar a lembrança mais fiel.

Minha pesquisa chegou a este ponto quando tomei conhecimento do livro de W. Fliess: *As relações entre o nariz e os órgãos genitais femininos*[3]. Os não-médicos entre meus leitores me ficarão agradecidos por informá-

[3] Leipzig e Viena, 1897.

los resumidamente do conteúdo deste livro. Este exige um interesse claramente mais geral do que se poderia acreditar segundo o título. Sem dúvida é preciso atribuir também ao título o fato de que o próprio livro de forma alguma é também conhecido entre os médicos tanto quanto se desejaria de acordo com as belas comunicações que ele contém.

Quero imediatamente antecipar uma coisa antes de uma exposição mais detalhada: *Fliess* observou o período de 23 dias em seus pacientes para fenômenos *patológicos*. No que me diz respeito posso dizer que o calculei para fenômenos psíquicos pertencentes à psicologia normal, isto em que Fliess, conformemente a seu material de observação, certamente não pensou.

Quando travei conhecimento com as observações de Fliess regozijei-me como um astrônomo que determinou antecipadamente o lugar em que uma estrela se tornaria visível.

Pouco tempo depois pude demonstrar em mim e em outros o período de 23 dias também para as lembranças musicais em muitos casos.

Um estudante me comunica ter-se lembrado bruscamente em 13 de fevereiro de um motivo de dança de um balé; ele não se lembrava mais de quando tinha sido. Eu disse que devia ter sido em 21 de janeiro. As pesquisas no guia de espetáculos me deram razão. E depois eu realizei um belo número de mágicas deste tipo; assim como utilizamos fatos da física para a construção dos instrumentos de prestidigitação.

Segundo capítulo: As pesquisas de W. Fliess

Observações sobre as modificações do nariz durante a menstruação constituem o ponto de partida das idéias de *Fliess*. Podemos neste momento constatar regularmente no nariz uma inchação e uma sensibilidade aumentadas. Além disso há uma tendência aos sangramentos. Estes sangramentos tomam em numerosos casos o caráter de uma menstruação *vicária*. Os lugares onde se manifestam particularmente a ligação entre o nariz e o órgão sexual são os cornetos inferiores, os *tubercula septi*. *Fliess* os chama os lugares genitais. Quando de um estado patológico destes os processos de menstruação também se submetem a perturbações. Acontecem dismenorréias, polimenorréias, amenorréias. O fato de que se as possa tratar com sucesso também a partir do nariz prova que estas perturbações têm uma ligação com o nariz. Por exemplo a pincelada destes lugares do nariz com uma forte solução de cocaína tem como resultado ao cabo de alguns minutos a suspensão das dores lombares e hipogástricas. Meios fortes como a cauterização com ácido tricloracético, a eletrólise bipolar suspendem os distúrbios menstruais para sempre. *Fliess* chama todos os fenômenos que substituem uma menstruação incompleta ou ausente de *fenômenos de ersatz*. Eles ocorrem naturalmente em particular no caso em que a ausência da menstruação se situa no desenrolar fisiológico regular das coisas, como durante a gravidez e o aleitamento. Entretanto também durante este tempo eles estão ligados à data na qual de outra forma a menstruação ocorreria. A mesma coisa é válida para a menopausa.

Quando das análises que *Fliess* empreendeu para demonstrar a existência dos fenômenos de ersatz durante a gravidez, ele descobriu que uma série de fenômenos distam de 28 ou n x 28 dias, e outro em troca de 23 ou n x 23 dias.

Em nenhum caso o erro seria maior que um dia.

...

Aqui eu imediatamente chamo a atenção para uma circunstância que é importante para a discussão posterior: *Fliess* não encontra tudo o que lhe é necessário com *uma* série de 28 dias e *uma* série de 23 dias, ele deve supô-las em grande número, no caso por exemplo em que as observações citadas acima são feitas, seis séries masculinas e seis femininas. Cada dia pode pertencer a uma série. Por causa disso o conceito, que à primeira vista é de tal forma esclarecedor e atraente, perde muito novamente. A data da menstruação representa na série dos processos fisiológicos um ponto particularmente marcante. Se praticamente cada dia pode ser marcado por um fenômeno de ersatz então não é difícil estabelecer qualquer período. Mostrarei depois como esta dificuldade se resolve e como caem as objeções que, por esta razão, outros e eu mesmo fizemos à tese de *Fliess*.

Nestas séries não se classifica somente tudo o que está em relação estreita com a vida sexual: os mênstruos irregulares, os movimentos da criança, as contrações, o aborto, o parto, a secreção de leite, mas também todos os fenômenos de ersatz como a enxaqueca, a angústia, a asma e outras coisas semelhantes. O caráter destes fenômenos como fenômenos de ersatz se revela justamente no fato de que ocorram neste tipo de datas.

Mas o que dá às observações de *Fliess* seu verdadeiro valor é o que se segue: com a bissexualidade notória do organismo humano, que se revela justamente no fato de que no indivíduo feminino podem-se constatar tanto os períodos femininos quanto os períodos masculinos, é desde o início provável que também nos indivíduos masculinos se descobrirá, além do período masculino, o feminino marcado por fenômenos de ersatz conformemente às condições físicas trocadas. Quando da análise das histórias de doença em muitos homens, todo o complexo matizado de sintomas — crise de angústia, tosse, cãibras, dores de estômago, escotoma cintilante, reumatismo, perda de sono, etc — deixa-se resolver em séries da natureza descrita acima. Por isto o problema dos períodos certamente ganhou uma tal extensão que não mais convém resolvê-los a partir das regras [*Periode*] *kat'êxoken*, a menstruação. É muito mais provável que *esta* tome uma outra forma conceitual com a descoberta de outros processos periódicos.

Levando mais adiante suas pesquisas *Fliess* descobre que não somente processos patológicos de todos os tipos estão ligados a datas periódicas mas também fases da ontogênese humana normal: assim para a dentição, para a aprendizagem da linguagem nas crianças. "O sangramento menstrual se reduz a um sintoma relativamente inessencial de um grande processo que é inerente aos dois sexos e a cada idade." O fato de que uma doença constitucional (epilepsia, afecção hemorroidária, gota, etc) provoque sofrimentos depende de dias críticos.

Estes também têm uma significação quando de doenças infecciosas, eles trabalham de mãos dadas com os bacilos. Enfim os períodos têm a maior influência no nascimento assim como na morte. A construção assim como a destruição do corpo humano se desenrolam em impulsos periódicos. O dia da morte de Goethe dista do dia de seu nascimento de 1077 x 28 dias. Ataques cerebrais, os corcéis mais confiáveis da morte, têm lugar nos dias críticos.

Um outro fato importante é que as séries periódicas se transferem do organismo materno à criança e prosseguem durante toda a vida desta. Elas são demonstráveis em todas as crianças (meninos e meninas) da mesma mãe e nodulam as gerações entre si.

Esta é a primeira dedução a que *Fliess* chega e de acordo com o material de observação que a acompanha não há por que duvidar de sua exatidão.

Creio como *Fliess* que o conhecimento novamente conquistado sobre os processos fisiológicos do organismo humano nos aproximou da possibilidade da determinação dos sexos. Entretanto, não concebo a solução deste problema tão simplesmente quanto ele.

É notável que os períodos se encontrem também no reino animal. O cálculo mostrou que os dias em que excelentes cavalos de corrida correram mal distavam uns dos outros de um múltiplo de 23 dias[4].

No que concerne às razões pelas quais certos dias são tão favoráveis à aparição de manifestações patológicas, *Fliess* pensa que se trata de uma secreção periódica de toxinas. Curioso. Neste ponto aquele cuja capacidade de adaptação às observações inabituais não pode ser subestimada, que aliás mostra tão bem o espírito livre do científico trilhando novas vias, permaneceu fiel à velha escola e a suas necessidades de modos etiológicos. Questionaremos isto depois.

Fliess não foi o único que observou o período de 23 dias, Jon Beard (*The Span of Gestation and the Cause of Birth*, Iena, 1897) encontrou uma unidade de ovulação de cerca de 23 dias e 1/2. Duas unidades de ovulação formam segundo ele uma unidade crítica, no ser humano seis unidades críticas formam um período de gravidez.

Swo. 15 –

Terceiro capítulo: Seqüência das próprias pesquisas

Antes de começar a crítica dos resultados de Fliess, quero apresentar a seqüência de minhas próprias pesquisas. Estas não foram efetivamente

[4] Num chimpanzé um intervalo de menstruação de 23 dias foi observado. Havelock Ellis, *Pulsion sexuelle et sentiment de pudeur.*

alteradas pelo conhecimento de seu livro. Nosso bem comum não se estende de fato além da cifra 23. Que se tratasse aqui de um período me pareceu muito pouco provável. Este período poderia — de acordo com minhas observações — aparecer a qualquer momento. O dia em que eu ou um outro assistíamos a um concerto era inteiramente indiferente. Depois de 23 dias a lembrança emergia.

Como já mencionei anteriormente, obtive sucesso algumas vezes, pouco tempo depois de ter travado conhecimento com *Fliess*, em encontrar este tipo de lembrança em mim e em outros. O que é que estas lembranças deveriam ter a ver com a secreção de toxinas? Como as coisas se apresentariam aliás no que concerne à adoção das ondas do organismo materno?

Supus provisoriamente que se tratava de um tempo de latência que era inversamente proporcional ao grau de atenção com o qual se empreende alguma coisa. Em uma palavra eu fazia experiências em pensamentos até que tivesse nas mãos uma observação que trouxesse um esclarecimento novo.

O Senhor K. H., 25 anos, de aparência expansiva, se queixou um dia de uma afecção asmática, que o fazia sofrer já há muitos anos e que nenhum medicamento conseguia curar. Suspeitei imediatamente de um *asthma nervosum sive sexuale* e as comunicações espontâneas do paciente sobre seu passado me deram razão nisso. Ele nunca alcançou uma *vita sexualis* normal. Primeira excitação sexual olhando colegas de classe brigarem. Depois disso, a primeira masturbação e, depois, de tempo em tempo excesso a este respeito. Em torno de 20 anos as crises asmáticas aparecem. O próprio Senhor K. H., inteligente e excelente auto-observador, teve a idéia de que sua *vita sexualis* tinha algum papel nisso; uma tentativa de um coito normal fracassa; a partir deste momento, as crises se tornam mais freqüentes e mais fortes. A resolução enérgica de renunciar à masturbação é sempre superada pela necessidade sexual muito desenvolvida, a situação psíquica se torna cada vez mais desoladora, às crises de asma se acrescentam depressões melancólicas e idéias de suicídio. Ele está neste estado quando o conheço.

Ele se revela moderadamente hipnotizável, mas assim mesmo podia ser levado a um estado de sugestibilidade significativamente elevado, de modo que consegui, já na primeira sessão, subtrair à pulsão de masturbação que vinha por acessos seu caráter irresistível. Ele não teve nenhuma recaída e imediatamente também colheu os frutos disto pelo fato de que durante seis semanas de nossos encontros ele se sentiu livre de todos os distúrbios.

Este caso me dá, não sei como, uma idéia. O que aconteceria se, entre o ato sexual causal e a crise de asma decorresse o mesmo tempo que entre percepção e lembrança? A causa e o efeito não se seguiam aqui imediatamente, mas o intervalo de nenhuma forma poderia ser arbitrário.

A priori esta idéia não tinha muita razão de ser. Pois a lembrança era — ao menos aparentemente — uma imagem mais ou menos fiel da percepção. Que diferença extrema em troca entre o prazer sexual e uma crise de asma ou de angústia com idéias de suicídio obcecantes!

O Senhor H. podia lembrar-se de cada crise grave dos últimos anos, assim como da data de seus excessos. Então efetivamente se verificou que entre o excesso e a crise decorria regularmente um intervalo de 23 dias e isto na hora precisa. O tempo entre os dois fatos era livre de sofrimentos. Se a crise se apresentasse, ela não ia embora tão rapidamente; durava semanas, freqüentemente meses, antes que tudo se esfumasse ....
....

Swo. 18 –

À página 220 de seu livro, *Fliess* analisa um caso de doença, onde ao menos cada segundo dia coincide com um sintoma patológico e há necessidade de 9 séries masculinas e 3 femininas no total portanto de 12 séries para classificar tudo. "Cada segundo dia é encarregado de um período." E *Fliess* pensa que este poderia ser o maior número possível de séries periódicas. Só que ele se engana.

O maior número também não é 23. Deve-se somente ordenar também os dias bons em séries. O médico generalista que começou suas observações sobre doenças não tinha de fato razão para isto, enquanto que eu partia de lembranças musicais anódinas e por isto inclinei-me desde o início a tratar o problema dos períodos de forma mais geral e buscar outra coisa atrás.

Fliess somente ordenou em séries datas marcantes; em minhas pesquisas, na medida em que as comuniquei até agora, sobressai que tudo sem exceção retornou ou ao menos tudo pode retornar toda a vida física e psíquica perfazendo um período de 28 e 23 dias, minuto por minuto. Cada minuto pode ser encarregado; mas não o é necessariamente. A "carga" deixa de representar um papel para a periodicidade. Considerando que isto deve ser assim, se revela ainda a dependência do primeiro período observado, o período *kat'èxoken*, o feminino de 28 dias com suas doenças subjetivas. Certamente a existência de doenças facilita a observação de um período e com cada um vê-se mais claro —, mas de forma conceitual ele não têm nada a ver com a periodicidade.

A vida do homem se desloca numa espiral. O homem avança lentamente em espiral sempre mais. Se colocarmos uma linha reta paralela ao eixo desta espiral então cada ponto desta linha reta pode ser tudo o que já foi num ponto precedente mais baixo da linha reta. Um belo dia pode-se repetir regularmente durante muito tempo até que seja ocupado por um mau acontecimento que o açambarca por muito tempo. Pessoas que levam uma vida exterior calma chegam mais facilmente a constatar uma periodicidade em seu estado de saúde. Este não é aliás ainda o momento de apresentar as leis biológicas que resultam do fato da periodicidade. Este próprio fato deve ainda inicialmente ser melhor precisado...............................

Swo. 16 –

O Senhor M., em quem observei pela primeira vez o intervalo de 18 horas, cai depois do meio-dia de 23 de novembro subitamente num estado hipnóide; entorpecimento do sistema sensorial, manifestações de paralisia em sua correta e devida forma, de modo que não pode, por exemplo, enrolar para si um cigarro. Às perguntas de sua mulher ele dá respostas inteiramente extraviadas. A hipótese de que este estado aparentemente espontâneo represente somente a recapitulação de uma hipnose é confirmada depois pelo cálculo. O Senhor M. foi efetivamente hipnotizado depois do meio-dia de 15 de setembro (intervalo de 3 x 23 dias); antes disso a última vez em janeiro do mesmo ano. A hipnose em setembro serviu para uma experimentação de sonho. Provocou-se uma alucinação no Senhor M. colocado num estado de sonambulismo e se lhe fez a sugestão de se lembrar de todos os seus sonhos. Depois de 2 x 18 horas a alucinação retornou naquele momento em um sonho. É notável que M., que antes de 23 de novembro não podia lembrar-se de nenhum de seus sonhos, possua novamente e completamente esta faculdade depois de 23 de novembro, prova de que com o estado hipnótico de 15 de setembro a sugestão que dizia respeito à lembrança de sonho foi também renovada sem que se tenha imposto à consciência.

Extratos de:
Wilhelm Fliess e seus descobridores imitadores
O. Weininger e H. Swoboda[1]

(De Richard Pfennig)

EMIL GOLDSCHIMIDT, BERLIM W. 62, 1906

Recentemente foi publicado um livro de Wilhelm Fliess sob o título "O curso da vida. Fundamento para uma biologia exata", que foi chamado a dar uma visada inteiramente nova à biologia.

Pois se prova aí da maneira mais exata o fato, até agora nem mesmo suposto, de que toda vida está ligada à existência de duas substâncias: a masculina, cujo conjunto mais simples possui uma duração de vida de 23 dias precisamente, e a feminina, cuja unidade possui 28 dias de duração de vida. E já que nenhuma vida é possível sem a existência das duas substâncias de que os caracteres sexuais dependem exclusivamente, cada portador de vida deve ser de modo *permanente* duplamente sexuado. A observação do mundo do vivo mostra também que, não somente, como já se sabia, os seres vivos mais organizados estão constituídos de maneira bissexual mas que todo ser vivo traz em si os caracteres dos dois sexos por toda a duração de sua existência que se organiza e se desorganiza por impulsos periódicos. Logo, não se trata de uma constituição bissexual mas de uma dupla sexuação permanente. O sexo, não o sexual, está no centro da questão.

---

[1] *Wilhelm Flieb und seine Nachentdecker O. Weininger und H. Swoboda.* Tradução de A. Buffel e E. Porge, revista por J.-F de Sauverzac.

Fliess inicialmente encontrou a periodicidade de 23 e 28 dias dos processos vivos quando do exame das irregularidades aparentes das datas das menstruações. Pelo fato de que podia resolver esta irregularidade graças às *duas* séries periódicas de 23 e 28 dias, imediatamente compreendeu que a periodicidade não se limita aos processos menstruais mas é própria a todos os processos de vida. Em seu primeiro livro publicado (outono 1896) *As relações entre o nariz e os órgãos genitais femininos apresentadas segundo suas significações biológicas* (Leipzig e Viena, 1897), ele já conseguira provar a validade desta periodicidade para o reino animal e vegetal por alguns exemplos marcantes. Enfim ele teve sucesso em deduzir, da maneira mais simples que se possa imaginar, de sua lei dos períodos, um dado conhecido da estatística, quer dizer, o limite superior da proporção dos nascimentos de meninos e meninas, 1.21, como idêntico ao quociente 28 : 23. Assim ele trilhou o caminho no qual chegou, ao cabo de 9 anos de trabalho ininterrupto, a escrever em "O curso da vida" esta série de resultados brilhantes pelos quais elevou sua descoberta, que na origem tinha unicamente o caráter de uma hipótese empírica, ao nível de uma teoria racional.

Os dois pensamentos de Fliess da dupla periodicidade necessária e da dupla sexuação permanente que se distinguem pela novidade e audácia *estão ligados um ao outro da maneira mais íntima por sua essência*: um se deduz imediatamente do outro. Foi assim que foram descobertos por Fliess ao mesmo tempo. Pois no momento em que ele viu que o limite superior da proporção dos nascimentos de meninos e de meninas se exprime por 28 : 23, sabia que a existência de *duas* séries, no homem e na mulher, só seria possível pela existência de uma substância masculina e uma feminina em qualquer ser vivo. Ora, justamente porque estas idéias são inseparáveis é duplamente espantoso que os dois pensamentos tenham sido transmitidos nos escritos de dois autores vienenses como suas próprias descobertas: a idéia da bissexualidade duradoura, em 1903, por Otto Weininger, com a idade de 23 anos, em seu livro *Sexo e caráter. Um exame preliminar* e, em 1904, por Hermann Swoboda, 5 ou 6 anos mais velho, a da periodicidade em "Os períodos do organismo humano em sua significação psicológica e biológica".

O primeiro nem mesmo cita Fliess como seu predecessor, o segundo o cita, o que de forma alguma podia evitar, mas reivindica a total originalidade da descoberta conjunta, à qual teria chegado por uma via inteiramente diferente.

Weininger e Swoboda eram dos mais íntimos amigos. *Eles partilharam juntos um bem estranho*, como mostraremos em detalhe, ao qual tiveram acesso por uma personalidade terceira. Esta personalidade é o professor vienense de neurologia, o Dr. Sigmund Freud, que teve, durante longos anos, relações de amizade com Fliess e que estava informado das pesquisas deste até nos mínimos detalhes.

Aquilo de que se trata aqui é mais que a defesa de um direito de propriedade individual. Se não eu não teria pedido a Fliess, de quem conheço os trabalhos há muitos anos, deixar-me o exame do plágio. Para a história do saber é justificado não deixar nada de impreciso nem de indeterminado no que diz respeito às pessoas que participam de uma descoberta que marca uma data, pois tanto o conteúdo quanto a forma de uma descoberta estão ligados inseparavelmente à alma do descobridor. É por isto que nasce o dever imperioso de examinar de maneira mais aguda a legitimidade das reclamações colocadas. Em nossa apresentação seremos tão breves e concisos quanto possível e nos esforçaremos em deixar falar somente os fatos, eloqüentes por si mesmos, sem muito comentário.

1. Weininger

Com a idade de 23 anos 1/2, Otto Weininger matou-se numa angústia neurótica, num arrebatamento ardente, "para não ser obrigado a matar algum outro, no outono de 1903" na casa em que Beethoven morreu em Viena. O editor de seu escrito póstumo diz: "O conceito de falta* está no centro de seu pensamento"; e, de fato, todos os seus pensamentos giravam nestes últimos tempos em torno de crime, expiação, sanção. Não sabemos

* Em francês, *faute*, que indica uma falta no sentido moral. (NT)

o que pesou nesta infelicidade; conhecemos apenas uma falta grave: ele tomou a idéia biológica fundamental de sua obra principal de Wilhelm Fliess, sem nomear o verdadeiro instigador. Resta-nos prová-lo. A prova será adiantada através de razões internas e de testemunhos externos.

O livro volumoso de Weininger se constitui de duas partes cuja desproporção se traduz já exteriormente por sua amplitude. Das 461 páginas do texto (citamos a 1ª edição), somente 93 páginas constituem de fato a primeira parte com o título: "A diversidade sexual"; à segunda parte, "Os tipos sexuais", pertencem então quatro quintos do total. O próprio Weininger percebe isto manifestamente, pois designa a primeira parte como "preparatória", a segunda parte como "principal".

...

A distância entre as duas partes é ainda maior em seu conteúdo que em sua amplitude. Em seu panfleto "Sexo e audácia", Halle, 1904 (p. 12) P. J. Moebius já tinha colocado em relevo que, se a primeira parte é relativamente sóbria e ordenada, na segunda Weininger se entrega sem contenção à sua necessidade de discorrer. A "diversidade sexual" toma seu ponto de partida no fato da constituição bissexual do homem e, em suma, de todos os seres vivos; segundo a diferença quantitativa da predominância de um ou do outro sexo há graus diferentes do masculino ou do feminino, e em seguida da série dos estados sexuais entre dois que conduzem por transições sucessivas de um sexo a outro. Explica-se expressamente que não se trata unicamente de uma *constituição* bissexual, mas de uma dupla sexualidade *permanente*; os estados entre dois constituem uma cadeia contínua do pólo masculino ou feminino até os "estados intermediários", quer dizer, estas formações que se aproximam de um hermafroditismo acentuado. Disto segue-se diretamente para a lei da atração sexual que esta deve tornar-se tanto maior quanto o efeito das sexualidades opostas nos dois indivíduos é preenchido e reforçado pela atração (certamente agindo de forma invertida) de seus complementos sexuais. Tudo isto é ilustrado de maneira freqüentemente espantosa pela atração entre homens femininos e mulheres masculinas, em particular as ditas emancipadas.

Na "segunda, ou principal parte", Weininger descreve "Os tipos sexuais" dos homens e das mulheres e se embriaga com esta caracteriologia dos sexos segundo os pontos de vista fisiológicos, psicológicos, lógicos, éticos, estéticos com as mais vazias banalidades, deformações e exageros. Somente o homem tem "a vontade como valor", julgamento, personalidade, imaginação, gênio; a mulher, enquanto ser puramente sexuado, não tem eu, é sem alma, sem pudor, amoral, sim ela é o erro, a falta do homem, alógica [...], ela termina por não existir. Tudo o que é grande, bom, verdadeiro, belo pertence ao homem, toda calamidade, todo aviltamento, toda insuficiência vem da mulher; enfim, a possibilidade de sua salvação e de sua libertação é enfocada ao mesmo tempo que a da humanidade, no sentido da mística de Schopenhauer, pela repressão da sexualidade. A observação, saída de maneira sã e promissora de um pensamento não somente correto mas também fundamental e mesmo fecundo, termina em tais absurdos! Se Strindberg[2] diz de *Sexo e caráter*: "um livro terrível mas que provavelmente resolveu o problema mais difícil" e se ele exclama: "soletro as letras mas Weininger as compõe. Eis um homem!" — então queremos, sem cerimônias, remeter este elogio somente à *primeira* parte.

[...] Somente em alguns lugares o autor se lembra de que de fato não há mulher absoluta, pois algo de masculino deve nela misturar-se; logo a condenação da mulher deve deter-se diante destes componentes melhores de sua essência e graças a isto somente a possibilidade de sua salvação e de sua purificação pode ser encarada. [...] No escrito póstumo deste homem de 23 anos, "Sobre as coisas últimas", não se encontra mais, que eu saiba, o menor traço de bissexualidade, de atração sexual, etc. Como estes fatos biológicos e estes conhecimentos deviam em última análise ter sido para ele pouco importantes para desaparecer assim de seu horizonte, enquanto que aliás este livro não falta em repetições! E, no entanto, ele mesmo expressamente indicou a novidade de sua concepção:

---

[2] F. Probst, "Le cas Otto Weininger. Un étude psychiatrique", Wiesbaden, 1904 (questões limites da vida neurológica e psíquica XXXI, p. 2).

"Que se leve bem em conta isto: aqui não se trata unicamente de uma *constituição* bissexual, mas de uma dupla sexualidade *permanente*. E também não simplesmente dos estados sexuais intermediários, de hermafrodita (corporal ou psíquico), aos quais se limitaram até o presente todas as observações deste gênero por razões facilmente apreensíveis. Sob esta forma, este pensamento é então inteiramente novo..."

Pretendemos que se este resumo pertinente tivesse sido realmente filho de sua inteligência, o fruto de suas cogitações sérias ou somente o dom de um instante feliz, ele não teria conseguido totalmente se "libertar da biologia para poder ser inteiramente psicólogo"! Segundo *nossa* concepção da psicologia, é verdadeiramente enigmático que alguém que demonstre uma compreensão tão brilhante das relações biológicas fundamentais possa ter o anseio ou somente a possibilidade de se "libertar" tão totalmente de toda concepção científica da natureza, e ceder a um delírio como o de Weininger em sua parte principal. Visivelmente, faltou-lhe inteligência suficiente da significação fundamental de sua dita descoberta e do lugar central da idéia da bissexualidade para toda a biologia. Depois de ter tirado sua conclusão pela lei da atração sexual e pela psicologia da mulher emancipada, a intuição científica lhe faltou inteiramente.

...

De onde lhe veio a idéia da bissexualidade?

Antes de expor sua relação com Fliess, temos que examinar as reivindicações de um terceiro que, de seu lado, acusou nosso autor de um uso tácito de seus pensamentos. Moebius submeteu o livro de Weininger, pouco depois de sua aparição, a um comentário (no caderno do mês de agosto de 1903 dos *Annales de Schmidt*): "A maior parte dos pensamentos sobre as propriedades dos sexos que o autor leva adiante já se encontram nos escritos do referido e até o título é imitado de um título do referido (...) Não se pode exigir de um jovem homem ter idéias originais e se ele expõe os pensamentos de maneira sistemática já é um grande mérito. Mas, se um escritor difama seus predecessores somente para não aparecer como plagiário, a tolerância acaba e o delituoso começa."

Em "Sexo e audácia", onde já no início reproduz este comentário, ele explica antes que quando da leitura deste livro teve uma impressão relativamente desagradável como se olhasse por uma lente deformadora sua própria imagem desfigurada até a deformidade. O autor expõe mais ou menos o que ele tinha exposto mas com exageros intoleráveis e muitas adições desagradáveis.

Weininger protestou contra isto numa carta um pouco mais longa; e, com efeito, apesar de toda a estima que dirigimos ao autor cheio de espírito da "Debilidade fisiológica da mulher" e apesar de muitos pontos de concordância com sua crítica do livro que nos ocupa, não podemos aprovar sem reserva sua visão da situação. Sem dúvida Weininger foi influenciado por este escrito assim como por "Sexo e degenerescência" que teve, segundo as informações de Moebius, diante de seus olhos; mas dele só tirou o proveito que geralmente vem de uma leitura que está em harmonia com sua própria concepção já fixada. Como enfim muitas formulações podem ocorrer num homem erudito como um empréstimo — consciente ou inconsciente — talvez não seja supérfluo sublinhar que ele nem mesmo copiou Moebius na escolha de seu título. Pois como diz seu apologista E. Lucka[3], o título originário "Eros e Psiquê" foi trocado pelo presente somente sob conselho do Prof. F. Jodl de Viena.

Pensamos que é em primeiro lugar a Schopenhauer que [Weininger] deve a idéia de rebaixar a mulher; era justamente o elemento patológico de menor valor, isto é, o elemento místico da filosofia deste que o atraía.

...

Olhemos os pontos principais a propósito dos quais Moebius se atribui um mérito sobre seus predecessores. Poderia ser somente o fato, diz ele, "de ter proposto, pela primeira vez, um tratamento 'primordial'. Não indiquei insuficiências e falhas isoladas da mulher, eu demonstrei que, em todos os planos com exceção *de um*, os desempenhos cerebrais da mulher são consideravelmente inferiores aos do homem. Expliquei isto pelo fato

[3] "Otto Weininger. Son oeuvre et sa personnalité", Viena e Lepzig, 1905 (p. 120).

de que a mulher é inteiramente um ser sexual e escolhi como guia principal o princípio teológico (...) Somente enquanto mãe a mulher tem uma vantagem sobre o homem (...) Com estes últimos retoques tirei conclusões práticas com mais precisão que meus predecessores. Considero igualmente como nova a prova da debilidade fisiológica adquirida que se acrescenta àquela que é hereditária e a exposição de que *os talentos da mulheres são caracteres sexuais masculinos secundários, isto é, as mulheres incomumente dotadas representam uma mistura de natureza feminina e masculina*".

...

Mas Moebius nunca exprimiu o pensamento mais geral e mais fundamental de que *todo vivo se constitui por toda a duração de sua existência de uma mistura de masculino e feminino* — ele nem mesmo partilha dele. Vamos provar que Weininger o tomou de Wilhelm Fliess.

Inicialmente, trata-se de se dar conta do papel que representa a aparição simultânea de dois caracteres sexuais em Moebius e do papel que isto representa em Fliess. Aqui, de imediato, uma enorme diferença salta aos olhos. Em Moebius este fato é exatamente levado em conta e combinado com outros como explicação, mas ele os põe no mesmo nível que os outros que fazem parte do domínio do anormal.

Em Fliess, em troca, é o princípio que está na base de toda reflexão no que toca ao normal assim como ao patológico; é o ponto central de sua teoria; ele volta sempre a isto para explicar os liames biológicos, psicológicos, éticos, estéticos, em suma, todos os liames que são considerados na atividade humana. Esta oposição deve assim ser decisiva para nosso julgamento. O importante não é que um elemento característico da biologia de Weininger já se encontre em alguns pontos em Moebius, mas que neste só haja uma conclusão parcial da tese central e fundamental do sistema de Fliess, a qual, mesmo que ainda não tivesse sido publicada, enquanto tal, impressa, existia em seus traços principais já antes de Moebius, em sua obra fundamental de 1897, de maneira suficientemente reconhecível, e — ainda voltarei a isto depois — *era muito facilmente acessível numa tradição oral que era muito próxima de Weininger.*

É certo que Moebius tem uma vantagem na publicação de certas observações mas nem por isso tem *a prioridade da descoberta*: pois é notório que *a resolução global do problema* que traz "O curso da vida" era esperada e conhecida no círculo de amigos de Fliess com todas as suas conclusões e muito tempo antes da publicação da "Debilidade fisiológica".

Além disso, não queremos esquecer de avaliar as probabilidades de um roubo. No que diz respeito a Moebius ou qualquer outro [...] Weininger teria devido efetuar previamente uma pesquisa crítica e uma escolha para encontrar o que lhe faltava; em Fliess, ele não tinha o que tomar. Se acrescentarmos enfim que este era, nos grandes círculos, por assim dizer desconhecido, teremos certamente nomeado dois motivos principais que — dizendo de maneira inteiramente objetiva — devem ter-lhe feito preferir um [Fliess] a outro para o plágio.

Olhemos agora se, onde e como Weininger menciona Fliess. Ninguém se espantará de que ele não o nomeie ali onde se serve dele de maneira tácita; para a psicologia da criminalidade seria inicialmente interessante ver como ele se liga nisso, onde ele o cita efetivamente. Ora, ele é obrigado a fazê-lo; *se ele passa em silêncio ao tema da bissexualidade, ao tema da periodicidade*, de que lhe ocorre falar, *é obrigado a nomeá-lo* pois a prova — e se trata de uma prova exatamente cifrada da vida periódica no homem e na mulher — é algo que outros também prometeram, por exemplo, Havelock Ellis, mas que só foi fornecida por Fliess. Todos aqueles que, a partir de então, falam de períodos da vida orgânica não podem simplesmente evitar citar este nome. Mas é significativo que nosso autor não nomeie Fliess em nenhum lugar neste texto mas digne-se fazê-lo no fim do livro nos suplementos e indicações variadas, em cuja multidão (representam praticamente um quarto do livro) seu nome é por assim dizer sepultado. Perto do fim, [...] ele fala ligeiramente e de forma extremamente confusa das "oscilações da característica sexual". Ele as divide em [oscilações] regulares e irregulares. As primeiras são, seja pequenas oscilações, por exemplo quando alguém *balança quotidianamente sem parar entre o homem e a mulher em si*; "seja que elas pertençam ao domínio dos *períodos maiores e dos muito grandes períodos da vida orgânica*, que justamente se começou a demarcar e cuja exploração parece iluminar uma quantidade de fenômenos ainda não previsível". O modelo desta consideração algo obscura e manifestamente estéril é visivelmente a teoria de Fliess, tão esclarecedora quanto rica em conseqüências, segundo a qual quando do curso do desenvolvimento biológico, como se pode observar em particular quando do crescimento na criança, tanto os impulsos masculinos como os impulsos femininos se manifestam, de forma que o caráter global do indivíduo deve sofrer modificações de período em período. Para mostrar o afastamento entre o verdadeiro e o pseudobiológico, parece útil citar a este respeito a frase final de Weininger: "A bissexualidade não é revelada num só momento, só podendo manifestar-se psicologicamente numa sucessão, se a diferença da característica sexual se submete temporalmente ou não à lei de uma periodicidade, se a oscilação para um dos sexos tem uma amplitude diferente da oscilação para o outro sexo, ou se a curva de oscilação é idêntica à feminina (o que não deve ser necessariamente o caso; pelo contrário, é somente um caso entre inumeráveis outros possíveis)."

Um semelhante aranzel é escrito por alguém que se exprime a propósito de Fliess em sua nota do cume de seu ponto de vista filosófico da seguinte maneira: "No tocante à periodicidade na vida humana, isto é, tanto na vida masculina quanto em todas as coisas biológicas, *o mais interessante* e *o mais estimulante* se encontra num livro cujo título *erroneamente escolhido* nada deixa supor de seu conteúdo, de Wilhelm Fliess, *As relações entre o nariz e os órgãos genitais femininos*... um escrito extraordinariamente *original*, ao qual um renome histórico deveria ser assegurado, notadamente quando a pesquisa deveria ter progredido amplamente além deste escrito. Até agora, as coisas extremamente notáveis que Fliess descobriu estão ainda muito pouco registradas."

Já que é, que eu saiba, o único lugar onde Weininger cita o nome de Fliess expressamente, trazendo-lhe um julgamento deliberado e pesado em sua expressão, estas palavras merecem nossa total atenção. Apontamos aí inicialmente, apesar de um reconhecimento aparente, uma certa causticidade do tom que podemos qualificar francamente de agridoce. O autor, um adolescente, que aliás tem o hábito em geral de alinhar sem reflexão crítica suas leituras a partir de escritos insignificantes que não podem ser levados a sério, demonstra aqui uma certa nervosidade, para utilizar logo o termo exato, uma hostilidade impossível de desconhecer. Ele só concede e certifica a Fliess a originalidade de ter descoberto coisas extremamente notáveis porque não poderia fazer de outra forma: pois este é efetivamente o caso e não pode muito simplesmente ser contestado. Sua má intenção aparece depois de maneira tanto mais saborosa quanto ele crê poder lhe assegurar um "renome histórico" justamente "quando a pesquisa deveria ter progredido amplamente além deste escrito".

Atrás destas expressões tortuosas se esconde, como Fliess muito bem reconheceu, nem mais nem menos que o desejo neurótico de vê-lo morto; podemos muito bem notar, sem sermos grandes conhecedores da alma, o fundamento da coisa: o grande embaraço em que Weininger se encontra face à teoria da periodicidade. A incerteza de seu julgamento se exprime de uma forma impossível de desconhecer através destas grandes palavras. Apesar, ou talvez justamente por causa de seus períodos nascidos de um esforço de rivalidade manifesta em "Oscilações da característica sexual", ele não ousa tomar posição de maneira não ambígua frente a um intervalo de 23 e 28 dias. Sim, ele nem mesmo ousa ser original em sua crítica do livro de Fliess, seguindo no que diz respeito à forma e ao conteúdo simplesmente *v. Bunge*! Este diz em sua *Fisiologia*: "O título *desastrosamente escolhido* sem dúvida impediu numerosas pessoas de lerem este livro *original e interessante.*" Weininger põe "interessante" e "estimulante"; mas a partir do título "*desastrosamente* escolhido" isto se torna nele "*erroneamente* escolhido!

Em que o H e o M de Weininger, o arrenoplasma e o teloplasma são outra coisa que um disfarce pretensioso do que Fliess chamou a substância masculina e a feminina?

...

O tipo mixedematoso é precisamente aquele que, no fim do livro sobre o nariz e os órgãos sexuais, é já objeto de uma observação detalhada, e ele também é aquele que desempenha um papel preponderante no ensinamento de Fliess sobre os tipos de órgãos. E que tendência masculina especifica é oposta ao mixedema? Não é a hemofilia, nem a pseudo-hipertrofia dos músculos que se encontram essencialmente nos homens, não, é o hidrocele, uma doença dos órgãos sexuais masculinos! Esta patetice chegou a Weininger, não por falta de melhor exemplo à mão, mas visivelmente porque ele não compreendeu o que era exposto. Ele não pode separar o sexual do sexuado. Isto só é compreensível se se tem presente no espírito o ensinamento de Fliess: não pode haver doença exclusivamente para *um* sexo, pois, graças a nossa natureza bissexual, toda doença, ainda que numa porcentagem mínima[4], deve existir no outro [diferente daquele em que ela predomina]; o mixedema por exemplo existe também nos homens. Verdadeiramente dizendo ele só ocorre raramente e somente nas naturezas femininas. Mas com este exemplo absurdo qualquer um que não tivesse a menor idéia dos verdadeiros contrários e que não pudesse digerir o pedaço abocanhado só poderia se desmascarar.

[...] Em lugar de falar de Fliess, que ele deixa de lado "seguindo sua maneira natural", o autor se organiza para falar, desde o início, de um filósofo que teria suposto esta lei da natureza. Como os suplementos nos ensinam, não se trata de outro que Schopenhauer; além da "Metafísica do amor sexual", uma passagem das pesquisas de Moll sobre a *libido sexualis* é citada. Logo, imediatamente, dois predecessores, e no entanto o verdadeiro não se encontrava entre eles.

Ele escreve: "Estas duas passagens me eram desconhecidas quando acreditei (no início de 1901) ter sido o primeiro a encontrar esta lei, ainda que minha exposição estivesse muito próxima da de Schopenhauer, em particular no que concerne aos *fatos*, e às vezes *textualmente.*"

É espantoso ver com que cuidado ele tenta reservar — mesmo frente a um Schopenhauer — a independência de sua descoberta, fixando-lhe a

---

[4] Fliess desenvolveu pela primeira vez a grandeza biológica desta porcentagem em seu capítulo sobre a participação dos sexos nas doenças. A relação é aqui tão simples quanto as cifras pitagóricas para as concordâncias harmônicas!

data. Moebius já desenvolveu de forma inteiramente convincente, em "Sexo e audácia", o quanto tudo isto é pouco verossímil. O capítulo de Schopenhauer sobre o amor sexual é a primeira coisa que um jovem tem o costume de ler neste filósofo, e evidentemente Weininger o conhecia mas quando escreveu tomou suas lembranças como inspirações próprias.

Tão clara e vizinha quanto pareça ser a opinião de Moebius, *nós* temos ainda um outro ponto de vista sobre este caso e estamos inclinados, depois de tudo que conhecemos de Weininger, a atribuir a sua datação uma intenção ainda mais profunda. Pois se efetivamente as "leis de atração sexual" se encontrassem inteiramente ou ao menos no essencial já em Schopenhauer, então seria espantoso que o mundo tenha devido esperar um tempo tão longo, desde a publicação de "Metafísica do amor sexual" até *Sexo e caráter*, antes que todas estas coisas lhe tenham sido explicadas: e já há dezenas de anos Schopenhauer faz parte do domínio público para as pessoas cultas! Por que durante tanto tempo nenhuma outra pessoa extrai dele este conhecimento? De fato a coisa se apresenta diferentemente; pois as leis da atração sexual em Weininger não recobrem o que Schopenhauer diz. A passagem que ele cita desenvolve a idéia de que há graus inumeráveis de masculinidade e feminilidade e de que para neutralizar duas individualidades entre si, *a fim de completar o tipo da humanidade no novo indivíduo a engendrar, estando dado que tudo chega sempre à construção deste*, é necessário que um grau determinado de *sua* masculinidade *para ele* corresponda exatamente ao grau de *sua* feminilidade *para ela*, a fim de que as duas unidades se neutralizem reciprocamente. Conseqüentemente, o homem mais masculino procurará a mulher mais feminina e *vice versa*, e, da mesma forma, cada indivíduo buscará aquele que lhe corresponde segundo o grau de sexualidade.

Agora colocamos a questão; o que é que Weininger teria descoberto em Schopenhauer se o tivesse sob seus olhos *antes* do início de 1901? Que há diferentes graus do masculino e do feminino? Mas para isto ele teria efetivamente necessidade de forma indispensável do 2º tomo do *Mundo como vontade e representação*? Ele não poderia encontrar este conhecimento relativamente acessível, mais ou menos claramente expresso em muitos outros livros, que ele mesmo cita, por exemplo na literatura sobre o hermafroditismo? O que importa é saber de onde vêm estes graus! E como as coisas se apresentam na doutrina da atração sexual? Aqui, é verdade, a consideração de um certo complemento recíproco na organização dos indivíduos que se atraem o aproxima de Schopenhauer: mas um tal esquema não é tão geral que deva retornar numa teoria deste gênero se ela não quiser renunciar a si mesma? A questão é saber em que sentido e por qual objetivo esta complementação ocorre; e aqui se encontra, a nosso ver, entre Weininger e seu predecessor uma enorme diferença. Schopenhauer postula um tipo de espécie, a humanidade, cuja procriação faz um esforço de aproximação tanto mais pronunciado quanto os procriadores se correspondem reciprocamente de maneira total e específica. Em Weininger a consideração da geração futura não desempenha nenhum papel; segundo ele, um homem inteiro (H) procura sempre encontrar uma mulher inteira (M), ainda que em cada caso particular repartidos numa relação diferente nos dois indivíduos diferentes. H e M representam um *quantum*, não um *tipo*.

Para nossos objetivos, é importante deter-se um pouco nesta oposição. Schopenhauer tem sem dúvida o grande mérito de ter sido o primeiro a tratar do tema do amor sexual "sem bolhas de sabão transcendentes", quer dizer, de maneira científica. Com seu olhar penetrante ele ao menos apreende os traços mais gerais da regularidade das manifestações de que se trata. Os pontos de vista metafísicos que são os seus neste capítulo, pelo fato do olhar fundamental que o motiva, somente muito pouco podem prejudicar o conjunto de sua exposição em vista da quantidade de observações finas e pertinentes, pelo *élan*, a força e a clareza de sua apresentação, de modo que a "Metafísica do amor sexual" faz parte dos mais bem sucedidos ensaios. É verdade que não devemos buscar nele mais que pontos de vista muito gerais: se nos perguntamos qual seria a espécie à qual a procriação tende a se aproximar, ele fica nos devendo uma resposta, pois não há essência metafísica de uma tal generalidade nem poderia havê-la. Em Weininger, ou melhor, em seu protótipo, um progresso científico significativo se realiza na medida em que, de um lado, se colocam no lugar da força sexual do indivíduo, até então compreendida erroneamente como uma, duas componentes agindo segundo uma relação variável e, de outro lado, na medida em que a observação não se prende mais a uma qualidade vaga, elevando-se a uma medida quantitativa de uma relativa exatidão. O fato de que o pedinchão deste pensamento o tenha enfeado com uma montanha de fórmulas inúteis e de um peso hiper-exato — por exemplo, que para uma união sexual há sempre um homem *inteiro* e uma mulher *inteira*, os dois repartidos em duas pessoas que aspiram encontrar-se —, isto não pode prejudicar sua significação. De Schopenhauer, que trabalha somente com o tipo de espécie mas que nada sabe da significação biológica das relações de misturas sexuais, Weininger nunca poderia tomar o ponto de vista citado acima, apesar de todas as suas citações; há a tradição de Fliess. *A datação de sua dita descoberta (início de 1901)*[5] *não tem portanto nenhuma relação com Schopenhauer; ela visa cobri-la quando de eventuais reclamações de prioridade da parte de Fliess.*

Quanto à idéia de considerar Moll como um predecessor, ela não pode ser levada a sério. Aliás, segundo a opinião do próprio Weininger, Schopenhauer deve representar uma compreensão distante da compreensão completa da coisa.

...

Para resumir: *Weininger cita Fliess somente de passagem*, num lugar escondido, *e isto para a idéia da periodicidade*, que não se presta a nenhum empréstimo tácito pois é muito característica de seu criador; no entanto ela não é dispensada com um enfeite que se quer original. *Não somente ele não o cita ali onde desenvolve amplamente, enquanto descoberta original, a outra idéia principal de Fliess*, a única, por assim dizer, que ele leva em consideração para seus propósitos, *como também desliza de maneira intencionalmente enganadora os nomes de Schopenhauer* (e Moll, de quem simplesmente nos abstraímos) *como um predecessor que teria, diz ele, reconhecido muito tarde.*

[5] É notável que também Freud (em sua segunda carta reproduzida abaixo) não queira reconhecer Fliess como o autor da idéia da bissexualidade a não ser a partir de 1901 e isto de maneira errada. De fato, Fliess já lhe a tinha exposto na primavera de 1897 quando Weininger, com a idade de somente 17 anos, estava ainda no liceu (ver mais adiante).

Depois de assim ter exposto as relações *internas* de *Sexo e caráter* com a esfera dos pensamentos de Fliess, vamos agora mostrar como Weininger chegou a se interessar pelo médico berlinense e a se apropriar das idéias que só existiam, sob sua forma pública, nos mais gerais traços fundamentais, e cujo desenvolvimento ulterior independente teria ultrapassado inteiramente suas próprias capacidades. Temos que explicar em que consiste a tradição oral da qual ele os retira, a fim de tornar visíveis de uma vez também os fios *externos* que o ligam a Fliess. O Prof. Sigmund *Freud* de Viena foi durante muito tempo o mais íntimo amigo de Wilhelm Fliess com quem ele partilhava sem reserva, com total confiança, todos os seus pensamentos, seus trabalhos e seus projetos — por cartas e em encontros pessoais que de hábito tinham lugar regularmente ao menos uma vez por ano. Os próprios escritos de Freud contêm provas das menos equívocas desta relação ardente, pois estão repletos de alusões a Fliess e a suas idéias que abrem caminhos. De quantos exemplos F., como é chamado a maior parte do tempo, forneceu a matéria!

Ora, se deixarmos de lado todas as outras fontes e nos prendermos unicamente aos livros de nossos autores vienenses, percebemos que os dois, tanto Weininger como Swoboda, deviam estar ligados por outras relações, tanto com Freud quanto entre eles mesmos, além da proximidade espacial. Weininger, frente aos olhos do qual nada se encontra tão facilmente à mercê, cita Freud com respeito, e Swoboda, que ele designa expressamente como um amigo, ao menos por três vezes, a última de forma muito elogiosa; da mesma forma, Swoboda cita Freud e o capítulo de Weininger sobre a atração sexual no fim de seu livro, na terceira página antes do fim, ali onde estas citações têm, de hábito, um peso inteiramente particular.

Penso que estes liames são suficientes para convencer todos os que quiserem compreender, e que seguiram nossa exposição sem prejulgamento, que a idéia da transmissão do bem intelectual de Fliess em Viena remete a Freud. Acrescentamos um *argumentum e silentio* a fim de fechar o círculo de nossa demonstração. Ele consiste no fato de que *em* Sexo e caráter *somente encontramos pontos de vista e conhecimentos que Fliess já possuía em 1900, e nenhum de uma data mais recente.* Foi no verão de 1900 que pela última vez ele encontrou Freud pessoalmente durante bastante tempo e realizou uma troca de pensamentos científicos; depois, sua relação se interrompeu e deu lugar a uma correspondência somente ocasional de um conteúdo exclusivamente pessoal e que se tornou cada vez mais esparsa. Tudo o que reclamamos para Fliess e que se encontra em Weininger: a substância masculina e a feminina, e isto em cada célula, conformemente à bissexualidade de todo vivo, a perturbação e o deslocamento da relação de mistura normal em cada indivíduo, a caracterização dos homens femininos e das mulheres masculinas, neles mesmos e em suas relações sexuais recíprocas — todos esses conhecimentos, Fliess já dispunha deles há muito tempo e os discutira com detalhes com Freud a cada ano entre 1897 e 1900. Em 1900 em Innsbruck, discutia-se ainda a questão da substância masculina e da feminina e de sua determinação quantitativa segundo o número de seus dias de vida. *Weininger não sabia nada de todas as aquisições de depois de 1900.* Com a interrupção da relação mais íntima de Freud com Fliess, a fonte de pesquisa biológica se havia definitivamente calado para nosso metafísico. [...] Somos praticamente tentados a crer que o próprio plagiário às vezes tinha medo de um futuro exame das fontes em seu livro. Pois no início da parte principal, depois de ter deixado atrás de si tudo o que é biológico, fala muito dos pensamentos preparatórios e dos esclarecimentos dados por seus predecessores e, no suplemento, cita esta passagem de Kant que, também utilizada por Lucka, nos é finalmente dirigida:

"Aqueles que nunca pensam por si mesmos possuem entretanto muita perspicácia para encontrar logo após que se o mostrou a eles, no que já foi dito alhures, lá onde até então ninguém o tinha descoberto."

À falta de provas quando se trata de plágio, é preciso na maioria das vezes contentar-se com um grau mais ou menos elevado de probabilidade; somente em raríssimos casos, mas aos quais por sorte o nosso pertence, pode-se tornar a coisa evidente. Apresentamos finalmente a prova que exige a aprovação até do leitor de maior má-vontade: a confissão do próprio Freud de ser culpado de ter entregue os pensamentos de Fliess a Weininger.

...

De que tipo eram as relações entre Freud e Weininger? Pois bem, *Swoboda é um discípulo de Freud*, como este mesmo confessa depois de inicialmente ter contestado; e *Swoboda* e *Weininger eram amigos muito íntimos.* Como imediatamente vamos ver, *o livro de Weininger foi apresentado a Freud antes de sua publicação.* Neste momento, ele teria tido tempo ainda de advertir tanto Weininger quanto Fliess; mas Fliess só foi avisado disso um ano inteiro depois de sua publicação, *muito evidentemente não por intermédio de Freud.* No início, ele estava ainda bem disposto; mas quando, por ocasião de uma viagem a Viena, ele se orientou quanto aos fatos, dirigiu-se para ter esclarecimentos na carta seguinte a Freud, que se encontrava naquele momento fora de Viena. (Devo a possibilidade de uma reprodução somente ao fato de que ele guardou o primeiro rascunho por causa de muitas rasuras)[6]. [...]

Depois disto chega a seguinte resposta[7]. [...]

Logo à primeira vista esta carta é inestimável: ela confirma nossas conclusões e nos dá — o que buscamos saber — uma informação autêntica sobre a forma como se transmitiu o bem intelectual de Fliess a Weininger. Acolhemos com um prazer particular a qualificação pertinente deste último como ladrão com uma chave encontrada. Pouco importa que a maneira como seu amigo Swoboda lhe apontou a bissexualidade corresponda exatamente à realidade — o que é manifestamente pouco provável. O importante é que esta transmissão remete a Swoboda. Veremos suficientemente mais adiante quanto este conhecia bem Fliess e sua teoria: aqui compreendemos, além disso, expressamente, que, já como paciente de Freud, ele conhecia muito bem o ponto de vista da bissexualidade, pois Freud dela se servia continuamente em sua cura psicanalítica!

---

[6] Aqui é citada a carta de Fliess a Freud de 20 de julho de 1904, traduzida à p. 224. (NT francês)

[7] Carta de Freud a Fliess de 23/07/04 (traduzida à p. 225) com as mesmas frases em itálico que aquela publicada em *Em minha própria causa*, mas suspendendo-se aqui em: "não li seu livro antes de sua publicação..." (NT francês)

Muito significativo da maneira como Freud se apropriou deste ponto de vista é o fato de que ele quisesse reivindicá-lo frente a seu próprio autor como uma idéia original. *Cf. Psicopatologia da vida quotidiana*, Berlim, 1904 (publicado inicialmente em 1901): "No verão deste ano eu explicava a meu amigo Fl(iess) com o qual me encontro em uma troca de idéias animada por motivos científicos: Estes problemas neuróticos só podem ser resolvidos se nos colocarmos inteiramente no terreno de uma hipótese de uma bissexualidade originária do indivíduo. Recebi como resposta: "Isso eu já disse a você há 2 anos e 1/2 em Br(eslau) quando fizemos um passeio à noite. Nesta época você não queria ouvir falar disso." É doloroso ser assim convidado a renunciar a sua originalidade. Eu não conseguia lembrar-me de uma tal conversa e de uma tal declaração da parte de meu amigo. Um de nós dois devia estar enganado; segundo o princípio da questão *cui prodest?* devia ser eu. Durante as semanas seguintes efetivamente me lembrei de tudo, da forma como meu amigo me quis lembrar; eu até sei o que nesta época dei como resposta: não estou seguro ainda disso, não quero me engajar nisso..."

O encontro ao qual ele alude aqui ocorreu em Breslau no Natal de 1897; na realidade, Fliess tinha desenvolvido esta idéia frente a ele já na Páscoa do mesmo ano, em Nuremberg.

Esta constatação, certamente, não visa assegurar a Fliess a prioridade frente à dita descoberta de Weininger de 1901, pois *trata-se aqui de questões de plágio e não de prioridade*; além disso, Fliess colocou o acento de maneira suficientemente clara sobre a bissexualidade em seu livro publicado em fins de 1896, como já sublinhamos diversas vezes: esta constatação deve bem mais servir para a explicação do que se segue. Fliess ouviu da parte de seu cunhado, o Dr. Oskar Rie, médico e amigo da família Freud, que o próprio Freud tinha visto o manuscrito de Weininger antes de sua publicação. Imediatamente depois de seu retorno ele lhe escreveu então uma segunda carta, de que ele guarda, desta vez como uma precaução justificada, uma cópia[8]. [...]

---

[8] Aqui vem a carta de Fliess a Freud de 26/07/04 citada em *Em minha própria causa*, p. 227. Fliess trará modificações ao citar novamente a carta a Freud. Ele substituirá *gestohlen* (roubado) por *entwendet* (esconder, subtrair) e *Räuber* (ladrão) por *Plagiator* (plagiário). No fim da carta é Pfennig quem suprime algumas palavras estabelecidas por Fliess. Eis a frase citada por Pfennig:

Depois deste aviso urgente sucede imediatamente a segunda resposta, de 27/07/04, altamente notável e significativa[9]. [...]

Acrescentar a esta carta um comentário reverteria em atenuar o que a impressão tem de praticamente único. Também não é minha tarefa aqui entrar na crítica da maneira como o Prof. Freud tratou sua amizade com Fliess. É suficiente que depois de ter inicialmente contestado que Swoboda tenha sido seu discípulo, depois de ter deliberadamente guardado silêncio sobre o essencial, quer dizer, o conhecimento do escrito de Weininger antes de sua publicação, ele faz uma confissão cuja franqueza deve ser chamada de cínica. — A primeira parte de nossa tarefa está acabada. *Weininger está convencido de ter plagiado Fliess no que concerne à idéia da bissexualidade por razões internas e provas externas.*

Para concluir, ainda uma palavra sobre esta idéia em Fliess e no restante da literatura. O que Weininger subtraiu não é nada e é um péssimo engano de Freud se ele pensa realmente que Weininger poderia tê-lo tomado também de outro lugar em caso de necessidade. De fato, à pergunta repetida de seu amigo querendo saber onde se encontra expressa e desenvolvida na literatura a idéia da dupla sexuação permanente de todos os seres vivos, ele só respondeu com a *Psicopatia* de Krafft-Ebing e obras semelhantes. Ora, esta indicação, é preciso sublinhá-lo com insistência, é inteiramente inexata. Krafft-Ebing e os outros neuropatologistas somente afloram o tema da constituição bissexual como explicação das inversões sexuais nas quais podem ser conservados, de maneira anormal, os centros psíquicos sexuais da mulher no homem, os do homem na mulher. Ele se situa somente no nível do *sexual*, não do *sexo*. Aliás, ele está tão longe que duvida-

---

"Eu não duvidaria de que o íntimo de Weininger era seu paciente o Dr. Swoboda e isto tanto mais que você... acrescenta: "penso ..... começar a dispor de um melhor grupo de alunos"." (NT francês)

[9] Aqui vem a carta de Freud de 27.07.04, traduzida à p. 228. A única diferença é que Pfennig não sublinha: "este passo é sua *novidade*", como fará Fliess. Por outro lado, em nota a "(desde 1901)" na carta de Freud, Pfennig acrescenta: "Na realidade, desde a primavera de 1897! (ver mais adiante). Há aqui um erro tendencioso [a nota de Fliess traduzida à pagina citada usa "erro de princípio" (NT brasileiro)] cometido por Freud em favor de Weininger." (NT francês)

ria da significação principal e fundamental da dupla sexuação permanente. Weininger, de sua parte, via mais claramente a este respeito; pois ele reivindicava expressamente ter trazido algo de diferente e de novo. Schopenhauer testemunha, não a favor do ladrão, mas a favor do roubado, "que se manifesta um pressentimento de cada grande verdade antes que ela seja encontrada (...) Conformemente a isto, reivindicações isoladas são seu prelúdio. *Entretanto, somente aquele que reconheceu uma verdade a partir de seu fundamento e a aprofundou em suas conseqüências, que desenvolveu todo o seu conteúdo, que demarcou toda a extensão de seu domínio e a expôs depois de forma clara e coerente com toda a consciência de seu valor e de sua importância, somente este é seu autor...*".

2. Swoboda

Conhecemos já o Senhor Dr. Swoboda como sendo aquele que se apoderou da idéia da bissexualidade de Fliess por intermédio de Freud e que a entregou a Weininger. Que ele não tenha protestado contra esta utilização ilícita, nem informado, nem advertido o autor autêntico e que se tenha assim feito cúmplice do plágio de Weininger — esta é uma acusação que concerne tanto a ele quanto a seu mestre o Senhor Prof. Freud. Todavia, enquanto este parece ter-se contentado com o papel passivo do deixar rolar, a falta de Swoboda é manifestamente mais pesada pois ele participou ativamente do roubo da reputação de seu amigo. Ele não se contentou em transmitir a este o bem intelectual de Fliess, que Freud lhe havia transmitido por um uso escondido, ele, por seu lado, participou com todas as suas forças na dissimulação destes fatos. Isto se esclarece de maneira irrefutável pela maneira como ele se exprime sobre a bissexualidade em seus "Períodos". Ele diz quando da primeira menção desta no segundo capítulo intitulado "As pesquisas de Fliess" que é, de resto, um pálido resumo condensado generosamente em três páginas: "Mas o que dá seu valor próprio às *observações* de Fliess é o seguinte: *de acordo com o tema da bissexualidade notória do organismo humano* que se revela justamente pelo fato de que se possam constatar no indivíduo feminino tanto períodos femininos quanto masculinos, é verossímil desde o início que se descubra nos indivíduos masculinos, ao lado do período masculino, também o feminino..." Pode-se daí deduzir, *se se quiser*, que o caráter notório da bissexualidade, reatada de uma certa maneira às observações de Fliess, é assegurado graças a elas. Mas isto não ocorre mesmo sem forçar discretamente as palavras; além disso, Fliess chegou a apreender todo o alcance desta idéia tanto por observações quanto por uma conclusão genial. É por isso que o sentido mais próximo destas palavras escolhidas com refinamento é que a bissexualidade seria notória independentemente das observações de Fliess.

...

Devemos bem mais perguntar por que o Senhor Dr. Swoboda não nomeia *Weininger* como o pai da idéia da bissexualidade? Ele que, mais tarde, herdou a biblioteca de seu amigo, deveria na verdade ter sido o primeiro a ter um motivo para proteger com fidelidade e com ciúme o legado intelectual deste! [...] Como pode acontecer que ele pareça esquecer todos os deveres de amizade e até mesmo de justiça com respeito à pretensa descoberta biológica de Weininger? Será que, em comparação com estas palavras, o conhecimento da bissexualidade permanente era uma bagatela tão fútil em relação à qual se poderia, na medida em que era notória, negligenciar sem escrúpulo todos os direitos do autor? Ou ocorre que finalmente o próprio Swoboda passou sem se deter e julgou supérfluo fazer barulho em torno disso? Bem, falemos seriamente, a coisa de fato não é tão simples. Ele não *queria* citar Fliess, e não *podia* citar Weininger; então ele saiu deste dilema não citando ninguém. Furtando-se assim "com uma indeterminação fraudulenta" à necessidade de se explicar claramente e de tomar posição de maneira não equívoca, ele obtém a vantagem de pôr as cartas, aparentemente na ausência de reivindicação e sem se deter, de uma compreensão biológica profunda que devia certamente ser desconhecida da maior parte de seus leitores, ao menos nesta amplitude, e que, além disso, era suscetível de dar à primeira vista um certo relevo a seu papel de descobridor na biologia. Dolo somente de que a idéia sacramente astuta seja francamente transparente! Pois não é evidente que, já por causa de Freud, ele não devia ousar creditar a Weininger a idéia da bissexualidade, tão grande quanto seja aliás sua audácia? No entanto, deveria ter-lhe sido suficiente ter recoberto as reivindicações de Fliess guardando silêncio; que o próprio amigo se ocupe com sua presa! Pois ele, o Senhor Dr. Swoboda, se estava apropriando, total e abertamente, por suas próprias necessidades, da segunda idéia principal do descobridor berlinense, a periodicidade, aquilo por que a discussão com Fliess lhe causava já bastante esforço!

...

A questão da independência científica e da originalidade de Swoboda apresenta naturalmente um liame muito estreito com a da prioridade. É supreendente que no prefácio, imediatamente após as primeiras frases, ele afirme curiosamente "que descobertas científicas são feitas muito freqüentemente ao mesmo tempo". As premissas em que se apóia esta conclusão são psicologicamente bastante interessantes para que possamos negligenciá-las. "Os resultados da ciência", diz ele na primeira página do prefácio, "têm um caráter inteiramente impessoal. O que um não consegue hoje, o outro consegue amanhã. Se se queima um Böcklin, se se perde a partitura dos *Maîtres chanteurs*, podemos falar de uma perda insubstituível. Na ciência, cada um é somente um soldado. Quando ele produz o individual, não tem nenhuma relação com a ciência. Na ciência não há *splendid isolation...*". Tantas frases quantas falsidades e, de fato, *contorções intencionais*. Concedemos de boa vontade pessoalmente ao autor que a perda de seu livro de forma alguma seria insubstituível para a ciência e até mesmo que ele tem o direito de se considerar simplesmente como soldado (mais que um larápio) na armada científica; mas não nos deixaremos envolver em replicar a suas generalizações que, manifestamente, só visam apagar a diferença entre o cortejo e os corifeus, entre os ladrilheiros miseráveis e os homens cujo espírito é de uma riqueza majestosa. É justamente o contrário que acontece: a exploração científica de alto nível comporta um empreendimento individual assim como qualquer performance artística e em nada ela é menos rara ou menos preciosa. É justamente a descoberta da periodicidade do organismo humano, à qual Swoboda se remete, que nos deve confirmá-lo. Deixemos novamente a palavra a nosso pretendente a propósito do momento de seus achados. "Se eu não tivesse sido impedido por circunstâncias exteriores, diz ele, de fazer imediatamente investigações sobre as coisas que eu perseguia, eu teria chegado há *alguns anos* aos resultados do presente trabalho, *talvez justamente ao mesmo tempo que W. Fliess.*"

Esta datação, notavelmente indeterminada, é precisada depois, no início do 1º capítulo, no fato de "que ele há mais de oito anos" observara, nele entre outros, lembranças musicais espontâneas.

É muito supreendente que Swoboda não tenha estimado que valia a pena determinar a relação temporal com seu predecessor com toda a exatidão possível. Kepler nos comunicou o dia, Fechner o momento do dia, e Gauss a própria hora de uma descoberta cuja prioridade em relação a um concorrente não podia absolutamente ser posta em questão: devemos supor no senhor Swoboda a idéia de que suas aquisições não mereciam um tal esforço? Oh não! intencionalmente ele manteve aberta para ele a possibilidade de uma descoberta simultânea, até mesmo anterior, em relação a Fliess; veremos imediatamente que, com esta datação intencionalmente negligenciada, ele busca colocar-se na dianteira, de maneira dolosa.

A fim de me opor imediatamente, com toda a insistência possível, às tendências dissimuladoras de nosso codescobridor, penso que o melhor é explicar-lhe a situação jurídica pela voz de um especialista e de um pensador a quem reconheço sem hesitar, visto suas performances, pelo melhor julgamento nos casos de plágio e nos casos de imitação de descoberta. Dühring acusa Robert Mayer de nem mesmo ter contestado a Joule a independência da descoberta e de ter mesmo, neste caso, admitido polidamente o que devia ser para ele assim como para todo mundo um enigma face ao qual somente indícios poderiam ser obtidos a favor e contra o senhor Joule. Mayer teria sido muito agradável e muito conciliador, ele teria aceitado um compromisso não a respeito da prioridade, mas a respeito da originalidade: "A humanidade", diz o polemista incomparável, "tem o direito de que *em tais casos não se conceda nada além do que foi provado.* O Senhor Joule com suas experimentações é aquele que vem depois. *Um homem firme deve saber em um tal caso que somente com a afirmação à qual falta uma comprovação não se pode reivindicar para o mundo o menor valor de prova. Quanto mais ele for honesto, menos reivindicará uma semelhante coisa. O único direito que ele tem consiste em que se não o acuse sem razão de roubo de reputação. Este direito lhe pertence enquanto ele não é tido como tendo cometido um roubo de reputação.*"

Posto que estes princípios não foram ainda, que saibamos, atacados por ninguém, menos ainda refutados — eles trazem em si a garantia inquebrantável de sua justiça —, podemos supor que o senhor Swoboda os reconhecerá igualmente para si. Ele deve, pois, nos conceder que pode, com base em uma simples afirmação, tanto menos reivindicar a originalidade — não falemos de prioridade — quanto mais honesto é. Agora as coisas se apresentam assim: assim como o senhor Joule, em seu tempo, reprimiu e dissimulou as reivindicações de descoberta da parte de Mayer no que concerne ao equivalente mecânico do calor segundo as forças, Swoboda já está convencido de ter favorecido a tentativa de roubo por Weininger nos assuntos da idéia da bissexualidade de Fliess. Portanto ele perdeu seu direito de ser protegido da suspeita de roubo de reputação.

...

O ano de 1902 é mais ou menos o momento em que o par de amigos começou a explorar intensivamente as descobertas de Fliess. Weininger furta clandestinamente a idéia da bissexualidade, Swoboda rouba de maneira descarada a periodicidade depois de tê-la transmitido à sua maneira, quer dizer, de tê-la distorcido até a aberração.

...

Imediatamente depois da primeira menção de Fliess, ele se pronuncia sobre sua relação com ele da seguinte maneira:

"*Quero imediatamente antecipar a exposição detalhada com este ponto: Fliess observou o período de 23 dias, e isto em seus pacientes para fenômenos patológicos. No que me diz respeito, posso dizer que o calculei, para fenômenos psíquicos, pertencentes à psicologia normal, isto em que Fliess, conformemente a seu material de observação, nem mesmo pensou, certamente.*

Quando travei conhecimento com as observações de Fliess, regozijei-me como um astrônomo que determinou antecipadamente o lugar em que uma estrela se tornaria visível."

Quando li estes truques swobodianos, eu me regozijei como um psicólogo que sabe de maneira exata como, a cada vez que presunção aberrante, grosseira, incompetência de julgamento e perfídia íntima se encontram, justiça deve ser feita também ao cômico involuntário.

Em que consiste toda a arte de cálculo de nosso Leverrier da psicologia? Simplesmente no fato de que se se multiplica o quociente 23 : 24 pelo divisor se obtém de volta o dividendo de onde se partiu! Talvez este infeliz calculador de descobertas chegasse assim mesmo pelo "O curso da vida" a compreender que seu predecessor, que ele gostaria de rebaixar ao nível de um simples empirista e observador, finalmente calculou muitas coisas e pensou integralmente coisas que até agora nem mesmo lhe vieram ao espírito em sonho, enquanto que ele as conhece tanto. Aliás, o material de observação de Fliess pode, por sua amplitude e variedade, medir-se perfeitamente com o conteúdo do caderno de notas do qual Swoboda em algum lugar nos faz a comunicação tão promissora. Mas de longe o mais saboroso é a asserção simples de que Fliess teria observado o período de 23 dias para fenômenos *patológicos* (por oposição a seus próprios fenômenos *normais psíquicos*)! Será que a menstruação e os nascimentos são algo de patológico? No entanto algumas páginas adiante ele mesmo diz: "Na continuação de suas pesquisas Fliess descobre que não somente os processos patológicos de todo tipo mas também as fases da ontogênese humana normal estão ligadas às datas periódicas: assim o rebento dos dentes e a *aprendizagem da linguagem da criança.*" A linguagem não é um fenômeno psíquico normal? Fliess tinha, além disso, feito entrever expressamente uma apresentação especial da significação das funções periódicas para o desenvolvimento. Já na primavera de 1897, quando Swoboda ainda não pensava efetivamente em coisas semelhantes, ele apresentou a Freud, que encontrou em Nuremberg, depois, em maio do mesmo ano, a *v. Bunge* da Basiléia, uma lista de algumas datas da vida de

Schubert[10] onde sobressai que a produção artística é determinada por dias periódicos. As leis de Fliess — que isto seja ainda uma vez inculcado a seu descobridor imitador — governam *todas* as atividades da substância viva, tanto as normais quanto as patológicas, tanto as físicas quanto as psíquicas.

Swoboda imagina possível, tomando um caminho desviado como é manifestamente este intervalo de 24 vezes 23 horas, conquistar ou ao menos anexar o domínio de pensamentos de Fliess. Como Caliban cobiçando os livros de Próspero que significam para ele ter à sua disposição todo o poder intelectual de seu mestre, Swoboda pensava que depois de ter-se apoderado da cifra 23 seria capaz da mesma coisa que Fliess, se não até de mais!

...

Certamente, em Fliess ele aprendeu "que nestes períodos sexuais a construção e a destruição de nosso organismo se realizam por arrancos e [que] por eles é determinado o dia de nossa morte assim como aquele de nosso nascimento (...) A mãe o transfere à criança (...) Depois eles continuam a oscilar na criança e atravessam no mesmo ritmo as gerações. Não nascem daí novidades como para a energia em geral, sua forma temporal não se detendo, na medida em que os seres organizados se reproduzem sexualmente[11]". Pois bem, o descobridor paralelo estabelece muito simplesmente, ao lado destes períodos que "atravessam gerações", uma outra espécie de período, "passageiro" ou "adquirido", que é preciso fazer estrear de maneira completamente arbitrária. [...] O fato de inverter simplesmente o verdadeiro encadeamento dos fatos não exige nenhum esforço de um charlatão. Ele não vê ou não quer ver que os processos sexuais não determinam os períodos; eles mesmos são determinados pela substância viva agindo de maneira periódica. Normalmente eles estão nodulados aos estados eufóricos e precedem muito freqüentemente como estes as subversões e as crises que de hábito são depois interpretadas por erro como conseqüências nocivas diretas dos estados eufóricos. A fim de conciliar o fato de que a euforia

---

[10] Contido num artigo do Prof. Krebs publicado no suplemento do domingo do *Vossischen Zeitug* de 31 de janeiro de 1897, data do centenário do nascimento de Schubert.

[11] Extraído do prefácio do livro de Fliess.

também retorna de maneira periódica, com sua teoria segundo a qual cada dia pode ser o início de um período, o autor vai-se extraviar até a descoberta siderante de que *cada dia, tal como é, tem tendência a retornar depois de 23 dias.* Esta idéia é tão grotesca e confusa que, para acolher e acalmar novamente um pouco nosso espírito após um tal atentado, queremos pôr à prova o efeito catártico sobre nós do epílogo do prefácio, somente com um pequeno deslocamento da acentuação:

"Só suportam *a* verdade aqueles que nasceram para encontrá-la."

O que se pode tornar nas mãos de Swoboda o "Retorno de todas as coisas" de Nietzsche! — Mas isto não é tudo: pois o que é bom para 23 dias deve também sê-lo para 28. A significação psicológica deste período é postulada e — naturalmente — também confirmada. Sendo dado que a física do assunto já está regrada por Fliess, então não há — digamo-lo imediatamente — mais obstáculo para o retorno de todas as coisas segundo um ciclo de 28 dias!

...

Sobre a idéia de que "*tudo retorna, ou ao menos pode retornar sem exceção, toda a vida física e psíquica preenchendo um período de 28 ou 23 dias, minuto por minuto*" não queremos discutir com seu criador; mesmo se é uma loucura, o método nos interessa. É evidente que um místico como Swoboda, que não faz valer "no mundo das aparências nenhuma lei obrigatória", e cuja teoria dos períodos culmina na idéia de que o tempo é um logro subjetivo, não é mesmo capaz em sua perversidade intelectual de notar que os estados e processos corporais pertencem a uma outra realidade que a do espírito. Para ele tudo se reduz ao psíquico, ao sem corpo. É por isso que lhe falta inteiramente a compreensão da natureza da periodicidade *orgânica*: ele se agarra às sombras matemáticas e só fala de oscilações, de amplitude, de superposição das ondas, de movimento em espiral — abstrações que para uma plena realidade do corporal produzem menos que nada! Ele combate o que é realmente pertinente, em particular a concepção, tão genial quanto simples, de Fliess segundo a qual, quando de dias críticos, toxinas são secretadas pelo organismo que reduzem ou anulam completamente sua resistência. (Mais tarde Fliess explicou-o pelo fato de que formações de substância viva que acabaram de viver se decompõem nestes dias.) Seguramente, de que servem toxinas que fazem irrupção de maneira usurpatória na biologia, para alguém que é nada-mais-que-psicólogo de suas lembranças e sonhos, os normais e os hipnóticos? Mesmo se ele fosse de mais boa vontade do que realmente é, não poderia fazer justiça a Fliess; pois como se poderia conceber uma coisa para a qual não há órgão? Igualmente, ele age finalmente de maneira conseqüente de seu ponto de vista, se imputa a Fliess ter chamado o período de 23 dias de masculino porque já havia adjudicado o de 28 dias. Todavia, Fliess não se comporta assim. De forma alguma ele proclamou sem mais nem menos o período de 28 dias como sendo o feminino, pela simples razão de que já o intervalo de menstruação *de exatamente* 28 dias não é o mais freqüente menos ainda é regular. Ele operava no início e ainda durante todo o ano de 1895 até o Natal com 3 cifras: 23, 28, 33; e foi somente quando percebeu que 33 = 2 x 28 – 23 e quando comprovou que as outras variações de 28 podiam ser explicadas de maneira satisfatória juntando-se a elas 23 que se decidiu pela aplicação exclusiva de dois números periódicos. Somente a leitura do livro de Dusing: "A regulação da relação sexual" o determinou a relacionar o 23 com o sexo masculino; pois a maior cifra da relação dos nascimentos de meninos com os nascimentos de meninas *era idêntica ao quociente 28 : 23*. Um verdadeiro pesquisador tem muito mais respeito pelos dados da experiência do que um charlatão pode imaginar, tão solenemente quanto proclame sua *subserviência* em relação aos fatos, os únicos de que ele teria necessidade. Pois este não hesita em manipulá-los da maneira a mais arbitrária se eles não lhe convêm.

...

Agora, ainda, para o acabamento da imagem científica [de Swoboda], alguns raios de luz vindos de suas obras:

"Vênus (com um tempo de revolução suposto em torno de 23 horas), determinante para a eclosão das neuroses sexuais. Que perspectiva!"

"Se o homem proviesse de um outro corpo de universo que não a mulher, o que não se deixaria explicar por isto!"

"A neurastenia é a pobreza de vida do homem, a histeria, a da mulher."

"A matéria se encontra no estado da maior das misérias", ela "é salva pela vida."

"Mais uma coisa atravesse um desenvolvimento pronunciado, mais se torna fora do tempo."

... "Somente nossa vida consciente se desenrola no tempo, o desenvolvimento se realiza fora do tempo."

"Este mundo só existe realmente para fazer passar o tempo."

Quem não pensa aqui na segunda parte de *Sexo e caráter* e nas "Coisas últimas" de Weininger? Os semelhantes gostam de encontrar-se entre eles! É igualmente saboroso ver como os dois amigos, mágicos de salão e taumaturgos por vocação, amplificam imediatamente de maneira comercial a arte que aprenderam com Fliess: Weininger sempre foi bem sucedido em encontrar numa série de imagens de mulheres que lhe foram apresentadas a mais bela para o pedinte em questão; e Swoboda determina infalivelmente o dia do nascimento, quando conhece ano e mês!

Em nosso relato sobre Swoboda já foi expressa suficientemente a crítica, e isto por razões de necessidade interna; pois não só é muito difícil, mas também decididamente impossível relatar certas coisas sem escrever uma sátira. Todos deveriam, pois, aprovar sem restrição as palavras de Freud em sua primeira carta a Fliess a respeito de Weininger, segundo as quais *é bem mais a descoberta de Swoboda que retoma as idéias de Fliess.*

...

Quanto mais fácil fingir hipóteses, mais o fardo das provas pode tornar-se pesado. Como há dois intervalos de horas, um de 23 e outro de 18 horas, e posto que estas duas cifras têm somente 1 como denominador comum, a unidade de hora deve então manifestamente ter uma significação objetiva para a vida. Mas em que ela deveria consistir? O dia e o ano são unidades naturais, medidas de tempo para o movimento da terra em torno de si mesma e em torno do sol; as manifestações da vida são ligadas a isto de maneira exata, elas nem mesmo podem ser pensadas sem eles. *A hora, em troca, é uma fração do dia inteiramente arbitrária.* Se no lugar do antiqüíssimo sistema de duplo-duodecimal uma classificação correspondente em decimal se pudesse ter imposto, que aspecto o ciclo masculino de horas do senhor Swoboda teria então? Evidentemente ele se elevaria então a 19 1/6 horas, o que não combina com coisa alguma.

...

Ele joga um duplo jogo. Se por acaso o cálculo cai preciso, sublinha de maneira triunfante sua exatidão; mas se, como quase sempre, os fatos não são tão cômodos para confirmar suas frioleiras, então diz-se no mesmo tom arrogante que a biologia não suporta o pedantismo. Ela teria, como todas as ciências, aliás, sua própria evidência e não poderia ser exercida e compreendida a não ser por aqueles que são receptivos a este gênero de evidência. Mas ela não seria... aquela das cifras (no mesmo lugar). Seria ridículo querer discutir o irracional com um tal charlatão.

...

Nunca lhe viria ao espírito que os processos vivos se desenrolam efetivamente por associação de dias *inteiros*, e mesmo de 23 dias inteiros, se ele não o houvesse aprendido com Fliess. Pois Swoboda não tinha a menor idéia da unidade de medida *natural* do dia. Ele fazia malabarismos com suas horas sem perceber que a unidade de medida de hora é somente uma invenção do homem e não deriva de processos naturais. De onde então tomou o direito de fabricar dias inteiros a partir de suas horas? Fliess depressa observou a precisão extraordinária com a qual se realizam os processos vivos em dias inteiros e ele o sublinhou em seu livro de 1896, no qual pôde determinar a duração de vida de Goethe (nascido ao meio-dia e morto ao meio-dia) como sendo de 1077 x 28 dias inteiros. Fliess, pois, foi, desde o início, obrigado por suas observações a hipotetizar que os 23 e 28 dias de vida representam dias inteiros. Mas Swoboda inventa as 23 horas a fim de transformá-las num volteio pela multiplicação com 24 de 23 dias inteiros.

Foi justamente a exatidão de suas observações que levou Fliess ao desenvolvimento ulterior de suas descobertas. Buscando a origem dos restos encontrados depois da divisão por 23 e 28 de um número de dias de vida, ele finalmente chegou à significação do coeficiente de 23 e 28 e a obter assim o ponto de partida de todos os resultados ulteriores. Para o verdadeiro pesquisador nada é tão pequeno que não possa tornar-se grande!

...

Se prendemos no pássaro penas alheias, o que resta dele? Nem mesmo devemos reconhecer-lhe uma originalidade verdadeira para os absurdos, por exemplo os intervalos de horas, na medida em que ele [Swoboda] subtraiu sua dualidade, a cifra 23 e transformou o 18 a partir do 28. Ele deve melhor ser contado entre estes criminosos que põem em circulação sob uma forma modificada peças preciosas, às quais tiveram acesso por um viés ilegal. O que o senhor Swoboda descobriu foi unicamente o que ele tinha pegado em Fliess, fora isso ele somente desacreditou e estragou a idéia da periodicidade e o que lhe era ligado.

...

A palavra de Freud concernente a Weininger: "Roubar não é tão fácil" também se verifica para Swoboda, tanto mais fortemente quanto não se trata somente no seu caso de um ladrão com uma chave arranjada, mas de um roubo ostensivo e da apropriação rapace de um estilo de pensamento que traz manifestamente o selo de seu criador. Longe de nossas intenções encurralar de maneira acabrunhante o jovem professor universitário com acentos patéticos sobre a verdade a serviço da qual ele se dedicou: que ele pura e simplesmente se dê conta de que doravante tudo se perdeu para ele. Mas queremos indicar-lhe a retirada, que sempre permanece aberta para um paciente e discípulo de Freud. Aquilo a que aludimos acima para o intervalo de 18 horas é valido aparentemente para toda a sua fantasia dos períodos: ocorreu nele, sob a influência sugestiva do plágio de Weininger, um "recalque" psicopatológico, como ele aprendeu no tratamento com Freud, e se instalou em seu lugar um "ersatz" neurótico. Seguir os recalques e anulá-los é a essência do tratamento psicanalítico segundo Freud (ver Breuer e Freud, *Estudos sobre a histeria*, Leipzig e Viena, 1895). Uma psique tão complicada tem como condição esta dupla personalidade conhecida; acrescentemos que a esta pertence também uma moral de duplo fundamento.

Com estes esclarecimentos sobre Swoboda esperamos ter fornecido *a posteriori* bons serviços, não somente a todos estes jornais críticos e não críticos que o defenderam sem discernimento, mas também a todos os que, até o presente, não estavam aptos a ver o contexto real das coisas. [...]

Não é sem humor que devemos registrar uma correspondência, a fim de surpreender a audácia e a malícia do ladrão que teve sucesso em enganar, por um breve momento, a falta de suspeita e a confiança, a boa-fé mesmo daquele que ele roubou. Algum tempo depois da publicação de "Períodos", início de 1904, seu autor o envia a Fliess com a seguinte carta:

> Permita-me, Honrado Doutor, exprimir-lhe pelo envio deste escrito a alta consideração a que suas pesquisas me obrigaram.
>
> Dr. em direito e em filosofia Hermann Swoboda
> Tenente da reserva do 5º regimento da artilharia de fortaleza
> Viena VIII, Jacquingasse 18

Fliess lê muito pouco; pode-se dizer que nele a espontaneidade ultrapassa às vezes quase que inteiramente a receptividade. Habituado a dirigir-se a objetivos a que ninguém tinha ainda visado, por caminhos não trilhados, ele parou completamente de examinar a literatura que só lhe concernia muito superficialmente; pois, regularmente, quando esperava um precursor, decepcionava-se. No livro remetido pelo autor vienense ele pensava ter a satisfação de descobrir um sinal de que os novos pontos de vista que havia apresentado ao mundo, sem receber até agora nem atenção e menos ainda compreensão, seriam agora, depois de 7 anos, retomados por um colaborador. Pois estando dado que *ele não tinha nenhuma idéia, nem da existência de* Sexo e caráter *nem da relação Freud-Swoboda-Weininger*, ele não pensava em um imitador. Quando recebeu o livro de Swoboda, queria justamente ir ao concerto com sua esposa. Ele a carrega com ele; depois, quando de um pequeno reavivamento, escolhe algumas páginas que lhe dizem respeito e, certamente, também algumas outras, e as folheia. No dia seguinte, ele tinha muitos afazeres profissionais, não teve tempo de ler; enfim devia no entanto agradecer o autor. Era muito tarde da noite, já estava cansado, folheia mais uma vez e redige, o que só fazia raramente, de maneira quase que mecânica, um rascunho estenografado, uma espécie de prova como se pudesse ainda escrever a carta. Assim veio a resposta seguinte:

Berlim, 29 de janeiro de 1904

Honrado Doutor,

Meus mais cordiais agradecimentos pelo envio de seu livro cativante no qual um esclarecimento múltiplo e parcialmente novo é dado ao problema dos períodos.

O senhor ficará interessado em saber que depois de sete anos de trabalho estou ocupado com a redação de um livro que tenta assentar a biologia num fundamento calculável. O senhor encontrará nele suprimida a maior parte das imperfeições do primeiro livro criticado pelo senhor, por exemplo a multiplicidade dos períodos, a concordância não precisa das datas (+ ou – 1 dia). Tudo concorda. O senhor verá também o que se esconde atrás dos períodos e como eles intervêm efetivamente em *todos* os fenômenos da vida. Tinha já descrito a representação da angústia e os sonhos de angústia como fenômenos periódicos (p. 195) quando da redação de meu livro que o senhor conhece, quando a descoberta para mim só tinha ocorrido há alguns meses. Mas, muito rapidamente, fui mais longe, pude demonstrar a partir da história de descobertas científicas notáveis como estas caem numa data, e discuti então com meu amigo o Professor Freud, que nega a influência da periodicidade sobre os fenômenos psíquicos. Creio *a fortiori* com o senhor que há representações que retornam espontaneamente e que os dias da monarquia da psicologia associativa estão contados. Neste momento não posso dizer nada sobre os períodos de 18 e 23 horas, salvo que quero fazer observações. Mas até agora eu ignorava que a fase se repete depois de 23 ou 28 dias a partir de qualquer dia marcado por um acontecimento exterior. Creio que os fatos trazidos pelo senhor, em si inteiramente justos, deviam ser suscetíveis de uma outra interpretação que o senhor encontrará exposta em meu novo livro. Em todo caso, regozijo-me de ter encontrado no senhor um pesquisador com as mesmas aspirações, que posso acolher o mais amigavelmente possível com estas linhas

Seu devotado
Wilhelm Fliess

...

Remetemo-nos serenamente a todos os leitores amantes da honra e capazes de julgar para saber se atingimos nosso objetivo, se fomos justos na acusação dirigida contra o par de amigos. De maneira mais possante que a nossa exposição, "O curso da vida" testemunhará contra eles: até o mais estúpido pode apreender aí de qual lado se encontra a verdadeira força criadora e de qual lado está a que é simulada. — Entre as muitas tentativas de desvio de bens intelectuais de que temos conhecimento, este caso duplo é um dos mais curiosos, se mais não fosse por seu caráter de plágio, por assim dizer, gemelar: pois o conhecimento das duas idéias biológicas fundamentais do mesmo pioneiro e descobridor fez frutificar em dois amigos, que viviam intimamente juntos na mesma esfera científica, o germe de uma constituição criminosa para engendrar rapidamente este duplo aborto que ocupou-nos durante todas estas páginas. Aquilo em que as duas jovens pessoas, psicólogos a crer em suas insígnias, faltaram era de fato nada menos que a própria psicologia na medida em que ela comporta em si, segundo a expressão de sua própria exigência, o conhecimento do homem e o sentido do que é característico. Weininger e Swoboda ignoravam a originalidade daquele que roubaram.

Se as conquistas dos grandes físicos têm por si o alcance ilimitado de nos orientar no universo e fornecer de toda forma o contexto no interior do qual toda ação da natureza deve realizar-se, Fliess nos abre o domínio que se encontra no centro de nosso interesse, o reino das manifestações da vida. Ele nos desvela as normas de nosso ser, de nosso futuro e de nossa morte; ele nos fornece a chave sempre pronta do conhecimento de nós mesmos e de nossas atividades. O que Lagrange celebra em relação ao fundador da dinâmica, a saber, que "um gênio extraordinário foi necessário para desembaraçar as leis da natureza das manifestações que se tinha sem parar diante dos olhos mas cuja explicação no entanto sempre escapou às investigações dos filósofos" — isto vale também necessariamente para o criador da biologia exata. E a um tal homem dois despauterados neuróticos querem, um furtar, outro arrancar os frutos de seu trabalho potente?

APÊNDICE

Viena, 12 de maio de 1905

Muito honrado Doutor!

Permita-me perguntar-lhe quando sairá o livro cuja publicação o senhor anunciava em sua amável carta de janeiro do ano passado. A razão de minha curiosidade é a seguinte.

Há dois anos me sirvo, quando de meus cálculos periódicos, de uma régua de cálculos, que construí, e que é muito prática e reduz a um mínimo o tempo necessário para os cálculos. Face ao interesse cada vez mais amplo pelos períodos, mas cuja via se vê bloqueada, segundo uma queixa geral, pela duração dos cálculos de uma forma paralisante, decidi-me a fazer construir esta régua em grande número e a pô-la em circulação; com uma instrução de uso e uma notícia sucinta sobre a importância da periodicidade em referência a nossos escritos publicados por Deuticke.

Ora, creio que o momento de distribuição desta régua deveria ser fixado preferentemente depois da publicação de sua obra, na qual o senhor poderia talvez fazer referência à ajuda prática e mecânica; inversamente, pode-se, nas instruções de uso, referir-se imediatamente a sua nova obra.

Naturalmente, agradar-me-ia lhe enviar uma tal régua para que a veja. Sua fabricação não pode levar muito tempo. Creio que Deuticke se encarregará de boa vontade da venda assim como do envio de um anúncio a todos os médicos e outros profissionais.

Com todos os meus respeitos especiais
Seu muito devotado
Dr. Hermann Swoboda
IX Beethoveng. 4.

Berlim, 14 de maio de 1905

Muito honrado Doutor,

Espero terminar meu livro neste verão mas não posso ainda lhe indicar uma data exata para sua publicação. No aguardo, peço-lhe não fazer depender disso sua publicação de nenhum modo, pois a forma de meus resultados economiza a aplicação de uma régua de cálculos dos períodos.

Com todos os meus respeitos especiais
W. Fliess

Viena, 15 de junho de 1905

Muito honrado Doutor,

Depois que recebi sua amável carta a respeito da régua de cálculo dos períodos, veio-me a idéia de que o senhor estaria interessado na passagem sobre as associações e os períodos de meu memorial de doutorado dirigido essencialmente aos filósofos e que foi publicada no fim do ano passado, e permito-me então enviá-la ao senhor.

Seu respeitosamente devotado
Dr. H. Swoboda
IX Beethoveng. 4.

Berlim, 22 de junho de 1905

Senhor Doutor,

Agradeço-lhe bastante o envio amável de seu livro "Estudos para o fundamento da psicologia".

Não posso compartilhar de seu ponto de vista de que, de um dia qualquer marcado por um traumatismo psicológico exterior, pode raiar um período. Mas os caminhos do conhecimento são múltiplos e somente o futuro decidirá quem atingiu o alvo. Já que o senhor não reparou minha retificação pela carta do ano passado, e pelo fato de que já minha primeira descrição (terminada em agosto de 96) da periodicidade de *todas* as formas de vida inclui também os fenômenos psíquicos, permito-me repetir este ensinamento. Na página 195 são considerados os sonhos de angústia e as representações angustiantes como fenômenos periódicos.

Com meus respeitos especiais

Dr. Fliess

Viena, 28 de junho de 1905

Muito honrado Doutor,

Permita-me uma pequena resposta a uma passagem um pouco acusadora de sua última carta.

Conheço seu livro relativamente bem e, evidentemente, a página 195, e reconheço sem problema que sua exposição inclui a periodicidade de *todas* as formas de vida. Se tivesse compreendido segundo sua primeira carta de janeiro do ano precedente (certamente, hoje, li esta carta de maneira inteiramente diferente) que o senhor atribui uma importância a isso, teria feito uma observação me referindo a isso em meu segundo escrito. Mesmo sem a página 195, os períodos ps. se encontram em seu livro. Eu mesmo lembro, numa passagem, o fato de que, do ponto de vista do paralelismo psicofísico, com a constatação de P. [períodos] físicos, os psíquicos se tornam também bastante prováveis.

Mas o senhor irá reconhecer que não se faz de uma tal existência algo para a ciência a não ser que se trate de uma dedução puramente lógica. Este não é exatamente o caso dos períodos ps. Os psicólogos não são a fonte de seu livro, nenhum dos leitores do livro que conheço teve a idéia de observar a periodicidade dos fenômenos psicológicos normais, e creio que o senhor teria mesmo *a priori* reticências em concluir a partir da periodicidade de sonhos de angústia para as representações musicais. No caso de fenômenos psicológicos, como o medo que comporta uma participação tão intensa do corpo, a periodicidade do fenômeno psicológico associado é quase que totalmente independente. No caso de outros fenômenos (uma percepção sensorial inteiramente banal) nos quais a participação do organismo é um *postulado lógico* e não uma *experiência*, deve-se inicialmente convencer-se da periodicidade através de outras observações. Não é suficiente que esta conseqüência seja de alguma forma inerente, é preciso ser claramente consciente disso e dizê-lo.

A lei da gravitação de Newton é inerente às leis de Kepler, como se sabe — a quem isto terá sido útil neste fechamento?

Ora, é esta finalmente a vida da ciência: ir do suposto, do saber em bloco, ao conhecimento detalhado e claro. E, para este resultado final, o trabalho de uma só pessoa nunca foi suficiente.

Não somos, nem de longe, os primeiros a realizar observações sobre os períodos. O anatomista Henlé fez observações sobre lembranças que voltam livremente — tive conhecimento disto somente *a posteriori* —, que se recobrem quase que *ad verbum* com as minhas.

Ele não pensou em nada diferente; se lesse meus "Períodos" poderia dizer: isto eu já escrevi. É o mesmo critério dos melhores livros, o de que eles contenham mais do que o autor sonha no momento em que o escreve, ou seja, de que eles sejam o ponto de partida de um desenvolvimento independente.

O controle da descendência não vai mais longe que a emissio seminis. *Depois, as coisas vão por seu próprio caminho, e se é condenado ao papel de espectador.* É a mesma coisa no que concerne às produções intelectuais. *Se não se quer ser estimulante, é preciso escrever obras póstumas.*

Intencionalmente reli meu livro e penso que é a passagem da página 7 que lhe dá a impressão de que eu quereria diminuir seus méritos. Não era absolutamente minha intenção. Organizarei o assunto para sua conveniência na próxima ocasião.

Tomar conhecimento de seus escritos me proporcionou sinceramente uma tal alegria, o material que eles contêm, quase que inacessível a minhas observações, me estimulou de tantas formas que de imediato concedo uma grande importância a não deixar perturbar este prazer por mal-entendidos pessoais. O domínio em que trabalhamos é tão grande que certamente haverá lugar para nós dois.

Ficaria muito feliz se esta explicação franca tivesse o efeito que eu gostaria de produzir com observações ocasionais na minha primeira publicação. Que tristeza! se não tivesse essa habilidade.

Com meus expressos respeitos
Dr. H. Swoboda

Extratos de:

A pesquisa de interesse público e o pesquisador de interesse próprio

Resposta
À acusação levantada
Por Wilhelm Fliess contra mim e Otto Weininger[1]

De Privatdozent Dr. Hermann Swoboda
(Viena e Leipzig
Wilhelm Braumüller
K. U. K. Hof – und Universitäts – Buchhändler 1906)

Swo. 6 — Numa conversa em outubro do ano de 1900 comuniquei a este [Freud][2] a observação que tinha feito há muito tempo, de que se podem constatar em situações difíceis durante um certo tempo dois comportamentos completamente contraditórios: fantasmamos freqüentemente que triunfamos — o que não é supreendente —, mas nos poderíamos também surpreender com os fantasmas que exprimem um prazer impossível de desconhecer por ter o outro lado. Poderíamos inclusive encontrar em abundância provas deste comportamento duplo na poesia lírica[3]. *Freud* assinala que a duplicidade observada por mim — tanto *incubus* quanto *succubus*

---

[1] *Die gemeinnützige Forschung und der eigennützige Forscher. Antwort auf die von Wilhelm Fliesz gegen Otto Weininger und mich erhobenen Beschuldigungen.* Tradução de A. Buffel e E. Porge revista por J.-F. de Sauverzac. Como para os extratos precedentes de Swoboda, os números indexando os "Swo." remetem à ordem das referências a Swoboda colocadas em nota em *Em minha própria causa* de Fliess. Os pontos ao final de um parágrafo indicam uma descontinuidade no texto de Swoboda. (NT francês)

[2] Sublinho que publico todos os esclarecimentos efetivos desta brochura com o inteiro consentimento do Pr. *Freud.*

[3] Portanto, não somente descobri a *periodicidade* mas também a *bissexualidade* independentemente no meu domínio de pesquisa especial. Quando um fato como a periodicidade ou a bissexualidade é geral, pode manifestamente ser constatado em diversos domínios e muito facilmente para aquele que neles trabalha mais.

face aos acontecimentos — encontrava uma explicação satisfatória na disposição bissexual de cada ser humano e que esta *duplicidade* se tornaria mais plausível pelo fator anatômico evocado acima.

Freud nada mais disse. Não se tratava de *Fliess*. Já nesta época eu aceitava a bissexualidade como algo de notório segundo a maneira como Freud me a comunicou, notadamente depois de uma indicação sobre a constatação anatômica.

Isto me interessava e falei com Weininger naquela mesma noite. Não posso mais indicar com certeza se ele ouviu de mim a palavra bissexualidade. De forma alguma ele ouviu de mim mais que a palavra, pois disso eu mesmo não sabia mais. Somente muito mais tarde ele tomou conhecimento das pesquisas de *Fliess* neste domínio, depois de já ter encontrado na literatura numerosos apontamentos anteriores sobre este tema.

Swo. 3 — Como aprendemos com o autor da brochura [de Pfennig], Fliess não lê literatura sobre este assunto. É por isso que ele se crê tão original, mesmo lá onde não é. A idéia da bissexualidade é expressa há muito tempo pelos médicos antes dele, naturalmente já em Platão. Assim, é dito num ensaio "Particularidades do sexo" de A. Berthold no "Léxico de Fisiologia" de Wagner, tomo I do ano de 1846: "Se se leva em consideração que é o produto do feminino que se pode desenvolver em um novo ser, mas somente com a condição de que este seja incitado ao desenvolvimento por aquele do masculino, e se se observa neste caso que, quando da reprodução, novos seres se formam diretamente por divisão e sem ação sexual, então parece evidente que masculino e feminino formam um todo que aparece em seu complexo como espécie, ou melhor, como um todo cuja diferença se manifesta enquanto sexualidade."

"Os dois sexos são portanto os dois fatores da espécie, *homem e mulher são portanto os dois fatores do ser humano*. A mulher é o complemento do homem e este o complemento daquela e os dois provêm da diferenciação da indiferenciação original da espécie. *Conseqüentemente a espécie é hermafrodita*, em todo lugar ela se mostra masculina e feminina, no animal como no vegetal." Também assim a dedução sobre a bissexualidade a partir de casos de menstruação periódica nos homens não é nova. A indicação já se encontra numa obra de "Periodologia" de Baumgarten Crusius e aparentemente não pela primeira vez. No que concerne à palavra bissexualidade, ela se encontra num título de um ensaio publicado no *Zentralblatt* "biológico" de um certo Kurella em 1896 — portanto um ano antes do livro de Fliess "Sobre a compreensão biológica da bissexualidade somática e psíquica". Seria pueril querer deduzir deste gênero de expressões ocasionais anteriores um argumento contra a originalidade das pesquisas de Fliess; para fazer uma tal dedução seria preciso ignorar completamente a natureza do processo de conhecimento e suas condições históricas. Citei estas passagens somente para provar que *Weininger* não estava obrigado a procurar em Fliess o ponto de partida de seu livro e que ele não estava à espera nem da intervenção de *Freud* nem da minha. Com uma cultura tão ampla quanto a sua, cedo ou tarde o efeito de deslanchamento se teria necessariamente produzido, tanto mais que ele já trabalhava numa certa direção. Se ele não fala em *Sexo e caráter* de Fliess como aquele a quem deve sua primeira incitação, não é porque quer apresentar sua relação com Fliess diferentemente frente ao exterior, mas porque ele realmente teve conhecimento dos escritos de Fliess somente muito mais tarde — no outono de 1901 — quando a redação de seu livro já estava terminada. Ele não tinha no entanto o menor motivo de voltar ao encontro comigo. Não há nenhum dever de citar o informante pelo qual alguém se tornou atento pela primeira vez a alguma coisa — salvo se a idéia em questão se encontra *pela primeira vez* neste informante ....

....

Swo. 0 — A exposição destes fatos está baseada numa certeza a que Fliess não quer aparentemente dobrar-se: a saber, que nestas coisas científicas uma pequena informação é suficiente para detonar num homem suficientemente dotado uma série de pensamentos importantes e que estes pensamentos podem recobrir os de um outro, e até mesmo devem fazê-lo, justamente na medida em que eles são de natureza científica. Já que *Weininger* publicou antes em *Sexo e caráter* certas coisas que Fliess traria somente em "O curso da vida", *Fliess* considera que deve haver aí um roubo! No entanto os fatos são tais que para um espírito engenhoso — e Weininger era mais que isso —, a partir de uma palavra, bissexualidade (como o professor *Freud* assinalou também em uma de suas cartas), segue-se uma multidão de conseqüências que, se estão fundadas numa série lógica e reforçadas por boas observações, podem mesmo não ser diferentes das conseqüências que um outro tira dela. Outra coisa é com a arte. Pode-se publicar sem hesitar o pensamento principal de um drama, o tema de uma poesia lírica sem que haja nisto perigo de que a obra de um outro nos antecipe. Quanto mais alguém é artista menos tem necessidade de temer por sua prioridade. Na arte o individual desempenha o papel mais importante e cada individualidade é única. Na ciência é justamente o contrário. Quanto mais duas pessoas são dotadas especificamente de qualidades científicas maior a probalidade de que, partindo dos mesmo fatos, cheguem às mesmas conclusões. Na ciência a individualidade não desempenha nenhum papel, como já indiquei no prefácio de "Períodos do organismo humano", e como repito aqui mais uma vez face a objeções ineptas. O que não quer dizer que não há gênio científico nem que o primeiro advindo seja apto para a pesquisa! A individualidade só causa na ciência prejuízo, como *Fliess* sinceramente concordará, se lhe indico estas passagens de *Sexo e caráter* que ele nunca teria escrito, por causa de sua individualidade. Entretanto, é restritivo avaliar estas passagens do ponto de vista científico, pois elas se encontram *distantes* de capítulos científicos. Isto seja dito somente de passagem.

É justamente porque a ciência tem a ver com o objeto e porque o próprio sujeito, o indivíduo, está condenado por princípio a calar-se, que nascem estas disputas perpétuas de prioridade, de que nunca se escuta falar em arte. A ciência é, como podemos dizer com *Mach*, uma adaptação dos pensamentos aos fatos, adaptação que se completa progressivamente *no tempo*. E na medida em que a importância do sujeito para a pesquisa diminui, a do fator tempo aumenta. Assim, vemos de um lado civilizações datando de milhares de anos que têm um desenvolvimento artístico que ainda hoje invejamos, e constatamos, de um outro lado, um desenvolvimento da ciência paralelo à idade da humanidade. A adolescência — adolescência dos povos, adolescência do indivíduo — não impede o mais elevado florescimento da arte. Em troca, as descobertas científicas de nossos dias, por exemplo no domínio da biologia, são impensáveis à época de Aristóteles e, por isto, um sábio menino prodígio é uma contradição em si. Na ciência não há possibilidade sem aprendizagem, mas somente um desenvolvimento contínuo sobre a base do que precede, existe. *Em si mesma a identidade do ponto de partida exterior facilita a simultaneidade e a similitude dos resultados da pesquisa.*

Pois a ciência tem seu próprio desenvolvimento relativamente independente dos indivíduos. É por isso que para cada descoberta científica entra em jogo *a plenitude do tempo*, na qual a solução do problema está, como se diz, no ar e é realizada por aquele que *ceteris paribus* trabalha nas melhores condições externas ou que é conduzido para o bom caminho pelo acaso. É por isso que se observa na ciência tão freqüentemente o caso em que idéias surgem em muitas cabeças ao mesmo tempo. Será que em todos os casos que enternecem a história da ciência — Newton, Leibniz, Mayer, Helmholtz, etc. — sempre esteve presente a *mala fides*? Ou não estaríamos na hora de tirar destas querelas desagradáveis, continuamente renovadas, a conclusão de que se trata nisto de um fenômeno regular? De que pelo fato da pertinência orgânica da espécie humana as idéias chegam à maturidade ao mesmo tempo, em períodos determinados, que se trata aí de impulsos de idéias do maior estilo, e que dois indivíduos que deságuam ao mesmo tempo numa idéia disputam sem razão, da mesma maneira que um dos gêmeos que espirra poderia acusar o outro de copiá-lo em seu comportamento? Esta concepção dos fatos não estaria tão afastada justamente de *Fliess*; entretanto, ela supõe que nos interessemos pela ciência enquanto tal.

Swo. 2 — A acusação que Fliess dirige a *Weininger* é tanto mais grotesca *quanto a idéia sobre a qual Fliess fantasma que lhe foi roubada se encontra no prefácio de suas "Relações"*. Mas, a partir do momento em que um pensamento é publicado, cada um pode fazer dele o que bem lhe agradar

pelo tempo que quiser porque pesquisadores dotados não conseguiram passar para o plano comercial uma lei garantindo a exploração exclusiva de um pensamento. Se qualquer um tivesse escrito todo "O curso da vida", inspirado naquele cálculo, então Fliess teria tido que aceitá-lo ....
....

Swo. 7 — A situação é portanto clara e notadamente a de que *Weininger*, que aliás, na minha opinião, não está particularmente à espera de incitações, foi muito encorajado, em seu desenvolvimento de idéias, pela palavra "bissexualidade", que ele ouviu fora de qualquer relação com Fliess e que escreveu depois em seu livro célebre. Isto testemunha uma grande inocência, para não dizer mais, o fato de estabelecer uma relação exclusiva de causa a efeito entre um tal livro e uma única palavra. E depois trata-se somente de uma pequena parte do livro de Weininger! E não se trata do que é tratado em Weininger além da bissexualidade e nem em mim além da periodicidade, como se só tivéssemos interesse por estes dois temas que Fliess monopoliza, ou como se tudo o que não tivesse sido "roubado" de Fliess fosse puro não-senso.

Swo. 19 — Depois que se fixou em *Fliess* o delírio de ter sido roubado, ele naturalmente encontrará em todo lugar nos nossos escritos a tentativa de apagar os traços desta ação. É assim que devem ser interpretadas as falsas atribuições de que formiga a brochura [de Pfennig]. Elas não explicam naturalmente nada em si, são uma manifestação secundária do delírio primário. Discutirei isto mais tarde em detalhe e agora chego ao que é a transmissão da *idéia da periodicidade.*

Em outono de 1901, Weininger, que nesta época eu via mais raramente que de hábito por causa de uma ausência passageira de Viena, contame que se podia evidenciar o período de 28 dias também no organismo masculino. Suponho que tenha tomado conhecimento nesta época das *Relações* de Fliess. Mas ele não me comunicou suas fontes. Nós nos reencontramos na época sempre por breves momentos durante os quais tão numerosos temas vinham à discussão que havia pouco tempo para cada um em particular. Não perguntei a fonte pois já estava inteiramente familiarizado com a idéia de bissexualidade — a primeira redação da idéia principal de *Sexo e caráter*, ou melhor, da primeira parte deste livro ocorre efetivamente no verão de 1901. É inteiramente possível que eu tenha suposto segundo a comunicação de Weininger sobre o período de 28 dias que se tratasse de sua própria descoberta: não me lembro mais disso. Uma coisa é certa, sua comunicação me levou a todo tipo de especulações de que eu falava com o Prof. Freud, em torno do Natal de 1901, quando voltei por um tempo de Leipzig. Nesta ocasião o Professor *Freud* me diz — lembro-me ainda claramente de suas palavras: "Então você deve ler o livro de meu amigo Fliess" — escutei nesta ocasião pela primeira vez o nome do médico berlinense — "Isso o interessará certamente." O professor *Freud* me disse o título do livro.

Voltando a Leipzig, não encontrei imediatamente tempo de ir à biblioteca. Eu não tinha nenhuma dúvida de que o livro de Fliess justamente me encorajaria nas pesquisas que me ocupavam vivamente desde o início do ano de 1902, pesquisas sobre as lembranças musicais que emergiam espontaneamente. Elas já haviam despertado meu interesse há muitos anos, mas eu só chegara a observações ocasionais em mim mesmo. Na atmosfera experimental de Leipzig — à época eu ouvia muita música —, veio-me então a idéia de tomar notas precisas sobre as representações que emergiam espontaneamente e de fazê-las também tomar por outros. O resultado disto foi comunicado no capítulo 1º de meu livro dos períodos.

Em 6 de março de 1902 — esta precisão será suficiente, espero, para Fliess — pedi na biblioteca real as *Relações* e não fiquei pouco surpreso de encontrar a cifra 23 folheando rapidamente o livro pela primeira vez. Esta cifra me era familiar há muito tempo por minhas próprias observações — ainda que, num primeiro tempo, somente para um intervalo de horas. Todavia, por tanto tempo não se tendo outro ponto de apoio para escolher uma tal cifra, não se pode desembaraçar-se de uma certa desconfiança a respeito dela. *Fliess*, que também oscilava no início entre vários períodos, poderá sem dúvida confirmá-lo por sua própria experiência. Eu considerava até então a cifra 23 como minha propriedade exclusiva e, quando a vi no livro de Fliess, fiquei, à primeira vista, contrariado como sempre se fica quando se pena durante muito tempo para obter um conhecimento e se descobre que se poderia obtê-lo muito mais facilmente, mais confortavelmente e mais rápido. Mas, olhando para isto mais de perto, regozijei-me muito, pois vi que *Fliess* tinha chegado a estabelecer seus períodos partindo de fatos inteiramente diferentes. A concordância parcial de nossos resultados aumenta a confiança nas minhas observações, só senti finalmente o benefício da concorrência[4]. Fliess viveu-a inversamente. De início me saúda numa carta como um colaborador "que dá ao problema dos períodos esclarecimento múltiplo e parcialmente novo", depois vê em mim um concorrente embaraçoso.

A transmissão da idéia dos períodos consistiu portanto em que Freud atraiu minha atenção para uma obra que se encontrava à venda há quatro anos! Isto não pode — a não ser fora do ponto de vista lógico — ser objeto de uma acusação pela boa razão de que já nos círculos *universitários* é, por assim dizer, considerado como uma obrigação introduzir alguém na literatura relativa ao tema. Fliess sem dúvida compreendeu por si mesmo que no meu caso absolutamente se poderia tratar de uma transmissão de idéias. É por isso que se tenta na brochura [de Pfennig] fornecer contra mim, com todo tipo de sutilezas, a prova de que eu teria inventado minhas observações somente depois para dar-me a aparência de um descobridor independente. Foi-me necessário um grande esforço para me encontrar nos encaminhamentos de pensamento sórdidos de meus acusadores e para transformar o sentimento simples de minha honradez em contra-argumento lógico. *Fliess* observou comigo a mesma conduta que com Weininger: inicialmente insinuou um roubo consciente, depois, como corolário, me atribuiu falsamente manobras para esconder este pretendido roubo. O que ele faz passar como uma prova *logicamente* incontestável de plágio nada mais é que

[4] No estado atual de minha compreensão da periodicidade psíquica devo aliás dizer que o conhecimento das pesquisas de Fliess mais me atrapalhou do que serviu. O esforço deslocado para a exatidão matemática me conduziu a hipóteses complicadas e me fez negligenciar explicações mais fáceis.

uma conseqüência *psicológica* de sua parte: *ele observa por causa de uma suspeita, ao invés de fundar uma suspeita em observações.* Uma tal coisa pode acontecer sobretudo em sua própria causa a qualquer um que não é psicólogo

....

....

Swo. 4 — Eis o que é no que concerne à maneira como dois pensamentos, a bissexualidade e a periodicidade, teriam sido entregues. *Fliess* apoiou-se para provar este elemento de culpabilidade nas cartas do Prof. Freud, e este ponto precisa de que nele nos detenhamos particularmente.

Nestas cartas publicadas *sem autorização e de maneira ilegal*, nada é confessado *efetivamente* além do que foi constatado acima por mim, mas elas contêm elementos que, se o leitor participa da opinião de Fliess, podem prestar-se a mal-entendidos. *Freud* confessa em suas cartas ter transmitido as idéias de Fliess, ter-se "comportado de maneira imprudente com um bem alheio" e utiliza expressões como se Weininger tivesse realmente explorado de maneira ilegal um bem alheio.

Como o Prof. Freud me comunicou a meu pedido, isto se explica da seguinte maneira.

Freud tinha esquecido que a idéia da bissexualidade tinha já sido proclamada em 1897 no prefácio das *Relações* e assim se tornara um bem comum a todos. Como prova deste esquecimento, a passagem da carta publicada à página 30 da brochura, onde ele diz: "Para mim pessoalmente, você sempre foi (desde 1901) o autor da idéia de bissexualidade". Conseqüentemente, Freud se acreditava culpado de uma imprudência em sua prática comigo e lamentava ter fornecido, ainda que inteiramente sem intenção, um motivo ao livro de Weininger. Ele se deu conta somente pela leitura da brochura de Pfennig que esta escusa era completamente supérflua.

Segundo sua comunicação privada, este esquecimento tem, por sua vez, uma razão inteiramente pessoal. Na *Psicopatologia da vida quotidiana* de 1901 Freud conta como se surpreendeu querendo esquecer que Fliess já lhe havia feito notar a validade geral da bissexualidade. Ele se havia, nesta obra, praticamente imposto uma penitência e estava doravante disposto a se considerar errado neste assunto contra seu amigo, mesmo ali onde não estava errado. Se ele se tivesse lembrado da passagem do prefácio, teria tido a oportunidade de se reprovar por alguma coisa. A boa vontade de ter errado conduziu ao esquecimento.

É preciso muita má-vontade para interpretar mal este estado de espírito, como faz a brochura [de Pfennig]. O esquecimento de Freud é chamado aí de "erro de princípio em favor de Weininger". Em suma o que este erro tem a significar *para o exterior*?

Se se admite que Freud podia esquecer que a idéia da bissexualidade tinha sido publicada anteriormente, Fliess no entanto não podia de forma alguma ter esquecido a data de sua publicação, ou seja, ele devia saber que em suma Freud nada tinha a confessar. Em vez disso, ele deixa Freud em seu erro e exclui completamente seu próprio saber! De qual culpabilidade se trata: "de ter transmitido uma idéia", que foi publicada há muito tempo?! O que é esta "generosidade com um bem alheio" que dá a *palavra* bissexualidade e o *título de um livro*? Para quem os pensamentos são publicados? E, de fato, trata-se de pensamentos: uma palavra e o título de um livro?! Pelo lado de Freud existia, como demonstramos, suficientemente motivos psicológicos para seus enunciados, mas para Fliess não existe a menor escusa por tê-los levado a sério.

Swo. 5 — No que concerne às falas de Freud sobre Weininger, que *Fliess* explora em seu proveito, elas se explicam em sua totalidade pela relação de Weininger com Freud, sobre a qual trago sucintamente o que se segue.

Se não me engano, no outono de 1901 — eu estava, na época, ausente de Viena —, Weininger se dirigiu a Freud para que ele interviesse junto a um editor. Ele acrescenta ao manuscrito de *Sexo e caráter* um ensaio sobre a histeria que desagrada Freud por diversas razões. Primeiro Freud crê que o ensaio foi escrito *ad captandam benevolentiam*, depois ele exprime reservas sobre o método em sua opinião muito especulativo, muito temerário, muito dedutivo seguido por Weininger; muito especulativo, principalmente a respeito do caráter científico do tema fundamental. No que concerne ao método dedutivo que, por assim dizer, toma de assalto resultados para os quais uma pesquisa indutiva necessita de uma ampla base, Freud diz a Weininger que ele se conduzia como alguém que rouba um tesouro, surrupia o que encontra e demole o resto; que ele se entregava a uma pilhagem... e outros enunciados semelhantes, nos quais se exprime a contradição secular entre o pesquisador científico reflexivo e paciente e o filósofo precipitado, que postula observações e que crê chegar ao fundo das coisas em algumas semanas com um mínimo de experiência — e, quem sabe! talvez chegue realmente. A passagem da carta "ladrão com chave encontrada" é somente um eco de suas falas.

Freud, como me disse, nunca pensou em qualificar Weininger como um ladrão da propriedade de Fliess, mas como um ladrão no domínio da ciência.

Swo. 8 — *Freud*, igualmente por erro, pensava que Weininger teria sabido, desde o início, que a idéia da bissexualidade se encontrava em Fliess. *Eu* não sabia — até março de 1908 —, conseqüentemente, Weininger também não podia saber. Este notou *As relações* somente muito mais tarde — sem dúvida pela nota no manual de fisiologia de Bunge — quando a primeira parte de sua obra já estava pronta.

No que concerne às falas de Freud a meu respeito, as coisas são igualmente muito simples. *Freud*, que verdadeiramente não é mimado pela compreensão de seus contemporâneos, estava, inicialmente, muito contente de encontrar suas idéias aceitas por um especialista em psicologia. Quando me voltei para outros problemas, ele ficou um pouco decepcionado; e a forma como me exprimi em meu livro sobre os períodos e, mais tarde, nos "Estudos para o fundamento da psicologia", sobre suas pesquisas sobre o sonho, não foi feita para agradá-lo. Seu mau humor a este respeito — que Freud não me escondeu — passou nas suas cartas, e igualmente teve como efeito que, mais tarde, ele me renegou quando me havia no início qualificado de discípulo.

Fliess poderia muito bem adivinhar estas coisas com sua famosa perspicácia psicológica. Em vez disso como tudo foi deformado! Na brochura, pretende-se, invertendo as coisas, que Freud me designou como discípulo somente mais tarde e depois de ter inicialmente contestado. Assim Freud teria naturalmente querido apresentar a probabilidade de ter-me transmitido os pensamentos de Fliess como mínima.

Swo. 17 — Freud continua a escrever no que me concerne "Sou estranho a sua descoberta que retoma bem mais as suas idéias". Freud queria visivelmente, como ele próprio me disse aliás, dizer que não tivera nenhum papel de intermediário no que concerne a meus trabalhos. Fliess faz imprimir a proposição relativa em itálicos, como se Freud, em favor de Fliess, tivesse querido contestar a originalidade de meus trabalhos, enquanto que não se pode encontrar em nenhuma parte nas cartas de Freud o menor ponto de apoio para esta concepção.

Enfim, para alguém que pense logicamente, resulta claramente destas cartas que Freud não atribuía a todo este assunto uma significação particular e que, conseqüentemente, ele não procede na escolha de suas expressões de maneira tão meticulosa quanto faria sem dúvida, se tivesse conhecido as belas intenções de seu amigo ....

....

Swo. 9 — Fliess é presa do delírio de ter resolvido todos os enigmas do mundo com seus ditos pensamentos. Pois bem! apesar de suas pesquisas, a vida nunca se tornará um exemplo de cálculo; enquanto houver espíritos para pensar algo sobre a vida, haverá pessoas que encontram sua satisfação nestes pensamentos. Weininger era um destes espíritos. Exigir que a bissexualidade permaneça um problema central para ele equivale a um nível claramente inferior. Não se pode esperar de alguém, que durante anos faz cálculos com datas de menstruação e de nascimento, nenhuma compreensão da profundidade do livro de Weininger. Ridicularizar e rir-se de tudo o que não se compreende é indigno de um homem sério.

O liame aparentemente lasso entre as duas partes de *Sexo e caráter* se explica pelas modificações interiores que Weininger atravessou durante seu trabalho, modificações interiores ou flutuações que fazem parte da natureza de cada espírito superior e que são, nele, concentradas num lapso de tempo muito menor que em outros. Ele começa o livro enquanto pesquisador científico e o termina enquanto homem de cultura.

A querela de prioridade com Weininger se torna muito divertida quando se sabe que Moebius igualmente lhe dirigiu a acusação de plágio. Porque entre os três somente um pode ser *prior tempore*, Fliess se vê obrigado a contestar também a prioridade de Moebius. Mas como! Ainda que o livro de Moebius tenha sido publicado no entanto *antes* que as *Relações*! "Certo, Moebius tem uma vantagem na publicação de certas observações, mas não por isso a prioridade da descoberta: pois é *notório* que a resolução global do problema que "O curso da vida" traz *era esperada e conhecida no círculo de amigos de Fliess com todas as suas conclusões e muito tempo **antes da publicação** de "A debilidade fisiológica"*."

Fliess reclama portanto, como se vê claramente, também a prioridade para seus *pensamentos não publicados*! O que é que me reprovam principalmente? A afirmação de que eu já tinha feito observações sobre as representações que emergem espontaneamente, muitos anos antes de conhecer Fliess, e para as quais o livro de Fliess dificilmente me teria inspirado. Não me veio, certamente, ao espírito fundar nisto uma reclamação de prioridade. Em troca, Fliess, que exige para ele, em sua enfatuação, uma exceção a todas as leis da lógica, o faz.

A prioridade é um fato puramente formal, decidido só e unicamente pelo ano assinalado sob o título do livro. Deve-se ao autor a prioridade, que ninguém pode contestar, do que está escrito numa obra publicada anteriormente. Pode-se, a rigor, também plagiar um tal autor — a constatação deste fato não assinala nenhuma dificuldade. Uma simples comparação de textos pode decidir sobre isto. Mas para aquilo que não se prova numa obra anterior, ninguém pode reclamar a prioridade, mesmo se se pensou naquilo cem vezes, mesmo se os pensamentos alheios e novos se situam inteiramente na linha de desenvolvimento de seus próprios pensamentos. É por isso que a coisa se chama prioridade! Exprime-se com isto unicamente uma relação temporal. Ao lado desta prioridade puramente formal que no fundo nunca pode tornar-se objeto de uma querela, existe uma outra, material, que pode entretanto se prestar a uma dúvida. Mas esta dúvida nunca se deixa descartar completamente *pelo exterior*, pois numerosos fatores internos entram aqui em consideração. O que não se pode provar é melhor nem mesmo afirmar, salvo se nos é completamente indiferente que se acredite em nós ou não ....

....

Swo. 13 — Procede-se contra mim de maneira inteiramente semelhante. Mas já que minhas pesquisas e meus resultados não combinam absolutamente, em sua maior parte, com os de Fliess, *posto que no novo livro de Fliess nada há que eu pudesse tomar dele antes, já que minhas descobertas e pensamentos não se situavam absolutamente no mesmo fio*, e já que eu tentava, aliás, lhe fazer total justiça, então é preciso dirigir contra mim mais maldades e insinuações que contra Weininger.

A descoberta da periodicidade psíquica por mim era muito desagradável para Fliess. Ele não se interessa pela ciência enquanto tal, ele mesmo não busca progredir no caso, é por isso que ele não lê literatura científica. Quem, em nossos dias, se pode permitir isto sem se tornar culpado por este solipsismo de uma superestimação de si mesmo francamente ridícula! Ora, agora, ele descobre que a periodicidade psíquica já foi tratada por ele. À página 195 das *Relações* trata-se de um caso onde sonhos de angústia voltam periodicamente.

Já disse isso a Fliess numa correspondência de junho de 1905 e só posso aqui repeti-lo: isto não tem valor para a psicologia. Teria, se ele tivesse comunicado um caso onde as mesmas *representações* ansiosas retornam em sonho segundo um intervalo periódico! O efeito de angústia é em grande parte algo de fisiológico, psicólogos renomados dão uma explicação deles, assim como para os outros afetos, exclusivamente fisiológica. E se a periodicidade dos processos fisiológicos é a especialidade de Fliess, ele nada descobriu de particular no que se refere à periodicidade dos ataques de angústia. A prova disso é que mencionou o caso em pequenos caracteres de impressão. Assim se mostra "a passagem clássica", como a chama, encantado, o autor da brochura, que teria devido ser exemplar para mim e onde nem mesmo se trata de periodicidade *psíquica*! A que ponto Fliess está afastado da idéia da periodicidade *psíquica* apesar de sua observação dos sonhos de angústia periódicos, é isto que o fato de que ele põe a angústia em paralelo com as manifestações de certas intoxicações esclarece. Aquele que faz isto não é absolutamente maduro para compreender que, por exemplo, lembranças musicais, nas quais a intoxicação não pode desempenhar nenhum papel, são igualmente suscetíveis de um retorno periódico. Fliess, nesta passagem, não fala, verdadeiramente dizendo, de sonhos de angústia periódicos mas de sonhos de angústia em dias periódicos. Ele não sabia ainda na época — e não acredita ainda nisso apesar de numerosos exemplos — que os períodos na vida podem ser todos muito claramente determinados. Mas é precisamente isto que é importante para a periodicidade psíquica[5]. Pois o que significam para as lembranças de um concerto os dias críticos que partem do nascimento e ligam a vida das crianças à da avó?

Duvido muito de que algum dia alguém tivesse chegado por este caso à idéia da periodicidade psíquica tal como a defendo; sim, é muito incerto que o próprio Fliess teria chegado sem meu livro ao que se encontra contido nesta passagem.

A posteriori, ele pretende evidentemente, numa carta que me envia, que sua apresentação da periodicidade comporta *todas* as manifestações da vida, compreendidas nelas os fenômenos psíquicos, e que pensa nesta passagem nos sonhos de angústia e nas representações angustiantes enquanto fenômenos periódicos. Entretanto a palavra representação não se encontra nem nesta passagem nem alhures em seu livro! E depois, Fliess fala aí de fenômenos psíquicos em dias periódicos *críticos*, mas não da periodicidade dos fenômenos psíquicos! São duas coisas profundamente diferentes que um espírito tão agudo não deveria assim mesmo confundir! O que ele men-

[5] Mas não somente para ela, também para as manifestações fisiológicas. Médicos generalistas confirma minha tese de que equivalentes de desprazer sobrevêm a 23 ou 28 dias, 18, 46 horas e coisas semelhantes depois dos atos sexuais. Segundo Fliess os próprios processos sexuais são determinados pela substância viva agindo de maneira periódica, isto é, interiormente. Que representação berlinense elevada dos costumes!

ciona em "O curso da vida" para a periodicidade psíquica? Que há bons dias em que se está particularmente apto à produção. O que isto tem a ver com minha afirmação de que se tem, por exemplo, 23 dias depois de um acontecimento, uma experiência, pensamentos sobre este tema e que depois de um múltiplo de 23 dias se chega à tranqüilidade, e a concluir sobre este acontecimento? A periodicidade psíquica não é nada de tão evidente que se possa se contentar em deixar compreendê-la como uma conseqüência. Se ele tivesse tido uma idéia de sua existência, teria buscado como eu casos que trouxessem uma confirmação e, sobretudo, teria feito pesquisas sobre casos que não têm nenhuma ligação com fenômenos patológicos. O quanto Fliess pode contribuir para a psicologia ele mostrou no novo livro grosso, no qual consagra à psique *três* páginas inteiras de onde sobressai, aliás, que Fliess concebe a periodicidade psíquica de forma inteiramente diferente que eu, e que portanto não há a menor razão de se sentir lesado no que quer que seja por meus trabalhos.

Volto ainda sobre este ponto. Fliess pretende que eu me teria apropriado de seus pensamentos! A situação se apresenta muito mais assim: *enquanto afirma contra Moebius sua prioridade de idéias* ***não publicadas,*** *afirma contra mim a prioridade de idéias que nem mesmo teve mas* ***que teria podido ter*** *como viu* a posteriori. Mesmo na indústria não importa quem está autorizado a melhorar um artigo registrado, a aperfeiçoá-lo; cada inventor seria tomado como louco se reivindicasse uma melhora de sua invenção como sendo de sua propriedade intelectual. Pois bem! cheguei à periodicidade psíquica de forma inteiramente independente; é um pouco forte designar minha apresentação sobre este ponto como simplesmente inventada.

Aliás meus direitos já foram reconhecidos num escrito oficial no documento de admissão ao ensino superior redigido pelo professor *Friedrich Jodl.* Publico com a autorização do autor e decano atual da Faculdade de filosofia de Viena a passagem seguinte deste documento:

"*De suas próprias observações provém também o germe de sua (quer dizer da minha) teoria da periodicidade* e, ainda que as descobertas próximas de

Fliess no domínio da biologia tenham fornecido ajudas bem-vindas, *a aplicação do pensamento da periodicidade à psicologia permanece inteiramente como a propriedade intelectual de Swoboda*; altamente louvável é a energia pessoal com que ele prosseguiu seu pensamento e se esforçou em fazer nascer a partir de observações inicialmente isoladas uma prova indutiva."

....

Swo. 14 — No que concerne à idéia da periodicidade *em geral*, ela foi expressa claramente como a da bissexualidade já há dezenas de anos antes de Fliess por *Fechner* em "ZendAvesta", onde ele fala com detalhes das renovações periódicas dos processos de vida nos organismos.

O fato de que exista uma emergência espontânea das lembranças musicais é conhecido de cada músico e, depois da publicação de meu escrito, numerosas declarações aprovam minhas pesquisas sobre a periodicidade psíquica.

Compreendi a partir de minhas próprias observações e da de outros que em muitos casos há uma precessão, a lembrança chega no primeiro dia uma hora mais cedo, no segundo dia duas horas mais cedo, etc. Disso tirei a conclusão de um intervalo de 23 horas. Fliess pode estar seguro de que tive no início tão pouca confiança neste quanto ele em seu período de 23 dias, mas, quando as observações se multiplicaram, minhas dúvidas se reduziram cada vez mais. Quando de meus cálculos eu tinha freqüentemente que determinar a que hora uma dada impressão retorna depois de 14, 18 dias, e assim por diante. Por comodidade, fabriquei um quadro, e se Fliess o fizer também verá imediatamente que se tem necessidade de estabelecer um tal quadro somente até 23 dias, pois depois as horas se repetem. Foi assim que cheguei aos 23 dias que encontrei depois em Fliess para minha grande surpresa. Certamente é uma coincidência notável; mas nada improvável. *Pois, sejam os períodos existentes, os dois que começam a calcular* ***devem*** *cedo ou tarde chegar aos* ***mesmos*** *períodos, ou seja, se não há períodos, então é efetivamente muito improvável que um chegasse aos mesmos resultados que o outro; mas neste caso os resultados de um também podem valer como prova tanto quanto os do outro.* Encontramo-nos frente à mesma realidade e se nos protegemos de aplicar nossa própria subjetividade às coisas, então os mesmos fatos devem revelar-se de maneira pura a cada um.

Fliess se engana aliás completamente sobre minha maneira de pensar se crê que uma simples cifra me teria valido artifícios de cálculo tão complicados. O futuro o compreenderá bem mais. *Fliess* é sempre celebrado pelo anunciador de sua glória como o rei no reino da ciência, os outros são somente miseráveis ladrilheiros. Mas quantas vociferações reais se as pesquisas de alguém recobrem em um só ponto as do rei! Pois, como mencionamos acima, minhas opiniões e as de Fliess divergem em pontos essenciais. Para minha periodicidade psíquica, é uma condição absoluta que os períodos possam detonar a partir de qualquer momento. Fliess o contesta[6]. Ele diz inicialmente numa carta que queria observar. Ignoro se o fez; em todo caso era seu dever explicar-se comigo sobre este ponto em seu novo livro. Mas por que este rei tem seu lacaio? Por causa de minhas concepções, ele me faz achincalhar por este sem hesitar. Uma inovação que é inteiramente digna de um grande senhor do reino da ciência. Rei na alma.

Na carta mencionada acima, Fliess admite os fatos citados por mim, mas afirma poder explicá-los à sua própria maneira. Ora, em seu novo livro, não há uma só sílaba sobre isto. Aquele mesmo que critica o fato de que eu não lhe consagre em meu livro a não ser um pequeno capítulo passa totalmente em silêncio o descobridor da periodicidade psíquica!

Swo. 1 — A todo um sistema de insultos só se pode opor sua pessoa. Muitas vezes indiquei que toda a campanha contra Weininger e contra mim nasceu de um único poderoso sentimento, a inveja, e que todas as imputações de detalhes não se condensam em acusações, mas que na origem havia a acusação, a qual depois incitou o fantasma de Fliess, semelhante àquele de um procurador, a uma atividade produtiva. Mas a propósito de algumas críticas especiais quero assim mesmo ainda mostrar de que maneira escandalosa minhas palavras são mal interpretadas. Falo em meu

[6] O caso presente tem entretanto novidade imediatamente fornecida por um exemplo para meu ponto de vista pois a partir da leitura da brochura de Pfennig levei exatamente 3 x 23 dias para superar o desgosto quase físico provocado por ela e para meter-me em uma réplica escrita!!

livro da "bissexualidade *notória* do organismo humano" sem citar o nome de Weininger em relação com a bissexualidade. Pois bem, eu já devia tomar a bissexualidade como algo de notório de acordo com a maneira como meu interesse foi atraído pelo Prof. Freud, pois este me a explicou indicando-me um fato anatômico geralmente conhecido. Nos círculos de especialistas a bissexualidade é efetivamente notória há muito tempo[7], ainda que não sob a forma especial de Fliess, que ele poderia, aliás, ter-lhe dado somente para se distinguir claramente de seus predecessores. Até o momento, não encontrei ninguém a quem salte aos olhos a diferença entre a dupla sexualidade e a dupla sexuação ou o fato de que Fliess exprima com isso algo que não fosse já familiar a pesquisadores isolados antes (por exemplo Berthold, citado acima)...

Swo. 11 — A maneira como são interpretados os dizeres de meu amigo o Dr. Wolf é igualmente significativa. Este revela a Fliess que eu estava ocupado com as observações de períodos há cerca de quatro anos. Fliess exulta, encontra aí uma contradição com meu próprio dizer segundo o qual eu tratava este fenômeno há mais de oito anos e ele sabia agora exatamente por que não datei tudo, em meu livro, com ano e dia precisos. Ora, as coisas são simplesmente as seguintes. Durante o período que indiquei, fiz *observações sobre representações que emergiam espontaneamente*, que me levaram finalmente à constatação de intervalos determinados. Que se tratasse de uma periodicidade, não o supus sem hesitar, mesmo depois de meu conhecimento de Fliess, de que prova esta passagem p. 12 dos "Períodos": "*Eu supunha provisoriamente que se tratava de um tempo de latência que é inversamente proporcional ao grau de atenção com o qual se empreende*[8] *alguma coisa.*" Portanto é expressamente mencionado em meu livro que fiz observações sobre as representações que emergem espontaneamente no 23° e no 28° dia somente *depois* de ter tido conhecimento de *Fliess* e antes de

---

[7] Ao menos desde a publicação de "Annales pour les états sexuels intermédiaires", publicado pelo Dr. Magnus Hirschfeld, 1899 e depois.

[8] Erro de autocitação de Swoboda repetido também por Fliess. Seria preciso aqui a palavra "percebe". Cf. a tradução de *Em minha própria causa.* (NT francês)

descobrir a multiplicidade de horas! Que interesse teria eu em camuflar isto? A asserção de que fiz também observações sobre os intervalos de horas somente depois de 1901 é uma insinuação infame. Eu nem mesmo saberia como poderia ter sido incitado pelas *Relações entre o nariz e os órgãos sexuais genitais femininos* de Fliess a fazer observações sobre as lembranças de motivos wagnerianos, ou quais outros, no mundo inteiro, seriam disso igualmente capazes. É espantoso para um psicólogo fazer observações sobre fenômenos psíquicos?

Swo. 12 — É preciso ainda assinalar que o Dr. Wolf me conhece somente a partir de outubro de 1902 e que ele nada poderia dizer de seguro sobre os anos anteriores. Além disso, ele não tinha dúvidas de que estava sendo sondado e logo não tinha razão para precisar meticulosamente suas informações. Como isto concorda aliás com minha astúcia, como eu não teria dado instruções ao Dr. Wolf sobre este ponto importante? Justamente se poderia deduzir da "confissão" de Wolf o quanto somos honestos. Eu não tinha e de fato não tenho nada a esconder. Se Fliess me tivesse pedido abertamente, teria colocado a sua disposição todas as datas desejadas e o teria afastado de seu trabalho de detetive.

O ponto seguinte mostra como todas as minhas observações são deformadas a partir de um mesmo ponto de vista: nos "Estudos", assinalo, no caso, ter inscrito meus pensamentos na "psicologia orgânica" pela primeira vez no ano de 1902 — *sem certamente conhecer então a teoria dos períodos.* Minhas primeiras observações sobre o assunto — sobre a clarificação progressiva e a articulação dos pensamentos — remontam ao menos ao ano de 1897. Estas observações trazem em mim uma existência independente, elas seguem um curso independente. Qualquer um que esteja ocupado com muitos pensamentos poderá confirmar por sua própria experiência como, às vezes, círculos de idéias muito próximas ficam separadas durante muito tempo, até que um dia a fusão ocorre. Pode-se se perguntar se não se trata aqui de um desenvolvimento independente de partes *orgânicas* caminhando juntas, e se a reunião externa não se engana na harmonia interna. Ocorria assim para mim. A teoria dos períodos me era inteiramente familiar em

1902, mas eu não tinha feito sua aplicação para a "psicologia orgânica", por outra razão mencionada há pouco, sem dúvida porque as cifras não têm mesmo aqui importância. O que é que o monomaníaco das cifras, Fliess, que manifestamente não se ocupa jamais de problemas de conhecimento e que não tem em relação a eles a menor compreensão, deduz agora de meu enunciado: "Eu não conhecia bem a teoria dos períodos em 1902!" É incompreensível para ele que o pensamento de alguém que tem conhecimento de 23 e 28 não passe tudo por estas cifras, que ele possa fundamentalmente ainda ter um pensamento independente!

Depois de tudo isso nos poderíamos perguntar com espanto se se poderia dirigir a mim a reprimenda de ter cometido um plágio. Tentei verdadeiramente de coração separar estritamente Fliess e minha propriedade. Sempre lhe fiz inteira justiça por palavras e por escrito; eu poderia acelerar-lhe o coração pois — como testemunham os leitores de meus escritos — não estou verdadeiramente à espera destas algumas cifras. Fliess, verdadeiramente dizendo, busca e só vê em todos os lugares suas cifras! Se ele soubesse como em Viena e nos meus círculos se falou dele, o esforço em que me vi para despertar nos círculos de especialistas uma compreensão em relação a suas pesquisas, ele lamentaria profundamente ter dado seu consentimento para que um tal passo fosse franqueado.

DOCUMENTOS ANEXOS

Documentos publicados à morte de Fliess

Eis um poema escrito por uma paciente de Fliess e que um jornal publicou:

Um médico
Por ocasião da morte de Wilhelm Flieβ
Por
Annie Jacker

Ele sai diretamente da terra
como Paracelso.
Em torno de sua barba
pendem fibras de raízes de raças.

De sua cabeça teriam bem
podido nascer árvores.
Ele amava as folhas
e sabia o que é a morte.

Sim, ele concebia tudo que,
como num passo de dança —
o animal e a planta são para ti irmãos —
suspende os braços e a respiração.

Como nas pulsações da terra
o todo aumenta, cai e jamais repousa,
ele seria ainda destruído
neste ritmo, quando desaparece.

Ele era como um deus da razão,
que nas seivas
ouve o crescimento que incha
que jamais desorganiza o vivo,

que se levantou ajudando os outros.
Ele estava nas forças que estão em todos nós
mais próximo ainda do sol,
mais próximo do vento.

Ele era sábio como uma montanha
e uma criança que brinca.

Antes eles o teriam queimado.
É quase nada
que eles não
o tenham acreditado.

Artigo necrológico redigido por Robert Fliess:

Biologia do artista
Por ocasião da morte Wilhelm Flieβ

Em dois pontos a concepção que Wilhelm Fliess construiu dos processos elementares na matéria viva toca a natureza do homem "produtivo", o artista. Se ela está fundada de direito não somente é a primeira que pode trazer alguma coisa ao conhecimento biológico deste, mas ainda ele, o artista, constitui então um paradigma do processo de vida que pode ser chamado, com seu novo duplo sentido, "criador".

*A palavra "doppelgeschlech*tig*" (duplamente sexuado) é difícil de traduzir nas palavras de uma revista periódica: é quase sempre transformada em "doppelgeschlecht*lich*". E, no entanto, esta pequena sílaba final designa a ampliação nova da concepção, já tornada popular, da "bissexualidade": Fliess vê no fato de que portamos em nós também os caracteres sexuais do outro sexo somente uma das conseqüências da* dupla sexuação permanente de todo vivo, *quer dizer, do fato de que cada célula isolada, cada pequeno fiapo ainda imaginável de matéria viva se constitui de* duas *substâncias principais — uma do gênero* masculino *e uma do gê-*

nero feminino. *As duas reagem reciprocamente sem parar, sua reação é a vida e a procriação no interior da matéria viva é o processo fundamental que mantém a vida. Se a língua chama gênio o procriador, é preciso compreendê-lo ao pé da letra e, se consideramos a criança como obra, aproximamos regularmente dois processos biológicos, próximos em sua essência, de maneira metafórica. Pois também o que realiza a existência de vida particular daquele que produz segue somente em geral o que realiza a existência de todo ser vivo: mas ela é aumentada e o a mais está baseado num mais de substância. De substância do sexo oposto! Os artistas masculinos são em geral mais femininos, os artistas femininos mais masculinos. Musset chamava a amiga por boas razões "meu grande e corajoso George" e Lenau confessa: "O poeta tem muito de feminino em sua natureza; ele não poderia criar se não pudesse também receber." Mas continuemos: Fliess observou que nos artistas a* esquerda *predomina sobre a* direita *e isso tanto no plano anatômico quanto no funcional — pode também tratar-se da arte de governar um Estado, de conduzir uma guerra, de lidar com seus próximos ou de fazer pesquisas: o lado* esquerdo *de seu corpo é mais marcado, é mais desenvolvido e mais eficiente que o lado* direito. *A potente pequena cabeça de madeira de teixo da rainha "Teje" parece quase feita de duas metades de cabeças diferentes, cada parte isolada: a arcada supraciliar, a sobrancelha, a órbita ocular, a maçã do rosto, a prega entre o nariz e os lábios, as metades da boca são muito mais marcadas à esquerda que à direita. Teje, uma criança do povo, que consegue se tornar esposa do faraó e contribuir para o governo, era uma "artista" e seu retrato escreve numa escrita eterna a regra milenar da fisiognomonia. Os artistas são* "predominantemente canhotos", *os artistas têm mais substância do* sexo oposto — *duas condições a partir das quais o pesquisador concluiu que a parte esquerda do corpo em toda a natureza viva é a sede da substância do corpo oposto. Evidentemente, cada uma das duas partes do corpo é "doppelgeschlechtig" mas a direita porta mais substância do mesmo sexo, a esquerda mais do sexo oposto. Eis o que justifica a hipótese da predominância esquerda nas pessoas que dispõem de mais substância do sexo oposto, quer dizer, nos artistas.*

> *Wilhelm Fliess achava que a ação na matéria viva, que se manifesta por mudanças — nascimento, desenvolvimento, doença, envelhecimento e morte — se desenrola de maneira* periódica. *Esta ação possui o caráter fundamental da substância viva duplamente sexuada [doppelgeschlechtig]: um funcionamento no tempo determinável por cálculos. Também a criação intelectual — o nascimento de uma criança dos pensamentos — é um processo biológico e enquanto tal estritamente determinado no tempo durante o curso da vida. As noitadas criativas de Franz Schubert (durante as quais compunha até dez Lieder) se integram no plano aritmético desta ordem, e "a onda de 23 dias", que limita o primeiro e o último destes dias (do ano de 1815), "continua a oscilar e completa-se diretamente no dia da morte do artista". Assim o mesmo ritmo que o tornou imortal também o fez morrer.*
>
> *Neste sentido igualmente o artista se torna um paradigma — e sem dúvida não é por acaso que haja mais artistas que biologistas para aderir às visadas de nosso pesquisador durante sua vida.*

A escrita matemática de Fliess se nodula ao corpo, cada metade deste constituindo um signo de escrita "simbólica" da linguagem "eterna" dos signos.

Documentos datando do assunto do plágio

Trata-se de duas cartas inéditas de Freud a Karl Kraus, escritas no final de 1906[1].

Em 25.9.06 Freud escreve a Karl Kraus:

"Muito honrado Senhor,

O lamentável [elende] caso Fliess me trará ao menos uma coisa que eu desejei, a de ter a oportunidade de conhecê-lo pessoalmente. O senhor poderia ter a gentileza de me indicar quando e onde posso encontrá-lo e falar com o senhor? Talvez nos acertemos a este respeito por telefone (T 14362).

Nesta espera agradável, seu muito devotado Dr. Freud."

---

[1] Elas estão guardadas na Biblioteca Municipal de Viena.

Em 18.11.06, há uma outra carta de Freud a Kraus:
"Honrado Senhor,
Eu lhe agradeço calorosamente pelo envio do extrato à parte. No Fackel *eu naturalmente já li o processo "Riehl". Certas coisas são realmente "para chorar de alegria". As pessoas louvarão novamente seu estilo e admirarão seu espírito* [Witz] *mas não terão vergonha, o que no entanto o senhor quer obter. Para isto eles são muito numerosos e se sentem muito em segurança em sua solidariedade. Para isto nós que somos pouco numerosos deveríamos também nos dar os braços. Seu respeitosamente devotado Dr. Freud."*

Documento posterior ao caso de plágio

Nesta carta, Fliess responde a K. C. Schneider, professor na Universidade de Viena. Este lhe havia escrito depois de uma conferência de Fliess em Viena — talvez aquela intitulada "A descoberta da dupla sexuação permanente", o que a faria então datar de 1913 —, pedindo-lhe não mais se prender a Swoboda, seu amigo. Swoboda, dizia Schneider, não tinha querido plagiar Fliess e entre os trabalhos de Swoboda e os de Fliess havia a mesma diferença que entre um *Ausbau* (arranjo) e um *Aufbau* (construção). Fliess responde:

Berlim, 19.12.1913

Muito honrado Professor,

Eu lhe agradeço por sua proposta franca. Antes que o senhor tire uma conclusão eu lhe peço instantemente ler a brochura em anexo. O senhor encontrará nela o que tenho a dizer e por que eu devia dizê-lo. Não me é fácil pedir-lhe esta leitura pois odeio de todo coração a polêmica e porque entendi por sua carta que Swoboda é seu amigo. No entanto eu não tenho outro meio de esclarecê-lo. Pois, para minha surpresa, compreendi que o senhor não está bem informado sobre o ponto crucial — a descoberta da periodicidade. Igualmente ponho em anexo uma página de Jornal concernente ao julgamento do tribunal à época, que ainda não ocorrera no momento da brochura e de que o senhor sem dúvida não teve conhecimento por uma outra fonte.

Espero não ser obrigado a tomar posição contra Swoboda ainda no futuro. No entanto isto não depende de mim mas somente dele mesmo. A periodicidade do ano no homem foi igualmente descoberta por mim como o senhor pode compreender no fim de meu livro "O curso da vida" publicado em fins de 1905[2]*. Prolonguei estes estudos depois, e meu trabalho, "O ano no vivo", será publicado em breve.*

Me alegraria muito que Swoboda tivesse agora algo de novo e verdadeiro a dizer. Creia-me, caro Professor, não tenho uma visão perturbada quanto a isto, apesar de minhas experiências pessoais dolorosas.

Com minha clara consideração,

seu W. F.

[2] Apontamos aqui uma tendência à antidatação. (NT francês)

BIBLIOGRAFIA

Bibliografia de Wilhelm Fließ[1]

"Über die Wirkung des Piperidin und des Coniin", *Verhandlung d. Physiolog. Gesellschaft z. Berlin*, Jhrg. 1881/82, fevereiro.

"Der gegenwärtige Stand der Lehre von der Cholera", *Deutsche Rundschau*, Heft 24, 1883/84.

Das Piperidin als Anaestheticum und die Beziehungen desselben zu seinem Homologon Coniin, Tese de doutorado, Berlim, 19 de abril de 1883.

"Die Influenza", in *Deutsche Runsdchau*, Bd. 70, 1892.

Neue Beiträge zur Klinik und Therapie der nasalen Reflexneurosen, Leipzig–Viena, Franz Deuticke, 1893.

"Die nasale Reflexneurose", in *Verhandlungen des Kongresses für innere Medizin*, XI Kongress, Wiesbaden: J. F. Bergmann, 1893. Dazu Originalreferat i.d. Verhdlg. des XII Kongr....Beilage z. Centralblatt f. klin. Medizin, 1893, nº 25.

"Les réflexes d'origine nasale", *Archives internationales de laryngologie*, 6: 266-269.

"Der nasale Kreuzschmerz", *Zeitschrift f. ärztl. Fortbildg.*, 20 Jahrg, nº 19.

"Magenschmerz und Dysmenorrhoe in neuem Zusammenhang", in *Wiener Klinische Rundschau*, nºs 1, 2, 3, 5, 8, 9, 10, Verlagseigenthum von Alfred Hölder, k. u. k.. Hof – und Universitäts–Buchhändler, Viena, 1895.

[1] Agradecemos vivamente aos bibliotecários da Biblioteca Hebraica de Jerusalém, da Deutsche Staatsbibliothek de Berlim, da Livraria do Congresso de Washington, por terem colocado à nossa disposição, com gentileza e competência, seus "Arquivos Fließ".

Die Beziehungen zwischen Nase und weiblichen Geschlechstorganen. In ihrer biologischen Bedeutung dargestellt, Leipzig e Viena, Franz Deuticke, 1897; trad. P. Ach e J. Guir, *Les Relations entre le nez et les organes génitaux féminins présentés selon leurs significations biologiques,* Paris, Seuil, 1977.

"Über Dysmenorrhoe und Wehenschmerz", in *Zeitschrift für Geburtschilfe und Gynäkologie,* Bd. 36, H. 2, 1897.

"Aus der Diskussin über die Vortrage des Herrn Siegmund: Heads Felder und weibliche Geschlechtsorgane, und des Herrn Koblanck: Über nasale Reflexneurosen", *Zeitschrift für Geburtshilfe und Gynäkologie,* Bd. 62, H. 3, 1900.

"Über den ursächlichen Zusammenhang von Nase und Geschlechtsorgan: Zugleich ein Beitrag zur Nervenphysiologie", in *Sammlung zwangloser Abhandlungen aus dem Gebiete der Nasen-, Ohren-, Mund – und Hals – Krankheiten,* Halle, Bd. 5, n°s 8, 1902; 1910 (2 vermehrte Aufl.); 1926 (3 vermehrte Aufl. = *Nasale Fernleiden,* Leipzig e Viena).

Der Ablauf des Lebens. Grundlegung zur exakten Biologie ("Le Cours de la vie. Fondement d'une biologie exacte"), Leipzig e Viena, Franz Deuticke, 1906, 1923.

In eigener Sache. Gegen Otto Weininger und Hermann Swoboda, Berlim, Emil Goldschmidt, 1906. Trad. franc. A. Buffel, E. Porge, revista por J.-F. de Sauverzac, *Pour ma propre cause,* na presente obra.

"Die Entdeckung der dauernden Doppelgeschlechtigkeit: Eine geschichtliche Darstellung", inédito. Extratos traduzidos na presente obra.

"Zur Biologie des Künstlers", *Der Morgen,* julho de 1907.

"Zum Ablauf des Lebens", *Annalen der Naturphilosophie,* 6: 121 - 38, 1907.

"Knabenüberschuss", *Der Morgen,* 6 de abril de 1908.

Vom Leben und vom Tod, Iena, Eugen Diederichs, 1909, 1914, 1916, 1919, 1924.

"Der Ablauf des Lebens und seine Kritiker", *Annalen der Naturphilosophie,* 10: 314-350, Akademische Verlagsgesellschaft m. b. H., Leipzig, 1911.

"Der Mut zur Wahrheit", *Berliner Börser Courier,* 1912.

"Der Rythmus des Lebens", Stuttgart e Berlim, *Der Greif,* Caderno 5, fevereiro 1914.

"Männlich und Weiblich", *Zeitschrift für Sexualwissenschaft,* 1 Band, 1 Heft, abril de 1914, A. Marcus E. Webers Verlag, Bonn. Trad. A. Buffel, "Masculin et féminin", *Littoral* nº 23 / 24, Toulouse, Erès, 1987.

Die periodischen Tage des Menschen. Nach einem Vortrag in der Wiener Urania. Das Monistische Jahrhundert (Wihelm Ostwald), Verlag Unesma G. M. B. H. Leipzig, 1914.

"Die Euphorie", *Vossischen Zeitung,* 1º de janeiro de 1916, Berlim.

"Grobe Männer", *Berliner Börsen-Courier,* 24 de dezembro de 1916, Berlim.

"Ein neuer Symptomenkonplex der Hypophysis Cerebri", *Mediz. Klinik*, nº 36, 1917.

"Buchbesprechung über: Swoboda, *Das Siebenjahr*", *Zeitsch. f. Sexualwissenschaft*, Bd. 4, H. 5, 1917.

"Innere Secretion", *Zeitschcrift für Sexualwissenschaft*, Bd. 5, H. 4, 249-35, 1918.

"Sexualität und Symmetrie, Entgegnung auf den gleichnamigen Aufsarz v. Paul Kammerer", *Zeitschrift für Sexualwissenschaft*, Bd. 5, H. 8/9: 249-61, 281-94, 1918.

"Zur Diagnose der Hypophysenschwäche", *Mediz. Klinik*, *ebd.* 20, nº 30.

"Die Hypophysenschwäche", *Zeitschr. f. ärztl. Fortbildg.*, 21, Jahrg., nº 6.

"Die Weningersche Inhalationstur gegen Tuberculose", *Berliner Börsen-Courier*, 26.7.1923.

"Der Lehre von der Periodizität im Lebendigen", *Archiv f. Frauenkunde u. Eugenitik*, Bd. 4, H. 3/4.

Das Jahr im Lebendigen, Iena, Poeschel & Trepte, Leipzig, 1918, 1924.

"Vom gleichen Blut", *Ärztliche Rundschau*, 6 setembro 1924.

"Die Euphorie", *Münchner Neueste Naschrichten. Ärztliche Rundschau*, 8 de março de 1924.

"Kann man das Leben verlängern?", *Berliner illustrirte Zeitung*, 1925 (?).

Zur Periodenlehre, Gesammelte Aufsätze, Iena, Eugen Diederichs, 1925.

"Rechts und links", *Uhñ*, Berlim, junho de 1925.

"Das Über-Wohlsein", *Münchener Neueste Nachrichten*, junho de 1925.

Nasale Fernleiden, Leipzig e Viena, Franz Deuticke, 1926 (= 3º vermehrte Auflage von *Über den ursächlichen Zusammenhang...*).

"Verwandtes Blut-verwandtes Schicksal. Vom Zusammenhang der Familiensubstanz", *Berliner Tageblatt*, 1 de setembro de 1927.

Bibliografia geral das obras consultadas para este livro

Abraham K., "Six lettres inédites à W. Fliess", trad. franc. A. Buffel e E. Porge, *Revue du Littoral* 31-32, Paris, EPEL, março 91.

Abraham K., "Les Différences psychosexuelles entre l'hystérie et la démence précoce" (1908) in *Obras completas*, trad. franc. I. Barande e E. Grin, tomo 1, Paris, Payot, 1973.

Allouch, J., *Marguerite ou l'Aimée de Lacan*, Paris, EPEL, 1990.

L'Apport freudien. Éléments pour une encyclopédie de la psychanalyse. Sob a direção de Pierre Kaufmann, Paris, Bordas, 1993.

Assoun P. L., *Introduction à l'épistémologie freudienne*, Paris, Payot, 1981.

Anzieu D., *L'Auto-analyse, son rôle dans la découverte de la psychanalyse par Freud, sa fonction en psychanalyse*, Paris, PUF, 1959; segunda edição em 1975 e em dois volumes sob o título *L'Auto-analyse de Freud et la découverte de la psychanalyse*; terceira edição inteiramente refundida, em um só volume, sob o título *L'Auto-analyse de Freud et la découverte de la psychanalyse.*

Althusser L., "Sur le transfert et le contre-transfert", in *Écrits sur la psychanalyse*, Paris, Stock/IMEC, 1993.

Badinter E., e R., *Condorcet*, Paris, Fayard, 1988.

Bakan D., *Freud et la tradition mystique juive*, trad. franc. P. Osusky e E. Risler, Paris, Payot, 1977.

Baumeyer F., "Le Cas Schreber", in *Le Cas Schreber*, Paris, PUF, 1979.

Bernfeld S., "Freud's earliest theories and the school of Helmholtz", *The Psychoanalytic Quarterly*, vol. XIII, 3 de julho de 1944.

Bertin C., *La Dernière Bonaparte*, Paris, Perrin, 1982.

Bleuler e., *Die Psychanalyse Freuds. Verteidigung und kritische Bemerkungen*, Leipzig e Viena, Fr. Deuticke, 1911.

Darwin C., *The Expression of the Emotions in Man and Animals*, Londres, 1872.

Darwin C., *Variations des animaux et des plantes à l'état domestique*, Paris, Reinwald, 1880.

Deutsches Biographisches Archiv, Neue Folge bis zur Mitte des 20 Jahrhunderts, Hrsg von Willi Gorzug, Serie 1989.

Dupre F. (Heterônimo de J. Allouch, E. Porge, M. Viltard), *La "solution" du passage à l'acte. Le double crime des soeurs Papin*, Érès, republicado por EPEL, 1984.

DÜSING, *Die Regulierung des Geschlechtsverhältnisses* ("A regulação da relação dos sexos"), Iena, 1884.

EISSLER K. R., "To Muriel M. Gardiner on her 70th birthday", *Bulletin of the Philadelphia Assoc. for Psychoanalysis*, vol. 22, 1972.

EISSLER K. R., "Über Freud Freundschaft mit Wilhelm Fliess nebst einen Anhang über Freuds Adoleszenz und einer historischen Bemerkung über Freuds Jugendstil", in *Aus Sigmund Freud Sprachwelt und andere Beiträge*, Berna, Stuttgart, Viena, 1974.

EISSLER K. R., *Freud sur le front des névroses de guerre*, trad. franc. M. Drouin, em col. com A. Porge, E. Porge, A.-M Vindras, Paris, PUF, 1992.

FLIESS E., *Robert Fliess: the Making of a Psychoanalyst*, Inglaterra, Roffey and Clark, 1974.

FLIESS R., "Zur Chirurgie der Hypophysis" (Maschinenschrift), *Jahrbuch d. Div. d. Fak. Berlin*, 1922-23.

FLIESS R., "Silence and verbalisation. A supplement to the theory of the analytic rule", *Int. J. Psa.*, XXX, 1949.

FLIESS R., *Symbol,dream and psychosis*, Nova Iorque, International Universities Press, 1973.

FREUD S., *Beobachtungen über Gestaltung und feineren Bau der als Hoden beschrieben Lappenorgane des Aals. Sitzungsber. Akad. Wiss.* Viena I Bd. 75. (*Observações sobre a formação e a estrutura complexa de órgãos em forma de lobos designados como sendo os testículos, na enguia*) abril 1877.

FREUD S., *Über den Ursprung der hinteren Nervenwurzeln im Rückenmarke von Ammocoetes* (*Sobre a origem das raízes posteriores do sistema nervoso dos amoecoetas* [*Petromyzon planeri*]. *Sitzungsber Akad. Wiss.* Viena Bd. 75, 1877.

FREUD S., *DieAbwehr-Neuropsychosen. Versuch einer psychologischen Theorie der acquirierten Hysterie, vieler Phobien und Zwangsvorstellung und gewisser hallucinatorischer Psychosen. Neurol. Zbl. XIII*, Viena, 1894, G. W. I, "Les psychonévroses de défense", in *Névrose, psychose et perversion*, trad. J. Laplanche, Paris, PUF, 1978.

FREUD S., *Über die Berechtigung, von der Neurasthenie einen bestimmten Symptomenkomplex als "Angst-Neurose" abzutrennen. Neurol. Zbl., XIV*, Viena, 1895, G. W., I, "Qu'il est justifié de séparer de la neurasthénie un certain complexe symptomatique sous le nom de "névrose d'angoisse", in *Névrose, psychose et perversion*, trad. J. Laplanche, Paris, PUF, 1973.

FREUD S., *Studien über Hysterie*, Viena, 1895, G. W. I, *Études sur l'hystérie*, trad. franc. A. Bermann, Paris, PUF, 1967.

FREUD S., *Die Sexualität in der Ätiologie der Neurosen, Wiener klin. Rdsch., XII*, Viena, 1898, G. W. I, *La sexualité dans l'étiologie des névroses*, in *Résultats, idées, problèmes*, 1890-1920, trad. J. Laplanche, Paris, PUF, 1984.

Freud S., *Die Traumdeutung*, Viena, 1900, G. W. II-III, *L'interprétation des rêves*, trad. I. Meyerson revista por D. Berger, Paris, PUF, 1967.

Freud S., *Zur Psychopathologie des Alltagslebens (Über Vergessen, Versprechen, Vergreifen, Aberglaube und Irrtum) Mschr. Psychiat. Neurol., X*, Viena, 1901, G.W. IV, *Psychopathologie de la vie quotidienne*, trad. S.Jankélévitch, Paris, Payot, 1980.

Freud S., *Sigmund Freud Briefe an Wilhelm Fliess 1897-1904*, Herausgegeben von J. M. Masson, M. Schöter, Frankfurt am Main, S. Fischer, 1986.

Freud S., *Entwurf einer Psychologie*, 1895, G. W. Nachtragsband. Trad. cap. 1 e 2, S. Hommel, A. Albert, E. Laurent, G. Le Gaufey, E. Porge, suplemento de boletim Palea nº 9, e trad. franc. de A. Berman, "Esquisse" in *Naissance de la psychanalyse*, Paris, PUF, 1979.

Freud S., *Der Witz und seine Beziehung zum Unbewussten*, Viena, Franz Deuticke, 1905, G. W. VI, *Le mot d'esprit et sa relation à l'inconscient*, trad. franc. D. Messier, Paris, Gallimard, 1988.

Freud S., *Drei Abhandlungen zur Sexualtheorie*, Viena, 1905, G. W. V, trad. La Transa. *Trois essais sur la théorie du sexuel*, Paris, 1985, e *Trois essais sur la théorie sexuelle*, trad. franc. P. Koeppel, Paris, Gallimard, 1987.

Freud S., *Bruchstück einer Hyterie-Analyse, Mschr. Psychiat. Neurol., XVIII*, Viena, 1905, G. W. VIII, *Fragment d'une analyse d'histérie (Dora)*, trad. M. Bonaparte e R. Loewenstein, revista por A. Berman, Paris PUF, 1954.

Freud S., *Tatbestandsdiagnostik und Psychoanalyse, Arch. Krim – Anthropol., XXVI*, Viena, 1906, G. W. VII, "L'établissement des faits par voie diagnostique et la psychanalyse", in *L'Inquiétante Étrangeté et autres essais*, trad. franc. B. Féron, Paris, Gallimard, 1985.

Freud S., *Bemerkungen über einen Fall von Zwangsneurose (Der "Rattenmann"), Jb. psychoanal. u. psychopathol. Forsch. Bd. 1*, Viena, 1909. *L'Homme aux rats, journal d'une analyse*, trad. E. Ribeiro Hawelka, Paris, PUF, 1974.

Freud S., *Psychoanalytische Bemerkungen über eine autobiographisch beschriebenen Fall von Paranoia* (Dementia paranoides), *Jb. psychoanal. U. f; psychopathol. Forsch. Bd. 3*, Franz Deuticke, Leipzig e Viena, 1911, G. W. VIII, *Remarques psychanalytiques sur un cas de paranoïa* (Dementia pananoides) *décrit autobiographiquement*, trad. E. Legroux, C. Toutin-Thelier, M. Viltard no suplemento gratuito ao nº 2 de *L'UNEBEVUE*, 1993 e *Remarques psychanlytiques sur l'autobiographie d'un cas de paranoïa* (Dementia parnoides), trad. franc. M. Bonaparte e R. Loewenstein, Paris, PUF, 1967.

Freud S., *Ratschläge für den Arzt bei der psychoanalytischen Behandlung, Zbl. Psychoanal.*, Bd. 2, Viena, 1912, G. W. VIII, "Conseils au médecin sur le traitement psychanalytique", in *La technique psychanalytique*, trad. franc. A. Berman, Paris, PUF, 1967.

Freud S., *Totem und Tabu*, Imago, Leipzig e Viena, 1913. G. W. IX, *Totem et tabou*, trad. Mariélène Weber, Paris, Gallimard, 1993.

FREUD S., *Die Disposition zur Zwangsneurose. Ein Beitrag zum Problem der Neurosenwahl. Internat. Zschr. ärztl. Psychoanal., I,* Viena, 1913, G. W. VII, "La disposition à la névrose obsessionelle. Une contribution au problème du choix de la névrose", trad. D. Berger, P. Bruno, D. Guérineau, F. Oppenot, in *Névrose, psychose et perversion,* Paris, PUF, 1973.

FREUD S., *Zur Einführung des Narzissmus,* Jb., Psychonal., VI, 1914, G. W. X, "Pour introduire le narcissisme", trad. J. Laplanche, in *La Vie sexuelle,* Paris, PUF, 1977.

FREUD S., *Übersicht der Übertragungsneurosen,* Brief an Sandor Ferenczi (28.7.1915), G. W. Nachtr., Fischer, 1985, *Vue d'ensemble des névroses de transfert,* trad. La Transa, Paris, 1986, e trad. P. Lacoste, Paris, Gallimard, 1986.

FREUD S., *Vorlesungen zur Einführung in die Psychoanalyse,* Viena, 1916-1917, G. W. XI, *Introduction à la psychanalyse,* trad. S. Jankélévitch, Paris, Payot, 1965.

FREUD S., "Ein Kind wird geschlagen", *Beitrag zur Kenntnis der Entstehung sexueller Perversionen, Internat. Zschr. ärztl. Psychonal.,* V, Viena, 1919, G. W., XII, "Un enfant est battu". Contribution à la connaissance de la genèse des perversions sexuelles", trad. franc. J. Guérineau in *Névrose, psychose et perversion,* Paris, PUF, 1973.

FREUD S., *Jenseits des Lustprinzips,* Leipzig, Viena, Zurique, 1920, G. W. XIII, "Au-delà du principe de plaisir", trad. J. Laplanche e J.-B Pontalis, in *Essais de psychanalyse,* Paris, Payot, 1981.

FREUD S., *Über die Psychogenese eines Falles von weiblicher Homosesualität, Internat. Zschr. Psychoanal., VI,* Viena, 1920, G. W. XII, "Sur la pssychogenèse d'un cas d'homosexualité féminine", trad. D. Guérineau, in *Névrose, psychose et perversion,* Paris, PUF, 1973.

FREUD S., "Das Ich und das Es", Viena, 1923, G. W. XIII, "Le moi et le ça", in *Essais de psychanalyse,* trad. J. Laplanche, Paris, Payot, 1981.

FREUD S., *Selbstdarstellung,* in *Die medizin der Gegenwart in Selbstdarstellungen, Bd. 4,* Leipzig, 1925. Viena, 1934, G. W. XIV, *Sigmund Freud presenté par lui-même,* trad. F. Cambon, Paris, Gallimard, 1984.

FREUD S., *Brief an Romain Rolland: eine Erinnerungsstörung auf der Akropolis,* in *Almanach der Psychoanalyse 1937,* Viena, 1936, G. W. XVI, trad. La Transa nº 10, nov. 1897 e trad. P. Cotet e R. Lainé in H. e M. Vermorel, *Sigmund Freud et Romain Rolland correspondance 1923-1936,* Paris, PUF, 1993, pp. 404-410.

FREUD S., *Die endliche und die unendliche Analyse, Internat. Zschr. Psychoanal., XXIII,* Viena, 1937, G. W. XVI, "L'analyse avec fin et sans fin", trad. J. Altounian, A. Bourguignon, P. Cotet, A. Rauzy, in *Résultats, idées, problèmes II,* Paris, PUF, 1985.

FREUD S., *Chronique la plus brève,* Carnets intimes 1929-1939, notas e apresentação por Michael Molnar, Paris, Albin Michel, 1992.

FREUD S., *Correspondance 1873-1939,* trad. franc. A. Berman e J.-P. Grossein, Paris, Gallimard, 1966.

Freud S., *Correspondance Freud–Abraham*, trad. franc. F. Cambon e J.-P. Grossein, Paris, Gallimard, 1969.

Freud S., *Correspondance Freud–Ferenczi*, trad. franc. da equipe do Coq Héron, Paris, Calmann-Lévy, tomo 1, 1992.

Freud S., *Correspondance Freud–Jung*, trad. franc. R. Fivaz-Silbermann, Paris, Gallimard, t. 1, t. 2, 1975.

Freud S., *Lettres de jeunesse*, trad. franc. C. Heim, Paris, Gallimard, 1990.

Gattel, *Über die sexuellen Ursachen der Neurasthenie und Angstneurose*, Berlim, 1898.

Gay P., *Freud. Une vie*, trad. franc. T. Jolas, Paris, Hachette, 1991.

Haeckel E., *Le monisme. Profession de foi d'un naturaliste*, Paris, Schleicher Frères.

Haeckel E., *Les Énigmes de l'univers*, Paris, Schleicher Frères.

Hirschfeld M., *Annales pour les états sexuels intermédiaires*, 1899.

Hirschfeld M., *Vom Wesen der Liebe. Zugleich ein Beitrag zur Lösung der Frage der Bissexualität*, Leipzig, Verlag von Max Spohr, 1906.

Hirschfeld M., *Anomalies et perversions sexuelles*, distrib.: Office de centralisation d'ouvrages, Paris, Correa e G. Lepat, 1957.

Hirschmüller A., *Josef Breuer*, trad. franc. Mariélène Weber, Paris, PUF, 1991.

Horney K., *L'Auto-analyse*, trad. franc. D. Maroger, Paris, Stock, 1953.

Israels H., *Schreber, père et fils*, trad. franc. e adaptação de N. Sels, Paris, Seuil, 1986, assim como *Schreber inédit*, textos apresentados por D. Devreese, H. Israëls e J. Quackelbeen, Paris, Seuil, 1986.

Julien Ph., *Le Retour à Freud de Jacques Lacan*, Paris, EPEL, 1990.

Jones E., *La Vie et l'Oeuvre de Sigmund Freud*, trad. franc. A. Berman, Paris, PUF, t. 1, t. 2, t. 3, 1958.

Kendrick W. e P. Meisel, *Blommsburry / Freud, James et Alix Strachey correspondance*, trad. franc. C. Wieder e C. Palmer, Paris, PUF, 1990.

Kepler J., *Le Secret du monde*, Paris, Gallimard, 1984.

Kluge F., *Etymologisches Wörterbuch der deutschen Sprache*, Berlim, Nova Iorque, Walter de Gruyter, 1975.

Krafft-Ebing R., *Psychopathia Sexualis*, Stuttgart, 1894, trad. franc. E. Laurent e S. Csapo, Paris, George Carré Editor, 1895.

Kris E., "Introdution" à *La Naissance de la psychanalyse*, trad. A. Berman, Paris, PUF, 1979.

Lacan J., *Écrits*, Paris, Seuil, 1966.

LACAN J., "Proposition du 9 octobre 1967 sur le psychanalyste de l'École", *Scilicet 1*, Paris, Seuil, 1968.

LACAN J., *Télévision*, Paris, Seuil 1973.

LACAN J., *Les Quatre Concepts fondamentaux de la psychanalyse*, Paris, Seuil, 1973.

LACAN J., "Conférences et entretiens dans des universités nord-américaines", *Scilicet 6/7*, Paris, Seuil, 1976.

LACAN J., *Le moi dans la théorie de Freud et dans la technique de la psychanalyse*, Paris, Seuil, 1978.

LACAN J., *Les structures freudiennes des psychoses*, publicado sob o título *Les Psychoses*, Paris, Seuil, 1981.

LE GAUFEY G., "Ce que le paranoïaque ne réussit pas", *Littoral* nº 3/4, Toulouse, Érès, 1982.

LE RIDER J., *Le Cas Otto Weininger*, Paris, PUF, 1982.

LIEBERMAN E. J., *La Volonté en acte. La vie et l'oeuvre d'Otto Rank*, trad. franc. A. Weill, Paris, PUF, 1991.

LUCKA E., *Otto Weininger, sein Werk und seine Persönlichkeit*, Viena e Leipzig, 1905.

MALCOLM J., *Tempête aux archives Freud*, trad. franc. P. E. Dauzat, Paris, PUF, 1986.

MANNONI M., *Un savoir qui ne se sait pas*, Paris, Denoël, 1985.

MANNONI O., "L'analyse originelle", *Clefs pour l'imaginaire ou l'autre scène*, Paris, Seuil, 1969.

MOEBIUS P. J., *Geschlecht und Unbescheidenheit*, "Sexe et effronterie", Halle, 1904.

MOLL A., *Untersuchungen über die Libidosexualis*, I., Berlim, 1897-1898.

MOLL A., *Das Sexualleben des Kindes*, Verlag von F. C. W. Vogel, Leipzig.

MORIER H., *Dictionnaire de poétique et de rhétorique*, Paris, PUF, 1961.

PAILHAS B., "Les Élévations de la température périodiques à long intervalle à l'état normal et dans les maladies", Thèse, Paris, 1886.

PFENNIG R., "Wer hat zuerst die Analysis von der Metaphysik emanzipiert?", *Festschrift für August Wilmanns*, Leipzig, Otto Harrassowitz, 1903.

PFENNIG R., *Wilhelm Fliess und seine Nachentdecker O. Weininger und H. Swoboda*, Emil Goldschmidt, Berlim, 1906, extratos da trad. franc. de A. Buffel, E. Porge, revista por J.-F de Sauverzac, *Wilhelm Fliess et ses découvreurs imitateurs O. Weininger et H. Swoboda*, na presente obra.

PFENNIG R., "Ein neuer Einwand gegen Flieb Periodenlehre?", *Oswalds Annalen der Naturphilosophie, 11 Bd.*, Leipzig, Akademische Verlagsgesellchaft m. b. H., 1912.

Pfersdorf C., *Contribution à l'étude des catégories du langage,* Travaux de la Clinique psyquiatrique de la faculté de médecine de Estrasburgo, 1929.

Porge E., "Abord de l'hallucination", *Littoral* nº 3/4, Érès, 1982.

Porge E., "Endosser son corps", *Littoral* nº 21, Érès, 1986.

Porge E., "Freud, Flieb et sa belle paranoïa", *Revue du Littoral,* nº 31/32, EPEL, 1991.

Porge E., "La division du sujet et le retour de la vérité", *Revue du Littoral,* nº 36, EPEL, 1992.

Porge E., "Jean-Jacques Rousseau: rêver l'oubli. La démémoration", *Revue du Littoral,* nº 38, EPEL, 1993.

Les Premiers Psychanalystes. Minutes de la Société psycanalytique de Vienne, trad. franc. Schwab-Bakman, Paris, Gallimard, t. I, 1976; t. II, 1978; t. IV, 1983.

Probst D., *Le Cas Weininger,* Wiesbaden, 1904.

Roazen P., *La Saga freudienne,* trad. franc. P. E. Dauzat, Paris, PUF, 1986.

Robert M., *La Révolution psychanalytique,* Paris, Payot, 1964.

Ritvo L. B., *L'Ascendant de Darwin sur Freud,* trad. franc. P. Lacoste, Paris, Gallimard, 1992.

Roudinesco E., *La Bataille de cent ans. Histoire de la psychanalyse en France, 1885-1939,* vol. 1, Paris, Ed. Ramsay, 1982, retomada nas Ed. Seuil, Paris, 1986.

Roudinesco E., *Histoire de la psichanalyse en France,* 2, Paris, Seuil, 1986.

Roudinesco E., "Sartre lecteur de Freud", in *Les Temps modernes,* nºs 531 a 533, vol. 1, Paris, 1990.

Sartre J.-P., *Le Scénario Freud,* Paris, Gallimard, 1984.

Schmideberg M., "Intellektuelle Hemmung und Ebstörung", *Zeitschrift für psychoanalytsche Pädagogik, 8 Jaharg., Nr. 3/4.*

Schrödinger E., *La Nature et les Grecs,* trad. franc. M. Bitbol e A. Bitbol-Hespériès, Paris, Seuil, 1992.

Schröter M., "Un dialogue scientifique entre Freud et Fliess, 'Le projet d'étude sur la neurasthénie' (1893)", Paris, *Revue Internationale d'Histoire de la Psychanalyse,* PUF, nº 2, 1989.

Schur M., *La Mort dans la vie de Freud,* trad. franc. B. Bost, Paris, Gallimard, 1975.

Stepansky P. E., *Adler dans l'ombre de Freud,* trad. franc. M. Chanteur e P.-E Dauzat, Paris, PUF, 1992.

Sulloway F. J., *Freud biologiste de l'esprit,* trad. franc. J. Lelaidier, Paris, Fayard, 1981.

Swales P., "Freud, Fliess and fratricide. The Role of Fliess in Freud's Conception of Paranoia", in *Sigmund Freud. Critical Assessments,* Editado por Laurence Spurling, vol. 1, Londres e Nova Iorque, Routledge, 1982.

Swales P., "Freud on the couch", CBC IDEAS Transcripts, Toronto, Ontário, 27.10.1992.

Swoboda H., *Die Perioden des menschlichen Organismus in ihrer psychologischen und biologischen Bedeutung*, Leipzig e Viena, Franz Deuticke, 1904. Extratos da trad. franc. de A. Buffel, E. Porge, revista por J.-F Sauverzac, "Les Périodes de l'organisme humain dans leur signification biologique et psychologique", na presente obra.

Swoboda H., *Studien zur Grundlegung der Psychologie*, Viena e Leipzig, Deuticke, 1905.

Swoboda H., *Die gemeinnützige Forschung und der eigennützige Forscher. Antwort auf die von Wilhelm Flieb gegen Otto Weininger und mich erhobenen Beschuldigungen*, Wilhelm Braumüller, Viena e Leipzig, 1906. Extratos da trad. franc. de A. Buffel, E. Porge, revista por J.-F Sauverzac, "La Recherche d'intérêt publique et le chercheur d'intérêt propre. Réponse à l'accusation élevée par Wilhelm Fliess contre Otto Weininger et moi", na presente obra.

Swoboda H., *Otto Weininger Tod*, Viena e Leipzig, Deuticke, 1911.

Swoboda H., *Das Siebenjahr*, Viena e Leipzig, Orien Verl., 1917.

Vermorel H. e M., *Sigmund Freud et Romain Rolland. Correspondance*, Paris, PUF, 1993.

Viltard M., "L'expérience paranoïaque du transfert" L'UNEBÉVUE nº 1, Paris, EPEL, 1992.

Weininger O., *Geschlecht und Charakter*, Viena, Wilhelm Braumüller, 1903. Republicado por Matthes & Seitz, Munique, 1980. Trad. *Sexe et Caractère*, trad. franc. D. Renaud, prefácio R. Jaccard, Lousane, L'Age d'Homme, 1975.

Weininger O., *Des fins ultimes*, prefácio de J. Le Rider, Lousane, L'Age d'Homme, 1981.

Winau R., *Medizin in Berlin*, Berlim, de Gruyter, 1987.

Wittels F., *Sigmund Freud, Der Mann, die Lehre, die Schule*, E. P. Tal u. co Verlag, Leipzig, Viena, Zurique, 1924. *Freud, L'homme, la doctrine, l'école*, trad. franc. L. C. Herbert, Paris, F. Alcan, 1925.

Young-Bruehl E., *Anna Freud*, trad. franc. J.-P Ricard, Paris, Payot, 1991.

markgraph
Rua Jornalista Orlando Dantas, 56 - Botafogo
Tel.: (021) 551.9242 Fax.:(021) 552.5466
Rio de Janeiro - RJ